Kaj Kinzel

ErlebnisWandern mit Kindern

ELBSANDSTEINGEBIRGE

40 Wanderungen und zahlreiche Ausflüge in der Sächsischen und Böhmischen Schweiz

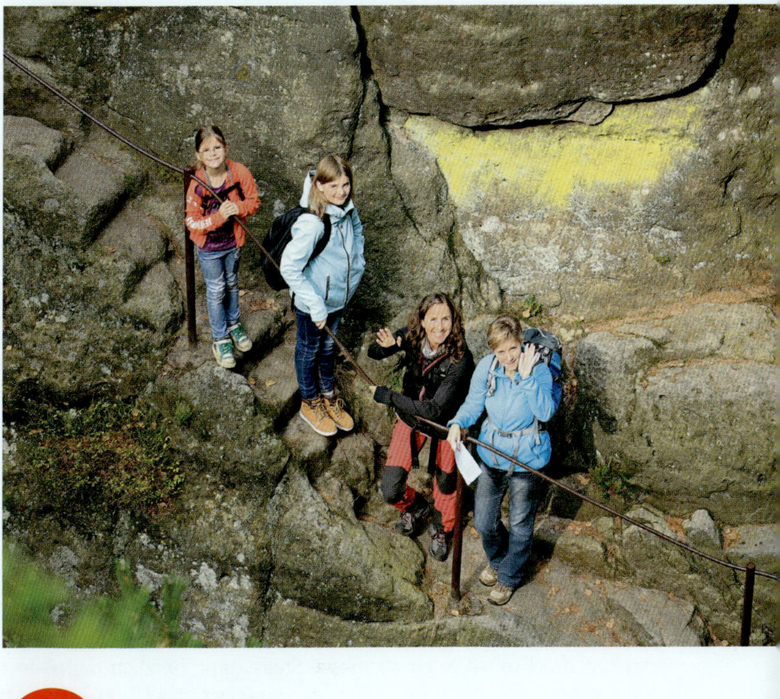

ROTHER
BERGVERLAG

Vorwort

Das Elbsandsteingebirge ist eine Landschaft, die man sich märchenhafter kaum vorstellen kann. Schroffe Sandsteinfelsen mit wundervollen, teils bizarren Formen, dunkle Höhlen, die an Schatzgrotten erinnern, ehemalige Felsenburgen inmitten verwilderter Wälder, wilde Schluchten und atemberaubende Aussichten hoch über dem Elbtal begeistern zu jeder Tages- und Jahreszeit aufs Neue. Mal sind es die Nebelschwaden, die die dunklen Felsen umhüllen, oder der schmale Sonnenstrahl, der die tiefen Felsengründe durch die hohen Baumwipfel hindurch erreicht, mal ist es eine knorrige Baumwurzel, mit der sich eine alte Kiefer an einen Felsen klammert, oder der laute, krächzende Ruf des Kolkraben, der inmitten der Felsenriffe erklingt, welche uns die Szenerie verwunschen, ja fast mystisch erscheinen lassen.

Für Kinder ist diese abwechslungsreiche Felsenwelt wie ein Paradies. Erwartungsvoll wandern sie auf den verschlungenen Bergpfaden durch die grandiose Felsenwelt, immer gespannt, was es hinter der nächsten Kehre zu entdecken gibt. Die sogenannten »Stiegen« mit Holz- und Eisenleitern oder in den Fels geschlagenen Eisenklammern, die durch enge Klüfte oder über hohe Felsstufen führen, sind besonders begehrte Ziele bei unseren Jüngsten. Doch stellt die Kraxelei auf diesen teils sehr steilen Felsensteigen sehr unterschiedlicher Schwierigkeit auch ganz besondere, mitunter ungewohnte Anforderungen an uns und sollte daher sorgfältig vorbereitet werden.

Einen Wanderführer für Familien zu erstellen, der Hindernisse, Schlüsselstellen und Schwierigkeiten einer Tour möglichst genau beschreibt und so jeder Familie die Möglichkeit gibt, ihre Wanderungen optimal und kindgerecht zu planen, war die Grundidee für die Arbeit an diesem Buch.

Gemeinsam mit meiner Tochter Franzi und unzähligen Familien- und Kindergruppen bin ich seit vielen Jahren zum Wandern und Klettern in diesem eindrucksvollen Gebirge unterwegs und habe nun für dieses Buch 40 abwechslungsreiche Wanderungen aus der gesamten Sächsisch-Böhmischen Schweiz ausgewählt, die mit Kindern gut zu bewältigen sind. Die Vorschläge reichen von leichten Wanderungen auf überwiegend bequemen Wegen bis hin zu anspruchsvollen Bergtouren mit Leitern und kleinen Kletterstellen.

Ergänzend dazu finden Sie auch jede Menge Tipps für die Gestaltung von Ruhe- und Schlechtwettertagen. Ob Zoo- oder Museumsbesuch, Abenteuer im Kletterwald, auf dem Klettersteig oder beim Kanufahren, Spaß im Schwimmbad oder im Nationalparkhaus – für jeden ist etwas dabei, um den Familienurlaub zu einem tollen Erlebnis werden zu lassen.

Mit diesem Wanderführer möchte ich Sie einladen, den Zauber dieser wundervollen Gegend kennenzulernen und die stillen, geheimnisvollen Plätze gemeinsam mit Ihren Kindern zu entdecken und auf sich wirken zu lassen.

Ich wünsche Ihnen, liebe Leserinnen und Leser, viel Spaß mit der Lektüre und viele schöne Erlebnisse beim Wandern im Elbsandsteingebirge!

Bedanken möchte ich mich an dieser Stelle ganz herzlich bei allen mitwirkenden Wanderfreunden für die vielen Hinweise, das Überprüfen der Wandervorschläge und die vielen schönen Fotos!

Kaj Kinzel

Inhalt

Achtung, Totholz!

Durch den Borkenkäferbefall der Bäume in den letzten Jahren kann es zu vorübergehenden Einschränkungen für das Wandern in Teilen der Nationalparks kommen. Bitte beachten Sie die Hinweise dazu auf Seite 27 und die Informationen der Nationalparkverwaltung vor Ort.
Info: kaj-kinzel.de

Allgemeine Hinweise

Anforderungen

Die vorgeschlagenen Touren wurden entsprechend der Bedürfnisse der Kinder ausgewählt. Überwiegend sind es Rundtouren, die wieder zum Ausgangspunkt zurückführen. Einige Streckenwanderungen geht man am besten mit öffentlichen Verkehrsmitteln an, was eine genauere zeitliche Tourplanung erfordert. Ein kurzweiliger und abwechslungsreicher Wegverlauf durch Schluchten, über Felsrücken, über Brücken, Treppen und Leitern motiviert Kinder, hier und da auch einmal ein paar steilere oder längere Wegabschnitte ohne größeres Murren zu überwinden. Es wurde darauf geachtet, dass die meisten Kinder die Wandertouren gut bewältigen können. Die Altersangabe ist eine Empfehlung, ab wann die Strecke in ihrer Gesamtheit gut zu schaffen ist. Natürlich kann man manche Tour auch mit jüngeren Kindern gehen. Sie als Eltern können am besten einschätzen, was Ihre Kinder bereits an Erfahrungen gesammelt haben. Einzelheiten zu den Tourverläufen sind in der Kurzinfo vor jeder Beschreibung zu finden. Im Allgemeinen sind eine durchschnittliche Kondition und Trittsicherheit ausreichend. Man sollte immer mit gesunder Vorsicht und ein wenig Aufmerksamkeit durch die Berge gehen. Denn wo es Felsen gibt, kann es auch teils tief hinabgehen. Nicht immer warnen Geländer vor solchen Stellen.

Als Orientierung sind die Touren in drei Schwierigkeitsgrade eingeteilt:

- **Leicht**

Einfache, zumeist auch etwas kürzere Touren auf überwiegend guten Waldwegen mit unschwierigen Anstiegen und meist durch Geländer gesicherten Aussichten.

- **Mittel**

Typisch sind längere, steilere An- oder Abstiege z. B. über schmale Treppen oder kurze Leitern, jedoch ohne Kletteranforderungen. Teilweise schmale oder abschüssige Waldpfade über Wurzeln oder kleine Felsenstellen sind spannend, erfordern aber auch Aufmerksamkeit und Trittsicherheit. Für die meist mittellangen Wanderungen mit Gehzeiten zwischen etwa 2,5 und 4 Stunden sind ein wenig Wandererfahrung, Orientierungssinn und etwas mehr Kondition empfehlenswert.

- **Schwierig**

Anspruchsvolle Touren mit schwierigen, manchmal auch weniger gut abgesicherten Stellen. Passagen über Leitern, am Drahtseil oder an in den Fels geschlagenen Eisengriffen, wo

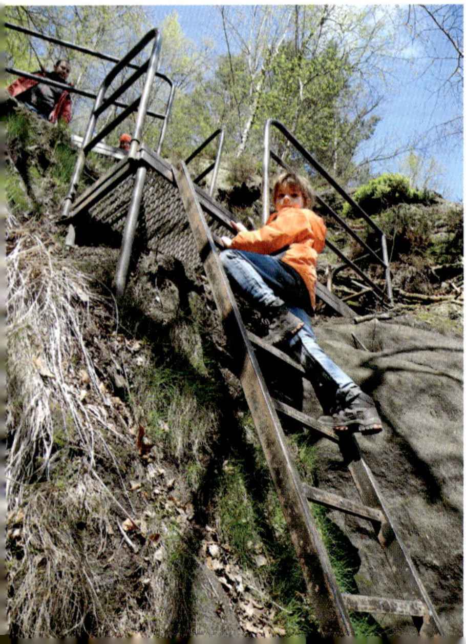

Kinder lieben das Klettern auf steilen Leitern, hier im »Mittelwinkel« (Tour 20).

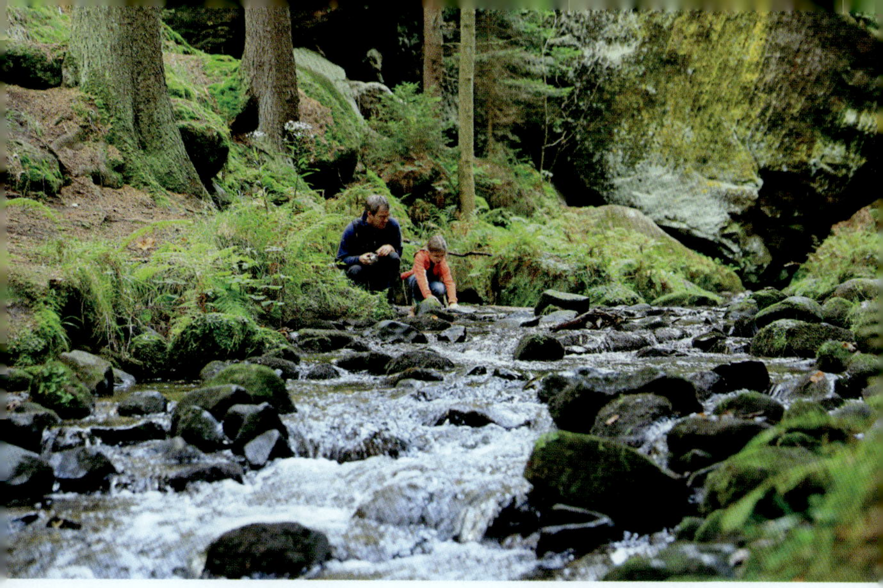

Im Khaatal ist die Kirnitzsch noch ein schmaler Bach und lädt zum Entdecken der Natur und zum Spielen am Wasser ein (Tour 33).

man auch ein wenig klettern, zumindest aber sich ordentlich festhalten können muss, charakterisieren diese Tourkategorie. Es kann Wegabschnitte geben, die sehr nahe am Abgrund entlangführen. Bergerfahrung, absolute Trittsicherheit und Schwindelfreiheit sind hier unbedingt erforderlich. Es empfiehlt sich, bei dieser Kategorie die besonderen Anforderungen in der »Kurzinfo« genau zu lesen! Diese Touren sind meist sehr abwechslungsreich und spannend. An schwierigen Stellen ist mitunter eine Unterstützung oder Absicherung durch einen Erwachsenen zu empfehlen. Doch sollten Sie es dabei auch nicht übertreiben. Eine Unsicherheit der Eltern kann sich leicht auf das Kind übertragen.

Auch Wandervorschläge, die durch ihre Länge bzw. große Höhenunterschiede für Kinder konditionell sehr anspruchsvoll sind und ab und an etwas schwierigere Stellen aufweisen, sind hier eingeordnet.

Interessante Tourvarianten werden am Ende der jeweiligen Beschreibung angegeben und können von der angegebenen Schwierigkeit der Haupttour abweichen.

Gehzeiten

Die Zeitangaben, die bei jeder Tour in der »Kurzinfo« vermerkt sind, sind reine Gehzeiten. Sie sind reichlich bemessen, berücksichtigen jedoch keine Pausen. Es sollte genug Zeit für Ess- und Spielpausen eingeplant werden. Es gibt im Elbsandsteingebirge viel am Wegesrand zu entdecken, zu erklettern, zu erforschen und zu beobachten. Ob Buddeln im Sand, Sammeln von Kiefernzapfen oder einfach nur dem Rauschen der Bäume lauschen – wir sollten den Kindern und uns diese Zeit gönnen, die Natur mit allen Sinnen erfahren und erleben zu können. Die tatsächliche Tourdauer kann dadurch erheblich von den angegebenen Zeiten abweichen.

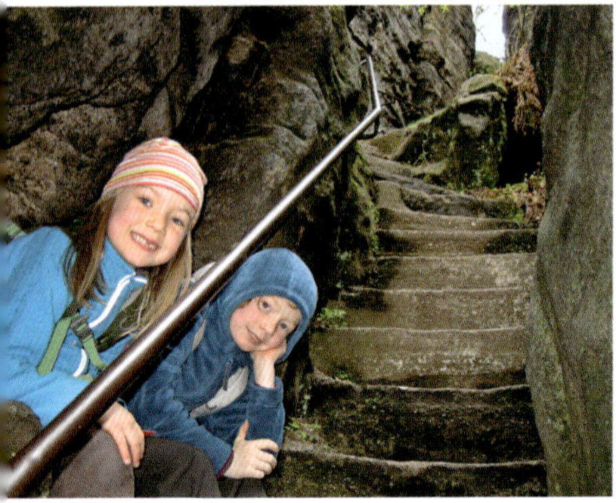

Aufstieg durchs »Nadelöhr« (Tour 6).

Tourenauswahl

Erfahrungsgemäß können Kinder im Vorschulalter durchaus Wanderungen mit einer reinen Gehzeit von bis zu 2 Stunden meistern. Und wenn es durch Kraxeln über Leitern und Felsen noch spannender wird, geht es mitunter auch noch ein wenig länger. Schüler im Alter von 7 bis 10 Jahren bewältigen bereits Touren mit bis zu 4 Stunden Gehzeit. Ältere Kinder und Jugendliche schaffen auch längere Touren. Diese Angaben sollen jedoch nur eine kleine Planungshilfe darstellen. Da im Elbsandsteingebirge die Gehzeiten und Anforderungen immer stark abhängig sind von Streckenlänge, Höhenunterschied und Wegbeschaffenheit der entsprechenden Wanderung, sollte man sich in der »Kurzinfo« zu jeder Tour dazu genau informieren. Wenn jüngere Kinder dabei sind, die noch in der Kindertrage getragen werden, sollte die Gehzeit 2 bis 3 Stunden nicht überschreiten. Gerade bei kühleren Temperaturen oder nicht so optimalen Wetterverhältnissen kühlen die Kinder in der Kraxe schneller aus. Auch unsere Jüngsten wollen einige Stücke selbst mitlaufen. Viele kleinere Pausen sollten eingelegt werden, damit die Kinder die Natur entdecken können. Das muss bei der Zeitplanung bedacht werden. Schwierige Touren mit Kletteranforderungen sind mit Kindertrage tabu! Die Kinder könnten am Fels anstoßen oder im ungünstigsten Fall sogar aus der Kraxe herausrutschen. Vorsicht auch bei Felstunneln oder -überhängen oder bei wilderem Bewuchs vor zurückschnellenden Zweigen!

Bei der Tourenauswahl sind unbedingt Jahreszeit und Wetter zu berücksichtigen. Mit Moos oder Flechten überzogene Felsen, Wurzeln oder Eisentritte können bei Feuchtigkeit sehr rutschig werden. Bei Eis und Schnee ist von allen Touren mit Kletteranforderungen abzuraten.

GPS-Tracks und Koordinaten der Ausgangspunkte

Auf **gps.rother.de** stehen zu diesem Wanderbuch GPS-Tracks und die Koordinaten der Ausgangspunkte zum kostenlosen Download bereit. Dieser QR-Code führt direkt zum Download.
5. Auflage, Passwort: 317705krb
Die GPS-Tracks können in die **Rother App** importiert werden. In der App kann man unterwegs stets sehen, wo man gerade ist und wo es langgeht. **Anleitungen dazu: rother.de/gps**. Trotz sorgfältiger Prüfung können wir Fehler und zwischenzeitliche Veränderungen nicht ausschließen. Verlassen Sie sich für die Orientierung niemals einzig und allein auf die GPS-Daten, sondern beurteilen Sie die Verhältnisse vor Ort.

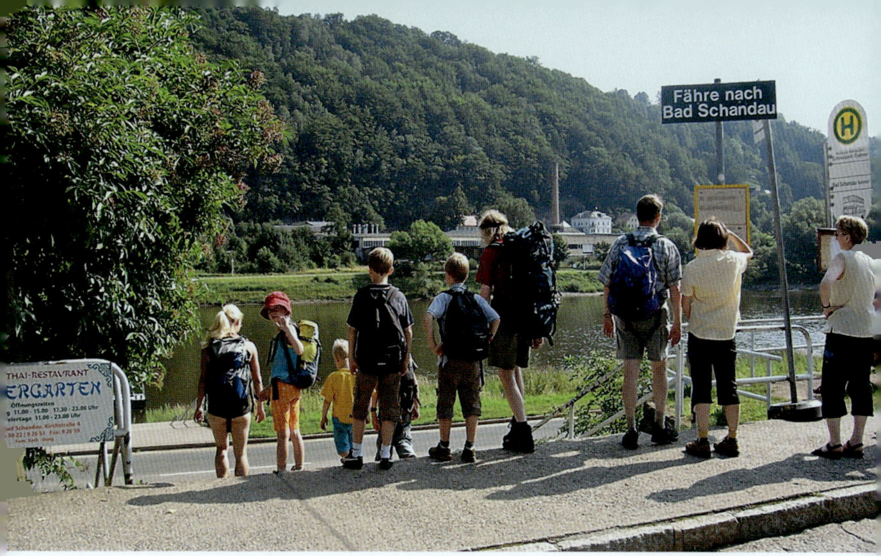

Vom Nationalparkbahnhof Bad Schandau bringt uns eine Motorfähre alle halbe Stunde zum Stadtzentrum auf der anderen Elbseite.

Anreise

Mit Bus und Bahn: Mit den öffentlichen Verkehrsmitteln kann man über Dresden oder Prag sehr gut anreisen. Zentrale Bahnhöfe für den Fernverkehr sind Dresden, Bad Schandau und Děčín, von denen regelmäßig S-Bahnen im Elbtal verkehren. Entferntere Regionen sind nur mit Bussen zu erreichen. Hier sollte man sich im Vorfeld genau informieren, da die Fahrpläne saisonabhängig und nicht immer optimal für die Anreise geeignet sind.

Mit dem Auto: Über die Autobahn A 17 Dresden-Prag ist die Sächsisch-Böhmische Schweiz sehr gut erreichbar. Im Allgemeinen fährt man an der Abfahrt Pirna ab. Im Elbsandsteingebirge gibt es nur drei Brücken über die Elbe (in Pirna, Bad Schandau und Děčín). Daher sollte man die Anreise genau planen und vor Ort aufmerksam sein, um nicht auf der falschen Elbseite zu landen und einen größeren Umweg fahren zu müssen.

Unterwegs im Elbsandsteingebirge

Mit öffentlichen Verkehrsmitteln: Das Elbsandsteingebirge ist gut mit öffentlichen Verkehrsmitteln erschlossen. Im Elbtal verkehren regelmäßig S-Bahnen zwischen Dresden und dem Haltepunkt Schöna. Von hier kann man mit der Fähre nach Hřensko (Herrnskretschen) übersetzen oder umsteigen und mit dem Nahverkehrszug nach Děčín (Tetschen) weiterfahren. Von Pirna, Königstein, dem Nationalparkbahnhof Bad Schandau und Schmilka fahren Busse in die entlegeneren Gebiete. Vorab sollte man sich unbedingt über die Fahrpläne informieren! Spezielle Wanderbuslinien verkehren sogar grenzüberschreitend. In der Wandersaison sind spezielle VVO-Fahrradbusse unterwegs zu den schönsten Radrouten in den Höhenlagen der Sächsischen und Böhmischen Schweiz. Das öffentliche Busnetz ist insgesamt gut ausgebaut und wird von Mai bis Okto-

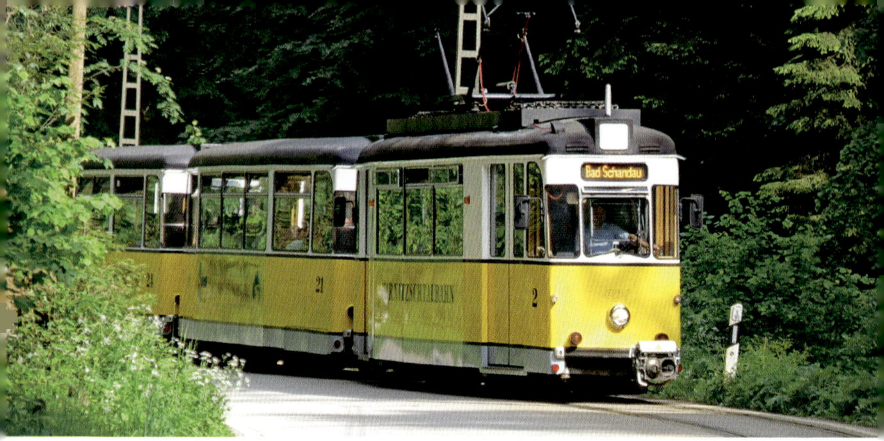

Seit über 100 Jahren rumpelt die historische Straßenbahn zwischen Bad Schandau und Lichtenhainer Wasserfall durch das kurvenreiche Kirnitzschtal.

ber noch durch den »Sächsisch-Böhmischen Nationalparkexpress«, den »Basteikraxler« und den »Festungsexpress«, Angebote eines privaten Busunternehmens, hervorragend ergänzt. Vom Stadtpark Bad Schandau kann man auch mit der Kirnitzschtalbahn, einer historischen Straßenbahn, in den Nationalpark hineinfahren.

Mit speziellen Preisangeboten, wie Elbe-Labe-Ticket, Kleingruppenkarte oder Familientageskarte, ist man zudem oft recht günstig unterwegs.

Auf böhmischer Seite sind die Busverbindungen im Allgemeinen sehr gut ausgebaut. Es empfiehlt sich sehr, für das Bezahlen der Tickets im Bus »Tschechische Kronen« (Kč) dabeizuhaben, auch wenn wir im Notfall auch schon mal mit Euro zahlen konnten. Der tschechische Navigator (jizdnirady.idnes.cz) gibt schnell und zuverlässig Auskunft über Fahrzeiten und -preise.

Informationen und Fahrpläne unter:

- vvo-online.de (VVO-Info-Hotline Tel. +49 351 852 6555)
- jizdnirady.idnes.cz
- festungsexpress.de (Tel. +49 35021 99080)

Tariftipp Tageskarte: Unternimmt man mehrere Fahrten an einem Tag, lohnt sich meist eine Tageskarte. Auf einer Tageskarte für eine Einzelperson dürfen zwei Kinder (6–14 Jahre) mitgenommen werden. Die Familientageskarte gilt für zwei Erwachsene mit bis zu vier Kindern (6–14 Jahre). Die VVO-Tageskarten gelten in der S-Bahn, in den Bussen (außer im Sächsisch-Böhmischen Nationalparkexpress) und auf allen Fähren (außer auf der Grenzfähre Schöna-Hřensko und der Seilfähre Kurort Rathen). Wer seine gültige Tageskarte in der Kirnitzschtalbahn vorweist, erhält hier den ermäßigten Preis.

Tariftipp Elbe-Labe-Tickets: Für grenzüberschreitende Fahrten von und nach Tschechien gibt es das Elbe-Labe-Ticket. Dieses Tagesticket gilt im gesamten VVO-Verbundraum, in den meisten Bussen und Bahnen im Bezirk Ústí auf böhmischer Seite und in der Nationalparkbahn (U 28), die von Rumburk über Dolní Poustevna, Sebnitz und Bad Schandau nach Děčín fährt. Für Familien ist dabei besonders die Kleingruppenkarte interessant.

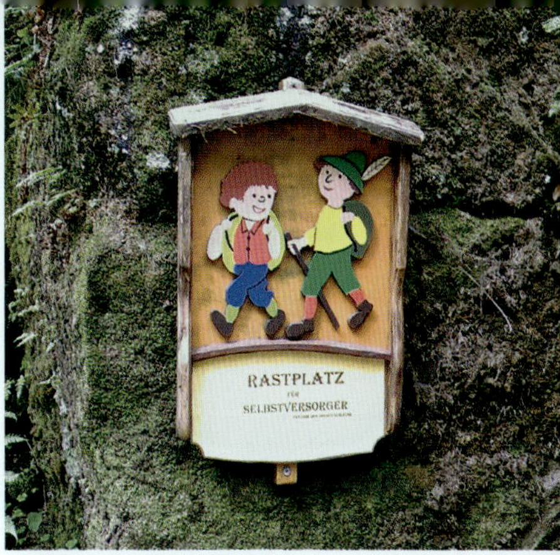

Diese hübsche Tafel finden wir an der Oberen Schleuse (Tour 30).

Mit dem Auto: Mit dem Auto ist man vor Ort schnell und flexibel unterwegs. Die meisten Parkplätze sind allerdings kostenpflichtig (Tagesticket 3–5 €) und die Kapazitäten an Feiertagen oder in den Ferien oft schon recht schnell erschöpft. Wer mit Navigationsgerät anreisen möchte, findet in der Kurzinfo für jeden Ausgangspunkt die Koordinaten im Dezimalgrad, die je nach Gerät eventuell noch umgerechnet werden müssen. In Tschechien müssen Autofahrer ganzjährig auch tagsüber auf allen Straßen das Abblendlicht einschalten. Auf Autobahnen und einigen Schnellstraßen besteht Vignettenpflicht. Auf Ausnahmen wird mit Zusatzschild hingewiesen.

Einkehr

Direkt an der Wanderroute bzw. in der Nähe des Start- und Zielpunktes gelegene Gasthäuser sind in der Kurzinfo mit Telefonnummer und Internetadresse aufgeführt, sodass man sich im Vorfeld über die Öffnungszeiten bzw. Ruhetage kundig machen kann.

Highlights für Kinder

Was die einzelne Wandertour an Besonderem für Kinder zu bieten hat, ist in der Rubrik »Highlights« zusammengefasst. Tolle Aussichtspunkte, spannende Wegabschnitte mit Höhlen oder Leiterstiegen, Spielmöglichkeiten am Wasser, interessante Punkte am Wegesrand oder Tipps für mögliche Aktivitäten im Anschluss an die Wanderung sind hier zu finden.

Freizeit- und Schlechtwettertipps

Wer mit Kindern unterwegs ist, sollte es mit dem Wandern nicht übertreiben und auch mal einen Ruhetag einlegen. Auch ist der Wettergott uns nicht immer hold, und so werden im zweiten Teil des Buches einige touristische Ziele vorgestellt, die sich für einen Besuch mit Kindern anbieten und lohnen. Teilweise können sie auch mit einer Wandertour kombiniert werden und als besondere Motivation dienen. Insgesamt gilt aber auch hier, dass der Urlaubstag nicht mit Highlights überfrachtet werden sollte, denn: Weniger ist oft mehr!

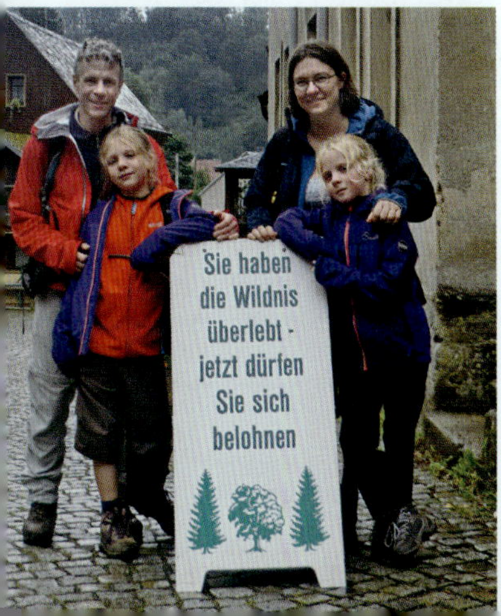

Liebevoll geführter Imbiss an der »Alten Schule« in Schmilka (Tour 22).

Wandern mit Kindern

Das »Wandern« als solches ist für Kinder meistens weniger Motivation für einen Ausflug. Sie wollen etwas erleben, Neues entdecken, spielen, herumstromern und irgendwo raufkraxeln. Das sollten Eltern bei ihrer Tagesplanung berücksichtigen. Ein paar besondere Leckereien für ein entspanntes Picknick, die Lieblingskekse oder Gummibärchen zur Motivation unterwegs können wahre Wunder bewirken.

In den Rucksack gehören aber z. B. auch mal eine Lupe, Zeichenblock und Stifte, ein Fernglas oder ein Fotoapparat, welchen die Kinder selbst benutzen dürfen. Mit einem Kompass kann man gemeinsam die Karte einnorden oder an Aussichten die Himmelsrichtung der großen Tafelberge bestimmen. Mit einem kleinen Bestimmungsbuch für die Pflanzen am Wegesrand, für Vögel oder Tierspuren lernt nicht nur unser Nachwuchs etwas dazu. Für die ganz Kleinen kann auch etwas Spielzeug zum Buddeln im Sand dabei sein. Eine Tüte für alle Zapfen, Steinchen oder sonstigen Dinge, die unbedingt mit nach Hause müssen, kann ebenfalls hilfreich sein. Vielleicht kann man daheim noch etwas Schönes daraus basteln und so die Wanderung noch einmal in Erinnerung rufen.

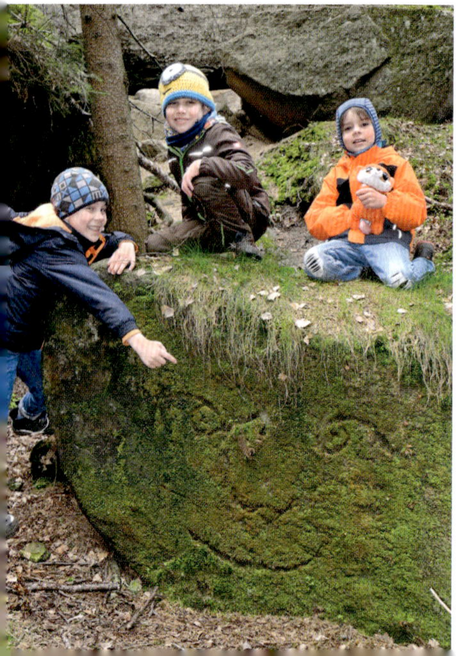

Auch die Idee, einen Geocache unterwegs aufzuspüren, motiviert manchen Sprößling zu großen Wandertaten.

Längere Wegstrecken finden Kinder schnell öde. Einfache Spiele verkürzen solche Abschnitte spürbar:

- »Ich sehe was, was du nicht siehst!«
- »Wer entdeckt als Erster ...« – einen Vogel, eine Birke, eine Hummel, einen Wegweiser ...
- Worte finden: Der letzte Buchstabe des vorgegebenen Wortes muss der erste Buchstabe des neuen Wortes sein, z. B. nur mit Tieren und Pflanzen: Käfer-Regenwurm-Maus-Seerose-Eberesche usw.
- Ein Wander- oder Kinderlied singen.

Naturspiele

Wenn wir in der Natur unterwegs sind, bieten sich natürlich besonders auch Spiele an, die sich mit der Umgebung beschäftigen. Hier einige Beispiele:

- Natur-Memory: Wir sammeln etwa 5 bis 8 Dinge aus der Natur, die wir am Wegesrand finden können, z. B. einen kleinen Sandstein, ein abgefallenes Buchenblatt, einen angeknabberten Fichtenzapfen, ein Müll-

Kinder lieben geheimnisvolle Entdeckungen unterwegs.

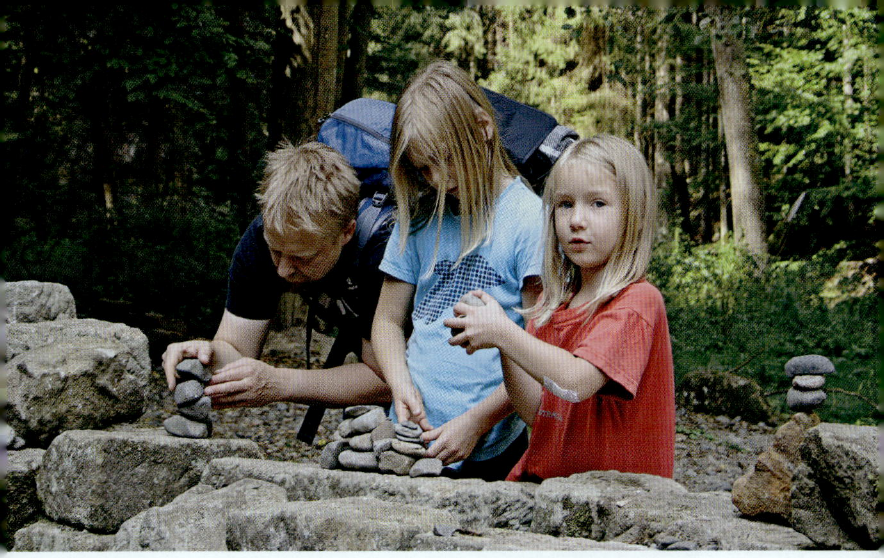

Steinmännchen bauen an der Grundmühle im Kamnitztal (Tour 35).

papier … (bitte keine Pflanzenteile abreißen, nur das nehmen, was am Boden liegt). Diese werden auf einer Fläche präsentiert und kurz besprochen, was es ist. Anschließend prägt sich jeder diese Dinge ein. Danach werden sie eingesammelt und im Rucksack verstaut (eine Tüte dafür mitnehmen!). Nun wandern wir weiter und stellen die Aufgabe, all diese Dinge am Wegesrand aufzuspüren und einzusammeln, um sie z. B. an der nächsten Wegkreuzung oder nach einer bestimmten Zeit der ganzen Familie zu zeigen. Haben wir uns an alle Dinge erinnern können? Haben wir alles finden können?

- Zapfen-Werfen: Ein kleiner Wettkampf – jeder sucht sich fünf Zapfen. Dann starten wir das Zielwerfen: Wer trifft einen bestimmten Baumstumpf?
- Waldkünstler: Wir sammeln ein paar Dinge aus dem Wald und legen daraus ein Bild oder basteln ein »Mobile« (Zwirn und Schere oder Taschenmesser mitnehmen!)
- Die »Buchdrucker«-Fraßspuren an einem toten Baumstamm oder die Unterschiede verschiedener Baumrinden auf Papier sichtbar machen: Papier auflegen und die Strukturen mittels Fettstift oder Kohlestift vorsichtig »durchrubbeln«.
- Bestimmte Blätter, Pflanzen oder Felsformationen abzeichnen.
- Tiere oder Pflanzen mit einem Bestimmungsbüchlein bestimmen.
- Einen kleinen Staudamm bauen oder ein Rindenboot den Bach hinunterschicken.

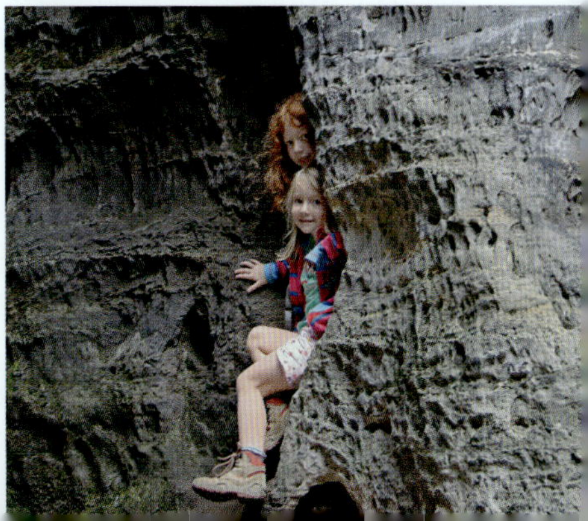

Das Tyssaer Felsenlabyrinth (Tour 40) ist Spielplatz genug …

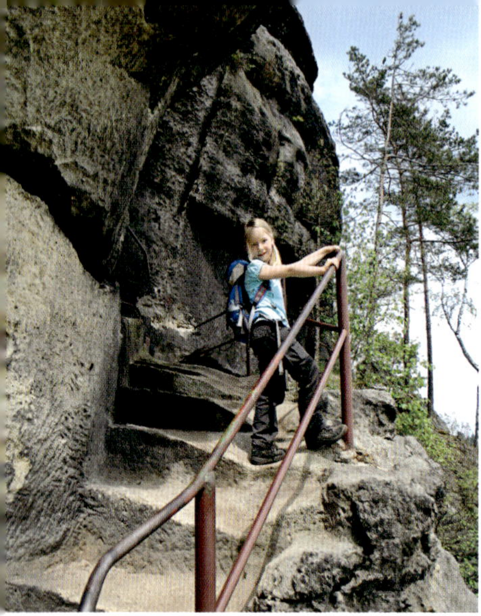

Unterwegs in der Dittersbacher Felsenwelt (Tour 34): Mit passendem Rucksack macht das Wandern Spaß.

Der eigene Rucksack

Mit einem eigenen Rucksack auf Entdeckungstour zu gehen, finden die meisten Kinder toll. Zu empfehlen ist ein solcher Wanderrucksack etwa ab dem Vorschulalter. Zwei Dinge sollte man jedoch beachten: Der Rucksack sollte gut passen und nicht zu schwer sein. Es gibt im Fachhandel Kinderrucksäcke, die ausschauen wie die der »Großen«. Sie sind aus strapazierfähigem, langlebigem Rucksackstoff, haben gepolsterte Trageriemen und ein angenehmes Rückenteil. Der Rucksack sollte unbedingt Bauch- und Brustgurte haben, damit das Kind unbeeinträchtigt Rennen, Springen und Klettern kann. Gewichtsempfehlungen sollen hier nicht gegeben werden. Der Rucksack sollte eher leicht sein und mehr ideelen Charakter haben. Hineinpacken können die Kinder den eigenen Wanderproviant, ältere Kinder vielleicht auch die Wasserflasche, außerdem Dinge, die unbedingt dabei sein sollen, oder »ganz wichtige« Fundstücke von unterwegs. Als Geburtstags- oder Weihnachtsgeschenk überreicht, erhält der eigene Rucksack einen noch höheren Stellenwert.

Ausrüstung

In einen gut sitzenden Erwachsenen-Rucksack mit Brust- und Bauchgurt in einer Größe von mindestens 40 Litern gehören: Regenjacken für die ganze Familie, Handy, Verpflegung und Getränke sowie ein Erste-Hilfe-Set mit Pflaster, Binden und etwas gegen Insektenstiche. Dazu kommen noch Dinge für unterwegs, wie Becherlupe (oder Lupe), Fernglas, Fotoapparat, Stirnlampe zum Erkunden von Höhlen, ein kleiner Zeichenblock und ein paar Stifte, ein Taschenmesser, etwas Bindfaden sowie eine Picknickdecke, Isomatte oder Sitzkissen für die Pause. Eine kleine Mülltüte für Eierschalen, Bonbonpapier o. Ä. ist ebenfalls praktisch.

Je nach Wetterlage sollte man auch an Folgendes denken: Sonnenmilch, Mücken- und Zeckenschutz, Hut als Sonnenschutz, Windjacke und Halstuch, Mütze und Handschuhe.

Zusätzlich zu diesem Wanderführer sollte man noch eine gute Wanderkarte mitnehmen. Zu empfehlen sind die topografischen Wanderkarten des Freistaates Sachsen im Maßstab 1:25.000 (mit Wanderwegen und touristischen Informationen) sowie die handgezeichneten Wanderkarten von Rolf Böhm. Der ein-

In der beeindruckenden Felsenstadt von Tyssa (Tour 40): Ein Ausflug mit Freunden – und das Wanderglück ist perfekt!

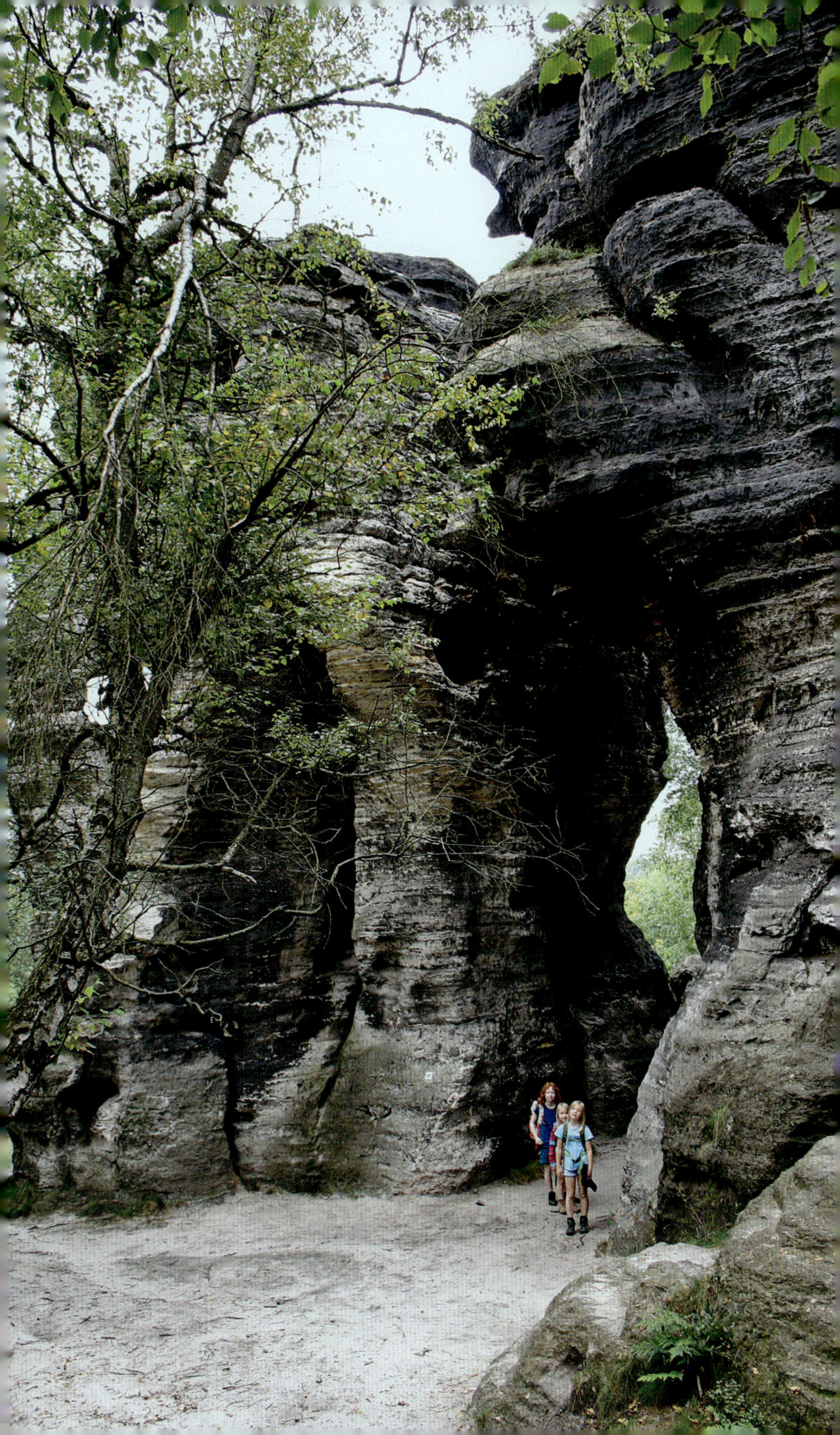

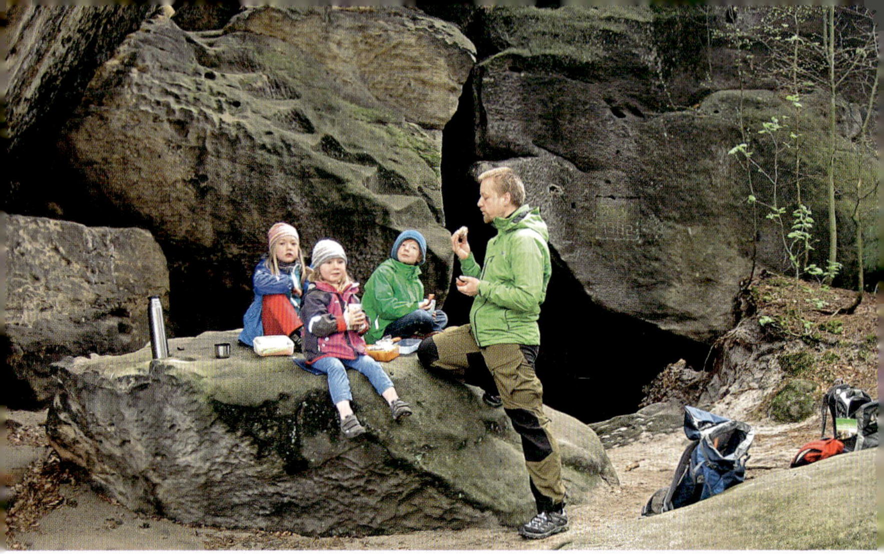

Rast vor der Kapphöhle. Im Jahr 1886 wurde darin ein kleiner Getränkeausschank eingerichtet. Die Spuren sind heute noch zu entdecken (Tour 1).

heimische Kartograf bietet sehr detailreiche Übersichtskarten im Maßstab 1:30.000 bzw. 1:40.000 und sehr schöne Gebietswanderkarten im Maßstab 1:10.000 an.

Wandert man mit kleineren Kindern, ist es sinnvoll, Wechselkleidung dabei zu haben. Schnell ist ein Malheur passiert, doch wenn man die Kleinen sofort umzieht, muss die Tour nicht gleich abgebrochen werden.

Wichtig für das Wandern sind feste, gut passende Schuhe, am besten knöchelhohe Trekking- oder Wanderschuhe. Sie schützen vor Umknicken und, bei längeren steilen Abstiegen fest geschnürt, vor dem Anstoßen der Zehen in der Schuhspitze. Das gilt für Eltern und Kinder gleichermaßen. In der »Kurzinfo« jeder Tour ist die Mindestanforderung ans Schuhwerk angegeben. Von Trekkingsandalen, auch wenn die Zehen durch eine Kappe geschützt sind, rate ich im Elbsandsteingebirge ab. Sand und kleine Steinchen können leicht eindringen. Sie setzen sich unter die Fußsohle und zwingen ständig zum Anhalten und Ausschütteln der Sandalen.

Je nach Witterung kann wasserabweisendes Schuhwerk sinnvoll sein, denn nach längeren Regenperioden können die Wege in den Gründen stellenweise matschig sein.

Proviant

Als Proviant eignen sich belegte Brote oder Brötchen. Gern genascht werden kleingeschnittenes Obst und Gemüse, oder auch Herzhaftes, wie Käsewürfel, kleine Würstchen und gekochte Eier. Als besondere Leckerbissen dürfen es auch einmal Kekse, Müsliriegel, Reiswaffeln oder Gummibärchen sein.

Kinder haben auf einer Wandertour viel Durst! Daher ist es sehr wichtig, genug Wasser dabei zu haben. Es eignen sich auch Tee oder Schorlen. Nicht so gut sind stark gesüßte Getränke, die den Durst meist wenig stillen und gern auch mal eine Wespe anlocken.

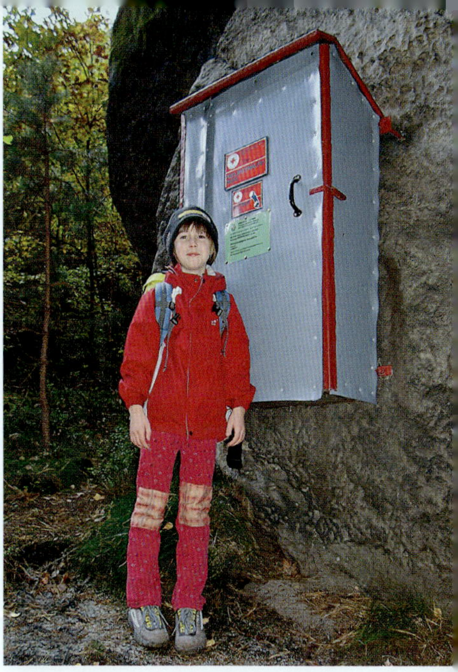

Die Bergwacht in Sachsen arbeitet ehrenamtlich und ist auf Spenden angewiesen, die zur Erhaltung der Bergungsboxen eingesetzt werden. Bergungsboxen sind eine wichtige Hilfe bei Noteinsätzen.

Sicherheit und Notfälle

Nicht immer sind es die Hauptunfallursachen, wie Selbstüberschätzung, mangelhafte Tourenplanung und unzureichende Ausrüstung, die zu einem Notfall führen. Eine nasse Wurzel, eine unerwartet vereiste Treppe, ein plötzliches Gewitter oder ein Fehltritt durch eine kurze Unachtsamkeit können zu einem Unfall führen. Wer ins Gebirge geht, sollte daher auch in einem solchen Fall wissen, was zu tun ist:

- Bergrettung / Notruf 112: Über den europaweit gültigen Notruf 112 wird bei einem Notfall im Gebirge auch die Bergwacht alarmiert. Hat man nur tschechisches Handynetz, kann man vor den Notruf die deutsche Länderkennung +49 bzw. 0049 wählen. So wird man mit der deutschen Leitstelle verbunden.
- Notruf-Standort: An vielen Wegweisern in der Sächsischen Schweiz sind auf der Rückseite kleine gelbe Schilder mit einer Standort-Nummer angebracht. Beim Absetzen eines Notrufes sollte man diese Nummer der Leitstelle mitteilen, denn so erleichtert man dem Einsatzteam die Lokalisierung.
- Bergungsboxen sind über die gesamte Sächsische Schweiz verteilt. Diese ursprünglich für Bergsteiger eingerichteten Selbsthilfeboxen sind wohl eine deutschlandweit einmalige Einrichtung. Sie finden sich sowohl in den Klettergebieten als auch an viel begangenen Wanderwegen. Eine Behelfstrage, eine Decke und etwas Erste-Hilfe-Material stehen im Bedarfsfall jedem zur Verfügung. Die Trage ist nach Benutzung wieder zurückzubringen.

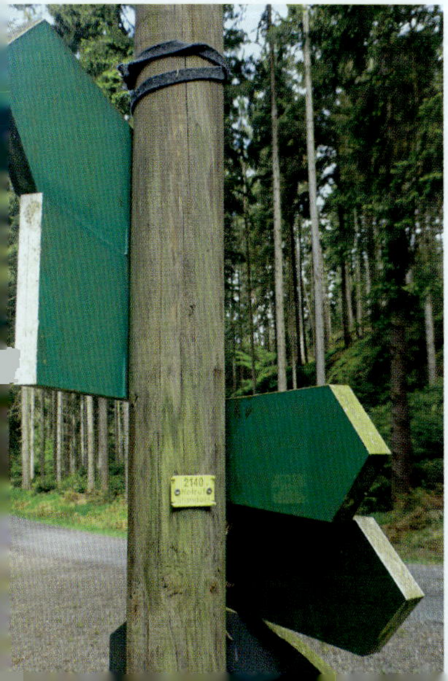

Hilfreich bei Alarmierung des Rettungsdienstes – die Standort-Nummer des nächsten Wegweisers.

Das Elbsandsteingebirge

Aus Sand gebaut

Unweit von Dresden erhebt sich eine Landschaft, die man sich märchenhafter nicht vorstellen kann. Das breite Band der Elbe trennt die weiten, sanften Ebenen mit ihren typischen Tafelbergen auf der einen Seite von einer wilden, zerklüfteten Felsenwelt mit tiefen Schluchten und hohen Felsenriffen auf der anderen Seite.

In der Kreidezeit war das Gebiet des heutigen Elbsandsteingebirges von Meer bedeckt. Zu dieser Zeit, vor ca. 100 Millionen Jahren, schwemmten die Flüsse feinen Sand und Kies in das Meer, welche sich auf dem Meeresgrund ablagerten. Mit der Zeit entstand eine über 500 Meter dicke Sandschicht, die sich unter dem hohen Druck und mit Hilfe von Mineralien zu einer mächtigen Sandsteinplatte verfestigte. Mit der Zeit wurde der Meeresboden angehoben, das Wasser floss ab und die zusammenhängende Sandsteinfläche tauchte auf. Gegen Ende der Kreidezeit geriet die Sandsteinplatte unter Druck, als sich die nordöstlich angrenzende Lausitzer Granitscholle auf die Sandsteinscholle aufschob. Die Sandsteinplatte bekam erste Risse und zerbrach. Diese Störungszone bezeichnet man als die »Lausitzer Überschiebung«. Zeugnisse dieses erdgeschichtlichen Vorgangs findet man heute noch im Polenztal an der Serpentinenstraße unweit des Startpunktes der Tour 16 (Hockstein), wo die Lage der geologisch viel älteren Granitschicht über dem geologisch jüngeren Kreidesandstein an einem Aufschluss sichtbar ist. Auch auf dem drahtseilgesicherten Stück im unteren Flößersteig (Tour 26) kann man das Ergebnis dieser Umschichtung entdecken. Mitten im Elbsandsteingebirge klettert man auf die-

Der Blick von der Bastei auf die Rathener Gierseilfähre (Tour 14).

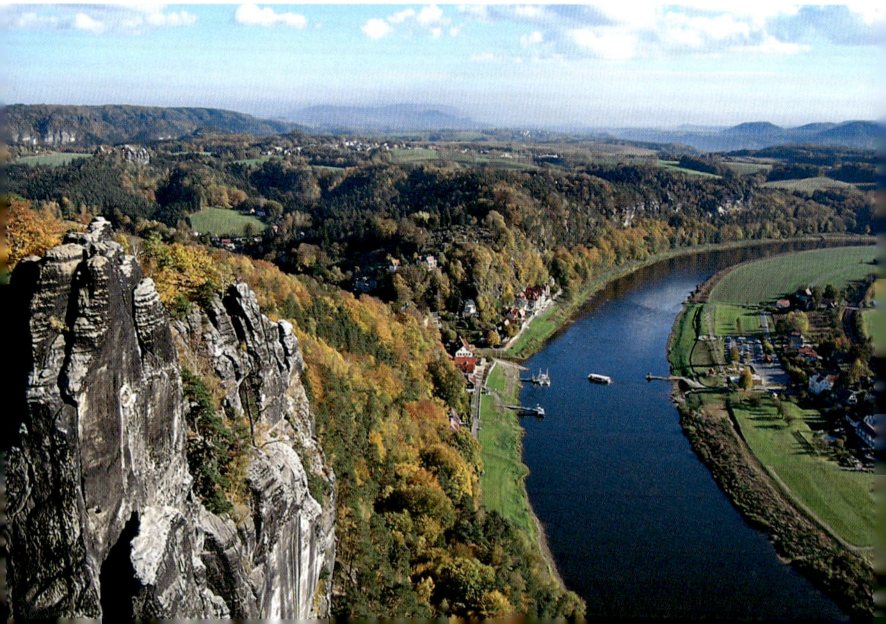

sem Steig urplötzlich an granitartigem Gestein, welches hier in den Sandstein vorgedrungen ist.
Durch intensive vulkanische Aktivität im Tertiär kam es zum Vordringen von Magma in die oberste Erdschicht und teils zum Durchbruch durch die Erdoberfläche. So entstanden die typischen Basaltkuppen, wie die des Großen Wintebergs (Tour 22) oder des auffälligen Rosenbergs. Durch das Anheben der Scholle des Erzgebirges kam es in der Folge auch zur Hebung der Sandsteinplatte, die dadurch weiter unter Spannung kam und brach. Die Platte stellte sich schräg, sodass das Gefälle der Flüsse zunahm. Durch die höhere Fließgeschwindigkeit konnte sich das Wasser seinen Weg immer tiefer in den Sandstein schneiden. Mit dem Abschmelzen der eiszeitlichen Gletscher sorgte das vermehrt abfließende Schmelzwasser zusätzlich dafür, dass sich immer mehr und tiefere Täler und Schluchten herausbildeten. Wie ein mäandernder Bach im Kleinen tat es die Elbe im Großen. Sie veränderte im Laufe der Jahrmillionen immer wieder ihr Flussbett und formte so die einzigartige Tafelberg-Landschaft des heute linkselbigen Teils des Elbsandsteingebirges. Regen, Wind und Frost trugen entscheidend dazu bei, dass wir heute so vielfältige, beeindruckende und bizarre Felsformationen bewundern können.

Von Raubschlössern und Schwedenhöhlen

Bereits in der Bronzezeit haben Menschen im Elbsandsteingebirge gelebt. Funde von bronzezeitlichem Schmuck, Tongefäßen und eines befestigten Schutzwalles am Pfaffenstein belegen dies (Tour 6). Zur Zeit

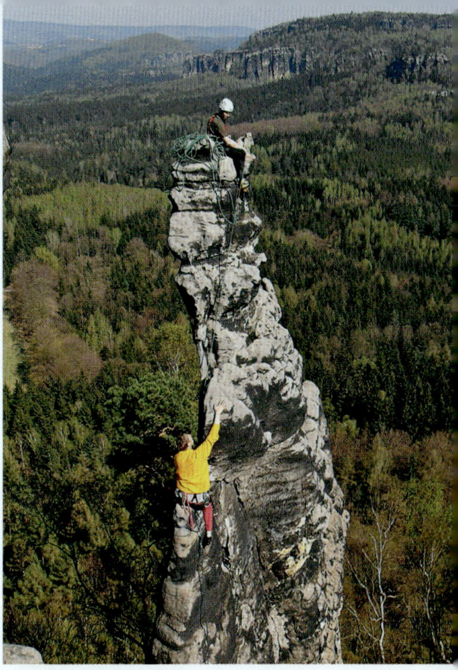

Luftige Felsenadeln locken mutige Kletterer in die Schrammsteine.

der Völkerwanderung besiedelten slawische Stämme das Elbtal, rodeten kleine Waldflächen und betrieben Ackerbau und Fischerei. So besitzt beispielsweise der Begriff »Laase« einen slawischen Ursprung und bezeichnet einen Ort, der durch eine Rodung für Ackerbau entstanden ist (Tour 1, Rauenstein).
Mit zunehmender Bedeutung der Elbe als Handelsweg nahmen auch die Siedlungen an ihren Ufern zu. Im 12. und 13. Jahrhundert trieben die Markgrafen von Meißen die Besiedelung des oberen Elbtales und der Ebenheiten im Rahmen des Ausbaus der Handelswege weiter voran. Zum Schutz der Handelswege sowie des Grenzgebietes zu Böhmen wurden auf exponierten Sandsteinfelsen Burgwarten und Felsenburgen errichtet. Dies geschah ebenso auf böhmischem Territorium. Die Berken

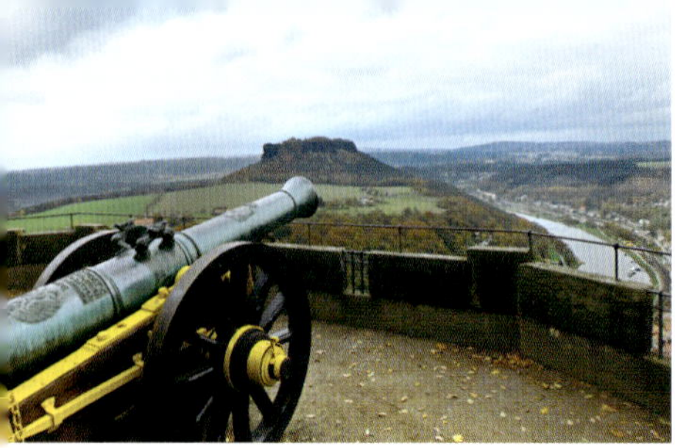

Die Kanonen auf der Festung Königstein funktionieren auch heute noch.

von der Duba, eines der mächtigsten Herrschaftsgeschlechter Nordböhmens, setzten den Ausbau der Burganlagen intensiv fort.

Um ihre wachsenden Lebensbedürfnisse befriedigen zu können, griffen die Ritter Anfang des 15. Jahrhunderts zu den Mitteln des Straßenraubes. So wurden die Felsenburgen nun zunehmend Rückzugsort von Raubrittern, die die Kaufleute überfielen und die Gegend unsicher machten. Um die Sicherheit wieder zu gewährleisten, wurden in der Folgezeit die meisten dieser »Räubernester« zerstört. An diese Zeit erinnern heute noch die touristischen Namen »Vorderes« bzw. »Hinteres Raubschloss« (Tour 23 Frienstein, 28 Winterstein). Einige der größeren, zentraleren Felsenburgen blieben jedoch erhalten und wurden von den späteren Herrschern weiter genutzt und ausgebaut. Dazu zählen die Burg Stolpen, die Burg Hohnstein oder die Festung Königstein.

Die Wirtschaft entwickelte sich zusehends. Eisenerz wurde am Rande des Elbsandsteingebirges abgebaut und verhüttet. Im Elbtal wurde Sandstein gebrochen und als Baumaterial verschifft. Die Holzwirtschaft florierte. Holz wurde in den entlegenen Waldgebieten des oberen Kirnitzschtales eingeschlagen und über die Kirnitzsch und weiter auf der Elbe zu seinem Bestimmungsort geflößt. Entlang der Flüsse errichtete man Mahl- und Schneidmühlen, in der Region um Berggießhübel

Das Bildnis erinnert an Fürstengattin Wilhelmine Kinsky (Tour 34).

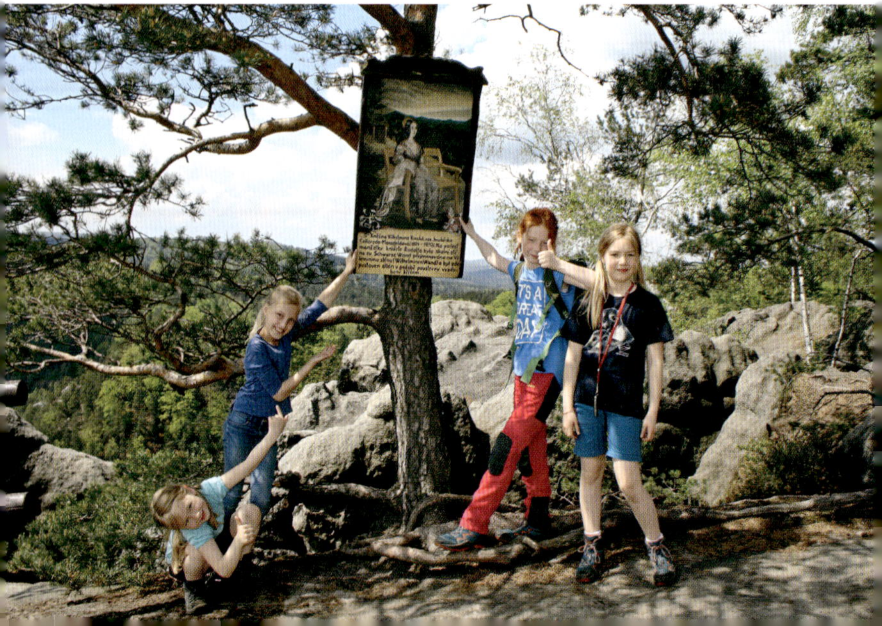

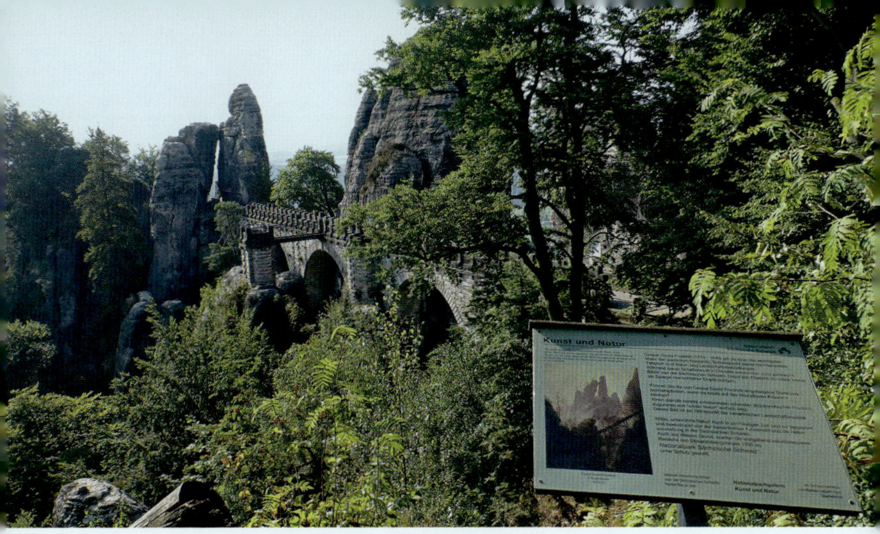

Die wild und geheimnisvoll erscheinende Felsengruppe am Neurathener Felsentor inspirierte Caspar David Friedrich zu seinem bekannten Ölbild »Felsenlandschaft« (Tour 14).

auch Eisenhammermühlen. In der Region um Sebnitz und Hohnstein entwickelte sich das Handwerk der Leinenweber, die hochwertige Stoffe auf ihren Webstühlen fertigten.

Im 17. und 18. Jahrhundert brachen mehrere Kriege über das Land herein und brachten Not und Elend. Die Menschen versuchten, sich und ihr Hab und Gut in den Höhlen und Schluchten der Felsenwelt zu verstecken. Bezeichnungen wie »Schwedenhöhle« (Tour 5 Bielatal), »Kuhstall« (Tour 27 Kuhstall) oder »Schwedenlöcher« (Tour 14 Rathen) haben hier ihren Ursprung. An den Durchzug der napoleonischen Truppen im Jahr 1813, als das Gebiet der Sächsischen Schweiz zu einem zentralen Brennpunkt der Kriegsgeschehnisse wurde und die Bevölkerung sehr unter der Anwesenheit und dem Durchzug der Truppen zu leiden hatte, erinnern uns heute noch die »Napoleonschanze« (Tour 18 Halbenweg) oder der »Franzosenborn« (Tour 19 Lilienstein).

Nach den Malern und Dichtern kam der Tourismus

Bereits zum Ende des 18. Jahrhunderts wurden erste Reisebeschreibungen und heimatkundliche Schriften über das Elbsandsteingebirge verfasst. So besuchten in den darauffolgenden Jahrzehnten immer mehr Menschen diese malerische Landschaft. Dichter und Maler ließen sich von der magischen Szenerie und den vielfältigen Gegensätzen dieses Gebirges für ihre Werke inspirieren. Durch ihre Gemälde machten die Maler Bernardo Bellotto (genannt Canaletto), Adrian Zingg, Caspar David Friedrich und Johan Christian Clausen Dahl die Sandsteinfelsenwelt auch weit über ihre Grenzen hinaus bekannt. Nicht nur aus dem nahen Dresden, sondern aus ganz Europa kamen Erholungssuchende, Naturliebhaber und Künstler in die nun liebevoll als »Sächsische Schweiz« bezeichnete Region. So entstanden bald Gastwirtschaften. Träger und Führer bo-

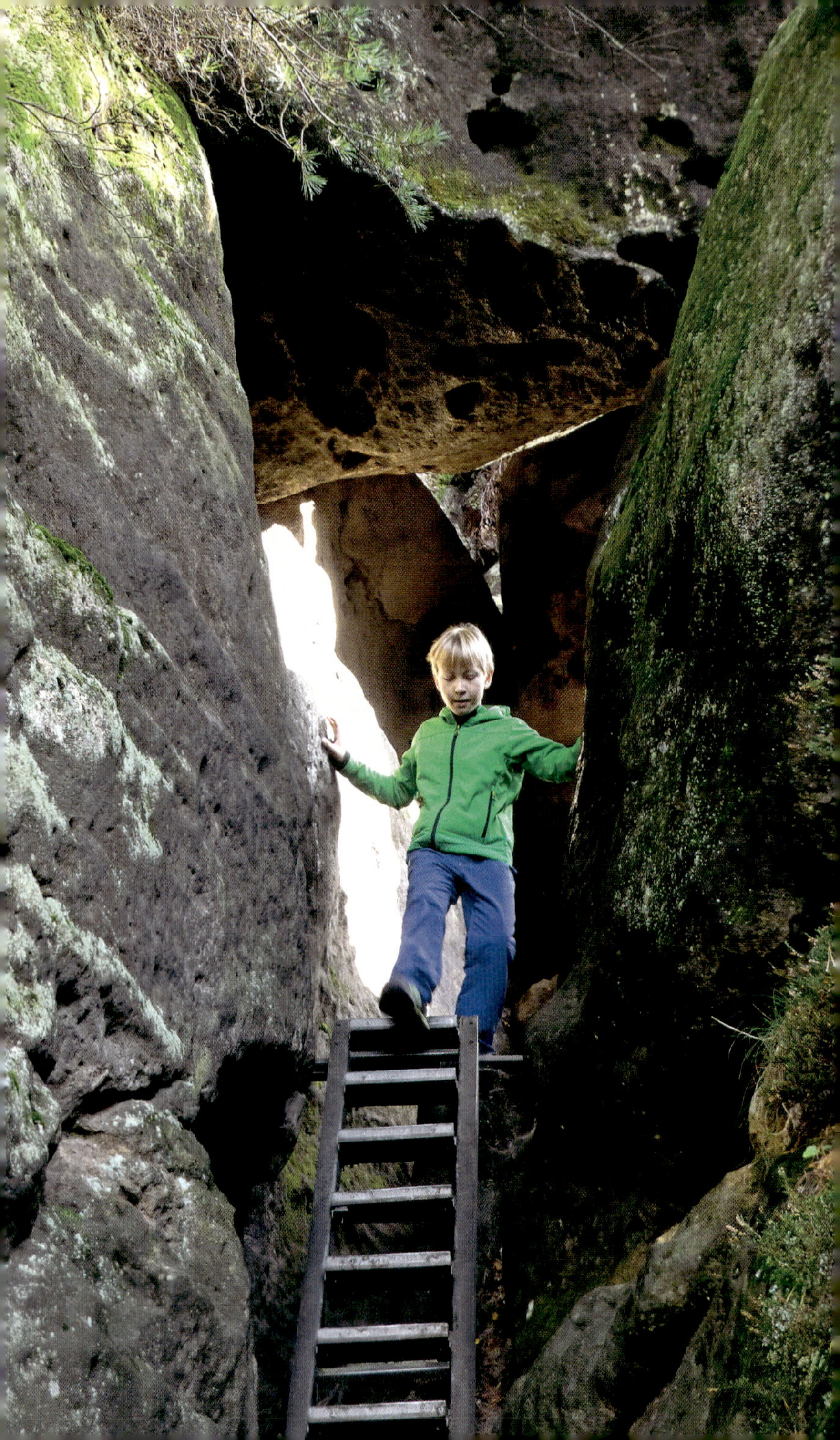

ten ihre Dienste an. Das Wegenetz wurde ausgebaut, besonders schöne Plätze wie die Bastei, der Lichtenhainer Wasserfall oder der »Kuhstall« wurden zugänglich gemacht sowie Felsen und Schluchten mit Steiganlagen erschlossen. Die steinerne Basteibrücke zieht noch heute hunderttausende Besucher jährlich an. Im böhmischen Teil des Gebirges ließ Fürst Edmund von Clary-Aldringen Ende des 19. Jahrhunderts am gigantischen Prebischtor ein Hotel errichten und machte die nicht begehbaren Schluchten der Kamenice (Kamnitz) durch Wege, Stollen und Stauwehre für Besucher zugänglich. Die Kahnfahrten in Wilder und Stiller Klamm sind bis heute gern besuchte Attraktionen geblieben.

Auch im 20. Jahrhundert ging die touristische Erschließung weiter. Mit der elektrischen Kirnitzschtalbahn konnte man nun weit in ein wildes Felsental hineinfahren und mittels eines Personenaufzugs von Bad Schandau auf die Anhöhe von Ostrau gelangen (Freizeittipp A3 – Luchsweg). Besuchermagnete, wie die Felsenbühne Rathen oder die Festung Königstein, und touristische Konzepte, wie der neu angelegte Malerweg, locken die verschiedensten Touristen in diese Region.

Auf in die Welt der Stiegen

Wer sich aufmacht, in der Sächsisch-Böhmischen Schweiz zu wandern, wird mit Sicherheit irgendwann mit einer dieser »Stiegen« konfrontiert. So bezeichnet werden steile Aufstiege, die oft auf schmalen Pfaden, teils über Treppen, Leitern oder an eisernen Haltegriffen durch enge Schluchten hinauf auf die Felsmassive führen. Diese meist künstlich angelegten Steiganlagen gibt es in allen Schwierigkeiten. Von einfachen, aber steilen Treppen, wie man sie in der Heiligen Stiege (Tour 21) findet, bis hin zu anspruchsvollen, ungesicherten Kletterstiegen ist alles dabei. In diesem Buch werden einige der bekannten, für Kinder gut geeigneten Stiegentouren vorgestellt (z. B. Tour 23 Rotkehlchenstiege, Tour 20 Schrammsteinaussicht), denn gerade sie machen das Wandern im Elbsandstein so spannend.

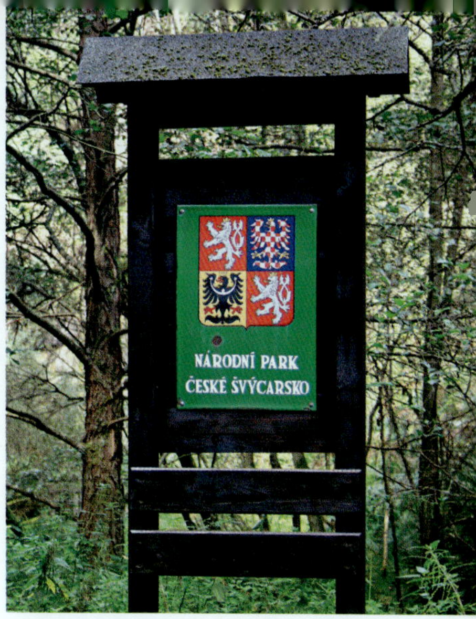

Diese Tafeln kennzeichnen die Eingänge in den Nationalpark Böhmische Schweiz.

Die Nationalparks

Ein Teil des Elbsandsteingebirges steht heute als Nationalpark unter ganz besonderem Schutz. Schon in den Dreißigerjahren des letzten Jahrhunderts hat man die Einzigartigkeit der Elbsandsteinlandschaft erkannt und wollte sie bewahren und schützen. So entstanden erste Natur-

In der Steiganlage auf das »Hintere Raubschloss« (Tour 28).

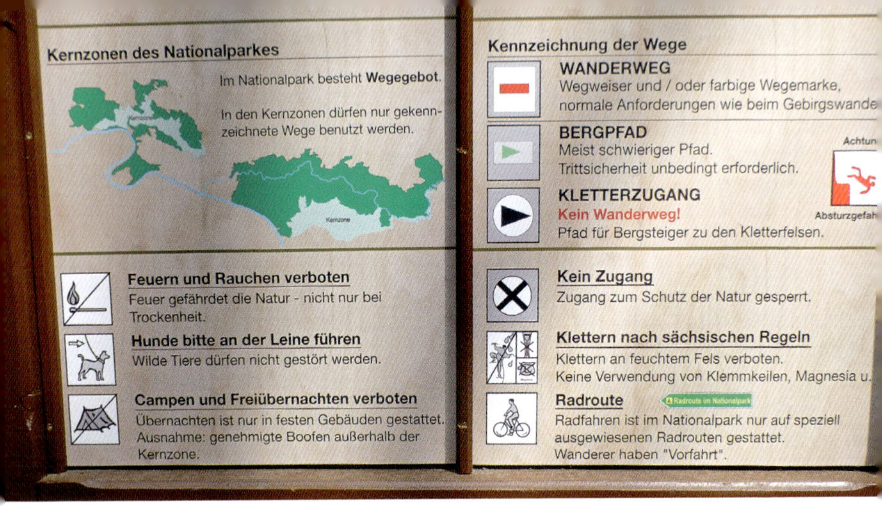

Eine Besonderheit des Nationalparks Sächsische Schweiz ist die Einteilung der Wege in drei Kategorien. Solche Tafeln informieren die Besucher.

schutzgebiete. Nach dem Zweiten Weltkrieg wurde der Schutzstatus ausgebaut. In der damaligen DDR und der benachbarten ČSSR entstanden weitere Landschafts- und Naturschutzgebiete, und im Zuge der politischen Wende wurde 1990 der Nationalpark Sächsische Schweiz und 10 Jahre später der Nationalpark Böhmische Schweiz auf tschechischer Seite gegründet. Beide bilden mit ihren ausgedehnten Waldgebieten und ihren kühlen Gründen, den wilden Schluchten und den ho-

Verhaltensregeln in den Nationalparks

- Achten Sie auf die natürlichen Gefahren im Wald! Besonders bei stärkerem Wind sollten Bereiche mit abgestorbenen Bäumen gemieden werden. Es besteht die Gefahr herabfallender Äste oder umstürzender Bäume.
- Im gesamten Gebiet der Nationalparks besteht Wegegebot.
- Im Bereich der Kernzone (Deutschland) bzw. der Ruhezone (»klidové území«, Tschechien) dürfen nur markierte Wege begangen werden.
- Hunde sind an der Leine zu führen.
- Radfahren ist nur auf den besonders markierten Radrouten gestattet.
- Feuer machen und Rauchen ist im Nationalpark verboten.
- Klettern ist nur nach den »Sächsischen Kletterregeln« und an den dafür ausgewiesenen Gipfeln gestattet.
- Es ist verboten, im Freien zu übernachten oder zu zelten. Ausnahme bilden in der Sächsischen Schweiz die genehmigten und extra gekennzeichneten Freiübernachtungsstellen (»Boofen«).
- Abfälle müssen wieder mitgenommen werden.
- Das Sammeln von Beeren und Pilzen sowie das Mitnehmen von Pflanzen, Tieren oder Steinen sind nicht gestattet.
- Wildtiere dürfen nicht gestört werden.

hen, sonnigen Felsriffen naturräumlich eine Einheit. In diesen schwer zugänglichen Regionen konnten sich lokal naturnahe Wälder halten und bieten dadurch Lebensraum für zahlreiche seltene Tier- und Pflanzenarten. Fischotter, Dachs und Iltis jagen im Elbsandsteingebirge. Vereinzelt durchstreifen sogar Wildkatze und Luchs die Wälder. Uhu, Schwarzstorch und Wanderfalke brüten in den Felsen. Eisvogel und Wasseramsel sind an den Bächen zu beobachten. Zu den charakteristischen Lurcharten zählen Grasfrosch, Bergmolch, Erdkröte und Feuersalamander. Es gibt Blindschleichen, Ringelnattern, Kreuzottern und sogar die Waldeidechse.

Die Pflanzenvielfalt ist stark abhängig vom Standort und den dort herrschenden Boden-, Temperatur- und Lichtverhältnissen. Wir finden hier bedingt durch die starke vertikale

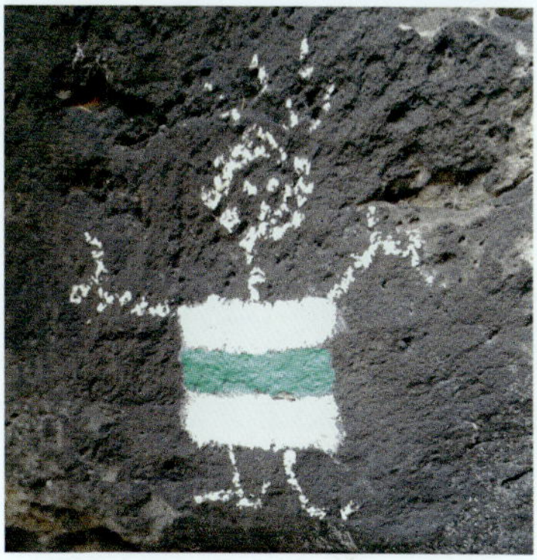

Gliederung des Elbsandsteingebirges eine Umkehrung der mitteleuropäischen Waldhöhenstufen. So wachsen an den feucht-kühlen, schattigen Talhängen Bergmischwälder mit einer Fülle an Moosen, Flechten und Farnen; darunter auch einige seltene montane und atlantische Pflanzenarten, wie der Sumpfporst oder das Gegenblättrige Milzkraut.

Lehrpfadmarkierung in der Tyssaer Felsenstadt (Tour 40).

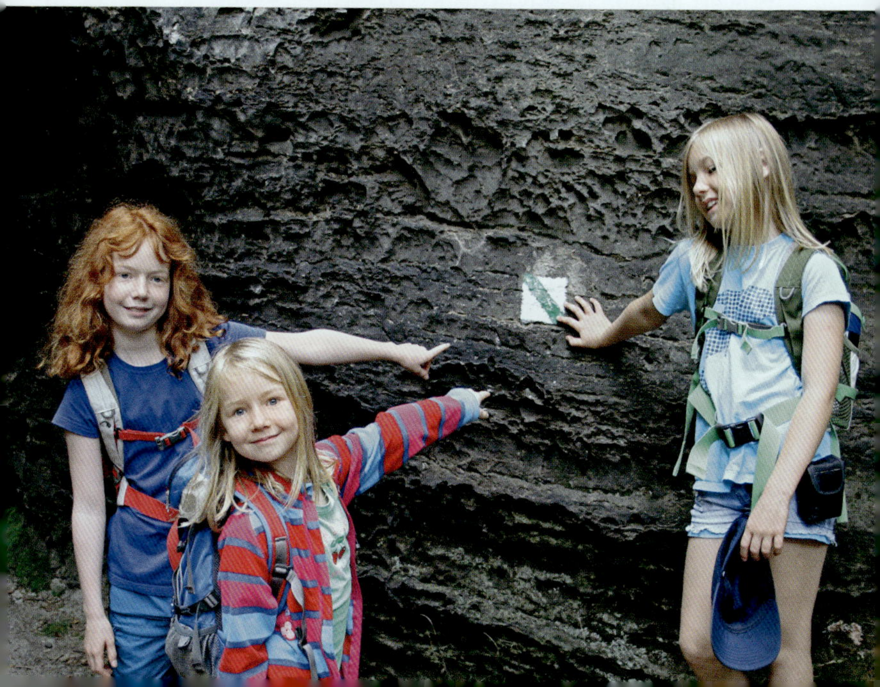

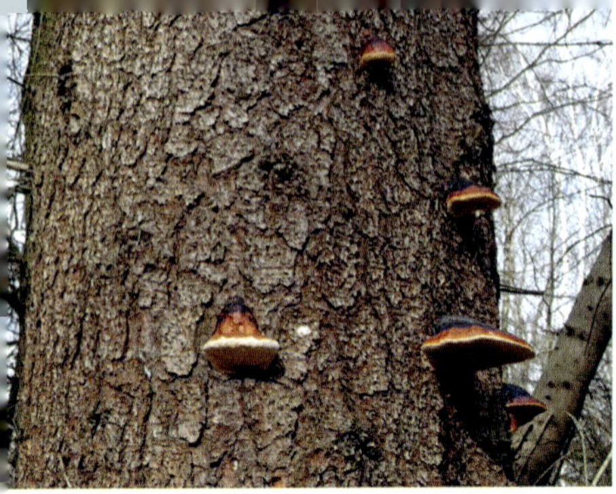

Die Zersetzung des Holzes wird von Baumpilzen eingeleitet.

Ein Wald im Wandel

Weite, wilde Wälder aus Rotbuche, Weißtanne und Hainbuche bedeckten ursprünglich das Elbsandsteingebirge. Auf den exponierten Felsriffen fanden Kiefern und Birken ihren idealen Lebensraum. Nur im feuchtkühlen »Kellerklima« tiefer Schluchten wuchsen Fichten, die sich normalerweise eher in den rauen Hochlagen der Mittelgebirge so richtig wohlfühlen. Mit der Besiedlung des Gebirges seit dem Mittelalter wurden Waldflächen gerodet und urbar gemacht. Holz wurde ein wichtiger Rohstoff. Weil wirtschaftliche Aspekte Vorrang hatten, wurde mit schnell wachsenden Baumarten wie der Fichte aufgeforstet und Schadinsekten wurden rigoros bekämpft. Nur in den unzugänglichsten Bereichen, wie den Felsenriffen und Sandsteinschluchten, konnten sich natürliche Waldgesellschaften halten. Heute sind die verbliebenen wilden Gebiete als Nationalpark geschützt. 30 Jahre lang reduzierte man mit Bedacht die naturfernen Monokulturen, um den natürlichen Waldumbau zu fördern. Doch heftige Stürme und die hohe Trockenheit in den Jahren 2017 bis 2019 ermöglichten eine massenhafte Vermehrung des Fichten-Borkenkäfers. Milliarden geschlüpfter Käfer sorgten für das großflächige Absterben der einstigen Fichtenforste (siehe »Hallo Kinder« Tour 22).

Vielerorts sehen wir die rotbraunen Fichtenkronen. Die Rinde löst sich. Insekten beginnen sich ins Holz zu fressen. Pilze siedeln sich an. Spechte haben am stehenden Totholz einiges zu picken. Die entstandenen

Im Schutz der abgestorbenen Fichten streben junge Bäumchen ins Licht.

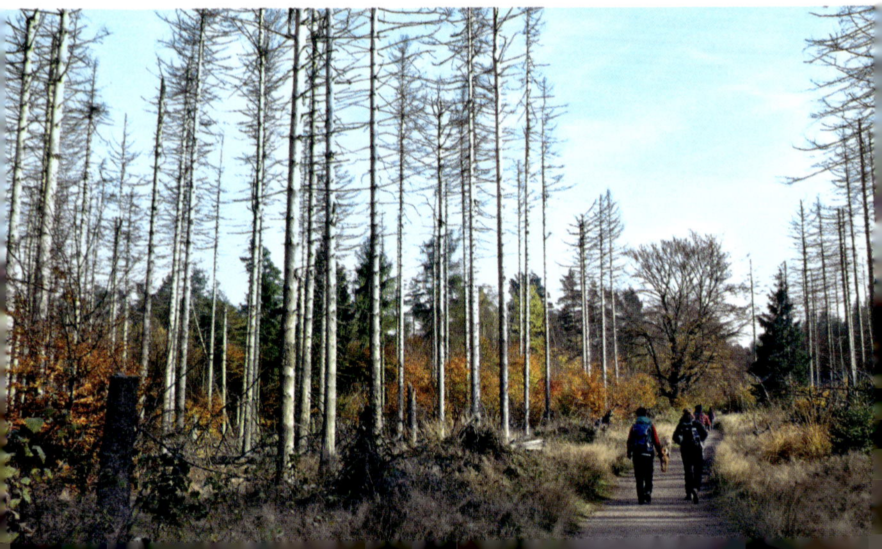

Baumhöhlungen und Spalten hinter der Rinde bieten anderen Tieren Unterschlupf. Mehr Licht kommt in den Wald. Die Lebensräume verändern sich und neue Lebensgemeinschaften finden sich zusammen. Moose und Flechten besiedeln das vermeintlich tote Holz, welches wie ein Schwamm Wasser aufnehmen kann und es anschließend langsam an den Boden abgibt. So schafft Totholz eine gute Grundlage für neues Leben und besitzt eine wichtige Funktion in der natürlichen Entwicklung des Waldes. Gemäß seinem Motto »Natur Natur sein lassen« wird im Nationalpark zukünftig nur wenig in diesen Entwicklungsprozess eingegriffen.

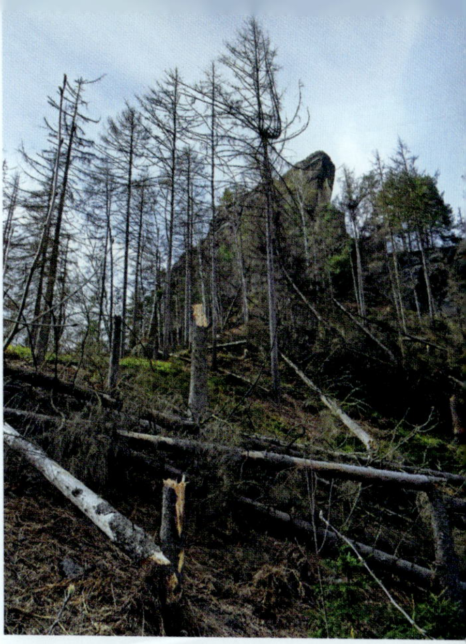

Frisch umgebrochene »Borkenkäfer-Fichten« am Winterstein (Tour 28).

Gefahren der neuen Wildnis

Im Moment erleben wir den Anfang dieses sehr dynamischen Prozesses. Die abgestorbenen Bäume stellen für Wanderer eine erhebliche Gefahr dar. Niemand kann genau sagen, wann sie umfallen oder einfach in sich zusammenbrechen. So kann es passieren, dass das Begehen mancher Wanderwege durch Baumstürze erschwert wird. Die Nationalparkverwaltung sägt zwar betroffene Wege regelmäßig wieder frei, was aber auch einige Zeit in Anspruch nehmen kann. Wegen Sägearbeiten kurzfristig gesperrte Wegabschnitte sind in der Regel vor Ort markiert und Alternativen ausgeschildert.

Bei besonders betroffenen Wandervorschlägen im Buch finden Sie in der vorliegenden Auflage jeweils in der Kurzinfo einen kurzen Hinweis auf Totholzgebiete.

Beachten Sie bitte zusätzlich folgende Hinweise:

- Informieren Sie sich vor Tourbeginn über bestehende Einschränkungen, derzeit vor allem im Gebiet der Hinteren Sächsischen Schweiz und im böhmischen Nationalpark.
- Vermeiden Sie betroffene Waldgebiete vor allem bei Wind und starkem Niederschlag.
- Seien Sie immer aufmerksam! Bleiben Sie nicht unter abgebrochenen Ästen oder Baumspitzen stehen, die noch in den Kronen hängen.

Aktuelle Infos

- kaj-kinzel.de: Neben allgemeinen Weginformationen finden Sie hier auch alternative Wandervorschläge des Autors.
- nationalpark-saechsische-schweiz.de: Hier finden Sie unter Aktuelles/Wegeservice Informationen über aktuell gesperrte und unpassierbare Wege.
- mapy.cz: In der Wander-App sind Wegsperrungen in den böhmischen Wandergebieten tagaktuell eingetragen.

1 Auf den Rauenstein

Vom Kurort Rathen zur Rauenstein-Aussicht **ab 6 J.**

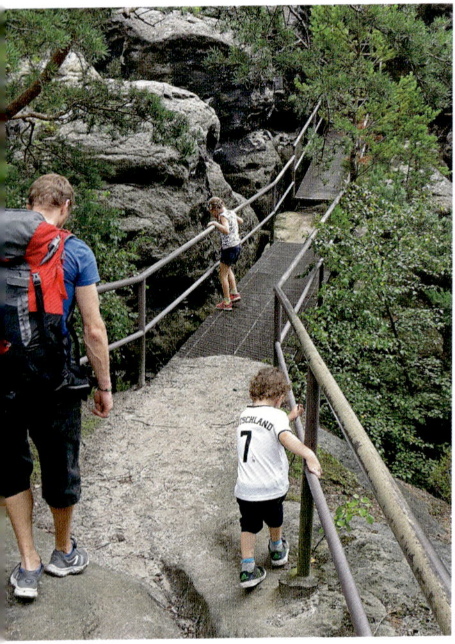

»Eisenpickelfelsen« und spannender Felsen-Gratweg

Der Rauenstein-Gratweg gilt als einer der schönsten Höhenwege der Vorderen Sächsischen Schweiz. Kinder begeistert auf diesem Weg das ständige Auf und Ab zwischen den Felsen, die luftigen Gitterrostbrücken und die steilen Eisentreppen. Etwas Trittsicherheit und ein wenig Kondition sind für den kurzweiligen Wanderausflug aber schon vonnöten. Dafür wird man an der Rauenstein-Aussicht mit einem grandiosen Blick übers Elbsandsteingebirge und auf die »Nonne«, ein beliebtes Kletterziel, belohnt. Der »Eisenpickelfelsen« ist ein imposantes geologisches Highlight unterwegs.

Auf dem Rauenstein-Gratweg lassen Eisenbrücken, Treppen und Leitern keine Langeweile aufkommen.

KURZINFO

Ausgangspunkt: Bahnhof Kurort Rathen, 124 m (GPS: N50.956545, E14.076691).

Anfahrt: Von Bad Schandau über Königstein nach Struppen, direkt am Ortseingang nach rechts und gleich nochmals rechts Richtung Kurort Rathen abbiegen. Von Pirna auf der B 172 Richtung Schmilka. Nach dem Kreisverkehr (an der Araltankstelle) links Richtung Struppen. Am Ortsausgang Struppen links und gleich wieder rechts in Richtung Kurort Rathen. Der Parkplatz befindet sich in Rathen direkt an der Elbe neben dem Fähranleger (GPS: N50.956380, E14.078526). Ein zweiter Parkplatz liegt ca. 400 m vorher vor dem Bahnübergang.

Mit der S-Bahn: Empfehlenswert, bis Haltestelle »Kurort Rathen«.

Gehzeit: 2.00 Std.

Distanz: 5,1 km.

Höhenunterschied: 230 m im Auf- und Abstieg.

Ausrüstung: Gut profilierte Freizeit- oder Sportschuhe. Da der Gratweg recht ausgesetzt ist, je nach Witterung an Windschutz oder Sonnenschutz denken.

Anforderungen: Ab 6 Jahren. Mittelschwere, kurzweilige Wanderung auf zum Teil schmalen Wegen, über Gitterrostbrücken und Eisentreppen. Kondition und ein wenig Trittsicherheit erforderlich. Vorsicht auf dem Rauenstein-Gratweg!

Einkehr: Berggaststätte »Fels Rauenstein« (fels-rauenstein.de, Tel. +49 35021 67881), Gaststätte Laasenhof (laasenhof.de, Tel. +49 35021 99288) sowie mehrere Gaststätten im Kurort Rathen.

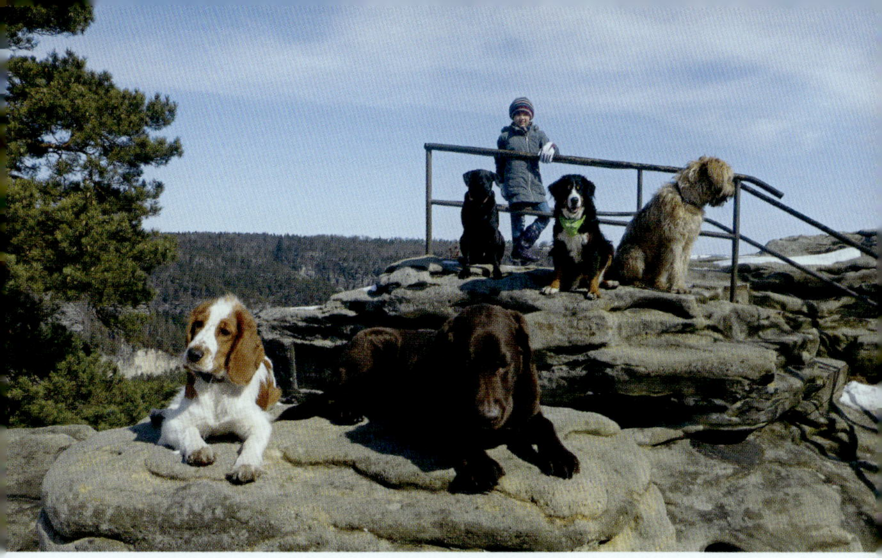

In der Mitte des Rauenstein-Kammes haben wir einen guten Blick auf das Basteimassiv. Ein steinerner Tisch lädt zu einer kurzen Rast ein.

Vom großen Parkplatz an der Elbe gehen wir zunächst auf der Straße weiter, bis wir nach 200 m zum **Bahnhof Rathen (1)** gelangen. Hier starten wir unsere Wanderung zum Rauenstein. An der Schranke gehen wir die Straße bergan. An der nächsten Kreuzung leitet uns ein brauner Wegweiser nach rechts Richtung »Rauenstein«. Wir folgen der Teerstraße noch etwa 100 m, dann führt ein schmaler, rot markierter Teerweg steil zwischen Gartenzäunen zum Wald hinauf. Dort geht es scharf rechts über einen sandsteingepflasterten Pfad weiter bergan. Nach den letzten Häusern wandern wir auf einem unbefestigten Zufahrtsweg leicht links aus dem Wald heraus und steil am Wiesenrand bis zu einer Bank hinauf, hinter der ein Weg in den Wald hineinführt. Hier genießen wir die **Aussicht (2)** zu Bastei, Basteibrücke und Mönch und folgen dann weiter dem rot markierten Wanderweg in den Wald. Rechts über uns sehen wir eine wunderschöne Berghütte mit einem tollen Rhododendron-Garten und dahinter bereits die ersten Felsen. Wir folgen dem Weg nun immer geradeaus, verlassen die rote Markierung

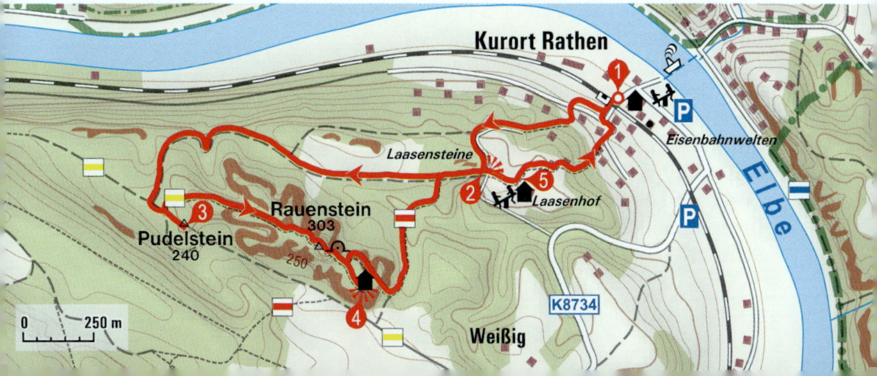

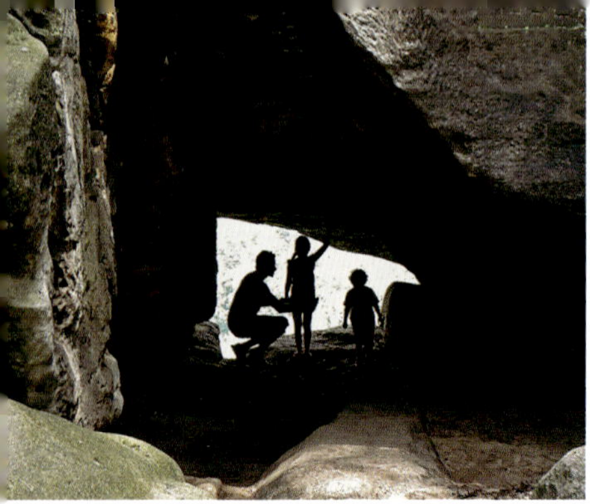

Neben der kleinen Höhle stand der erste Ausschank auf dem Rauenstein. Ob die Höhle wohl als Kühlkeller diente?

und treffen nach etwa 200 m auf eine Waldwiese. Der Weg führt an dieser entlang und nach etwa 300 m wieder in einen Wald hinein. Nach weiteren 300 m folgen wir dem Hauptweg halb links und leicht bergan. Nach einer langen Linkskurve geht's durch eine Senke und anschließend wieder hinauf. Rechter Hand sehen wir ein paar Hütten im Wald. Leise vorbeischleichend halten wir uns auf dem Waldweg geradeaus. Durch Hochwald wandern wir gemächlich ansteigend, bis wir auf den Rauensteinweg treffen. Hier gehen wir links. Bereits nach 50 m teilt sich der Weg. Wir machen einen kurzen Abstecher zum Pudelstein, dem »Eisenpickelfelsen«, und folgen dazu dem rechten, unmarkierten Weg etwa 100 m leicht abwärts in einen kleinen Felsengrund hinein. Auf der rechten Wegseite befindet sich das Naturdenkmal **Pudelstein (3)** mit seinen Höhlungen und interessanten Brauneisenknollen. Anschließend gehen wir wieder zurück zur Weggabelung und folgen rechts dem gelb markierten Weg, der alsbald als Felsenweg im ständigen Auf und Ab über mehrere Eisen-

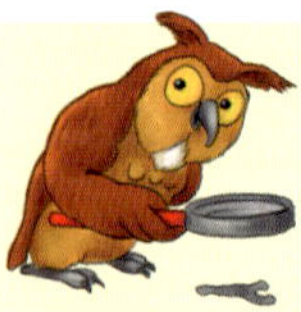

Hallo Kinder,

der Pudelstein am Rauenstein ist ein ganz besonderer Sandsteinfelsen. Sehr deutlich sind hier in etwa vier Meter Höhe kleine, durch den Felsen führende Höhlen zu sehen. Sie sind durch die Verwitterung weicherer Sandsteinschichten entstanden. Noch spannender als die Felsenhöhlen sind jedoch die auffälligen rostig-braunen Pickel auf der Felsoberfläche. Diese kleinen Knollen haben sich vor weit über 90 Millionen Jahren auf dem Meeresgrund gebildet. Sandkörner haben sich mit gelöstem Eisen und Mangan zu harten Sandsteinkügelchen verbunden, wurden später von Sand überdeckt und so im Sandstein eingeschlossen. Verwittert der Sandstein durch Regen und Wind, treten die härteren Kügelchen wie Pickel aus dem Sandstein heraus und können irgendwann auch abfallen. Bitte seid vorsichtig und brecht sie nicht ab! Dieser Felsen mit seinen imposanten Pickeln und Höhlen steht als Naturdenkmal unter besonderem Schutz.

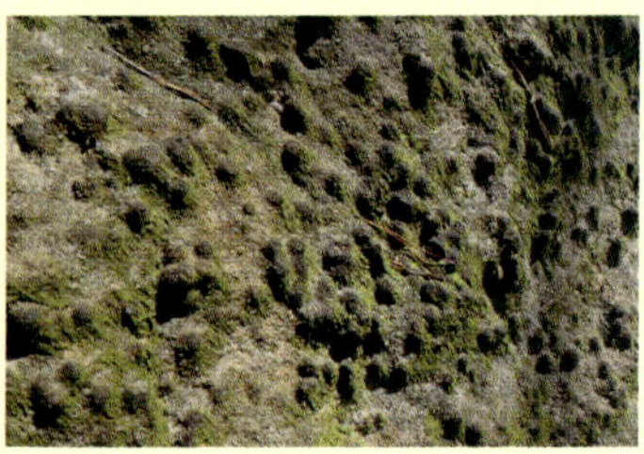

gitterbrücken und Stein- und Holztreppen immer auf dem Grat des zerklüfteten Tafelberges entlangführt. Unterwegs kann man von einem kleinen Aussichtspunkt zu den hellen Felsabbrüchen des Elbtals hinüberschauen. Die »Weißen Brüche« sind Reste des Sandsteinabbaus im Elbtal, welcher Ende des 19. Jahrhunderts zum Erliegen kam. Nach einem langen Abstieg über eine Gitterrosttreppe kommen wir an einem steinernen Tisch vorbei und entdecken gleich dahinter eine kleine Höhle. Doch Vorsicht! Die Höhle ist hinten offen, es besteht Absturzgefahr! Hier befand sich vor über 100 Jahren eine kleine Sommerwirtschaft mit Getränkeausschank. Heute sieht man noch einige Balkenfalze und eine Felstreppe, die auf einen Absatz über der Höhle führt.

Weiter geht es nun wieder stetig aufwärts über einige Treppen und Stufen an der Berggaststätte vorbei bis zur **Rauenstein-Aussicht (4)** an der vordersten Spitze des Felsmassivs. Ein wundervoller Blick belohnt für die Mühen des Aufstiegs. Die großen Tafelberge stehen wie aufgereiht vor uns: rechts die Bärensteine, dann Festung Königstein und Pfaffenstein, geradeaus der Lilienstein, weiter hinten Zirkelstein, Rosenberg, Großer Winterberg und die Schrammsteine, links dann die hellen Felsen des Rathener Gebiets und die Bastei.

Von der Aussicht an der Berggaststätte gehen wir zurück und steigen nun rechts zahlreiche Holzstufen vom Rauenstein hinunter. Wir gehen die Treppe ganz hinab bis zum Ende und folgen dem mit einem roten Strich markierten Weg Richtung »Kurort Rathen«. Nach einer kleinen Senke bewältigen wir den letzten Anstieg der heutigen Tour und stoßen oben auf einen Querweg, dem wir nach rechts folgen. Bald treten wir aus dem Wald heraus und erkennen spätestens jetzt den ersten Pausenplatz unserer Wanderung mit dem überwältigenden **Basteiblick (2)** wieder. Wir wandern nach rechts weiter bis zu einer weiteren Bank an einem Teersträßchen, dem wir links folgen. Der **Laasenhof (5)** lädt mit einem gehobenen Speisenangebot zum Einkehren ein. Es gibt einen Spielplatz, einen Barfußpfad und ein Kneippbecken zum Erfrischen der müden Wanderbeine.

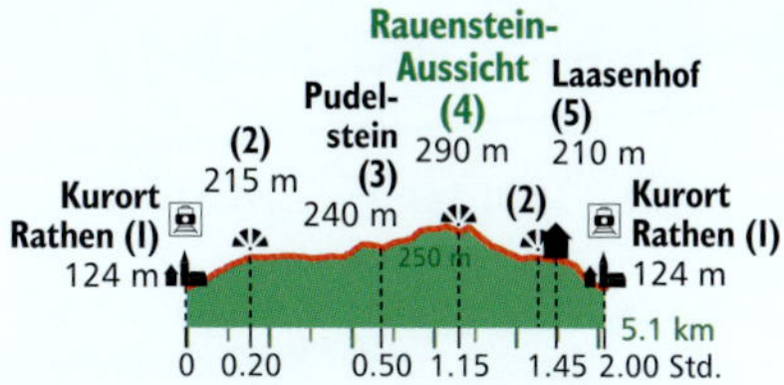

Etwas unterhalb befindet sich die Pension »Laasenperle«. Hier führt unser Abstieg nach Rathen direkt vorbei und schließlich über viele Holzstufen ins Tal hinab. Wir treffen auf eine kleine Straße, die uns in fünf Minuten zum Bahnhof **Rathen (1)** hinunterbringt.

HIGHLIGHTS

- ★ Der »Eisenpickelfelsen« (Pudelstein).
- ★ Kraxeln auf dem Felsen-Gratweg.
- ★ Rauenstein-Aussicht mit Berggaststätte.
- ★ Im Garten des Restaurants Laasenhof gibt es einen kleinen Spielplatz, einen Barfußpfad und ein Kneipp-Becken.
- ★ Spielplatz neben dem großen Parkplatz unterhalb des Bahnhofs Rathen.
- ★ Besuch der Eisenbahnwelten neben dem großen Parkplatz (s. Freizeittipp F4).

2 Kleiner Bärenstein

Über Schloss Thürmsdorf zum Mausoleum ab 4 J.

Liebliche Felsen, Schokolade und weite Aussichten

Eine Wanderung für Schokoladen-Fans! Durch die reizende Felsenlandschaft der Bärensteine führt diese Genusstour der besonderen Art in die verträumte Parkanlage von Schloss Thürmsdorf. Direkt nebenan befindet sich die Schokoladenmanufaktur mit einem Café, in dem man nach Herzenlust verschiedenste Schokoladenkreationen probieren kann. Unweit davon lockt die schöne Aussicht am Mausoleum auf den Elbbogen und die Festung Königstein. Die Felsen um die Götzingerhöhle, auch Diebshöhle genannt, laden zum Versteckspielen ein.

KURZINFO

Ausgangspunkt: Kleiner Parkplatz in der Ortsmitte von Naundorf, 228 m (GPS: N50.947381, E14.028883).

Anfahrt: Von Bad Schandau über Königstein nach Struppen, direkt am Ortseingang nach rechts Richtung Naundorf/Wehlen abbiegen.

Von Pirna auf der B 172 Richtung Schmilka. Nach dem Kreisverkehr (an der Araltankstelle) links abbiegen Richtung Struppen. Am Ortsausgang Struppen links in Richtung Naundorf/Wehlen.

In Naundorf die steile Kopfsteinpflasterstraße hinunter und unten rechts zum Parkplatz.

Mit der S-Bahn: Für gehfreudige Familien ist auch eine Anfahrt mit der S-Bahn bis Stadt Wehlen gut möglich. Fußweg vom Bahnhof nach Naundorf (1,2 km, 130 Hm, ca. 40 Min Gehzeit., ab 7 Jahren): Vom Bahnhof geht es an der Schranke vorbei und rechts der Gleise auf der Straße weiter. Nach 50 m rechts einen Treppensteig hinauf in Richtung Naundorf/Bärensteine, dann auf dem Wandersteig immer geradeaus, einmal eine Straße querend, bis nach Naundorf hinauf. Der Einstieg in die beschriebene Wanderroute erfolgt bei den »letzten Siedlungshäusern mit schönen Rhododendron-Gärten«.

Gehzeit: 2.30 Std.

Distanz: 6,8 km.

Höhenunterschied: 260 m im Auf- und Abstieg.

Ausrüstung: Gut profilierte Freizeit- oder Sportschuhe, Fernglas, kleiner Zeichenblock und Stifte.

Anforderungen: Ab 4 Jahren. Leichte Wanderung auf teilweise schmalen Wegen, Treppen und einer kurzen Leiter. Die Tour kann jederzeit abgekürzt werden.

Einkehr: Schokoladenmanufaktur in Thürmsdorf, (adoratio-schokoladenkunst.de, Tel. +49 35021 99648).

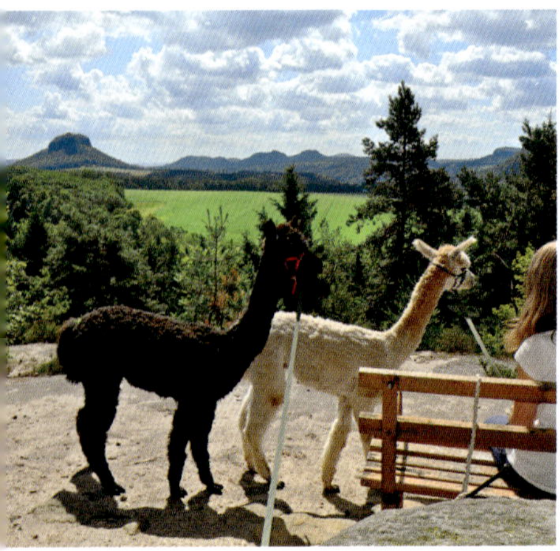

Auch die Alpakas aus Naundorf freuen sich über eine Wanderung zur Aussichtsbank in den Bärensteinen.

HIGHLIGHTS

- ★ Weite Aussicht vom Kleinen Bärenstein auf die großen Tafelberge.
- ★ Verwunschener Schlosspark mit Schokoladen-Kino.
- ★ Einkehr in der Schokoladenmanufaktur.
- ★ Ruhebänke und Aussicht auf Elbtal und Festung an der Wanderkapelle »Mausoleum«.
- ★ Kraxeln und Verstecken an der Götzingerhöhle, wie es einst die Räuber taten.

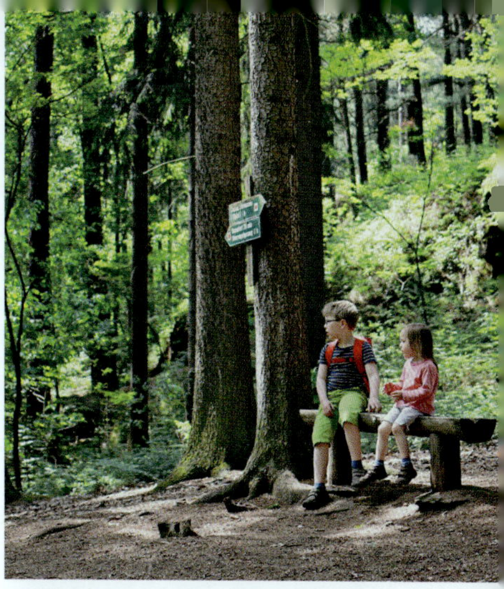

Bei einer Pause im Wald lauschen wir dem Zwitschern der Vögel.

Vom **Parkplatz (1)** gehen wir die Straße am Gasthof »Schöne Höhe« vorbei aufwärts. Wir halten uns mit der Markierung »roter Punkt« immer geradeaus. Bald geht es recht steil aufwärts. Nach einigen Gehminuten führt der Wanderweg aus dem Ort heraus. Erst wandern wir an den letzten Siedlungshäusern mit schönen Rhododendron-Gärten entlang und danach auf einem Feldweg weiter auf die bewaldeten Hügel des Kleinen Bärensteins zu. Etwa 350 m hinter dem letzten Haus folgen wir dem markierten Wanderweg nach links. Im Wald halten wir uns rechts. Gemütlich wandern wir wenig später zwischen den ersten Felsen hindurch und folgen dem Weg über Holz- und Eisentreppen aufwärts, um dann an der Einschartung zwischen zwei Felsmassiven scharf links über weitere Treppen bis zum Gipfel zu gelangen. Die weite Aussicht vom **Kleinen Bärenstein (2)** ist beeindruckend: Links sehen wir die Rathener Felsen mit der Bastei, zentral vor uns den Lilienstein und rechts die anderen Tafelberge, wie Festung Königstein und Pfaffenstein. Ein kleiner Felsen und alte Mauern des ehemaligen Gasthauses laden zum Herumkraxeln ein. An einigen Stellen geht es steil und weit hinunter – also Vorsicht!

Nach einer kurzen Rast steigen wir die Treppen wieder hinunter bis

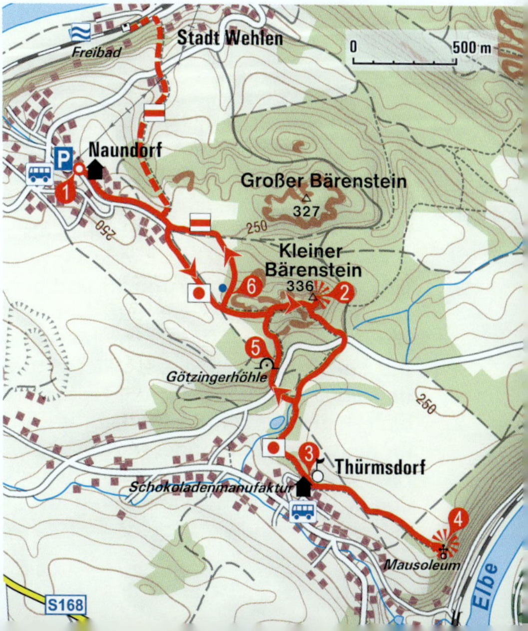

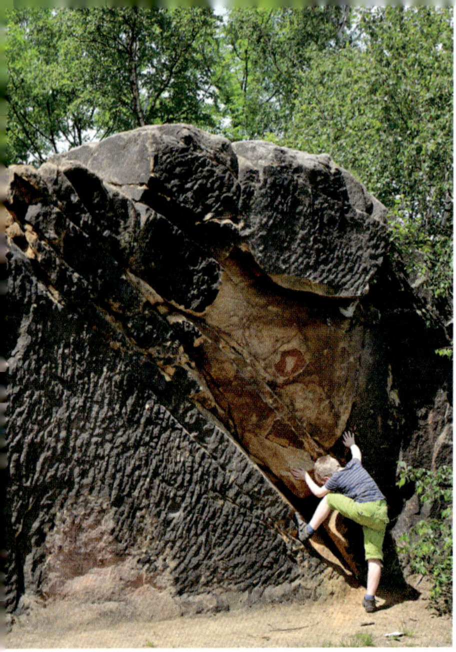

Die Felsblöcke auf dem Bärensteingipfel sind ein beliebtes Kletterziel der Kinder.

zum Abzweig in der Einschartung und biegen hier links ab. Abenteuerlich führt der nun unmarkierte Weg durch das »Schneiderloch« hindurch abwärts. Auf dem etwas verfallenen Steig wandern wir bis zur Straße hinunter. An der historischen Wegsäule überqueren wir die Straße Richtung Thürmsdorf und folgen einem schmalen Pfad rechts haltend in den Wald hinein. Immer im Wald führt dieser Pfad nun abwärts, überquert einen Forstweg und trifft nach etwa fünf Minuten auf einen breiteren Fahrweg. Wir halten uns links, folgen jetzt wieder dem roten Punkt, vorbei an einem Teich bis zum Wildzaun des Schlossparks. Rechts am Zaun entlang erreichen wir den unteren Eingang zum gepflegten Schlossgarten, den wir uns unbedingt genauer anschauen sollten. Im alten Weinkeller des Schlossparks befindet sich das Schokoladen-Kino

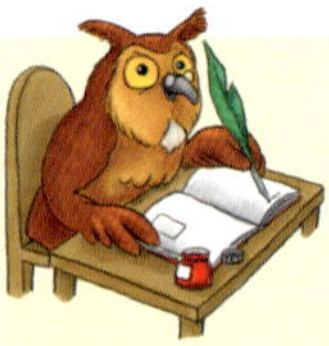

Hallo Kinder,

hoch über der Elbe seht ihr auf einem Tafelberg helle Sandsteinmauern. Das ist die Festung Königstein! Wollt ihr sie einmal besuchen? Dann steigt entlang der hohen Festungsmauern hinauf zum Haupttor. Durch das Torhaus mit den Schießscharten lauft ihr über eine Zugbrücke hinein in einen langen, dunklen Aufgang. Oben angekommen, schaut euch unbedingt den 152 m tiefen Brunnen im Brunnenhaus an! Auch der Riesenweinfasskeller in der Magdalenenburg, die Kanonen im Zeughaus oder verschiedene Ausstellungen sind interessant.

Übrigens galt die Festung früher als militärisch uneinnehmbar. So suchten die sächsischen Landesherren in kriegerischen Zeiten hinter den sicheren Mauern Zuflucht und bewahrten hier auch Kunstschätze und den Staatsschatz auf. Nur der verwegene Schornsteinfeger Abratzky schaffte es, im Jahr 1848 in die Festung einzudringen. Um das Eintrittsgeld zu sparen, kletterte er durch eine steile Felsspalte und über die Mauer auf die Festung. Weil man ihn für einen Spion hielt, wurde er zwölf Tage lang im Arrest gefangen gehalten. Wollt ihr heute einen besonderen Aufstieg wählen, macht es nicht wie Abratzky, sondern fahrt lieber mit dem gläsernen Panoramaaufzug außen an den Festungswänden hinauf … (siehe auch Freizeittipp D3).

der Manufaktur, welches einen historischen Schwarz-Weiß-Film über die Schokoladenherstellung zeigt. Unterhalb des **Schlosses (3)** sehen wir bereits den Freisitz der Schokoladenmanufaktur. Bei einer heißen Bio-Trink-Schokolade genießen wir das angenehme Ambiente.
Frisch gestärkt machen wir uns auf zur ehemaligen Grabstätte des Schlossherren. Wir folgen dazu dem Malerweg Richtung Weißig. Oberhalb des Dorfes wandern wir immer geradeaus in einer knappen Viertelstunde zum **Mausoleum (4)**. Frisch restauriert dient es jetzt als Wanderkapelle. Einige Bänke laden ein, die Aussicht ins Elbtal und zur Festung Königstein zu genießen. Wer Stift und Zeichenblock dabei hat, kann versuchen, das Mausoleum und die Festung über der Elbe zu zeichnen.
Auf demselben Weg geht es wieder zurück zum Schloss und am Park entlang bis zum kleinen Teich im Wald. Der rote Punkt leitet uns um den Teich herum und dann rechts aufwärts zur Straße. Nach dem Überqueren der Straße führt uns eine Stufenreihe bis zur **Götzingerhöhle (5)**. Die Trümmerhöhle bietet viele Möglichkeiten, sich zu verstecken und das Umfeld der Höhle zu erkunden. Etwa 50 m links der Höhle erinnert ein eingemeißeltes Kreuz daran, dass sich hier einst ein Mädchen vom Felsen gestürzt haben soll, welches während des Dreißigjährigen Krieges von schwedischen Soldaten verfolgt wurde. In der Höhle finden wir eine Erinnerungstafel an Götzinger. Er verfasste die ersten heimatkundlichen Beschreibungen über die Sächsische Schweiz und trug damit wesentlich zum Bekanntwerden der wunderschönen Gegend bei.

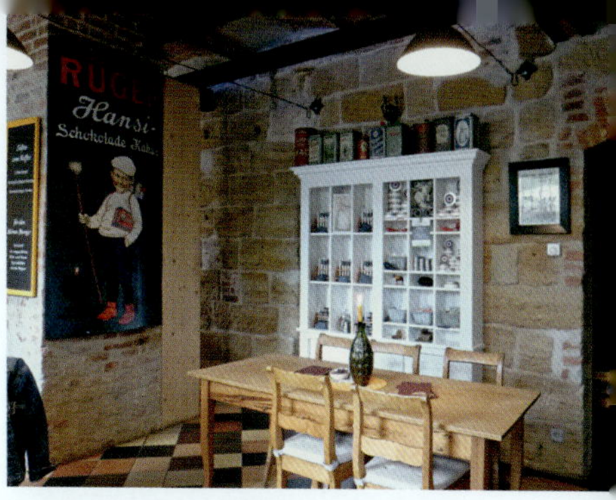

Schokoladen-Spezialitäten oder leckere heiße Schokolade gibt es im Café der Schokoladenmanufaktur.

Mit der roten Markierung gehen wir an den Felswänden entlang weiter. Durch einen Grund steigen wir über Stufen hinauf, halten uns oben rechts und kommen an eine uns schon bekannte Kreuzung. Wir biegen links in den breiten Wanderweg ein. Nach 200 m gehen wir geradeaus auf dem nun unmarkierten Weg im Wald weiter. Gleich darauf kommen wir am **Wasserwerk Naundorf (6)** vorbei. Hier befindet sich eine Aussichtsbank, dahinter der Klettergipfel »Rhombus«. Wir wandern auf dem Pfad am Waldrand weiter, genießen den Blick nach Naundorf und stoßen bald auf einen Querweg, dem wir nach links zum Dorf folgen. An den Häusern gehen wir die Straße nach rechts hinunter zum **Ausgangspunkt (1)**. Im Gasthof »Schöne Höhe« können wir im Schatten eines riesigen Esskastanienbaumes den Wandertag ausklingen lassen.

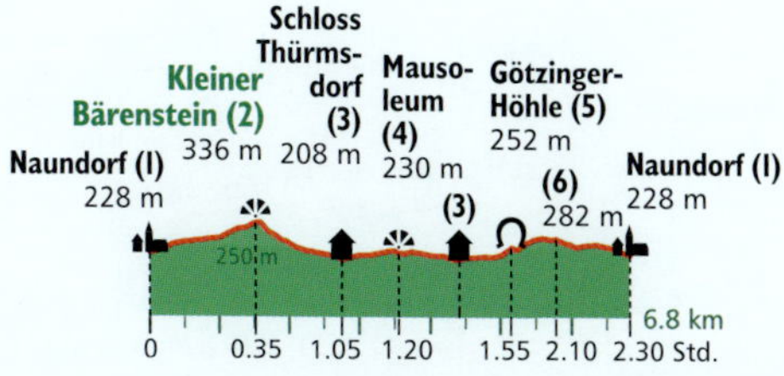

3 Nikolsdorfer Wände

Von Leupoldishain zum Bernhardstein

ab 5 J.

Märchenhafte Waldwanderung ins »Felsenlabyrinth«

Das »Felsenlabyrinth« ist eine von Quer-und Längsspalten durchzogene Felsengruppe mit mehreren Höhlen, bizarren Felsformationen und beeindruckenden Felsüberhängen, die ein natürliches Labyrinth bilden. Ein echter Abenteuerspielplatz! Keiner braucht Angst zu haben, sich in den Felsen zu verlaufen. Zahlen markieren den Weg über Leitern und durch enge Felsengassen. Es ist nicht nur für Kinder ein spannendes Tagesziel, welches wir auf einer ruhigen Waldwanderung zum Bernhardstein erreichen. Schattige Felsengründe wie aus einem Märchenfilm, Wanderwege in leichtem Auf und Ab durch hohen, hellen Mischwald und beeindruckende Aussichten auf die Tafelberge erwarten uns außerdem auf dieser nicht so bekannten Wandertour. Es bleibt spannend bis zum Schluss.

KURZINFO

Ausgangspunkt: Wanderparkplatz Leupoldishain, 289 m (GPS: N50.905520, E14.028183), an der Bushaltestelle in der Ortsmitte.

Anfahrt: Von Pirna auf der B 172 Richtung Schmilka. Nach der Ortsdurchfahrt »Struppen Siedlung« am Kreisverkehr erste Ausfahrt nach Leupoldishain nehmen. Der Parkplatz befindet sich direkt in der Ortsmitte von Leupoldishain auf der rechten Seite. Ein weiterer Parkplatz liegt nur 400 m weiter am Naturbad (ausgeschildert).

Mit dem Bus: Vom Busbahnhof Pirna (ZOB) oder Königstein mit dem Bus (Linien 245, 246) bis Haltestelle »Leupoldishain, Gemeindezentrum (Dorfplatz)«

Gehzeit: 2.50 Std., für das Erkunden des Labyrinths sollte zusätzlich etwa 1 Std. eingeplant werden.

Distanz: 8,1 km.

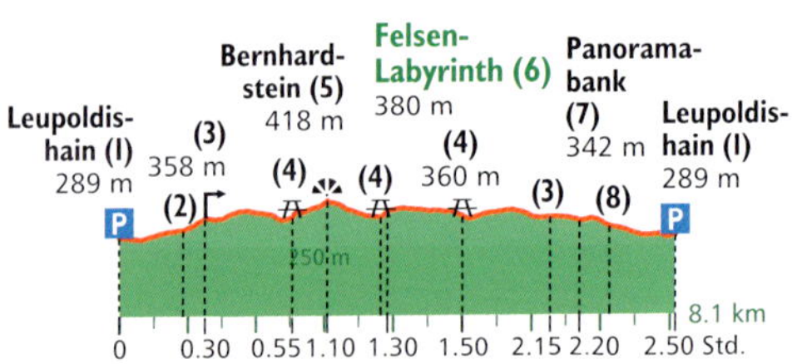

Höhenunterschied: 280 m im Auf- und Abstieg.

Ausrüstung: Für das Erkunden des Labyrinths empfehlen sich strapazierfähige Bekleidung, die schmutzig werden kann, und gut profilierte Freizeit- oder Sportschuhe – mit Sandalen sollten die Kinder in den Felsen nicht herumturnen! Stirnlampe, ausreichend Verpflegung und Getränke.

Anforderungen: Ab 5 Jahren. Abwechslungsreiche Wanderung auf meist guten Wanderwegen, teils auf schmalen Pfaden mit Stufen und Treppen. Im »Felsenlabyrinth« trifft man auf Leitern, Höhlengänge, Engstellen sowie Kletterstellen, die allesamt jedoch nicht zwingend begangen werden müssen. Es gibt immer Alternativen. Vorsicht bei Regen und Nässe! Der oft leicht bemooste Sandstein im »Felsenlabyrinth« kann sehr rutschig werden!

Einkehr: Unterwegs keine.

Hinweis: Das »Felsenlabyrinth« kann man auch ohne größere Wanderung besuchen. Vom Parkplatz an der Straße S 169 Langenhennersdorf – Bielatal ca. 1,5 km hinter Langenhennersdorf (GPS: N50.885860, E14.025820) zu Fuß auf befestigter Forststraße (kinderwagengeeignet) in 5 Min. zum Labyrinth.

Unsere Wanderung beginnt in der Ortsmitte von **Leupoldishain (1)**. Zur Erinnerung an den Uranbergbau in den Jahren von 1967 bis 1990 wurde hier die Nachbildung eines alten Förderrades und zweier alter Loren auf Schienen installiert. Ein kleines Schild informiert über die Geschichte des Bergbaus. Wir gehen die Hauptstraße etwa 30 m talwärts und nehmen den gelb markierten Weg nach rechts in ein flaches Tälchen hinein. Zwischen den Buchenhecken laufen wir talwärts, überqueren eine Brücke und steigen gleich links einige Stufen empor. Oben gelangen wir wieder auf einen Fahrweg, dem wir geradeaus folgen. An der nächsten Weggabelung verlassen wir den gelben Weg nach rechts. Ein Schild hoch oben im Baum weist den Grund als »Richters Grund« aus. Ein beschaulicher Fichtenwald umgibt uns. Rechts und links liegen dunkle, bemooste Felsbrocken herum. Bald wird der Wald lichter, und wir entdecken links des Weges einen hohen Felsturm und einen riesigen, schiefen Felsbrocken. Es sind zwei bei Kletterern recht beliebte **Klettergipfel (2)**. Wir gehen im Grund geradeaus weiter. Der breite Weg wird zu einem schmalen Pfad, und wir müssen aufpassen, ihn nicht zu verlieren. Über eine versteckt zwischen zwei Felswänden gelegene lange Stufenreihe steigen wir aus dem Grund heraus. Oben halten wir uns links und stoßen nach 100 m auf einen breiten **Fahrweg (3)**. Wir biegen rechts ab und wandern jetzt mit der Markierung »grüner Punkt« immer geradeaus durch einen hellen Mischwald aus

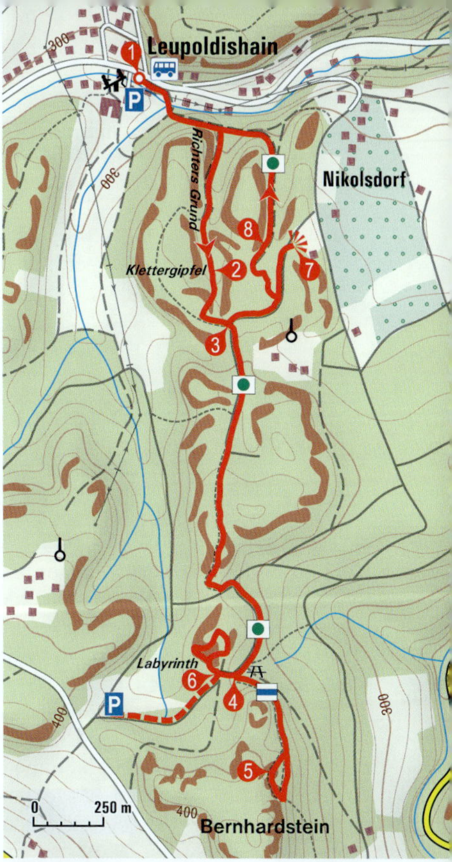

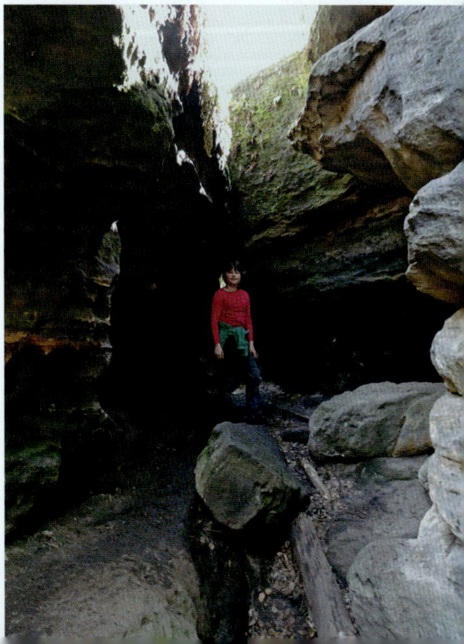

Im »Felsenlabyrinth« laden Höhlen, Klüfte und Felsbrocken zum Herumkraxeln und Erkunden ein.

HIGHLIGHTS

★ Das »Felsenlabyrinth« mit Höhlen, Gängen und einem Gewirr an Felsblöcken gleicht einem natürlichen Abenteuerspielplatz.

★ Der Bernhardstein mit seinem weiten Panoramablick lädt zum Rasten ein.

★ Viele Felsen und kleine Stiegen zum Herumkraxeln unterwegs am Wegesrand.

★ Auf der Naturbühne Leupoldishain inmitten der Nikolsdorfer Felsen kann man selbst einmal auf der Bühne stehen und gemeinsam ein Lied singen.

Birken und Kiefern. Nach knapp einem Kilometer schlängelt sich der Wanderweg an ein paar Felsen vorbei an einem Hang abwärts. Hier müssen wir aufpassen, da der Wegverlauf etwas schwer erkennbar ist. Wir halten uns links, überqueren einen breiteren Weg und kommen nach wenigen Schritten wieder an eine Forststraße. Hier befindet sich ein auffälliger roter Pfosten, ein Rohr mit abgeschlossenem Deckel, das als Messstelle für Grundwasseruntersuchungen dient. Wir wandern auf der Forststraße rechts weiter. Nach einer Kurve sehen wir bald einen **Picknickplatz (4)**, neben dem Schüler vor einigen Jahren eine Weißtanne gepflanzt haben. Wir laufen geradeaus daran vorbei, um etwa 50 m weiter links in den blau markierten Harald-Schurz-Weg Richtung Bernhardstein abzubiegen. Es geht relativ eben in einen Waldweg hinein. Nach etwa fünf Minuten biegt der Weg fast rechtwinklig nach rechts ab. Über viele Stufen, zum Schluss über eine kurze Eisentreppe und ein paar Felsstufen steigen wir zur herrlichen Panoramaaussicht des **Bernhardsteins (5)** hinauf. Hier kann man eine Rast einlegen und den Blick auf die Tafelberge genießen. Hinter dem Geländer geht es 40 m senkrecht in die Tiefe. Also aufgepasst und nicht herumgeturnt! Neben der oberen Aussicht weist ein Wegweiser auf den Taufstein hin. Zwischen den Felsen hindurch und ein paar Stufen hinab finden wir unter einem riesigen Felsdach einen schattigen Platz mit einer kleinen Bank. An dieser Stelle ließ im Jahr 1851 ein Engländer ein Kind taufen, so erhielt dieser Felsen seinen Namen.

Haben wir diesen Platz genug auf uns wirken lassen, gehen wir die Stufen zurück, am Geländer nach links weiter (blaue Markierung) und dahinter noch einmal links durch eine kurze Felsengasse hindurch. Viele Stufen führen nun ins Tal hinab. Wir sollten unbedingt die Stufen zählen, denn nach 142 Stufen kommen wir an einen kleinen Felsen mit Wegmarkierung und ein große alte Buche. Hier verlassen wir den Wanderweg und gehen auf einem schmalen, schwer erkennbaren, unmarkierten Pfad nach links in den Wald hinein und immer auf gleicher Höhe bleibend geradeaus. Bereits nach wenigen Minuten treffen wir wieder auf den rechtwinkligen Ab-

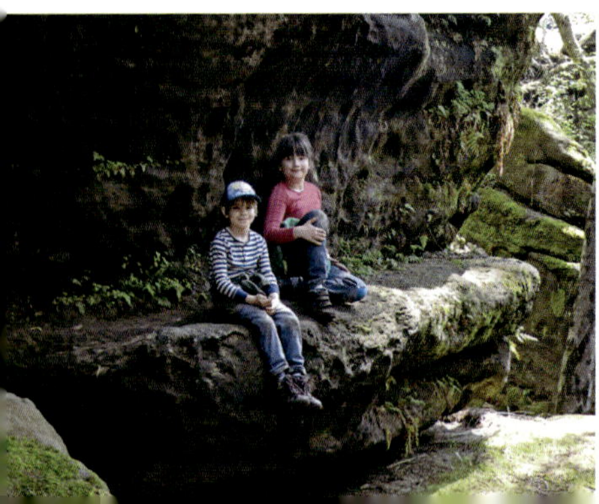

Ein natürlicher Pausenplatz für die kleinen Labyrinth-Entdecker.

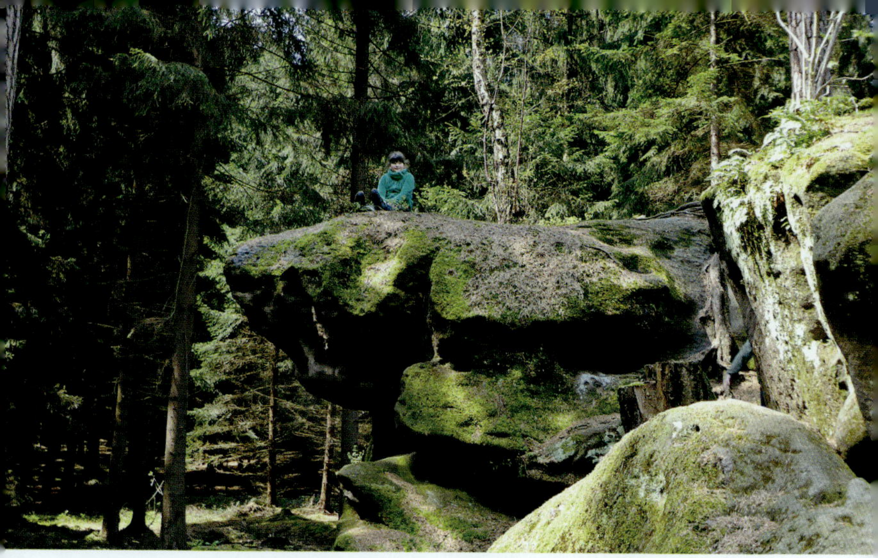

Auf die Felsblöcke der Nikolsdorfer Wände zu klettern, macht Riesenspaß!

zweig zum Bernhardstein, wandern diesmal jedoch geradeaus weiter bis zurück zum **Picknickplatz mit der Weißtanne (4)**. Ein Wegweiser schickt uns nach links in den Wald zum Labyrinth. Über einige breite Holzstufen steigt der Weg leicht links haltend zu einer **Felsengruppe (6)** hinauf. An einem nach vorn gekippten Felsen sehen wir die Beschriftung »Eingang« und links die Zahl »1« auf grünem Grund. Wenige Schritte weiter treffen wir auf zwei Eisentreppen. Über die rechte Leiter gelangen wir in einen spannenden Höhlengang. Kleinere Kinder sollte man hier etwas unterstützen, damit sie nicht fehltreten. Am Ende dieses Ganges muss man im Spalt zwei Meter nach unten klettern. Dabei ist ein wenig erwachsene Unterstützung ebenfalls hilfreich. Anschließend gehen wir am besten nach rechts weiter. Die vielen Wege, Gänge und Durchschlüpfe im »Felsenlabyrinth« sind mit Zahlen in aufsteigender Reihenfolge gekennzeichnet. Man kann sich an ihnen orientieren, muss es aber nicht zwingend. Man findet immer leicht aus dem etwa 100 mal 130 Meter großen Felsgebiet heraus und kann außen herum wieder zurück zum »Eingang« gelangen. Im Felsareal finden wir einige Höhlen, die mit einer Stirnlampe genauer erkundet werden können. In den Höhlen kann man in kleinen Nischen oder Spalten mit etwas Glück eine Höhlenspinne, das Höhlentier des Jahres 2012, entdecken. Die kleine, dunkelbraune Spinne tut niemandem etwas, und so lassen wir sie in Ruhe in ihrer dunklen Behausung sitzen. Beim Suchen nach dem richtigen Weg sollten wir immer vorsichtig herumkraxeln, denn an einigen Stellen geht es auch schon mal ein paar Meter hinunter. Einen ganz besonderen Durchschlupf finden wir nach der Zahl 22, und kurz vor dem Ausgang kann man links sogar ganz auf das Felsplateau hinaufklettern.

Sind wir genug herumgekraxelt, steigen wir vom »Eingang« aus wieder die Stufen hinunter zum Rast-

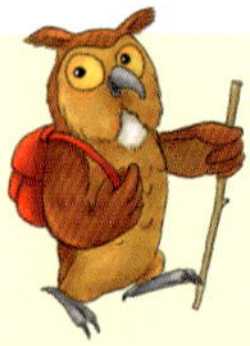

Hallo Kinder,

wisst ihr, was »Boofen« ist? Dieses sächsische Wort leitet sich vom Ausdruck »pofen« für »tief und fest schlafen« ab und bezeichnet das Übernachten unter Felsüberhängen im Elbsandsteingebirge. Vor allem Bergsteiger sind es, die an solchen Stellen schlafen, um am nächsten Tag schnell wieder Klettern gehen zu können. Mit Baumstämmen als Sitzgelegenheiten sowie vertrocknetem Farnkraut und Blättern als schützender Unterlage ist es recht gemütlich, nach einem anstrengenden Klettertag am Abend noch zusammenzusitzen und in den Schlafsack zu kriechen, wenn die Sterne am Nachthimmel blinkern. Schon am zeitigen Morgen wird man wieder von Vogelgezwitscher und den ersten Sonnenstrahlen geweckt. Schlafsack, Isomatte, Verpflegung und ausreichend Trinkwasser muss man allerdings selber mitbringen. Ein zünftiger »Boofer« nimmt zudem allen Abfall wieder mit nach Hause, macht keinen Lärm und kein Feuer im Wald. Im Nationalpark ist Boofen allerdings nur an wenigen Plätzen erlaubt, die mit einer kleinen Plakette gekennzeichnet sind.

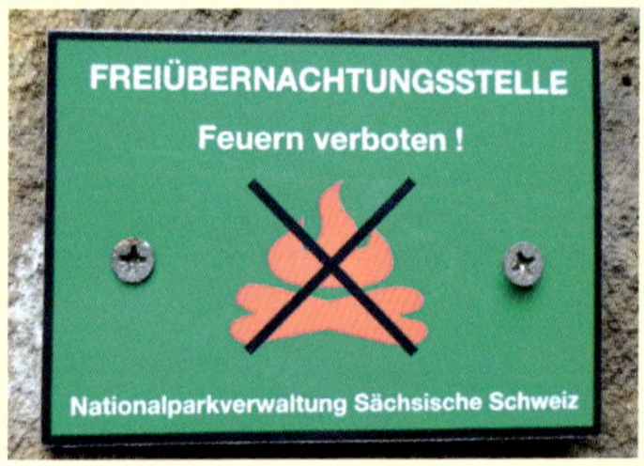

platz mit der Weißtanne **(4)**. Ab hier können wir uns von unseren Kinder zurückführen lassen, denn wir gehen auf den nächsten etwa 1,5 Kilometern die vom Hinweg bekannte Route in umgekehrter Richtung. Wir wenden uns also am Rastplatz nach links und folgen wieder dem »grünen Punkt«. Am roten Pfosten zweigt unser Weg links von der Forststraße ab und führt zunächst als Pfad durch den Wald hinauf und oben als breiter Waldweg auf dem Bergrücken entlang. Wir gehen an der Stelle geradeaus vorbei, an der wir auf dem Hinweg auf den breiten Waldweg getroffen sind **(3)**. 200 m nach einer deutlichen Rechtskurve verlässt der markierte Wanderweg den breiten Forstweg und mündet links in einen kleinen, unscheinbaren Pfad. Wer möchte, kann hier einen Abstecher zur nur zwei Minuten entfernten **Panoramabank (7)** unternehmen und von da den Blick zu Festung Königstein und Lilienstein auf sich wirken lassen.

Unser grün markierter Pfad führt uns dann über ein paar Holzstufen in den Bärs Grund hinunter. Unten entdecken wir zur Linken eine größere Höhle, die Wildbretskammer, und kurz darauf zur Rechten die märchenhaft zwischen bizarren Felsen gelegene **Naturbühne Leupoldishain (8)**. An dem Naturtheater vorbeiwandernd gelangen wir nach einigen Minuten an eine Gabelung, an der wir uns links halten. Nach einer Schafweide steigen wir ein paar Stufen zur Brücke hinunter und gehen rechts über den Fahrweg zurück zu unserem Startpunkt in **Leupoldishain (1)**.

Vorderes Bielatal

Von der Schweizermühle zur Ottomühle

ab 5 J.

In die Felsenwelt von Sachsenstein und Herkulessäulen

Seinen Namen verdankt dieses romantische Tal im Elbsandsteingebirge dem kleinen Flüsschen Biela, das auf seinem 18 Kilometer langen Weg vom tschechischen Ostrov bis in die Elbe bei Königstein eine Höhendifferenz von ca. 400 Metern überwindet. Das Tal ist geprägt von bizarren Sandsteinformationen. Immer wieder führt der Weg zu atemberaubenden Aussichten. Ein besonderes Abenteuer für die Kinder bietet die steile und enge Steiganlage auf den Sachsenstein. Die Herkulessäulen beeindrucken im zweiten Teil der Wanderung – die beiden eindrucksvollen Felsnadeln gehören zu den Wahrzeichen der Sächsischen Schweiz und sind ein beliebtes Fotomotiv.

KURZINFO

Ausgangspunkt: Parkplatz Schweizermühle, 348 m (GPS: N50.848913, E14.043644).

Anfahrt: Von Pirna auf der B 172 Richtung Schmilka, am Abzweig »Rosenthal – Bielatal« rechts abbiegen. Am Gasthof Hermsdorf dem Verlauf der Vorfahrtsstraße nach links und anschließend gleich wieder rechts folgen, im Tal halb rechts auf die Vorfahrtsstraße abbiegen und an der nächsten Kreuzung geradeaus der Ausschilderung »Schweizermühle/Ottomühle« folgen. Ungefähr 400 m nach der Werbetafel des Restaurants »Schweizermühle« befindet sich der Wanderparkplatz auf der rechten Seite.

Mit dem Bus: Vom Busbahnhof Pirna (ZOB) mit Buslinie 245 bzw. von Königstein mit Buslinie 242 Richtung Rosenthal bis »Rosenthal Schweizermühle«

Gehzeit: 2.30 Std.

Distanz: 5,4 km.

Höhenunterschied: 240 m im Auf- und Abstieg.

Ausrüstung: Gut profilierte Freizeit- oder Sportschuhe.

Anforderungen: Ab 5 Jahren. Abwechslungsreiche Wanderung überwiegend auf Waldwegen und -pfaden mit Steinen und Wurzeln, auf denen Trittsicherheit erforderlich ist. Für den optionalen Aufstieg über steile Eisentreppen und Leitern auf den Sachsenstein ist Schwindelfreiheit unabdingbar.

Einkehr: Daxensteinbaude (Tel. +49 35033 71533), Ottomühle (ottomuehle.de, Tel. +49 35033 76800), Imbiss Räuberhütte, am Parkplatz.

Kombi-Tipp: Die Tour kann mit Tour 5 kombiniert werden.

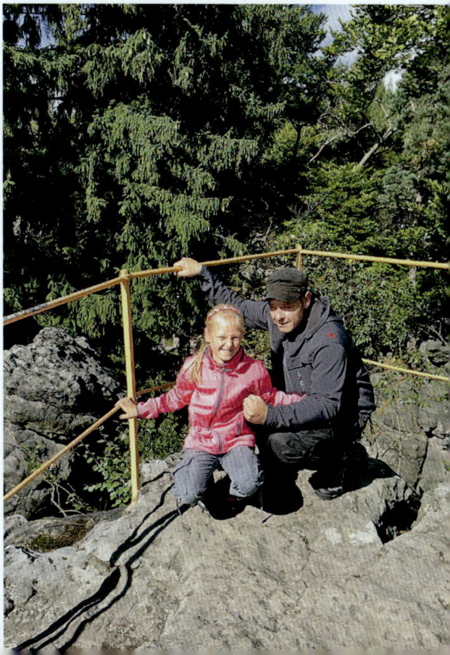

Auf dem Gipfel des Sachsensteins ist Vorsicht angebracht, denn es geht ringsherum senkrecht nach unten.

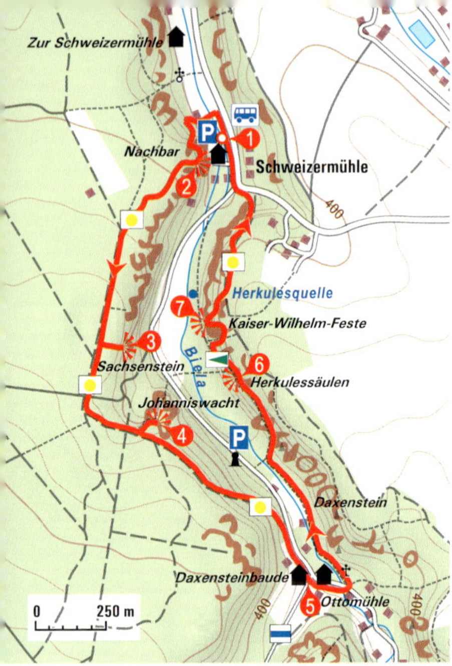

Wir starten unsere Wanderung am **Parkplatz Schweizermühle (1)**. Nördlich des Parkplatzes, unterhalb der Bushaltestelle, befindet sich ein kleiner Fischteich. Wir folgen dem mit einem gelben Punkt markierten Weg, der vor dem Teich nach links in Richtung »Nachbar« führt. Über eine kleine Brücke überqueren wir das Flüsschen Biela, wandern über eine Wiese und gelangen an den Waldrand. Auf dem Pfad gehen wir nach rechts und gleich danach wieder links. Im Wald geht es über Holz- und Steinstufen hinauf, immer dem gelben Punkt und der Ausschilderung »Nachbar« folgend. Etwas Aufmerksamkeit ist erforderlich, damit man den Abzweig des gelb markierten Weges nach links zum **Aussichtspunkt »Nachbar« (2)** nicht verpasst. Von der Aussicht schaut man tief hinunter ins Tal, trotz Geländer sollte man hier ein wenig vorsichtig sein.

Anschließend folgen wir weiter unserer gelben Markierung durch ein kleines Sandsteintor und über einige Stufen hinauf in den Wald. Auf schmalem Pfad, der sich später verbreitert, geht es nun durch den Nadelwald, wo wir bald darauf auf einen breiten Weg stoßen. Ein Wegweiser zeigt in Richtung der Aussichtspunkte Sachsenstein und Johanniswacht, unserer nächsten Ziele. Von nun an wird der grüne Punkt unseren Weg markieren. Wir laufen für etwa 400 m auf dem breiten Waldweg entlang, dann zweigt nach links ein schmaler Pfad in Richtung Sachsenstein ab. Über einige Stufen steigen wir hinunter zum Einstieg des **Sachsensteins (3)**. Über steile Eisentreppen und -leitern geht es auf den freistehenden Sandsteinturm hinauf. Für den abenteuerlichen Aufstieg sollte man trittsicher und schwindelfrei sein und nicht unter Platzangst leiden. Kleinere Kinder lässt man hier am besten direkt vor sich aufsteigen, um gegebenenfalls helfen zu können. Vom Gipfel bietet sich eine erste gute Aussicht über die bizarren Felstürme des Bielatals und auf den hohen Schneeberg in der Ferne. Gegenüber sehen wir ein gemauertes

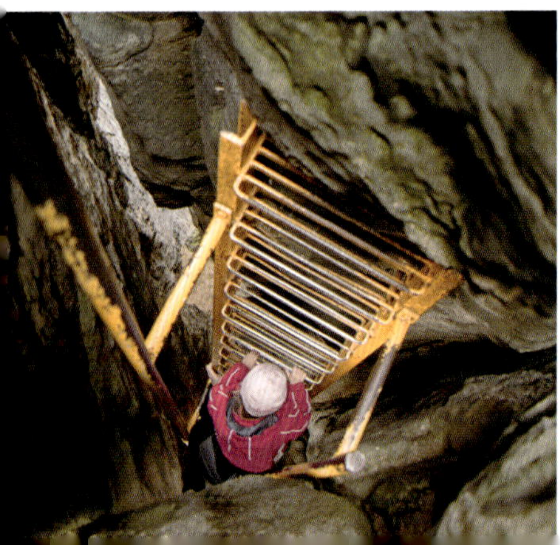

Richtig steil und eng wird es bei der Sachsenstein-Besteigung.

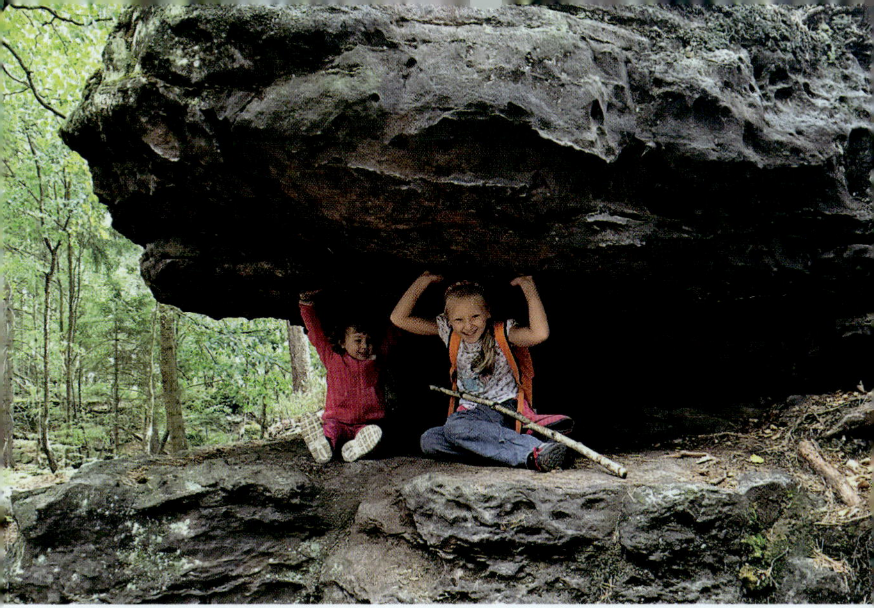

Immer wieder finden wir Felsen mit bizarren Formen, die unterwegs zum Spielen einladen.

Türmchen. Es ist die Kaiser-Wilhelm-Feste, an der wir auf dem Rückweg noch vorbeikommen werden.
Wieder zurück am Wandfuß geht es auf demselben Weg wieder hinauf zum grün markierten Wanderweg. Wir wandern nach links weiter und nehmen an der nächsten Kreuzung den Weg geradeaus. Nur etwa 250 m danach zweigt ein Pfad nach links ab, der uns zum **Aussichtspunkt Johanniswacht (4)** leitet. Eine kurze, steile Eisentreppe führt hinauf zur Aussicht. Mit etwas Glück sehen wir von hier aus einige mutige Kletterer an den schlanken Felstürmen klettern. Unter den bizarren Felssäulen auf der anderen Talseite werden wir im zweiten Teil dieser Wanderung hindurchgehen. Doch zunächst müssen wir noch einmal zurück zu unserem grün markierten Wanderweg und laufen auf diesem nach links weiter. Die Wegmarkierungen grüner und gelber Punkt sind nicht zu übersehen und leiten uns auf den nächsten 500 m erst mäßig, dann etwas steiler abwärts ins Tal. Dort stoßen wir auf eine schmale Fahrstraße, folgen dieser nach rechts und gelangen so zur **Ottomühle** und zur **Daxensteinbaude (5)**, die zur Einkehr einladen. An manchen Tagen fährt eine kleine Modelleisenbahn im nett gestalteten Freisitz der Ottomühle und lockert die Pause auf.
(Hinweis: Ab hier ist ein Anschluss der Tour 5 möglich.)
Für unseren Weiterweg gehen wir die Teerstraße an der Ottomühle

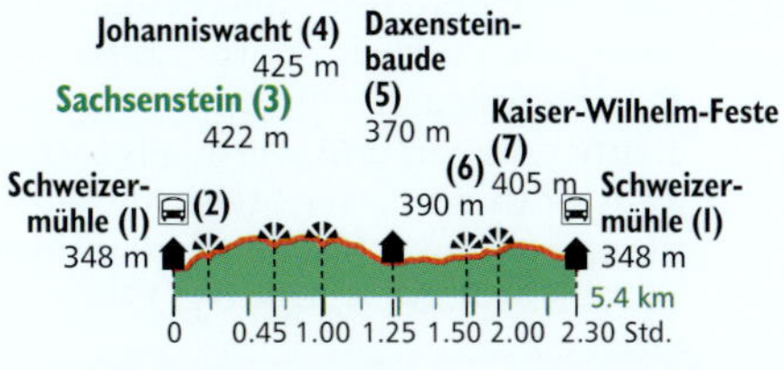

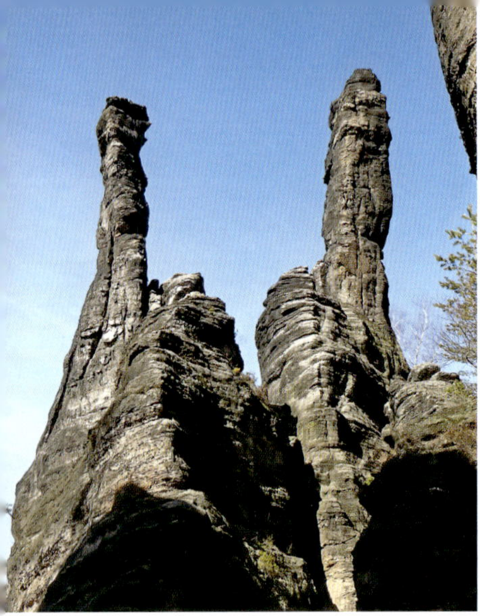

Die schlanken Felsnadeln der Herkulessäulen sind die bekanntesten Felsgebilde im Bielatal.

vorbei noch 100 m weiter. Direkt am großen Wegweiser nehmen wir den zuerst etwas unscheinbaren Pfad in den Wald hinein, welcher uns immer am Ufer der Biela entlangführt. Ein kleines Wasserspiel am Austritt einer gefassten Quelle lässt uns kurz staunen und verweilen. Ungefähr 500 m nach dem Wegweiser kommen wir an eine Wegkreuzung, an der von links her ein auffälliger Knüppeldamm auf unseren Pfad trifft. Hier steigen wir nun halb rechts hinauf in den Wald und folgen einem mit Wurzeln durchzogenen Weg über einige Holzstufen zu den hohen Felsen. Wir halten uns etwa auf gleicher Höhe bleibend geradeaus und wandern auf einem recht ausgetretenen Pfad zwischen den Felstürmen hindurch. Der erste schlanke, hohe Felsen rechts am Weg heißt Chinesischer Turm, der hohe Felsen links Schiefer Turm. Beide sind beliebte, doch nicht ganz leichte Kletterfelsen. Wenig später tauchen vor uns die »Herkulessäulen« auf, zwei außergewöhnlich bizarre Felsnadeln, die jeden Moment umzufallen scheinen. Wir halten uns weiter geradeaus, überwinden eine

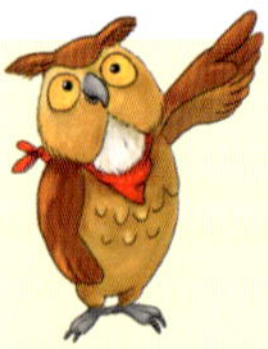

Hallo Kinder,

auf der Fahrt durchs Bielatal kommt ihr an einem auffälligen Gemäuer vorbei. Es ist ein historischer Hochofen aus dem Mittelalter. Eisenerz aus den Bergwerken der Umgebung wurde hierher transportiert, zu Eisen geschmolzen und weiterverarbeitet. Dazu war Holzkohle notwendig. Die Hammerwerke, die das Eisen schmiedeten, brauchten Wasser zum Antreiben ihrer Mühlräder. Beides, Holz und Wasser, war im Bielatal vorhanden. So errichtete man hier den ersten Hochofen und bald siedelten sich auch die ersten Arbeiter fest an. Aus dem hochwertigen Eisen wurden z. B. gusseiserne Ofenplatten, Siedepfannen, Geschützrohre und Kanonenkugeln hergestellt, die auf der Festung Königstein und der Burg Stolpen verwendet wurden. Später verfielen die Anlagen. Nur die Ruine des mächtigen Hochofens blieb bis heute erhalten und wurde als technisches Denkmal restauriert.
Legt doch an dieser Stelle mit euren Eltern einen kurzen Zwischenstopp ein und schaut euch den Hochofen einmal genauer an!
(GPS: N50.858471, E14.041176)

Scheinbar endet der Weg in dieser hohen »Felsengasse«. Ob wir einen Ausgang finden?

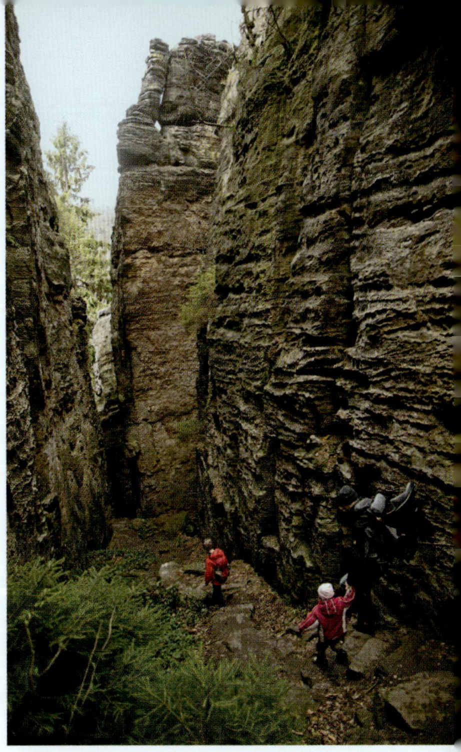

kurze, steile Gittertreppe und steigen über einige Blöcke durch eine von einem riesigen Felsbrocken überdachte Höhle hindurch. Über eine Sandsteintreppe erreichen wir die **Aussicht an den Herkulessäulen (6)**. Eine kleine Bank lädt kurz zum Ausruhen ein. Von der Aussicht kommend leitet uns die Wegmarkierung »grüner Pfeil« nach rechts ein paar Stufen hinunter und dann gleich links weiter in die »Felsengasse«. Wir folgen dem markierten Pfad und gelangen bald in eine hohe Felsenschlucht, an deren Ende eine Sandsteintreppe durch eine Höhle hinunterführt. Wenn wir aus der Höhle heraustreten, folgen wir dem Wanderweg nach rechts durch eine letzte »Gasse« hindurch zum Abzweig hinauf zur Kaiser-Wilhelm-Feste, die bereits hoch über unseren Köpfen auf dem Felsen thront. Wir wollen diesen letzten, kurzen Anstieg nicht scheuen und folgen der Stufenreihe aufwärts. Bald stoßen wir auf einen Querweg und folgen der gelben Wegmarkierung an einer Sandsteinsäule gegenüber nach links. Nachdem wir einige Stufen hinaufgestiegen sind, sehen wir linker Hand bereits das Gemäuer der **Kaiser-Wilhelm-Feste (7)**. Von hier genießen wir einen letzten Blick hinunter ins Tal, bevor wir den Rückweg antreten. Wir gehen zurück zum Wanderweg und diesen dann nach links weiter. Der Weg führt weiter gelb markiert durch den Wald und später über einige Stufen hinunter an die Straße. Diese gehen wir nach links und unten an der Straßenkreuzung rechts zum **Parkplatz Schweizermühle (1)** zurück.

Variante: Wenn man wirklich schon zu müde für den letzten Anstieg zur Kaiser-Wilhelm-Feste ist, kann man am Abzweig auch den ebenfalls gelb markierten, unteren Weg geradeaus weitergehen. An einem kleinen See vorbei gelangt man nach etwa 450 m an eine Straße, auf der man nach rechts in wenigen Minuten zum Parkplatz kommt.

HIGHLIGHTS

- ★ Abenteuerlicher Leitern-Aufstieg auf den Sachsenstein (optional).
- ★ Pausenstellen am plätschernden Bielabach.
- ★ Die bizarren Herkulessäulen und die »Felsengasse«.
- ★ Die luftige Kaiser-Wilhelm-Feste.
- ★ Historischer Hochofen, ca. 1 km vor dem Startpunkt an der Zufahrtsstraße (siehe auch »Hallo Kinder«).

5 Bennohöhle und Schwedenhöhle

Von der Ottomühle auf den Großvaterstuhl — ab 6 J.

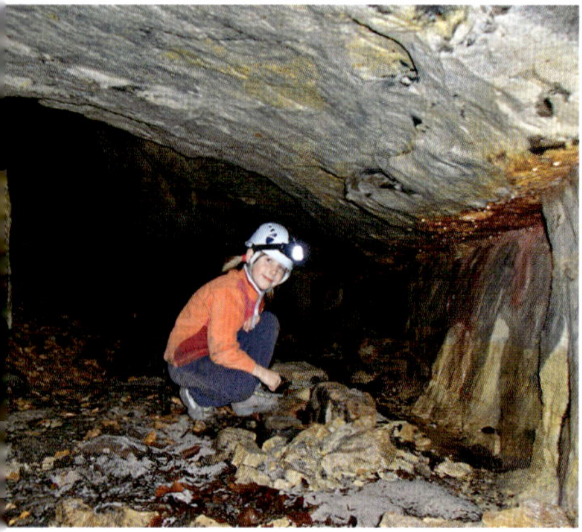

Spannende Welt unter Tage.

Höhlenabenteuer im Bielatal

Bekannt ist das Bielatal vor allem durch seine vielen schlanken Felstürme. Nur die wenigsten wissen, dass es hier auch recht viele Höhlen gibt. Die meisten von ihnen sind schwierig zu durchsteigen und damit Höhlenforschern vorbehalten, die die nötige Kletter- und Seiltechnik gut beherrschen. Unsere Wanderung führt uns jedoch zu zwei interessanten Höhlen am Wegesrand, die jedermann, der ein wenig mutig ist und keine Platzangst hat, erkunden kann. Richtige Tropfsteine gibt es im Sandsteingebirge zwar nicht, dafür Muschelabdrücke, kleine warzen- bis brokkoliartig geformte Sinter, temporäre Wasserläufe und Höhlenspinnen. Besonders an heißen Sommertagen erwartet uns in den Höhlen und am Bachufer der Biela angenehme Kühle. Diese abwechslungsreiche Wanderung führt durch den Talgrund hinauf auf die Hochfläche, wo uns die luftige Aussicht am »Großvaterstuhl« einen krönenden Abschluss verspricht.

KURZINFO

Ausgangspunkt: Wanderparkplatz Ottomühle, 360 m (GPS: N50.839196, E14.045000).

Anfahrt: Von Pirna auf der B 172 Richtung Schmilka, am Abzweig »Rosenthal – Bielatal« rechts abbiegen. Am Gasthof Hermsdorf dem Verlauf der Vorfahrtsstraße nach links und anschließend gleich wieder rechts folgen, im Tal halb rechts auf die Vorfahrtsstraße abbiegen und an der nächsten Kreuzung geradeaus der Ausschilderung »Schweizermühle/Ottomühle« und später Richtung »Ottomühle« folgen. 1,1 km nach diesem letzten Abzweig befindet sich der große Wanderparkplatz auf der linken Seite.

Mit dem Bus: Nur in Kombination mit Tour 4 zu empfehlen – siehe dort.

Gehzeit: 2.20 Std.

Distanz: 6,0 km.

Höhenunterschied: 230 m im Auf- und Abstieg.

Ausrüstung: Gut profilierte Freizeit- oder Sportschuhe. Für den Besuch der Höhlen Stirnlampe und Ersatzbatterien sowie Bekleidung, die schmutzig werden kann. Handtuch zum Fußeabtrocknen nach dem Spielen am Bach.

Anforderungen: Ab 6 Jahren. Überwiegend leichte Wanderwege mit einigen Treppen. Für den Aufstieg zum Großvaterstuhl, für den Zustieg zu den Höhlen und im Höhleninneren ist jedoch Trittsicherheit erforderlich.

Einkehr: Daxensteinbaude (Tel. +49 35033 71533), Ottomühle (ottomuehle.de, Tel. +49 35033 76800).

Tipp: Die Tour kann mit Tour 4 kombiniert werden.

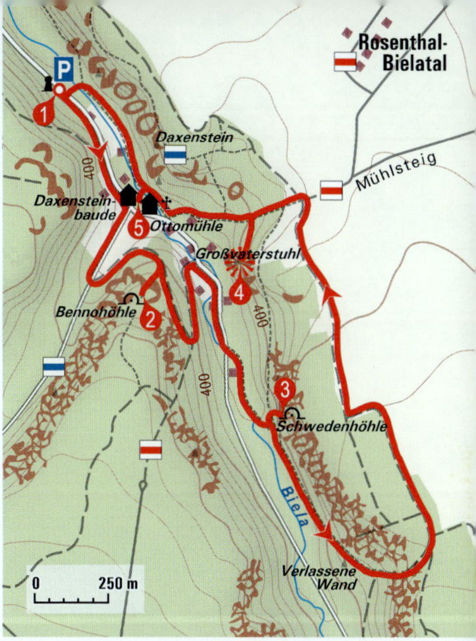

Vom **Wanderparkplatz (1)** gehen wir am Parkautomat und der Informationstafel vorbei und die Fahrstraße weiter bis zur Ottomühle. Hinter der Daxensteinbaude nehmen wir die Straße nach rechts, wandern hinauf bis zum Waldrand und biegen dann nach links in einen breiten Waldweg ein. Ein Wegweiser zeigt in Richtung unseres ersten Zieles dieser Wanderung, der Bennohöhle. Auf unmarkiertem Weg gehen wir ungefähr 300 m und folgen dann wieder dem Wegweiser zur Höhle. Nach rechts geht es erst über Holz-, später über Steinstufen hinauf in die Felsen. Der Weg führt uns direkt zum Eingang der **Bennohöhle (2)**. Etwa 35 m geht es steil über einige Steinstufen und Felsbrocken in die durch riesige Felstrümmer gebildete, recht geräumige Höhle hinein. Beim Abstieg sollte man langsam gehen und ruhig die Hände zum Abstützen nutzen, denn hier und da kann der Boden etwas rutschig sein. Ganz unten befindet sich in einer kleinen Kammer eine geheimnisvolle Inschrift, die auf die Namensgebung der Höhle hinweist. Verschiedene Geschichten ranken sich um diese Inschrift. Letztlich sind diese Zeichen wohl eine Fälschung, was an der modernen, offenen Schreibweise der Ziffer 4 zu erkennen ist.

Im weiteren Umfeld der Bennohöhle gibt es einige Löcher und Spalten, sodass Kinder hier nicht unbeaufsichtigt herumkraxeln sollten.

Nach der Erkundung der Höhle gehen wir nun wieder auf unserem Aufstiegsweg hinunter zum breiten Wanderweg, auf dem wir etwa 200 m nach rechts weiterlaufen. Wir gelangen an einen Abzweig, der uns scharf nach links über Holzstufen abwärtsführt; ausgeschildert ist hier die Ottomühle (roter Strich). Bald laufen wir an einigen Grundstücken entlang und biegen am Ende des Zauns rechts ab. Unten kommen wir an eine Teerstraße, der wir nach rechts folgen. Wenig später kommen wir an der Bergwacht-Station vorbei, und nach circa. 100 m zweigt vor der Brücke nach links ein unmarkierter Pfad ab. Der Wegweiser leitet uns unter anderem in Richtung »Schwedenhöhle/Eisloch«. Zunächst wandern wir immer am Ufer des plätschernden Bielabaches entlang, bevor der Weg dann allmählich ansteigend verläuft. Nach fünf Minuten kommen wir an einen Abzweig und steigen nach links den

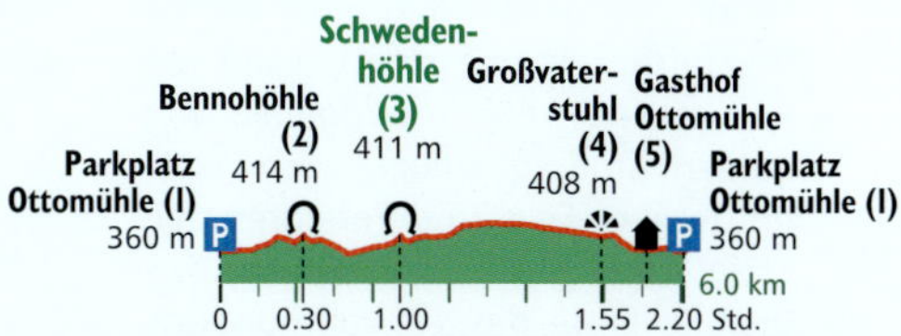

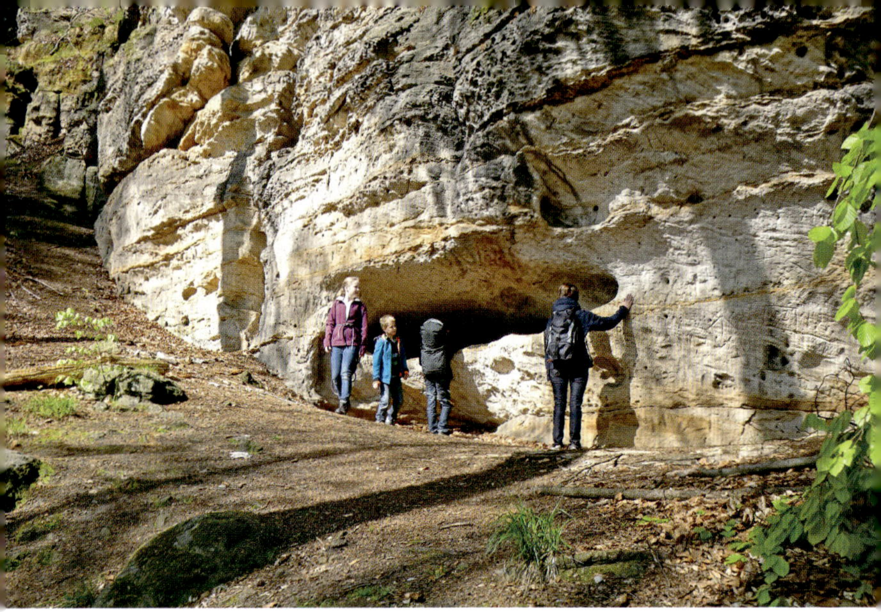

Ganz besondere Höhlen sieht man hier am Wegesrand auf einer sogenannten »Schichtfuge«, einer Grenze zwischen verschiedenen Sandschichten. Diese Höhlungen wurden z. T. noch künstlich erweitert und werden heute manchmal von Bergsteigern auch zum Schlafen genutzt.

steilen Pfad über Stufen hinauf zu **Schwedenhöhle** und **Eisloch (3)**. Im Eisloch kann man nach schneereichen Wintern durchaus bis in den Mai hinein noch Schneereste finden. Über die moosig-rutschige Felsstufe hineinzuklettern ist eine waghalsige Angelegenheit. Lieber wenden wir uns links der Schwedenhöhle zu, die wir mit Hilfe einer guten Stirnlampe leicht erkunden können.

Zurück im Tageslicht, steigen wir wieder den steilen Aufstiegsweg hinunter zum Wanderpfad, den wir nach links weitergehen. Ohne große Höhenunterschiede zu überwinden, führt uns unser Pfad nun weiter. Wer aufmerksam schaut, kann am Fuß einiger Felsen eingemeißelte Zahlen und gekreuzte Schwerter entdecken. Dies sind Forstgrenzzeichen, die Kurfürst Friedrich August III. Ende des 18. Jahrhunderts anbringen ließ, um die Grenze des kurfürstlichen Waldes dauerhaft zu kennzeichnen. Bald sehen wir vor uns einen hohen Felsgipfel, an dem unser mit Holzgeländern begrenzter Weg links vorbeiführt. Wir gehen zwischen den Felsen hindurch, folgen weiter unserem Pfad und stoßen wenig später auf einen breiten Waldweg, der von unten aus dem Tal heraufkommt. Wir gehen geradeaus den Berg hinauf und halten uns oben links. Nun führt unser

HIGHLIGHTS

- ★ Geheimnisvolle Inschriften in der Bennohöhle.
- ★ Spannende Erkundung der Schwedenhöhle.
- ★ Aussicht vom »Großvaterstuhl«.
- ★ Spielen am plätschernden Bielabach.

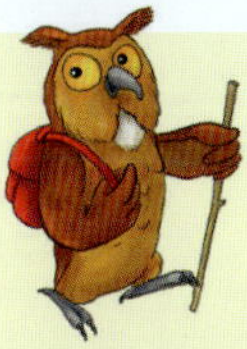

Hallo Kinder,

für das Erkunden der Schwedenhöhle benötigt ihr unbedingt eine Stirn- oder Taschenlampe! Ein enger gewinkelter Gang führt in die Höhle hinein. Nach einigen Metern müsst ihr durch ein enges Loch eine etwa einen Meter tiefe Felsstufe hinunterklettern. An eiskalten Wintertagen kann man an dieser Stelle oft dicke Eissäulen bewundern. Keine Angst! Ein leichter und überraschend hoher Gang bringt euch weiter bis zum hintersten Winkel der finsteren Höhle. Mit etwas Glück findet ihr dort auch ein Höhlenbuch, in das sich jeder Höhlenforscher eintragen kann. Während dem Dreißigjährigen Krieg sollen sich hier Menschen aus dem Dorf mit ihren Habseligkeiten vor schwedischen Soldaten versteckt haben. So kam die Höhle zu ihrem Namen. Auch später erinnerte man sich in unruhigen Zeiten immer wieder an dieses dunkle Versteck. Inschriften an den Höhlenwänden zeugen von früheren Besuchern. Übrigens gibt es bei Wehlen und auf dem Gohrisch zwei weitere »Schwedenhöhlen«, die ihr einmal besuchen könnt.

breiter Wanderweg immer geradeaus weiter. Nach ein paar Minuten treten wir aus dem Wald heraus. Rechts können wir weit über die Hochebene von Rosenthal schauen.

Wir wandern nun zunächst immer am Waldrand entlang, später geht es über Wiesen und Felder, bis wir nach etwa einem Kilometer an eine Wegkreuzung kommen. Hier nehmen wir links den Wiesenpfad in Richtung »Großvaterstuhl« (grüner Punkt) und »Ottomühle« (roter Strich), der später in den Wald hineinführt. Um den Abzweig zum »Großvaterstuhl« nicht zu verfehlen, ist nun etwas Aufmerksamkeit erforderlich. 100 m, nachdem wir in den Wald hineingelaufen sind, führt ein Pfad nach links durch den Hochwald. Der Wegweiser ist schwer zu erkennen, und auch der Abzweig über Wurzeln und Steine ist eher unscheinbar. Auf dem Waldpfad geht es bald ein paar Holzstufen hinauf, anschließend ein Stück mäßig ansteigend durch den Wald, bis wir eine steile Sandsteintreppe in einer Felsenkluft erreichen. Wir steigen hinauf und halten uns rechts, dem Pfad folgend. Nun sehen wir schon den Aussichtspunkt **»Großvaterstuhl« (4)**. Noch eine steile Sandsteintreppe hinauf, und wir werden für die Mühen des Aufstieges mit einem beeindruckenden Tiefblick hinunter zur Ottomühle belohnt. Zurück geht es auf demselben Weg bis zum Wanderweg. Diesen gehen wir nach links den Berg hinunter bis zur Teerstraße im Tal.

Hier nehmen wir einen unscheinbaren Pfad, der direkt vor der Teerstraße am großen Wegweiser nach rechts und am Ufer des kleinen Bächleins entlangführt. Wer einkehren möchte, kann über eine kleine Brücke zur **Ottomühle (5)** gelangen. Wir folgen dem Pfad am Bach etwa 500 m. An der dortigen Wegkreuzung gehen wir nach links über einen Knüppeldamm zur Biela. Hier bietet sich noch einmal Gelegenheit zum Planschen am Bachufer, bevor wir über die Brücke wieder den **Parkplatz (1)** erreichen.

6 Pfaffenstein

Von Pfaffendorf

ab 5 J.

Zur Barbarine und zur Höhle des Geldfälschers

Der Pfaffenstein ist einer der größten und in vielerlei Hinsicht bedeutendsten »Steine« der Sächsischen Schweiz, wie die Tafelberge hier liebevoll genannt werden. Relativ zentral gelegen bietet er tolle Aussichten über das gesamte Elbsandsteingebirge. Er ist von ferne betrachtet recht kompakt, doch schaut man ihn sich aus der Nähe an, bemerkt man seine starke Gliederung, einem Labyrinth gleichend, mit vielen tiefen Klüften durchzogen, in denen sich eine große Vielfalt an Tieren und Pflanzen angesiedelt hat. Hier findet man einige Höhlen und Klettergipfel sowie die berühmteste Felsnadel der Sächsischen Schweiz, die Barbarine.

KURZINFO

Ausgangspunkt: Pfaffendorf, oberer Parkplatz am Gasthaus »Zum Pfaffenstein«, 252 m (GPS: N50.906364, E14.081690).

Anfahrt: Auf der B 172 bis Königstein, im Kreisverkehr nach Pfaffendorf abfahren, durch Pfaffendorf hindurch bis in den oberen Ortsteil. Dort rechts abbiegen und, an einer ersten Parkfläche vorbei, auf schmalem Fahrweg zum großen Parkplatz am Gasthaus »Zum Pfaffenstein«.

Mit S-Bahn / Bus: Mit der S-Bahn bis Königstein und dann zu Fuß nach Pfaffendorf (2 km, 140 Hm, 50 Min.; besonders für jüngere Kinder sehr weit und anstrengend); derzeit nur Montag bis Freitag auch mit Buslinie 244a bis »Pfaffendorf, Vereinshaus«.

Gehzeit: 2.10 Std.

Distanz: 4,1 km.

Höhenunterschied: 270 m im Auf- und Abstieg.

Ausrüstung: Gut profilierte Freizeit- oder Sportschuhe, Stirnlampe, Fernglas.

Anforderungen: Ab 5 Jahren. Mittelschwere Wanderung auf z. T. schmalen Wegen, Treppen und Leitern, etwas Kondition und Trittsicherheit sind hilfreich. Kinder nicht allein herumklettern lassen!

Einkehr: Gasthaus »Zum Pfaffenstein« (gasthaus-zum-pfaffenstein.de, Tel. +49 35021 67951), Berggaststätte Pfaffenstein auf dem Gipfelplateau (pfaffenstein.com, Tel. +49 35021 59410; einfache Küche, fairtrade, vegetarische und vegane Speisen).

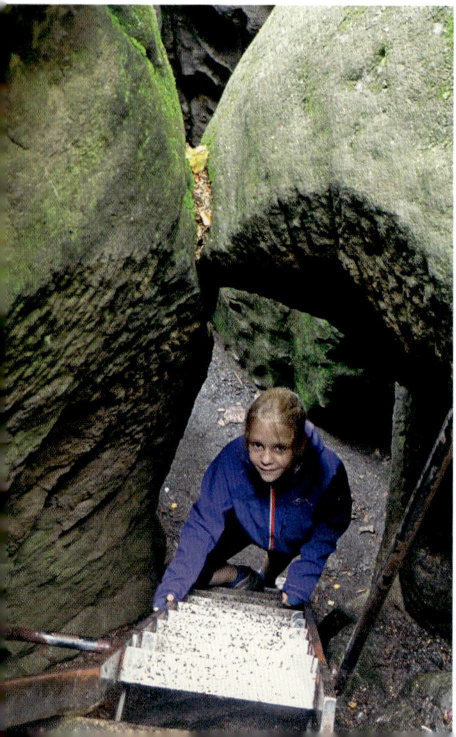

Durch das »Nadelöhr« hindurch erreichen wir das Gipfelplateau des Pfaffensteins.

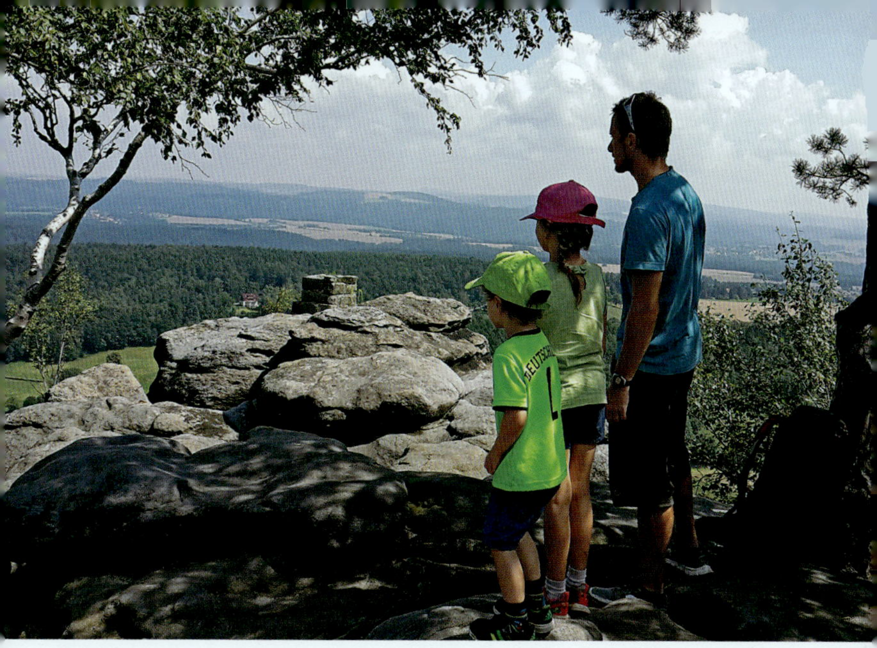

Vom Pfaffenstein haben wir Ausblick in alle Himmelsrichtungen.

Wir starten vom **Parkplatz (1)** am oberen Ortsende von Pfaffendorf. Von hier ist unser imposantes Tagesziel schon gut zu sehen. Wir folgen dem Betonplattenweg an der Gaststätte vorbei steil bergan. Rechts steht majestätisch die Festung Königstein, hinter uns der massige Lilienstein. Bereits nach zehn Minuten erreichen wir den Waldrand am Fuß des Pfaffensteins. Einige Felsblöcke im Wald begeistern die Kinder. Eine Hinweistafel informiert uns über das »Naturschutzgebiet Pfaffenstein« und die Highlights unserer Tour. Wir halten uns links und treffen nach wenigen Metern auf eine Treppe, die uns durch das **»Nadelöhr« (2)**, einen engen Durchschlupf mit einer Eisenleiter am Ende des Aufstiegs, auf kürzestem Weg auf den Tafelberg führt. Gemeinsam die vielen Stufen zählend erreicht man leichter den Gipfel – wie viele Meter steigt man hinauf, wenn man fünf Stufen für einen Meter Höhenunterschied annimmt?

Oben angekommen laden uns einige Felsen ein, kurz zu rasten. Ringsum sehen wir Farne zwischen den Birken und Kiefern stehen, Heidekraut wächst an den Sandsteinfelsen. Vorsicht ist geboten beim Herumklettern, hier und da geht es neben den Felsen tief hinunter! Das

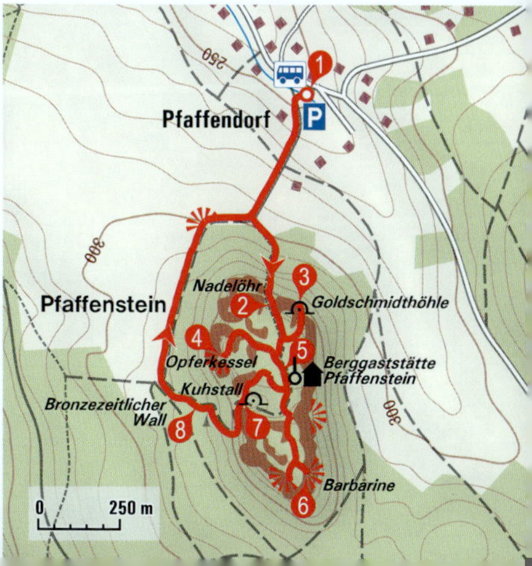

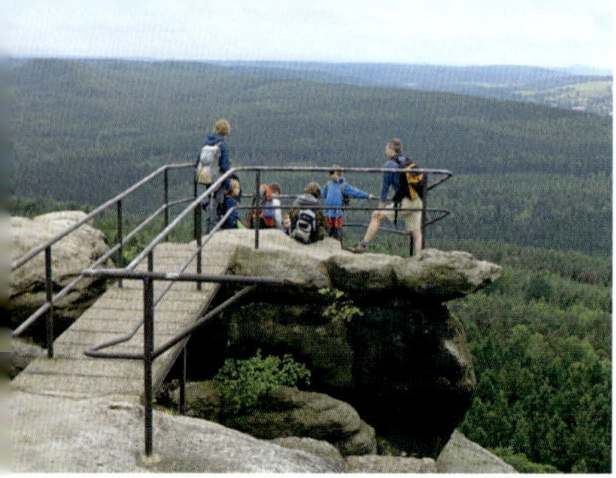

Luftige Aussicht am »Opferkessel«.

gilt für den gesamten Pfaffenstein, dessen Felsenwelt geradezu zum Kraxeln einlädt.

Wir gehen weiter und treffen bald auf einen Abzweig nach links zu einer grandiosen Aussicht: Wir blicken auf Lilienstein, Gohrisch und Papststein, weiter dahinter liegen die Schrammsteine. Bei guter Sicht ist weiter rechts auch der Rosenberg zu sehen, ein riesiger Basaltkegel und Zeuge der vulkanischen Aktivitäten in der Entstehungsgeschichte des Elbsandsteingebirges.

Nachdem wir die Aussicht ausreichend genossen haben, wollen wir die Höhle des Geldfälschers erkunden, der hier Mitte des 19. Jahrhunderts sein Unwesen trieb. Gehen wir die Stufen vom Aussichtsplateau wieder hinunter, führt gleich rechts ein unscheinbarer Pfad durch eine enge Felsspalte zu einem Eisengeländer mit Eisentreppe. Wir steigen diese hinab und folgen über weitere Steinstufen dem Weg, der sich an großen Felstrümmern vorbeischlängelt. Vorsicht, es gibt einige ungesicherte tiefe Löcher neben dem Weg! Den Geländern folgend erreichen wir nach etwa 120 m die **Goldschmidthöhle (3)**. Im hintersten Winkel einer großen Felsnische führt links ein Gang zwölf Meter tief ins Dunkel hinein, rechts und links gibt es Ablageflächen. Man kann sich gut vorstellen, wie der Geldfälscher hier seine Zeit verbracht haben könnte. Am linken Rand der großen Felsnische fällt eine weitere spannende, dunkle Spalte auf, die vielleicht als weiteres Lager und Versteck gedient haben könnte.

Wir gehen auf bekanntem Weg wieder zurück bis zum Abzweig am Hauptweg und wenden uns nun nach links. Bereits nach etwa 50 m zweigen wir am Wegweiser rechts ab in Richtung »Opferkessel«. Interessante Felsformationen sind zu sehen. Jeder darf diesen Felsen eigene Namen geben! Wal, Karussell oder Delphin – dem Einfallsreichtum sind keine Grenzen gesetzt! Über kleine Brücken, an Felsstufen und der »Annenbank« vorbei schlängelt sich der Pfad bis zu einem Aussichtsfelsen mit einem riesigen Wasserbecken, dem **»Opferkessel« (4)**. Wir lassen den Blick aus luftiger Höhe in die weite Landschaft schweifen. Mit et-

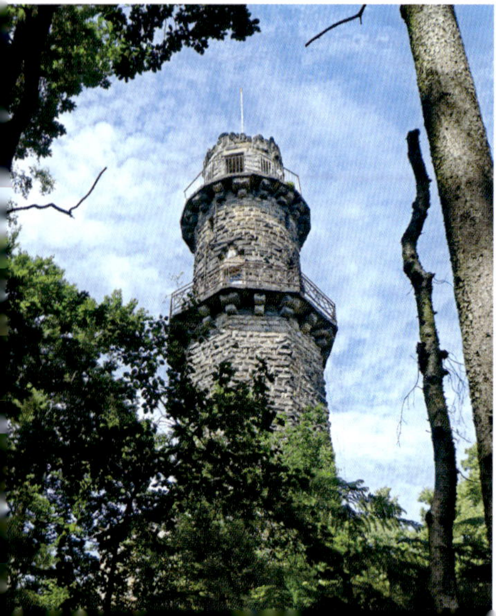

Der Aussichtsturm neben der Berggaststätte Pfaffenstein erinnert an das Märchen von Rapunzel.

was Glück kann man vielleicht ein paar Kletterer entdecken, die einen der abweisenden Klettertürme erklimmen. Haben wir genug gesehen, wandern wir auf bekanntem Weg wieder zurück. Am Wegweiser halten wir uns rechts und stehen schon nach wenigen Schritten an der **Berggaststätte Pfaffenstein (5)**, neben welcher ein 28 Meter hoher Turm aufragt. Spielte hier das Märchen von Rapunzel? Wer weiß ... Heute führt eine Tür in den Turm, und man kann gegen eine kleine Spende eine enge Wendeltreppe hinaufsteigen und die weite Rundsicht über die gesamte Sächsische Schweiz genießen.

Nach der Turmbesteigung wollen wir der »Barbarine«, einer sagenumwobenen, 43 Meter hohen Felsnadel, einen Besuch abstatten. Wir folgen der Ausschilderung. Der Weg führt vorbei am »Rapunzelturm« und an unglaublich dicken Baumwurzeln, die einen Felsen umklammern, hinunter in eine kleine Senke. Hier gehen wir geradeaus weiter, bald eröffnet sich ein Tiefblick auf die »Klamotte«. Der etwa 20 Meter hohe Felsquader ist Überbleibsel eines großen Felssturzes. Wir halten uns rechts und kommen an einen großen Felsspalt, durch den der enge Weg über viele Eisenstufen hindurchführt. Anschließend folgen wir dem Weg weiter an einer Aussicht vorbei und über weitere Eisentreppen zuletzt abwärts auf eine große Felsterrasse. Hier weist ein Wegzeichen nach links durch eine Felsenklamm zur **Barbarine (6)**.

Sie gilt als ein Wahrzeichen der Sächsischen Schweiz. Die schlanke Felsnadel wurde bereits 1906 von Kletterern bestiegen und war früher ein begehrtes Kletterziel. Heute ist sie ein Naturdenkmal und fürs Klet-

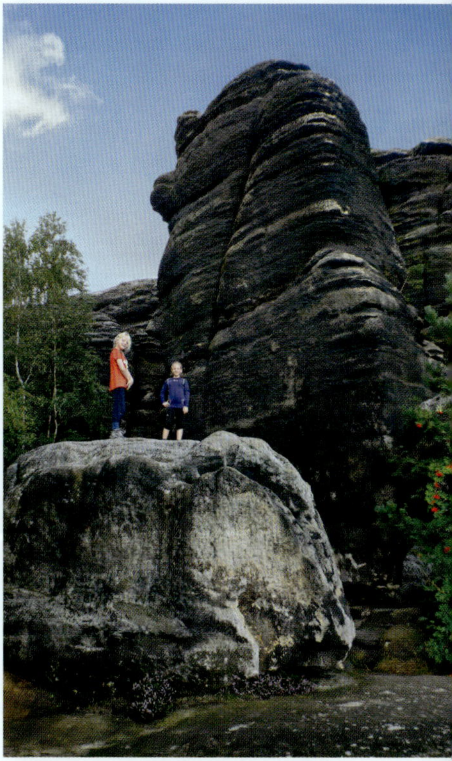

Die kleinen Felsen am Pausenplatz unweit der Barbarine sind beliebte Kletterziele unserer Jüngsten.

HIGHLIGHTS

- ★ Steiler Treppenaufstieg mit Leiter durch das enge »Nadelöhr«.
- ★ Stiege zur Goldschmidthöhle, wo einst ein Geldfälscher sein Unwesen trieb.
- ★ Die luftige Aussicht am »Opferkessel«.
- ★ Die sagenumwobene Barbarine, eine 43 Meter hohe Felsnadel und ein Wahrzeichen der Sächsischen Schweiz.
- ★ Felsen, Höhlungen und Spalten am Wegesrand sowie weite Aussichten lassen nie Langeweile aufkommen.

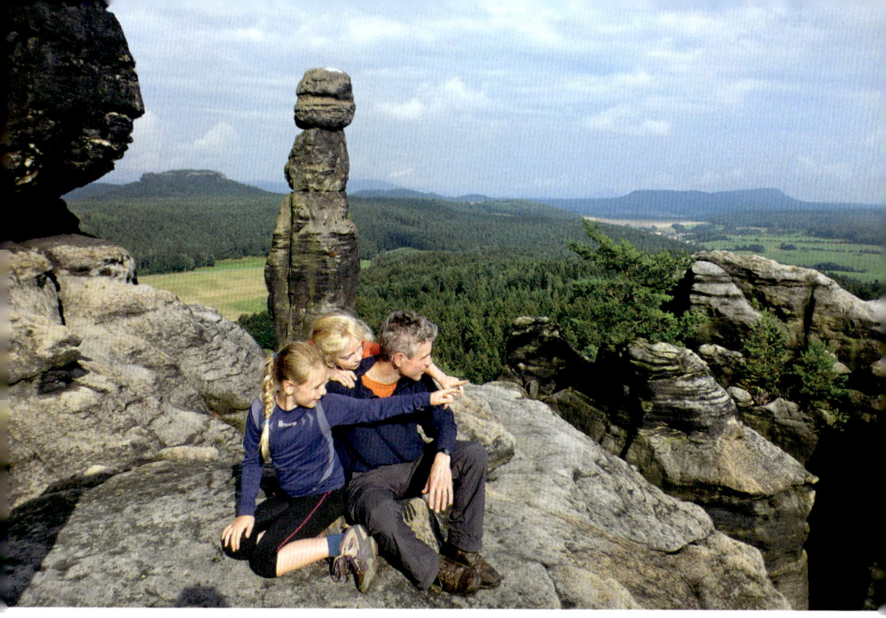

Die Barbarine ist als Wahrzeichen der Sächsischen Schweiz immer einen Besuch wert.

tern gesperrt. Nach mehreren Blitzeinschlägen drohte der Gipfelkopf zu zerbersten, daher erhielt die »Barbarine« eine graue Schutzkappe und eine Halskrause aus Beton, damit wir uns noch lange an ihr erfreuen können.

Zurück auf der großen Felsterrasse bietet sich nun endlich ein größeres Picknick an. Kleinere Felsblöcke laden die Kinder zu einer Klettereinlage ein. Nach der Rast wandern wir auf demselben Weg zurück bis zur **Berggaststätte Pfaffenstein (5)**. Hier steigen wir links den »Klammweg« hinab. Nach einem kurzen Stück durch den Wald treffen wir auf eine lange Brücke, die durch die schattige Felsenklamm führt. Ein riesiger Felsbrocken hat sich an der engsten Stelle über unseren Köpfen verkeilt. Zweimal geht es um die Ecke, dann steigt man über viele Steinstufen wieder hinaus ins Freie. Schaut man sich dabei die beiden Schluchtwände mal genauer an, sieht man sehr deutlich die ähnliche Form der beiden Seiten – die Klamm ist durch das Abbrechen eines riesigen Felsturmes vom Massiv entstanden. Linksherum kommen wir auf einen mit Steinen gepflasterten Weg. Wir entdecken eine in den Fels gehauene Bank, hoch oben in der Felswand eine Sandsteinplakette zum Gedenken an Carl Gottlob Jäckel, den touristischen Erschließer des Pfaffensteins, daneben einige verrostete Ringe, die von den Taten sächsischer Extremkletterer zeugen.

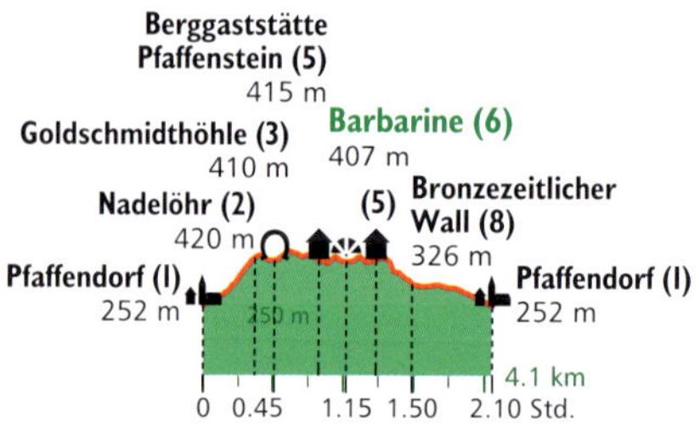

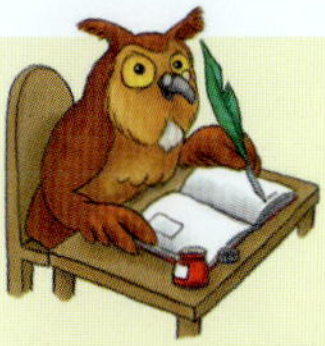

Hallo Kinder,

am Pfaffenstein steht eine riesige, schlanke Felsnadel, Barbarine genannt. Eine Sage erzählt, dass eine Mutter aus Pfaffendorf ihre Tochter Barbara an einem Sonntagmorgen nach Königstein in die Kirche schickte. Das Mädchen hatte dazu aber keine Lust. Sie lief lieber zum Pfaffenstein, um Heidelbeeren zu naschen. Die Mutter jedoch war selbst im Wald am Pfaffenstein unterwegs und traf dort auf ihrer Tochter. Sie war so verärgert darüber, dass Barbara nicht gehört hatte, dass sie sie im Zorn verwünschte: Sie solle auf der Stelle zu Stein werden! Der Spruch ging augenblicklich in Erfüllung, und seitdem steht die versteinerte Barbarine am Pfaffenstein als Mahnung für alle ungehorsamen Kinder …

Neben der Felsenbank führen einige Stufen an einem Felsen entlang. Dahinter geht es in die **Kuhstallhöhle (7)** am Pfaffenstein. In der durch einen gigantischen Felssturz entstandenen Trümmerhöhle versteckten sich Einheimische mit ihren Tieren und ihrem Hab und Gut zu kriegerischen Zeiten.

Wir gehen zurück zur Felsenbank und halten uns links auf dem mit Sandsteinen gepflasterten Weg talwärts. Unter den Felsen rechts des Weges befindet sich die »Bellohöhle«, die jedoch nur mit entsprechender Ausrüstung und mit Führer durchklettert werden kann. Schaut man nach den zwei folgenden Wegkurven etwas aufmerksamer, dann fällt ein flacher **Erdwall (8)** auf, der nach rechts und links in den Wald hineinzieht. Vor über 3000 Jahren schichteten hier die Menschen aus Steinen, Sand, Erde und Holzpfählen einen Schutzwall auf. Bei archäologischen Grabungen wurden hier Reste bronzezeitlicher Besiedelung entdeckt. Wenig später kommen wir an einer Infotafel zum »Schutzwall« vorbei. Wir laufen noch einige Meter geradeaus weiter und folgen dann dem Weg rechts aus dem Wald heraus. Immer am Waldrand entlang wandern wir mit Blick zum bewaldeten »Quirl« und der Festung Königstein in einer Viertelstunde bis zum uns bekannten Betonplattenweg, dem wir nach links abwärts zum **Parkplatz (1)** folgen, wo uns ein Brunnen zum ausgiebigen Planschen einlädt.

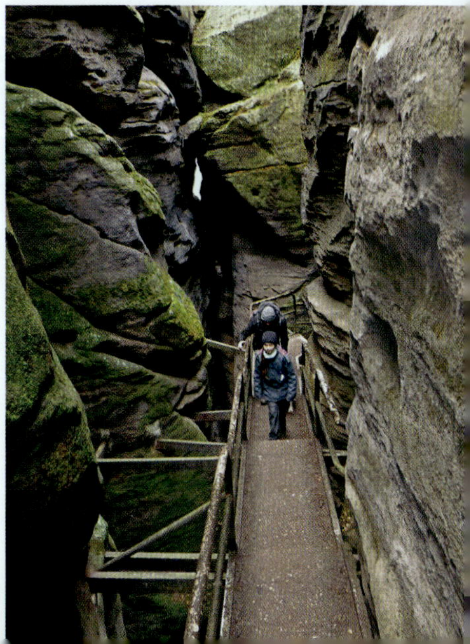

Der »Klammweg« ist sehr beeindruckend.

7 Papststein

Zum Kleinhennersdorfer Stein

ab 5 J.

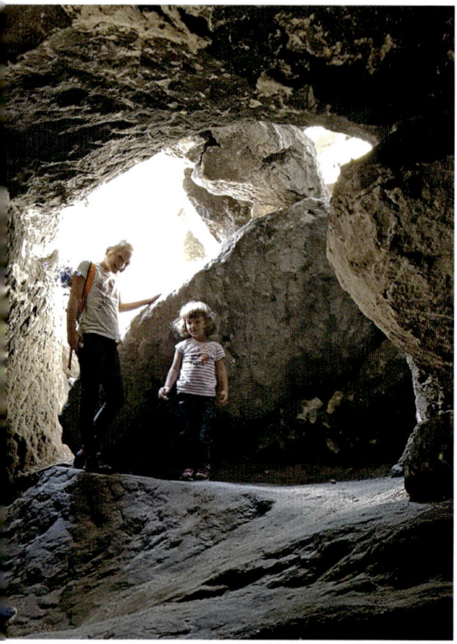

Sandschürferhöhlen und grandiose Aussichten

Zwei der für das Elbsandsteingebirge so typischen Tafelberge sind unser Ziel. Der Kleinhennersdorfer Stein ist bekannt für seine Höhlen, die in einem Gewirr von Felsen versteckt liegen und mit Kindern gut zu erkunden sind. An den einst durch die Gewinnung von Scheuersand entstandenen Höhlen trifft man heute eher auf ein paar Bergsteiger, die hier am Abend ihr Nachtlager aufschlagen. Unweit der Höhlen erhebt sich der Papststein, von dessen luftigen Aussichtspunkten man den Blick weit über die Sächsische und Böhmische Schweiz schweifen lassen kann. Eine gemütliche Bergwirtschaft lädt zum Verweilen ein.

Spannend ist schon der Blick ins Dunkel am Eingang der Hampelhöhle.

KURZINFO

Ausgangspunkt: Waldparkplatz Gohrisch-Papststein, 348 m (GPS: N50.901533, E14.115952).

Anfahrt: Von Pirna kommend auf der B 172 bis Königstein, 600 m nach dem Kreisverkehr abbiegen Richtung Kurort Gohrisch und dort weiter Richtung Papstdorf. Parkplatz auf der Passhöhe zwischen beiden Orten, ca. 800 m nach dem Ortsausgang von Gohrisch.

Mit dem Bus: Mit Linie 244 bis Haltestelle »Papstdorf, Papststein«.

Gehzeit: 2.30 Std.

Distanz: 4,2 km.

Höhenunterschied: 210 m im Auf- und Abstieg.

Ausrüstung: Gut profilierte Freizeit- oder Sportschuhe, Stirnlampe für die Erkundung der Höhlen.

Anforderungen: Ab 5 Jahren. Abwechslungsreiche Wanderung auf zumeist guten Wegen mit Treppen. Im Gebiet der Höhlen ist ein wenig Orientierungssinn hilfreich, etwas Kondition für den Aufstieg auf den Papststein.

Einkehr: Bergwirtschaft Papststein (berggast.de, Tel. +49 35021 60956; April–Oktober täglich geöffnet, sonst Sa, So und feiertags).

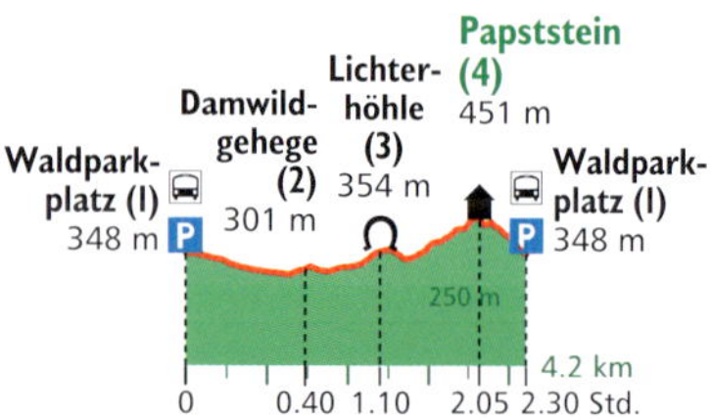

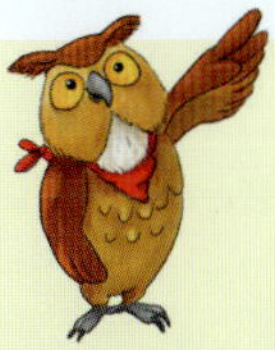

Hallo Kinder,

am Kleinhennersdorfer Stein besteht der Sandstein aus sehr feinkörnigem Sand. Vor ungefähr 150 Jahren kam man auf die Idee, diesen Sand abzubauen und zu verkaufen. Mit Hammer und Meißel wurde der Sand vom weichen Sandsteinfelsen abgekratzt oder einzelne Felsbrocken zerklopft. Anschließend wurde der Sand gesiebt und auf dem Markt als Scheuersand verkauft. Das Sandschürfen war aber nicht ungefährlich, denn ganze Felsen konnten dabei herunterbrechen. Ein trauriges Schicksal ereilte den Sandhampel, wie einer der Sandschürfer von den Leuten des Dorfes genannt wurde. Ein umstürzender Felsblock begrub den armen Mann unter sich. Zur Erinnerung an ihn und sein schweres Handwerk trägt eine der drei Sandschürferhöhlen heute seinen Namen – Hampelhöhle.

An der Aufstiegstreppe zur Papststein-Gaststätte gegenüber dem großen **Waldparkplatz (1)** starten wir unsere Wanderung. Wir nehmen die ersten 15 Stufen und wandern dann rechts einen Waldweg parallel zur Straße abwärts. Nach 200 m treffen wir auf den Hans-Förster-Weg, dem wir links folgen. Am Wegesrand steht ein riesiger Felsblock, der wohl vom Papststein herabgerollt ist. Die Einheimischen nennen ihn liebevoll den »Schlickerschlacker«. Der Weg führt oberhalb eines Feldes immer im Wald entlang.

Schon bald weist ein Schild auf einen großen Felssturz im Jahre 1972 hin, bei dem sich ein riesiges Wandstück löste und eine gigantische Schneise in den Wald zog. Heute zeugen noch einige große Felsbrocken von diesem Ereignis. Rechts unter uns sehen wir die spätbarocke Papstdorfer Kirche, ganz in schlichtem Weiß und mit einer Besonderheit – denn ihr Kirchturm steht nach Osten. Nach einer Viertelstunde kommen wir an einem schönen Grundstück vorbei und treffen auf eine Straßenkurve. Wir gehen die schmale Teerstraße links aufwärts weiter. Nach 100 m haben wir einen wunderschönen Blick zu den Schrammsteinen und halten uns links. Nach wenigen Schritten stehen wir am **Wildgehege (2)**, in dem eine Gruppe Damwild lebt. Für die ganz kleinen Wanderer gibt es hier eine Holzeisenbahn für eine kurze Spielpause, für die größeren zwei Schautafeln zu den Tieren des Waldes.

Wir biegen nun rechts ab, zuerst am Zaun entlang, später am Waldrand weiter. Wir begehen ein kurzes Stück des Malerwegs, der mit einem

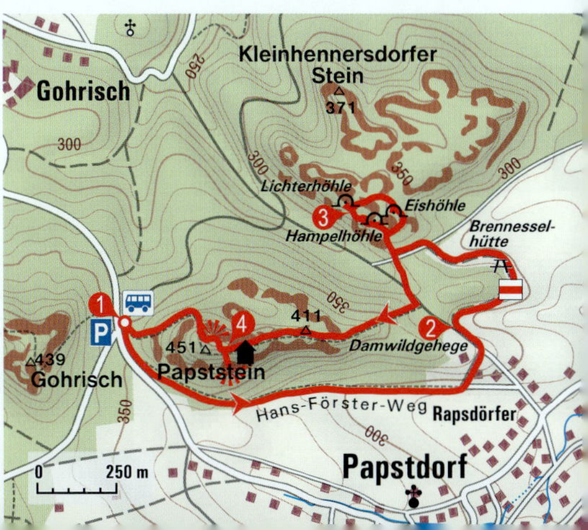

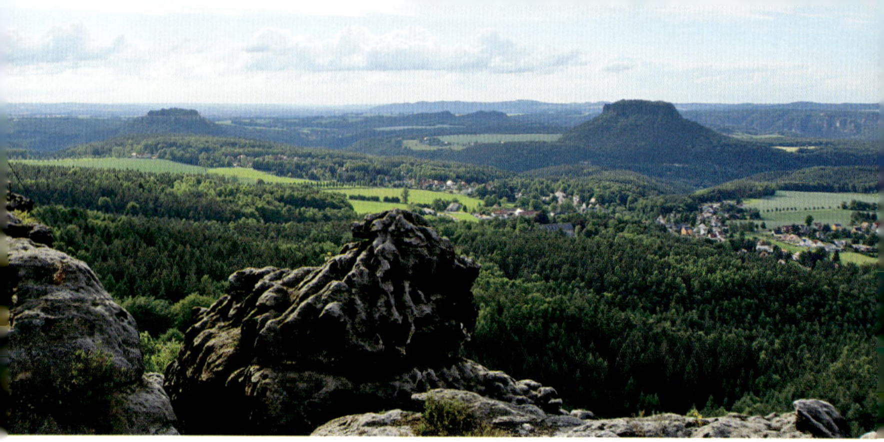

Blick vom Papststein zur Festung Königstein (li.) und Lilienstein (re.).

geschwungenen »M« auf weißem Grund markiert ist. Kurz nach einer Kurve steht die Brennesselhütte, ein wirklich schöner Platz, um eine Pause einzulegen. Anschließend wandern wir am Waldrand weiter, bis wir auf einen Abzweig treffen. Wir nehmen den Weg links in den Wald hinein Richtung »Kleinhennersdorfer Stein (Höhlen)«. An der nächsten Kreuzung steigen wir nach rechts aufwärts. Der sandige Weg ist mit Holzstufen gesichert. Am Schild »Flächennaturdenkmal« halten wir uns am besten links. Bald darauf sehen wir die ersten größeren Felsen, zwischen denen wir hindurchgehen und -kriechen können.

HIGHLIGHTS

- ★ Erkundung der Sandschürferhöhlen inmitten zerklüfteter Felsen.
- ★ Damwildgehege.
- ★ Aussicht vom Papststein.
- ★ Tipp: Als Gast der umliegenden Gemeinden kann man in der Tourist-Info Gohrisch ein Wanderdiplom erhalten, wenn man die richtigen Höhenangaben der sieben umliegenden Tafelberge, der sogenannten »Steine«, vorweisen kann.

Dahinter findet sich auch schon die erste Höhle, welche mehrere Zugänge hat. Es ist die **Hampelhöhle** (siehe »Hallo Kinder«). Überall sind auffällige Meißel- und Kratzspuren zu sehen.

Gehen wir links am Felsmassiv vorbei, kommen wir nach circa 50 m zum flachen Eingang der **Lichterhöhle (3)**. In früheren Zeiten feierten Wanderer und Bergsteiger in dieser durch den Sandabbau stark erweiterten Höhle so manches Fest, wobei von den vielen Simsen und Absätzen Hunderte Kerzenlichter strahlten. So kam die Höhle zu ihrem Namen. Rechts der Lichterhöhle findet man eine Eisenstange mit einem kleinen Stahltäfelchen mit der Höhenangabe des Kleinhennersdorfer Steins.

Um die dritte Höhle zu finden, ist ein wenig Spürsinn erforderlich. Sie befindet sich in der Nordseite des Felsmassivs der Hampelhöhle. Von der Lichterhöhle gehen wir zu den gegenüberliegenden Felsen zurück und an diesen links entlang. Dem schmalen Pfad folgend finden wir bereits nach etwa 100 m rechts oberhalb des Pfades den Zugang zur **Eishöhle**, auch Freundschaftshöhle genannt. Durch einen engen Felsspalt geht es in diese ziemlich dunkle Höhle hinein. In kalten, feuchten Wintern kann man in dieser Höhle schöne, Stalagmiten ähnelnde Eisbildungen bewundern. Wir folgen dem Pfad weiter, bis wir wieder auf den uns bekannten Aufstiegsweg mit dem Naturdenkmalschild treffen. Wir steigen über die Holzstufen abwärts, laufen an der nächsten Wegkreuzung geradeaus weiter und stehen nach einigen Minuten bereits am rot markierten Aufstieg auf den Papststein. Kontinuierlich steigt der Wanderweg über Stufen und Treppen immer höher hinauf. Nach einer Schlucht haben wir an einem großen Felsabsatz ohne Geländer eine grandiose Aussicht. Der Weg führt dann mit einem Geländer gesichert weiter am Felsen entlang. Dabei kommen wir oberhalb des Felssturzes von 1972 vorbei und stehen wenig später vor der Bergwirtschaft Papststein, die zu einer ausgiebigen Pause einlädt. Vom Aussichtspunkt neben der Wirtschaft haben wir einen beeindruckenden Blick u. a. auf die »Große Hunskirche«, einem hohen, recht beliebten Kletterfelsen.

Neben dem Gasthaus führt eine lange Eisentreppe bis zum Gipfel des **Papststeins (4)**. Dieses kurze Stück ist schnell geschafft und wir stehen ganz oben am höchsten Punkt, von dem wir gut in den südlichen Teil des Elbsandsteingebirges schauen können. Als Abstieg nutzen wir den Weg links des Gasthauses. Nach wenigen Metern geht es geradeaus zu zwei weiteren Aussichten. Von diesen können wir auf die großen Tafelberge im nördlichen Teil des Gebirges blicken, bevor wir links durch die Felsenklamm über eine lange Eisentreppe absteigen. Wir folgen nun dem Wanderweg bis ganz hinunter zum **Waldparkplatz (1)**.

Am Kleinhennersdorfer Stein macht das Herumkraxeln zwischen den Felsen richtig Spaß. Hier hat der »Sandhampel« seine schwere Arbeit verrichtet.

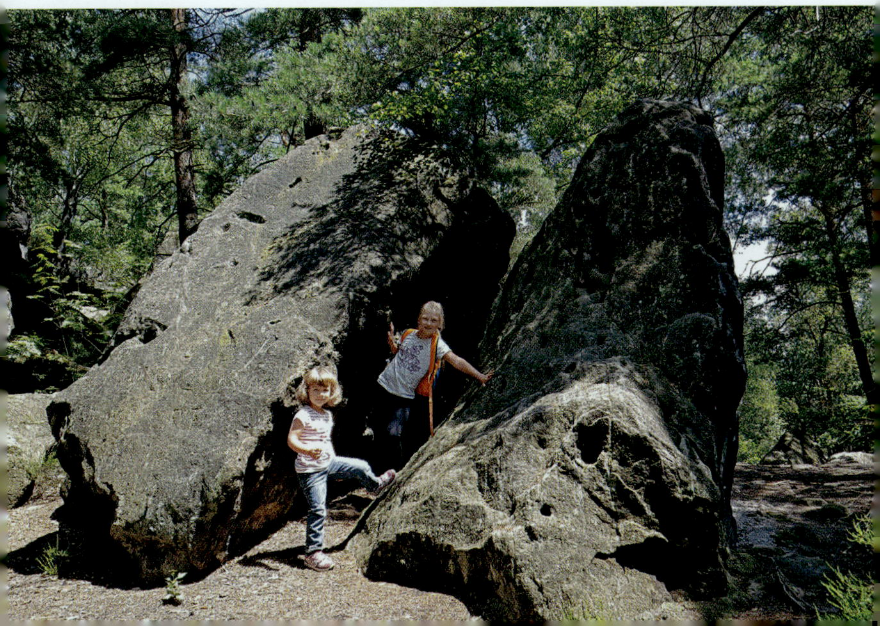

8 Auf den Gohrisch

Durch die Falkenschlucht zur Wetterfahnen-Aussicht ab 7 J.

Spannende Steige und abenteuerliche Schluchten
Egal für welchen der drei Aufstiege man sich entscheiden würde, Treppen und Leitern sind an diesem Tafelberg immer zu bezwingen. Der Gohrisch mit seiner Schwedenhöhle und der engen Falkenschlucht ist für kletterfreudige Kinder ein exzellentes und reichlich spannendes Ausflugsziel. Dieser Tourvorschlag verbindet die vorhandenen Wege zu einer abwechslungsreichen Tafelberg-Erkundung.

KURZINFO

Ausgangspunkt: Waldparkplatz Gohrisch-Papststein, 348 m (GPS: N50.901533, E14.115952).

Anfahrt: Von Pirna kommend auf der B 172 bis Königstein, 600 m nach dem Kreisverkehr abbiegen Richtung Kurort Gohrisch und dort weiter Richtung Papstdorf. Der Parkplatz befindet sich auf der Passhöhe zwischen beiden Orten, ca. 800 m nach dem Ortsausgang von Gohrisch.

Mit dem Bus: Mit Linie 244 bis Haltestelle »Papstdorf, Papststein«.

Gehzeit: 1.50 Std.

Distanz: 2,0 km.

Höhenunterschied: 170 m im Auf- und Abstieg.

Ausrüstung: Gut profilierte Freizeit- oder Sportschuhe, Stirnlampe, ausreichend Verpflegung und Getränke.

Anforderungen: Ab 7 Jahren. Kurzweilige, anspruchsvolle Felsenwanderung auf teilweise schmalen Wegen mit Treppen und Leitern. Trittsicherheit und Balancegefühl sind unbedingt nötig. Vorsicht an den ungesicherten Aussichtspunkten!

Einkehr: Unterwegs keine, Gasthäuser in Gohrisch oder auf dem Papststein (siehe Tour 7).

Kombi-Tipp: Kombiniert mit Tour 7 zum Papststein ergibt sich eine anspruchsvolle Tageswanderung.

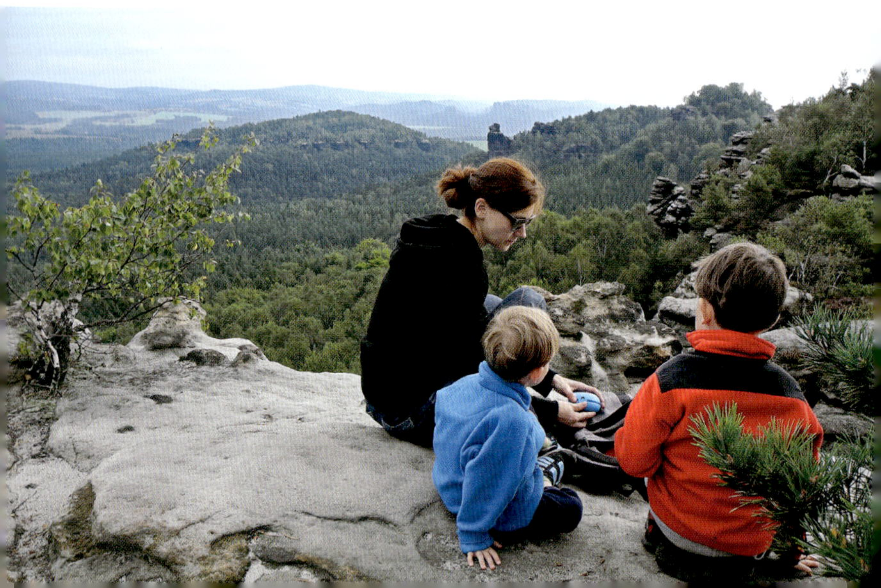

Dunkel ist es in der Schwedenhöhle. Wer weiß, wer sich darin versteckt?! Besser wir schleichen leise hinein.

Wir starten an der großen Wanderer-Informationstafel auf dem **Parkplatz (1)**. Links davon geht es in westlicher Richtung in den Wald hinein. Bereits nach 100 m treffen wir auf den Eingang des Specksteinstollens, der heute zum Schutz der Fledermäuse mit einer schweren Eisentür verschlossen ist. Wir folgen dem Weg links weiter aufwärts. Schon bald sehen wir rechts im Wald eine große trichterartige Vertiefung. Das ist ein alter Steinbruch, in dem Basalt abgebaut wurde, um ihn als Straßenschotter zu verwenden. Wir gehen weiter und an der Weggabelung rechts aufwärts. Weiter oben wendet sich der Weg nach rechts und die erste Holztreppe ist zu sehen. Wenig später geht es in eine schmale Felsenschlucht hinein, an deren Ende uns eine senkrechte Holzleiter erwartet. Ab hier sind erhöhte Vorsicht und ein gewisses Klettergeschick vonnöten. Wir folgen der Steiganlage bis zu einem **Pavillon (2)** auf dem Gipfelplateau des Gohrischsteins.

Von hier haben wir einen tollen Blick hinüber zum Papststein, hinunter auf Papstdorf und bei guter Sicht bis zum Rosenberg auf böhmischer Seite. Wenige Meter weiter kommen wir an den Abzweig zur **Schwedenhöhle**. Der kurze Weg bis zur Höhle ist durch eine leiterlose Felsstufe etwas beschwerlich und oft ein wenig feucht, doch es lohnt sich. Der stollenartige Höhlenspalt führt 16 Meter gerade in den Felsen hinein. Mit

Links: An der Wetterfahnen-Aussicht mit Blick zum Papststein mit der markanten »Hunskirche«.

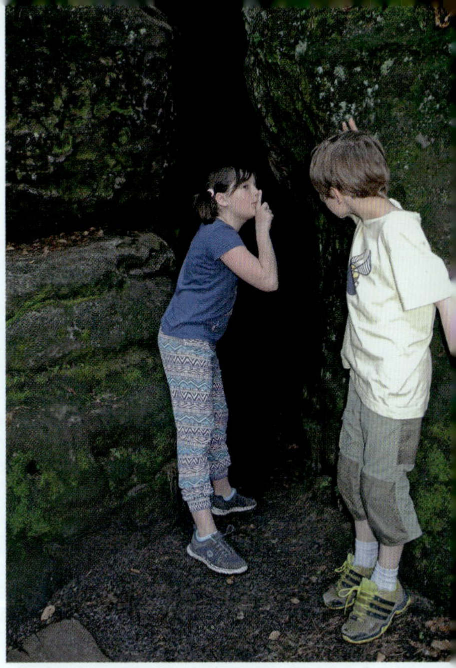

Hilfe unserer Stirnlampe können wir sicher einen Höhlenbewohner entdecken: Höhlenspinne, Falter oder andere kleine Insekten sind hier zu Hause.

Auf demselben Weg gehen wir wieder zurück hinauf zum Hauptweg und rechts zu einem Wegweiser. Bevor wir die große Aussicht besuchen, wollen wir noch zwei span-

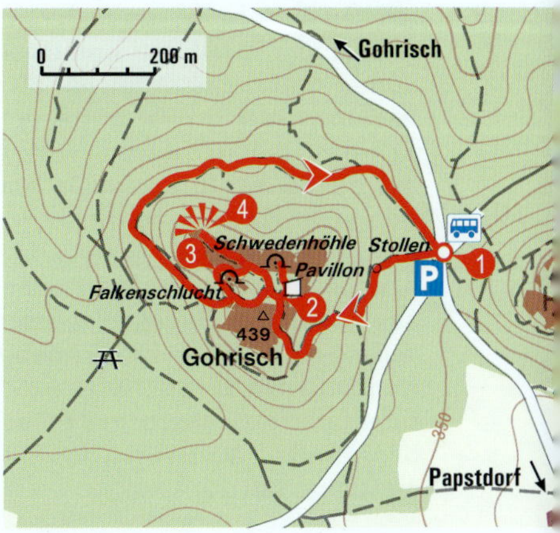

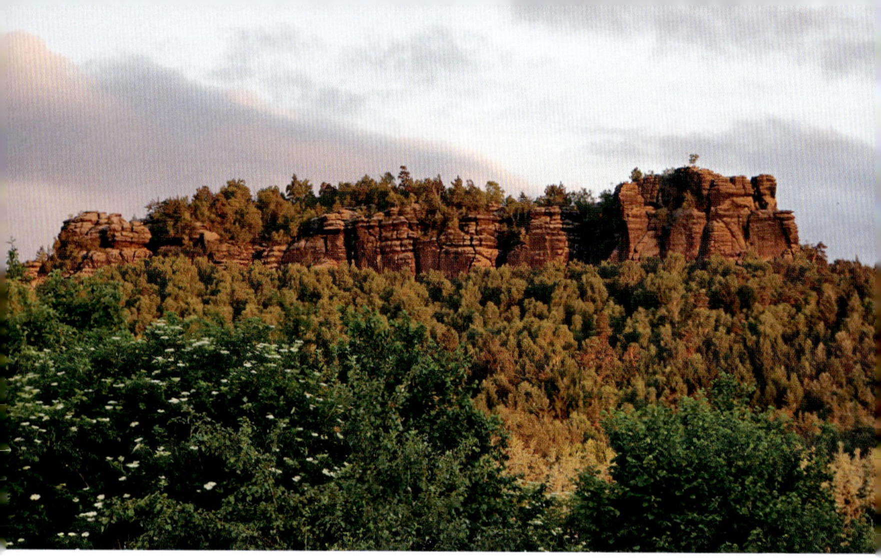

»Alpenglühen« im Elbsandsteingebirge: Das Felsmassiv Gohrisch erstrahlt in der Morgensonne.

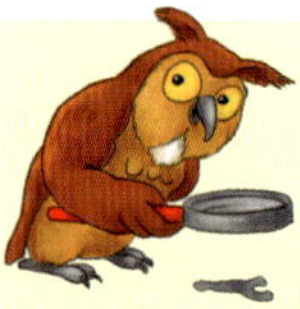

Hallo Kinder,

vor unvorstellbar langer Zeit sammelte sich da, wo heute das Elbsandsteingebirge liegt, Sand in einer Meeresbucht. Es entstand eine bis zu 600 Meter mächtige Sandschicht. Später zog sich das Meer zurück, der verfestigte Sand wurde als Sandsteinplatte angehoben und zerbrach dabei. Vor etwa 70 Millionen Jahren drang Lava aus dem Erdinneren herauf und durchbrach dabei die Sandsteinplatte. Die Erdoberfläche verwitterte und formte sich nach und nach zu ihrer jetzigen Gestalt. So finden wir heute im Elbsandsteingebirge neben stark felsigen Bereichen auch hohe, runde Bergkuppen vor. Sie bestehen aus hartem, schwarzem Basalt und sind Überbleibsel der damaligen Vulkane. Die Böden sind nährstoffreicher als im Bereich des Sandsteins, deshalb gedeihen hier große, artenreiche Buchenwälder. Im Herbst, wenn sich das Laub der Buchen rotbraun färbt, könnt ihr die Basaltberge aus der Ferne gut erkennen. Aber auch anhand der Namen der einzelnen Erhebungen könnt ihr herausfinden, aus welchem Gestein sie bestehen: Endet der Name auf »-stein«, wie bei den großen Tafelbergen Lilienstein, Königstein oder Pfaffenstein, besteht die Erhebung aus Sandstein. Dagegen werden die Bergkuppen vulkanischen Ursprungs als »-berg« bezeichnet. Besonders viele solcher Vulkankegel findet man in der Böhmischen Schweiz, wie zum Beispiel den weithin sichtbaren Rosenberg. In der Sächsischen Schweiz könnt ihr euch auf dem Großen Winterberg das Basaltgestein einmal genauer anschauen (siehe Tour 22).

nende Steiganlagen bezwingen. Dazu folgen wir hier dem Weg links hinab in Richtung »Abstieg nach Gohrisch/Königstein« und über Eisenleitern und Felstreppen hinunter an den westlichen Wandfuß des Tafelberges. Hier gehen wir gleich etwas rechts zu einer steinernen Bank. Große und kleine Felstrümmer sind zu sehen. Einige davon sind sogar Klettergipfel, an denen mitunter reges Treiben herrscht. Wir folgen nun der Ausschilderung nach rechts Richtung Falkenschlucht. Dabei müssen wir an einem Felsdurchschlupf ganz schön den Kopf einziehen. Wenige Meter weiter führt unsere Tour wiederum nach rechts über einige in den Fels gehauene Stufen in die dunkle, enge **Falkenschlucht (3)** hinein. Es wird abenteuerlich! Eine Stirnlampe wird uns hier gute Dienste erweisen. Über mehrere Eisenleitern klettern wir vorsichtig wieder bis ganz hinauf aufs Gipfelplateau.

Wir wenden uns nun nach links und folgen dem Hauptweg bis zur **Wetterfahnen-Aussicht (4)**. Von dieser ungesicherten Aussichtsstelle können wir bei guter Sicht rechter Hand die Schramm- und Affensteine und etwas links den breiten Pfaffenstein mit der Barbarine entdecken.

Haben wir genug gesehen, wandern wir den Hauptweg auf dem Gipfelplateau wieder zurück, bis wir auf den uns bereits bekannten Abstieg rechts hinunter Richtung »Gohrisch/Königstein« treffen. Wir nutzen diesen schönen Abstieg nun noch ein zweites Mal, halten uns am Wandfuß jedoch etwas links und folgen diesmal dem breiten Waldweg immer leicht abwärts. Alle Abzweige unterwegs lassen wir links liegen und schlendern bis zum **Parkplatz (1)** zurück.

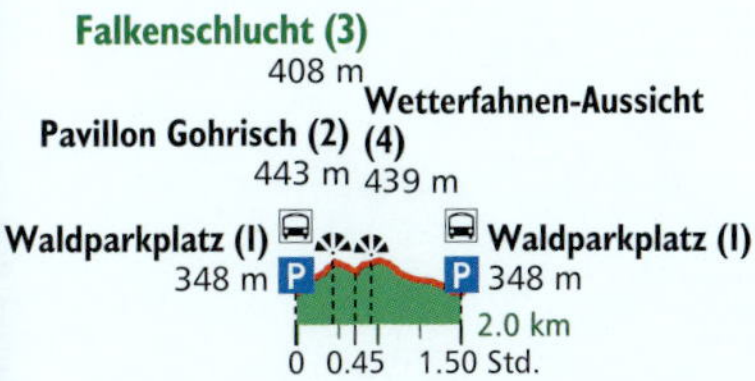

HIGHLIGHTS

- ★ Erkundung der 16 Meter langen Schwedenhöhle mit der eigenen Stirnlampe.
- ★ Begehen der vielfältigen Steiganlagen und der dunklen Falkenschlucht.
- ★ Zerklüftetes Gipfelplateau und luftige Wetterfahnen-Aussicht mit weitem Blick über die Sächsische Schweiz.

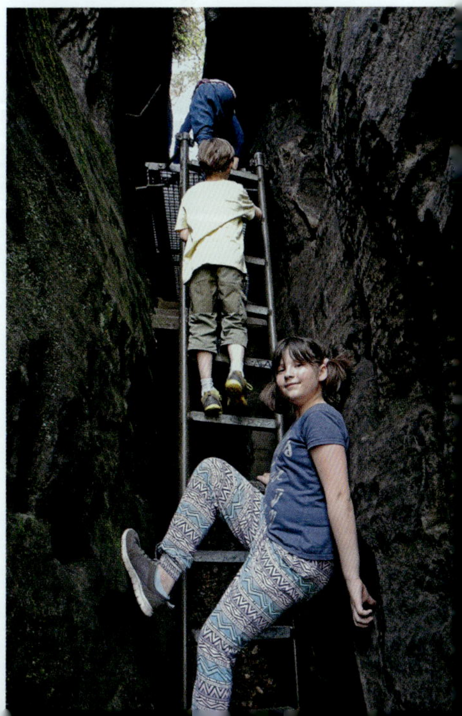

Die letzten Meter des Aufstieges durch die Falkenschlucht haben es noch mal richtig in sich!

9 Katzfels und Signal

Vom Waldbad Cunnersdorf

ab 7 J.

Steile Aussichtsfelsen und ein hübsches Freibad

Auf der Spitze des Katzfelsens ist es ganz schön luftig. Wer die schmale, steile Leitertreppe ganz nach oben will, muss wirklich schwindelfrei sein! Manche behaupten, es wäre der kleinste Aussichtspunkt der Sächsischen Schweiz. Ob das stimmt, können wir hier selbst überprüfen – ein echtes Abenteuer! Und wer die mittellange Tour über den Katzstein bei Cunnersdorf geschafft hat, kann sich anschließend noch im Freibad vergnügen!

KURZINFO

Ausgangspunkt: Parkplatz am Waldbad Cunnersdorf, 266 m (GPS: N50.876536, E14.11534)

Anfahrt: Von der B 172 am Kreisverkehr in Königstein abbiegen Richtung Cunnersdorf. Dort etwa 1,5 km durch den Ort fahren und kurz vor Ende rechts haltend auf schmaler Straße zum Parkplatz am Freibad.

Mit dem Bus: Mit Linie 244 bis Haltestelle »Cunnersdorf, Deutsches Haus«, dann dem Straßenverlauf weiter zum Waldbad folgen (900 m).

Gehzeit: 2.30 Std.

Distanz: 5,7 km.

Höhenunterschied: 240 m im Auf- und Abstieg.

Ausrüstung: Gut profilierte Freizeit- oder Sportschuhe, Picknickdecke, Fernglas, ausreichend Verpflegung und Getränke.

Anforderungen: Ab 7 Jahren. Kurzweilige Wanderung auf meist guten Wegen mit Treppen. Für die Gipfelanstiege über steile Treppen sind jedoch Trittsicherheit und Schwindelfreiheit erforderlich. Vorsicht an den ungesicherten Aussichten (besonders am »Signal«). Kinder nicht unbeaufsichtigt lassen!

Einkehr: Unterwegs keine, am Ausgangspunkt Gaststätte Katzsteinbaude (katzsteinbaude-cunnersdorf.de, Tel. +49 35021 68940).

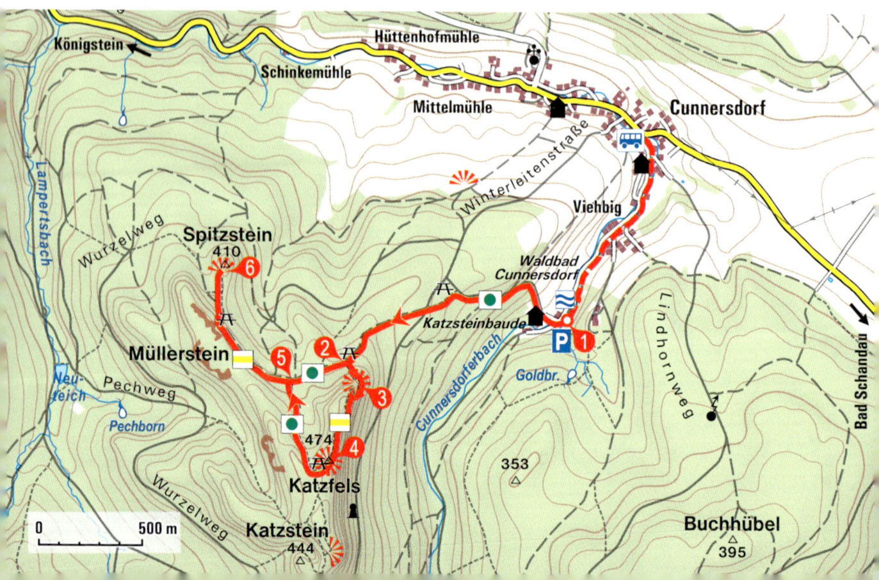

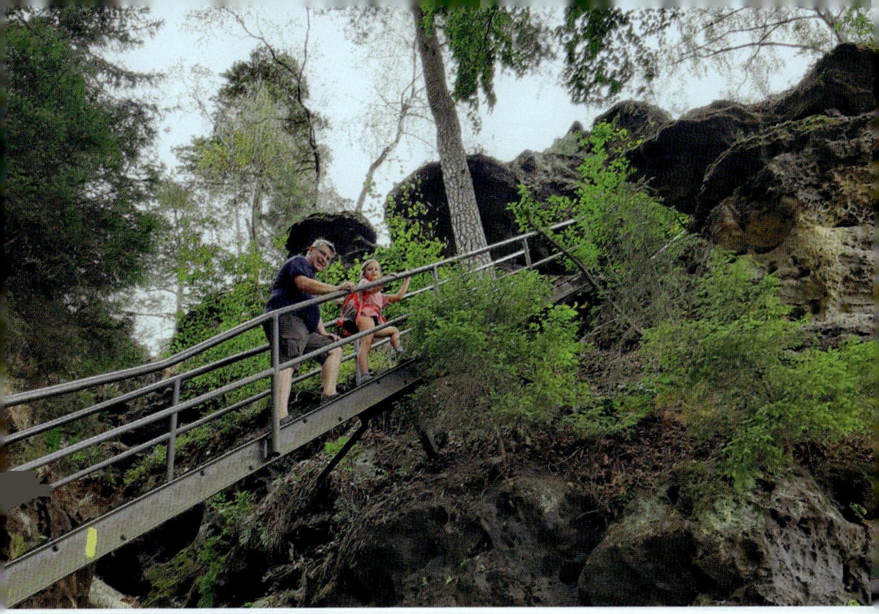

Hier kommt man außer Puste: die steile Eisentreppe hinauf zum »Signal«.

Vom Parkplatz am **Waldbad Cunnersdorf (1)** folgen wir den Markierungen grüner Punkt und grüner Schrägstrich (Lehrpfad) Richtung Katzstein. Gleich nach dem Waldbad biegen wir von der Straße nach rechts ab. Vorbei an der Katzsteinbaude geht es zügig bergan und bald in den Wald hinein. Nach etwa 20 Min. kreuzen wir die Winterleitenstraße an einem Rastplatz. Weitere 500 m aufwärts gelangen wir an eine **Sitzbankgruppe (2)** mit Wegweiser und der Markierung gelber Strich. Wir folgen der Ausschilderung Katzstein/Signal bergan. Auf diesem steilen Waldweg erreichen wir den Wandfuß des Katzsteinmassivs. Bis vor 200 Jahren streiften Wildkatzen durch die hiesigen Wälder. Neben einem Felsüberhang erinnert eine Tafel an den letzten Wilderer dieser Gegend. Über eine

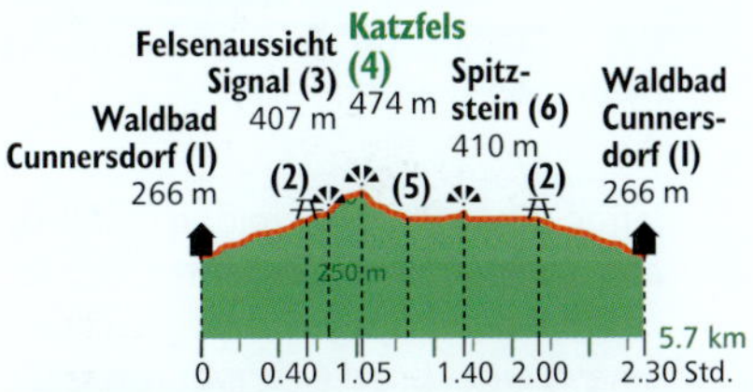

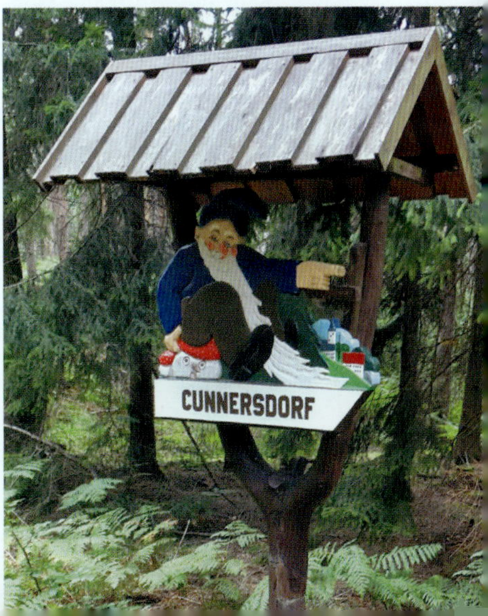

Aufgepasst! Verschiedene Wege führen nach Cunnersdorf.

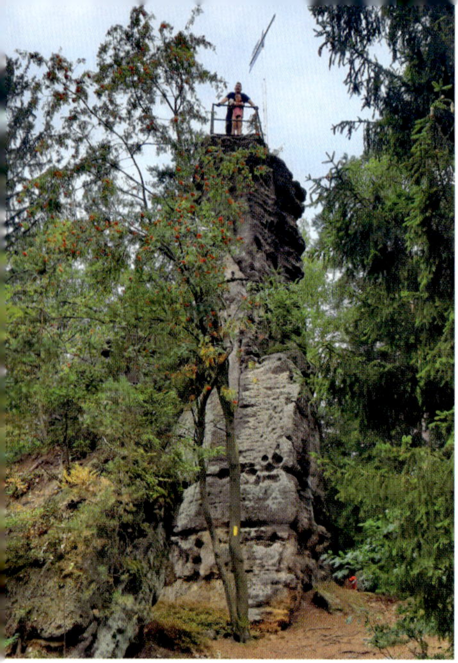

Auf dem Tafelberg Katzstein steht der schlanke Katzfels, der von uns bestiegen werden kann.

lange Eisentreppe steigen wir auf die Felsen hinauf. Vorsicht! Oben ist es ein wenig luftig und ungesichert! Eine kleine Brücke bringt uns zur Felsenaussicht **Signal (3)** mit einer Bank. Der Ausblick reicht über die gewaltigen Tafelberge Papststein, Gohrisch und Lilienstein bis zur Festung Königstein. Anschließend wandern wir zwischen einzelnen Felsblöcken hindurch weiter zum eigentlichen **Katzfels (4)** mit einem überdachten Rastplatz, den wir schon nach etwa 10 Min. erreichen. Es heißt, ganz oben auf der schlanken Felsnadel befindet sich der kleinste Aussichtspunkt der Sächsischen Schweiz. Wer das überprüfen möchte, sollte unbedingt schwindelfrei sein. Kleinere Kinder sollten hier nicht allein hinaufsteigen. Ist die lange, steile Leiter erklommen, haben wir einen tollen Ausblick, besonders auf die nahen Zschirnsteine.

Am Rastplatz vorbei erreichen wir schon nach 100 m den sogenannten »Mäusebornweg«. Wir steigen nun mit der Markierung grüner Punkt nach rechts hinab in einen stillen Grund. Wenn wir leise sind, hören wir hier die Vögel zwitschern. An einem breiten Forstweg mit der **Lehrpfadtafel Nr. 14 Buche (5)**, wollen wir noch einen Abstecher zum nur 700 m entfernten Spitzstein wagen. Seine kurze Steiganlage verspricht ein weiteres Kraxel-Erlebnis. Wir biegen links ab und gelangen mit der Wandermarkierung gelber Strich zum Rastplatz »Spitzsteinhütte«. Hier halten wir uns nun leicht rechts auf dem unmarkierten Waldweg zum nahen **Spitzstein (6)**. Steinstufen und eiserne Treppen leiten uns auf den Gipfel. Die nördlich gelegenen großen Tafelberge kennen wir bereits. Weiter östlich, zwischen dem langgezogenen Großen Winterberg und dem hohen Zschirnsteinfelsen, befindet sich der von hier aus ganz winzig wirkende Zirkelstein. Wer auf dem Spitzstein ganz leise ist, kann mit etwas Glück in den Wipfeln der umstehenden Bäume die heimischen Waldvögel beobachten.

HIGHLIGHTS

- ★ Luftige Felsenaussicht »Signal« mit Ausblick auf die Tafelberge.
- ★ Abenteuerlich steile »Leiter« auf den schmalen Katzfels mit der vielleicht kleinsten Aussichtsplattform der Sächsischen Schweiz.
- ★ Stiegenkraxelei auf den Spitzstein.
- ★ Tolles Waldbad zum Erfrischen mit großer Liegewiese, Breit-Rutsche, separatem Planschbecken, Kiosk und Spielplatz am Ausgangspunkt der Wanderung.

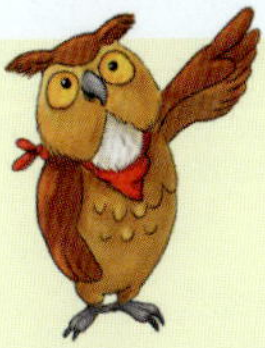

Hallo Kinder,

wisst ihr, wie Katzstein und Signal zu ihren Namen kamen? Benannt wurde der Tafelberg Katzstein unweit von Cunnersdorf nach den einst hier lebenden Wildkatzen. Die letzte dieser Wildkatzen wurde der Überlieferung nach im Jahre 1809 erlegt, also vor über 200 Jahren als es in diesem Wald noch Wilderer gab. Heute dagegen leben hier wilde Ziegen, denen man an ruhigen Tagen auf dem Katzstein begegnen kann.

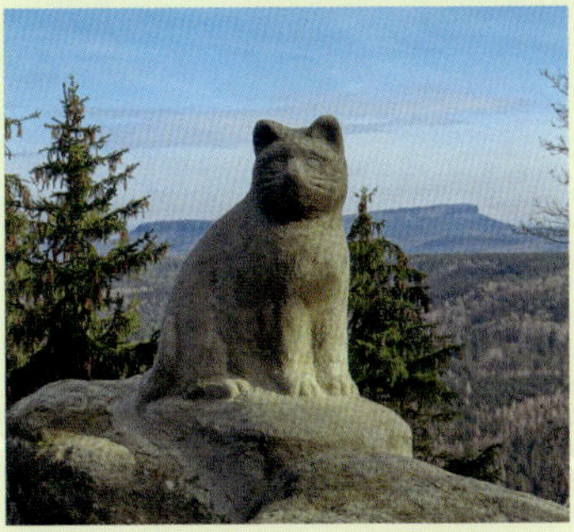

An der Nordspitze des Katzsteinmassivs befindet sich die luftige und ungesicherte Aussicht »Signal«. Bei Waldbrandgefahr beobachtete man früher von diesem Platz aus, ob nicht aus den weiten Wäldern irgendwo eine Rauchsäule aufstieg und gab im Ernstfall ein Signal an die Feuerwehr.

Nach dem Abstieg wandern wir auf demselben Weg bis zur **Lehrtafel Nr. 14 (5)** zurück. Wir bleiben auf dem breiten Spitzsteinweg (grüner Punkt) geradeaus bis zur **Sitzbankgruppe (2)** mit Wegweiser, die wir von unserem Aufstieg her schon kennen. Auf bekanntem Weg steigen wir gemütlich zum **Waldbad Cunnersdorf (1)** ab. In der Katzsteinbaude können wir uns zum Abschluss noch stärken und im Freibad den Nachmittag fröhlich ausklingen lassen.

Die auffälligen Zschirnsteine sind vom Katzstein aus gut zu sehen.

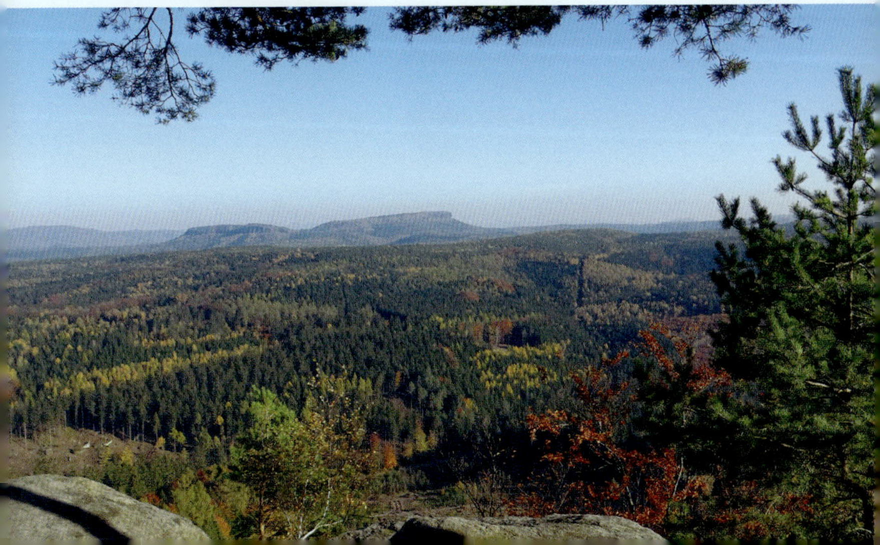

10 Zirkelstein und Kaiserkrone

Von Schöna

ab 4 J.

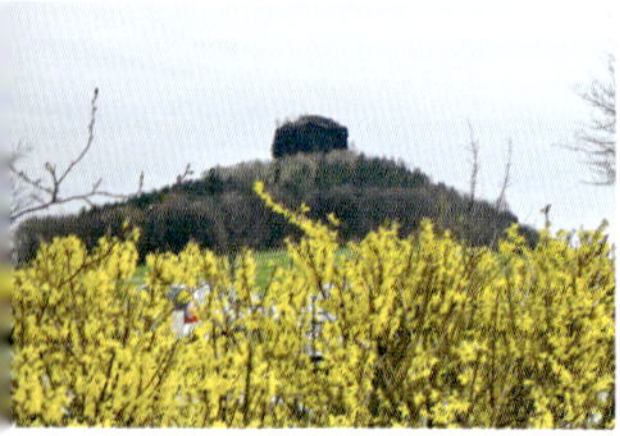

Zwei Tafelberge für junge Abenteurer

Zirkelstein und Kaiserkrone gehören zu den kleinsten Tafelbergen des Elbsandsteingebirges. Dennoch sind ihre Aufstiege eine besondere Herausforderung für Groß und Klein. Über lange, steile Eisentreppen und Gitterrostbrücken werden die beiden »Steine«, wie man hierzulande sagt, bezwungen. Der kurze Zustieg von Schöna aus macht diese Wandergipfel besonders attraktiv für die ganz jungen Wanderer unter uns. Weil der Zirkelstein aufgrund seiner markanten Form von vielen Aussichten der Sächsischen Schweiz gut zu erkennen ist, muss man einfach auf ihm gewesen sein …

Der steile Treppenaufstieg auf den Zirkelstein klappt auch schon gut mit jüngeren Kindern.

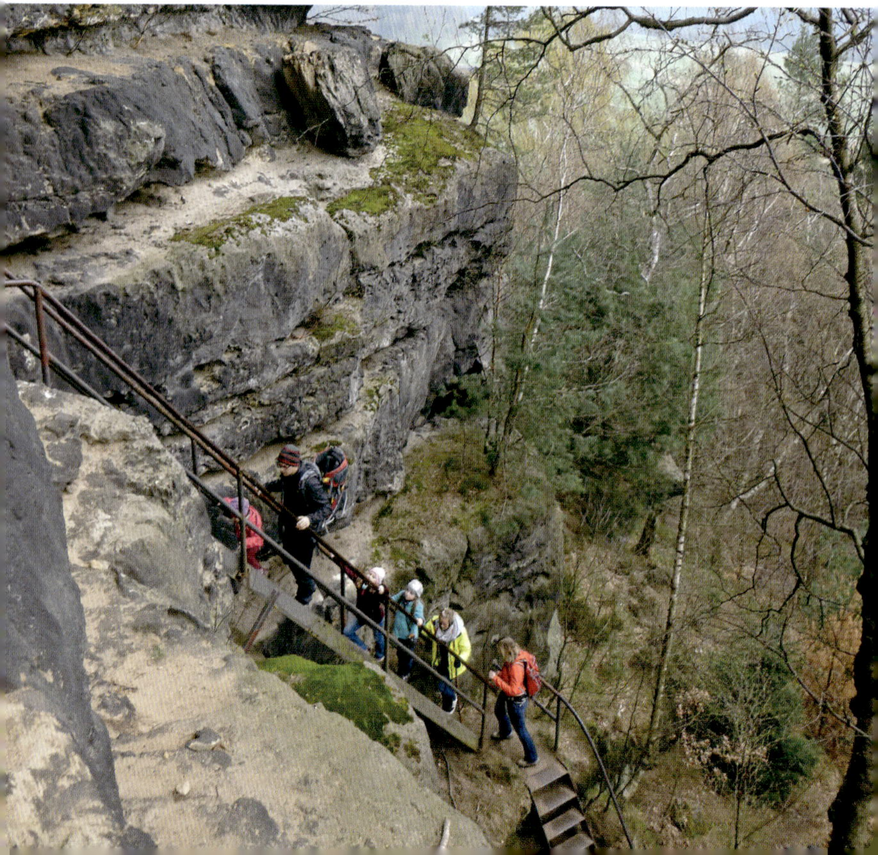

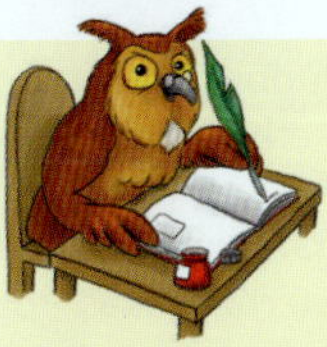

Hallo Kinder,

vor vielen, vielen Jahren soll der Berggeist Rübezahl einmal das Elbsandsteingebirge besucht haben. Dabei war er unachtsam und rannte mit seinem Kopf gegen einen der riesigen Tafelberge, welcher sogleich in zwei Stücke zersprang. Zu allem Unglück stolperte er noch über diese, sodass er sie auf einer Seite niedertrat. Dabei kam Rübezahl zu Fall und schlug sich zwei Zähne aus. Das alles erzürnte den Berggeist sehr. Und so wurde der zersprungene Tafelberg fortan »Zürnstein« genannt, woraus sich der heutige Name »Zschirnstein« ableitet. Den Großen und Kleinen Zschirnstein könnt ihr vom Zirkelstein aus gut sehen. Die beide »Zähne« liegen übrigens heute noch auf den Feldern bei Schöna – es sind Kaiserkrone und Zirkelstein.

KURZINFO

Ausgangspunkt: Parkplatz Schöna, 281 m, am Ortsende von Reinhardtsdorf-Schöna (GPS: N50.881284, E14.214044).
Anfahrt: Von Pirna auf der B 172 Richtung Bad Schandau, vor der Elbüberquerung rechts abbiegen Richtung Krippen, hinter Krippen links Richtung Reinhardtsdorf-Schöna. Auf der Hauptstraße durch die gesamte Ortslage (ca. 3 km!) hindurchfahren bis zum schön gestalteten Dorfplatz mit Bushaltestelle im Ortsteil Schöna, dort halb rechts weiter, nach 300 m links auf den Parkplatz abbiegen.
Mit S-Bahn/Bus: Siehe Varianten.
Gehzeit: 2.00 Std.
Distanz: 4,5 km.
Höhenunterschied: 220 m im Auf- und Abstieg.
Ausrüstung: Gut profilierte Freizeit- oder Sportschuhe, Fernglas, Zeichenblock und Stifte.
Anforderungen: Ab 4 Jahren. Kurze, überwiegend einfache Wanderung auf bequemen Wander- und Fahrwegen, für die Gipfelanstiege über steile Treppen und Leitern sind jedoch Trittsicherheit und Schwindelfreiheit erforderlich.
Einkehr: Landgasthaus »Zirkelstein« Schöna (gasthaus-zirkelstein.de, Tel. +49 35028 80224).
Varianten: 1) Mit dem Bus: Mit Linie 252 bis Haltestelle »Schöna-Dorfplatz«, dann zu Fuß weiter über den Dorfplatz und auf der Kopfsteinpflasterstraße mit der gelben Wanderweg-Markierung weiter Richtung Zirkelstein, am Landgasthaus »Zirkelstein« vorbei zum Abzweig an der Bank mit dem »Wappenstein« (ca. 200 m).
2) Mit der S-Bahn: Vom Haltepunkt »Schmilka-Hirschmühle« über den Aschersteig nach Schöna (ca. 1,6 km, 140 Hm, ca. 60 Min. Gehzeit bis zum Dorfplatz in Schöna): Vom Haltepunkt gehen wir auf dem Elberadweg nach rechts elbaufwärts. Nach 270 m folgen wir dem rot markierten Aschersteig rechts durch eine Unterführung unter der Bahnlinie hindurch und dann im Wald steil aufwärts. Nach einer Viertelstunde ist die Anhöhe erreicht und wir wandern über einen Feldweg nach Schöna. Kurz vor dem Ortseingang treffen wir auf eine Fahrstraße, die uns nach rechts in den Ort hineinführt. Nach etwa 400 m gabelt sich die Straße. Wir halten uns halb links, kommen unterhalb des privaten Oldtimer-Museums vorbei und treffen auf die Hauptstraße. Auf dieser gehen wir links, bis wir auf den Dorfplatz mit Heimatstube und Bushaltestelle gelangen. An dessen Ende folgen wir rechts der Hauptstraße und der gelben Markierung Richtung Zirkelstein. Nach ca. 200 m treffen wir an der Kreuzung mit der Bank und dem »Wappenstein« auf die beschriebene Haupttour.

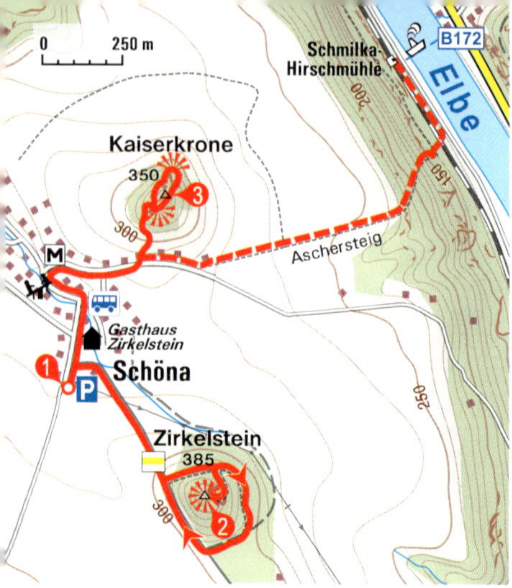

Vom **Parkplatz Schöna (1)** gehen wir etwa 100 m zurück in den Ort. An einer dreieckigen Kreuzung mit einer Bank und einem Stein mit dem Ortswappen von Schöna treffen wir auf die Wegmarkierung »gelber Strich« Richtung Zirkelstein. Wir biegen rechts in die kleine Straße ab und folgen der Markierung immer geradeaus. Am Beginn des Waldes gehen wir nach links. Nach ein paar Stufen folgen wir dem guten Waldweg immer aufwärts, beim Abzweig halten wir uns rechts und gelangen so zum Einstieg der eisernen Steiganlage. Über mehrere, teils steile Treppen erklimmen wir den Gipfel des **Zirkelsteins (2)**. Von hier oben haben wir bei gutem Wetter einen wunderbaren Blick hinüber zum Großen Winterberg und in die Böhmische Schweiz, südöstlich von uns gelegen. Gut zu erkennen ist der 619 m hohe Rosenberg. Mit einem Fernglas kann man sogar rechts vom Großen Winterberg das rote Dach des Gasthauses am Prebischtor entdecken. Südwestlich ragen die beiden Zschirnsteine auf. Weiter nördlich erblicken wir auch die anderen sächsischen Tafelberge sowie die Schrammsteine.

Haben wir uns genug umgesehen, steigen wir auf demselben Weg vorsichtig zurück bis zum Abzweig auf den Waldweg und biegen dort rechts ab. Auf dem Waldweg halten wir uns immer rechts, bis wir wieder auf den Fahrweg am Waldrand stoßen. Auf diesem wandern wir rechts zurück nach Schöna. Am »Wappenstein« gehen wir leicht rechts weiter. Bald kommen wir am kleinen, gemütlichen **Landgasthaus »Zirkelstein«** vorbei. Wir überqueren den Dorfplatz mit der »Heimatstube«, einem alten Umgebindehäuschen, und folgen der Hauptstraße noch etwa 100 m. An der nächsten Einmündung gehen wir rechts und am Oldtimer-Museum nochmals rechts auf dem Malerweg Richtung Kaiserkrone. Jetzt sollten wir aufmerksam sein, denn nach 200 m biegen wir nach links in eine etwas unscheinbare Gasse zur Kaiserkrone ab. Zwischen den Häusern führt am Ende dieser kurzen Sackgasse ein schmaler Steig über ein paar Holzstufen hinauf. Kurz darauf passieren wir einen größeren Felsblock und erreichen eine Informationstafel. Der berühmte Maler Caspar David Friedrich hat an dieser Stelle einige Skizzen angefertigt und das Motiv

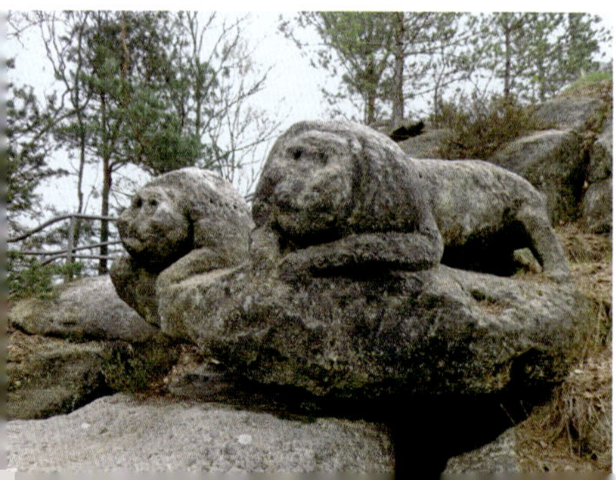

Ein Künstler aus dem Dorf soll in früheren Jahren diese beiden Löwen-Skulpturen geschaffen haben.

dieses Felsblockes für sein berühmtes Bild »Wanderer über dem Nebelmeer« verwendet. Am Mahnmal für die Opfer des Ersten und Zweiten Weltkrieges steigen wir auf dem Wanderpfad links weiter bergan. Bald gelangen wir an die Felsen der **Kaiserkrone**, die aus drei Teilen bestehen. Zuerst steigen wir rechts zur Spitze mit dem Funkmast, wo wir mit Hilfe einer runden Panoramatafel die umliegenden Berge bestimmen können. Kurz vorm Ende der Treppe kann man rechts zwei aus dem Fels gemeißelte, steinerne Löwen entdecken.

Danach gehen wir ein kurzes Stück auf der Treppe zurück und steigen auf das mittlere Gipfelplateau mit der **Gipfelfahne (3)**, eine steinerne Bank lädt zum Verweilen ein. Auch von hier haben wir einen wundervollen Blick ins Elbsandsteingebirge. Nach dem Verlassen dieser Aussicht biegen wir scharf nach links ab und gelangen so zur vordersten Aussichtsplattform, die wiederum über eine Eisentreppe zu erklimmen ist. Beim Aufstieg passieren wir einen kleinen Felsen. Mit ein wenig Fantasie kann man die Gestalt eines Frosches erkennen.

Beim Abstieg folgen wir dem Weg am gegenüberliegenden Felsen rechts vorbei und gelangen so nach einigen Minuten bald wieder auf bekanntem Weg hinunter zum Caspar-David-Friedrich-Felsen. Wir wandern an ihm rechts vorbei über den Holzstufenpfad bis zur Bahnhofstraße hinunter. Wer mit Bus oder Pkw gekommen ist, biegt nun rechts ab und schlendert auf dem bekannten Weg zurück zum Dorfplatz bzw. zum **Parkplatz Schöna (1)**.

Wer zur S-Bahn möchte, läuft links weiter, folgt kurz der Straße und biegt dann links in den rot markierten Aschersteig ab (siehe Variante 2). Auf ihm gelangt man in einer halben Stunde zum Haltepunkt »Schmilka-Hirschmühle«.

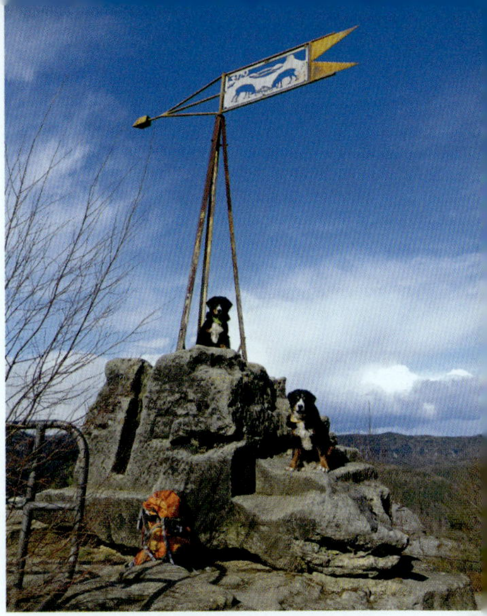
Auf dem Gipfel der Kaiserkrone befindet sich eine schöne Wetterfahne.

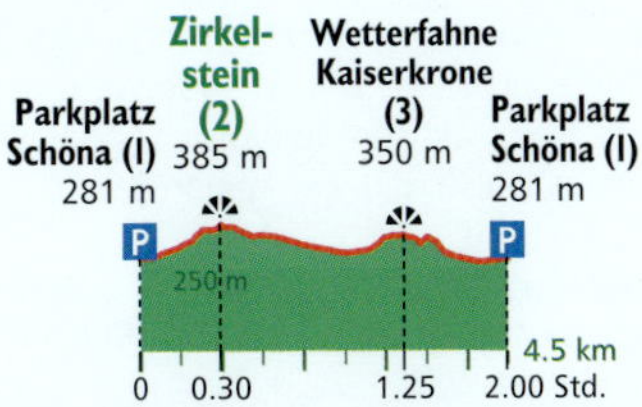

HIGHLIGHTS

- ★ Eiserne und luftige Steiganlage auf den Zirkelstein.
- ★ Zerklüftetes Gipfelplateau der Kaiserkrone – wer entdeckt als Erster die steinernen Löwen?
- ★ Am Caspar-David-Friedrich-Felsen sind eurer Kreativität keine Grenzen gesetzt. Versucht euch doch selbst einmal als Künstler und zeichnet den Felsen mit einem Wanderer darauf und dem Zirkelstein daneben.

11 Zum Mühlsdorfer Koordinatenstein

Von Lohmen ins Wesenitztal

ab 4 J.

Gemütlich durch die kühle Lohmener Klamm

Im klammartigen Wesenitztal am Rande des Elbsandsteingebirges trifft man nur wenige Leute. Vorbei an einem aktiven Sandsteinbruch und einer historischen Wasserkraftanlage mit einem imposanten Viadukt führt die Wanderung hinauf auf die weiten Felder oberhalb Lohmens, wo der Mühlsdorfer Koordinatenstein den Schnittpunkt des 51. Breiten- und des 14. Längengrades des Koordinatensystems der Erde markiert. Wer einen Kompass dabei hat, kann hier die Ausrichtung des Koordinatensteins überprüfen. Am Ende der Wanderung lädt unter dem hohen Schlossfelsen die »Alte Furt« zum Spielen am Wasser ein.

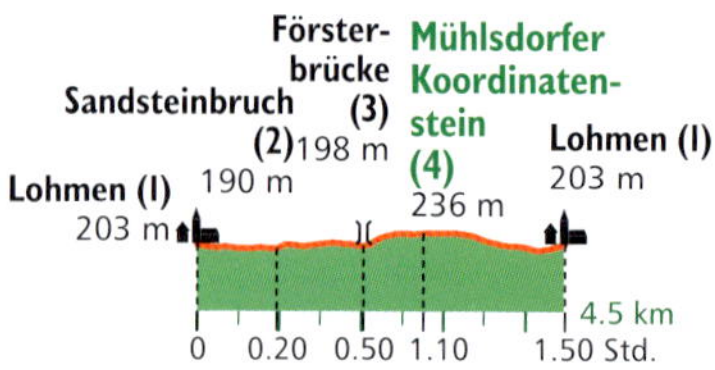

KURZINFO

Ausgangspunkt: Parkplatz am Schloss Lohmen, 203 m (GPS: N50.989456, E13.994246).

Anfahrt: Von Pirna oder Bad Schandau nach Lohmen fahren. Mehrere Parkplätze befinden sich neben der Kirche bzw. dem Schloss Lohmen mit Gemeindeamt und Touristinformation.

Mit Bahn/Bus: Vom Bahnhof Lohmen auf der Bahnhofstraße nach rechts, in die Basteistraße nach links einbiegen und auf dieser ca. 200 m weiter, dann links abbiegen und an Gasthof und Bäckerei vorbei zum Ausgangspunkt.

Mit den Buslinien 236, 237 oder 238 bis zur Haltestelle »Lohmen, Bahnhofstraße«. Der Basteistraße ca. 100 m Richtung Netto-Supermarkt folgen, dann links abbiegen und an Gasthof und Bäckerei vorbei zum Ausgangspunkt.

Gehzeit: 1.50 Std.

Distanz: 4,5 km.

Höhenunterschied: 130 m im Auf- und Abstieg.

Ausrüstung: Gut profilierte Freizeit- oder Sportschuhe, Verpflegung und Getränke, eventuell Handtuch zum Fußeabtrocknen und Kompass.

Anforderungen: Ab 4 Jahren. Leichte Wanderung auf meist breiteren Waldwegen mit einigen steileren Steinstufen-Treppen, etwas Trittsicherheit empfehlenswert. Vorsicht, nach der Treppe am Wasserkraftwerk kurzer Wegabschnitt ohne Geländer! Der Wanderweg tangiert einen aktiven Steinbruch – das Betriebsgelände darf auf keinen Fall betreten werden!

Einkehr: Unterwegs keine; in Lohmen Bäckerei Walter (Tel. +49 3501 588106).

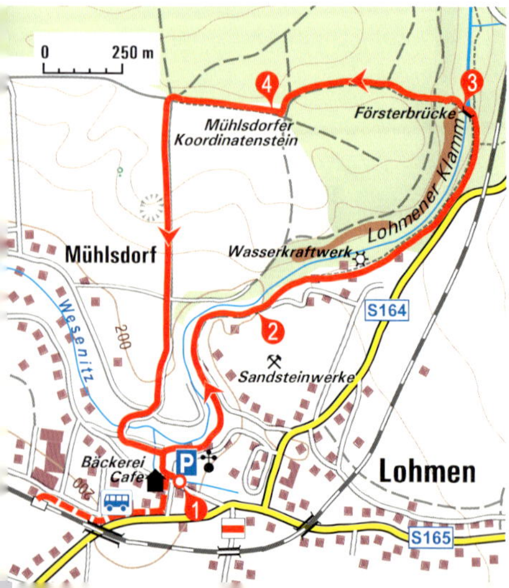

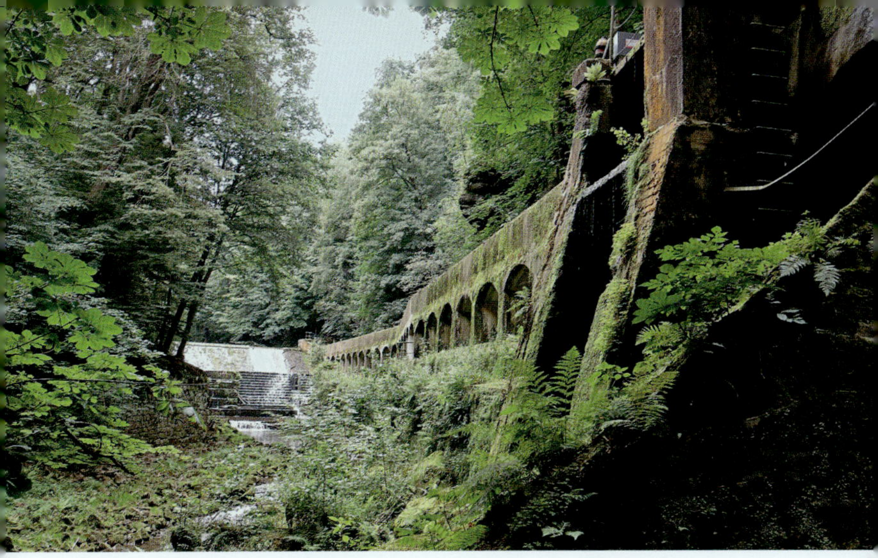

Verwunschen steht das alte Wasserviadukt neben der Wesenitz.

Wir starten am großen **Parkplatz (1)** neben dem Schloss Lohmen, in dem sich auch eine Touristeninformation befindet. An der Kreuzung neben dem Parkdeck gehen wir abwärts zu einer Brücke. Wir steigen rechts die Treppe ins Wesenitztal hinab. Unten treffen wir auf ein kleines Gebäude. Es ist das frisch restaurierte Kraftwerk der Walzenmühle. Wir gehen noch einmal nach rechts über eine Brücke. Hoch über uns steht auf einem hellen Felsen das Schloss. Links an der »Alten Furt« befindet sich ein kleiner Rastplatz mit Spielmöglichkeit am Wasser. Wir gehen flussaufwärts. An einem größeren Mühlengebäude treffen wir auf eine kleine Straße und halten uns links. Wir befinden uns hier auf dem blau markierten Wesenitztalweg, der uns durch die Lohmener Klamm bis zur Försterbrücke führen wird. Wir verlassen bald die Ortslage mit den idyllisch am Fluss liegenden Grundstücken. Auf dem mit großen Sandsteinen gepflasterten Fahrweg kommen wir bald an ein großes Tor. Sollte es geschlossen sein, können wir links daran vorbeigehen. Eine riesige Fischskulptur liegt am Wegesrand – ob der Fisch beim letzten Hochwasser hier gestrandet ist? Etwas weiter kommen wir an einem noch in Betrieb befindlichen Sandsteinbruch vorbei. Ein kleines gelbes Schild neben der Schranke informiert uns über die Sprengsignale. An der

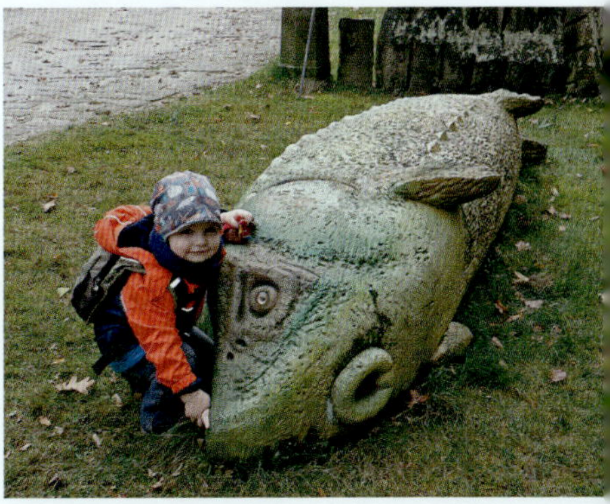

Ob dieser Riesenfisch wohl beim letzten Hochwasser hier gestrandet ist?

nächsten Schranke gehen wir links den schmalen Weg entlang und tangieren dann kurz den **Steinbruch (2)**. Das Betriebsgelände darf nicht betreten werden! Doch auch vom Weg aus erhaschen wir kurz einen beeindruckenden Blick auf die scharfen Bruchkanten und die riesigen gebrochenen Sandsteinquader. Übrigens wurden hier die Steine für den Wiederaufbau der Dresdner Frauenkirche gebrochen.

80 m weiter zweigt der Wanderweg nach links vom Plattenweg ab und führt nun in die sogenannte **Lohmener Klamm** hinunter, wo sich das Wasser einen Weg durch den sächsischen Sandstein gebahnt hat. Wenig später taucht ein eigenwilliges Bauwerk auf. Es ist das Turbinenhaus des Wasserkraftwerks Niezelgrund, ein technisches Denkmal, das seit dem Jahr 2000 wieder in Betrieb ist. Über ein etwa 100 m langes Viadukt wird das Wasser kanalisiert bis zum Turbinenhaus geleitet. Der Wanderweg führt unter dem Viadukt hindurch. Dahinter steigen wir einige Steinstufen hinauf und können den Kanal von oben betrachten. Die Kinder sollten hier nicht alleine vorneweg laufen, denn direkt neben dem Weg fallen die Wände zum Wasser senkrecht ab.

Hinter dem Wehr wird es wieder entspannter und das Tal romantischer. Die gestuften, glatten Felsen rechts des Weges sind Zeugnisse der Steinbrecherei. Felsen spiegeln sich im hier eher ruhigen Wasser. Nach einigen Minuten treffen wir auf den Malerweg und folgen ihm geradeaus bis zur **Försterbrücke (3)**. An dieser idyllischen Stelle überqueren wir die Wesenitz und steigen auf der anderen Talseite über Steinstufen steil hinauf. Oben angekommen gehen wir einfach geradeaus, egal wohin der dortige Wegweiser gerade zeigt. Nach etwa 350 m finden wir links am Wegesrand einen Vermessungspunkt. Unscheinbar steht der kleine Stein im Wald. Es ist der Koordinatenstein am Schnittpunkt von

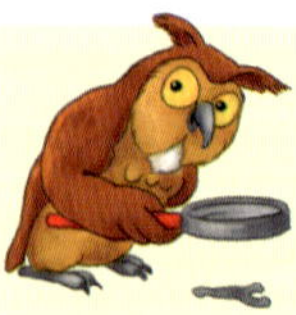

Hallo Kinder,

um die Lage eines Punktes auf der Erde genau bestimmen zu können, hat sich der Mensch das Koordinatensystem ausgedacht. Es besteht aus gedachten Linien: aus Längengraden, die vom Nordpol zum Südpol führen, und Breitengraden, die im rechten Winkel dazu um die Erde herum verlaufen. Breitengrade liegen parallel zueinander und geben den Abstand zum Äquator an. Damit ihr euch das besser vorstellen könnt, nehmt doch einmal einen Globus zur Hand. Auf ihm sind einige dieser Gradlinien eingezeichnet. Ihr könnt Schnittpunkte entdecken, die jeweils genau einen Punkt auf der Erdoberfläche markieren. Am Koordinatenstein bei Lohmen treffen sich der 51. nördliche Breitengrad und der 14. östliche Längengrad.

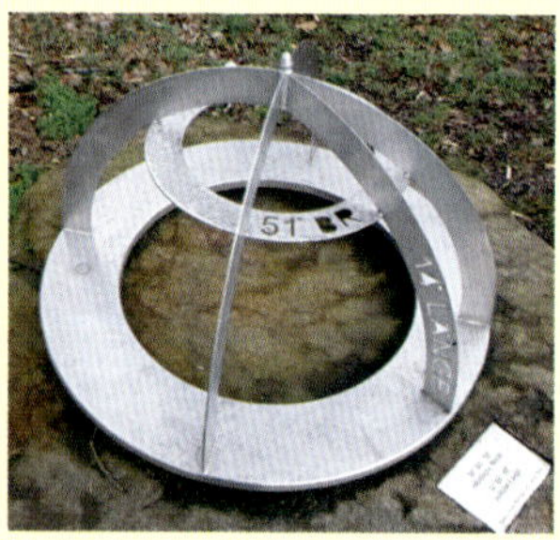

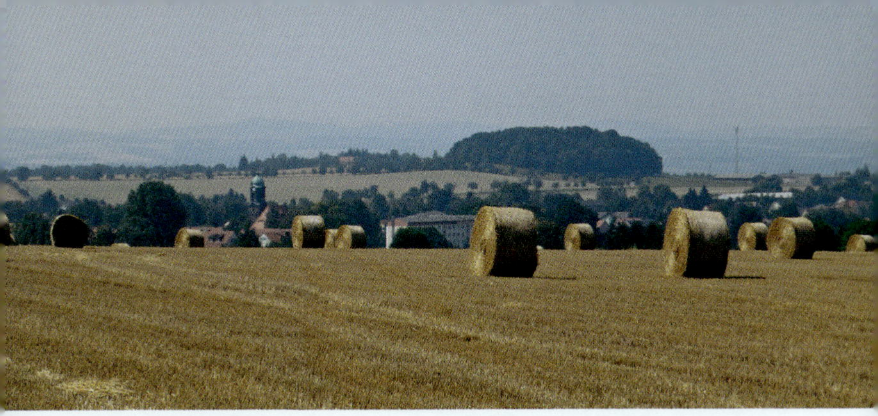

Der Lohmener Kirchturm weist uns den Weg zurück zu unserem Startpunkt.

51° nördlicher Breite und 14° östlicher Länge entsprechend der Welt-Gradmessung. Einige Meter weiter stoßen wir auf einen Querweg, folgen diesem bis zum Waldrand und gehen dort nach rechts. Gleich darauf sehen wir den schön gestalteten **Mühlsdorfer Koordinatenstein (4)**. Ein Schild klärt auf, dass sich der eigentliche Schnittpunkt des Längen- und Breitengrades entsprechend der Mitteleuropäischen Gradmessung einige Meter weiter auf dem Feld befindet.

Wir genießen es einfach, an einem besonderen Punkt zu stehen, und schlendern am Waldrand gemütlich weiter. An der nächsten Kreuzung wandern wir links weiter. Genau vor uns sehen wir den Kirchturm der Lohmener Kirche. Es ist also nicht mehr weit! Wir gehen immer geradeaus, bis wir nach etwa einem Kilometer auf eine Straße treffen. Diese laufen wir hinunter und überqueren eine alte Steinbrücke mit einem verzierten Steinkreuz aus dem 18. Jahrhundert. Dahinter biegen wir links ab und wandern die Straße hinunter bis zum Schlossfelsen. Wer möchte, kann hier am Rastplatz »Alte Furth« noch ein wenig am Wasser spielen. Davor biegen wir rechts ab, steigen die Treppe hinauf und laufen oben links zum **Parkplatz (1)** zurück.

Vielleicht ist noch etwas Zeit, um der Lohmener Kirche einen Besuch abzustatten. Die größte Kirche der Sächsischen Schweiz gilt gleichzeitig auch als eine der schönsten. Mit dem achteckigen Grundriss, wie wir ihn auch bei der Dresdner Frauenkirche finden, unterscheidet sie sich deutlich von anderen Kirchenbauten. Der Innenraum ist ganz in Weiß gehalten mit zarter Goldverzierung. Es gibt einen Kanzelaltar und eine schöne Kayser-Orgel. Die Bäckerei Walter ist ebenfalls einen Besuch wert. Im kleinen Café bietet sie Eis und ein leckeres Kuchensortiment, insbesondere eine hervorragende Dresdner Eierschecke, an.

HIGHLIGHTS

- ★ Ruhige Wanderung entlang der Wesenitz; eine kleine Spielmöglichkeit am Wasser befindet sich an der »Alten Furt«.
- ★ Blick in einen noch aktiv betriebenen Sandsteinbruch.
- ★ Wanderung entlang einer historische Wasserkraftanlage.
- ★ Schön gestalteter Koordinatenstein.

12 Uttewalder Grund

Von Uttewalde

ab 6 J.

Durchs Felsentor zu den Teufelsschlüchten

Schattig, feucht und immer wieder aufs Neue beeindruckend – so kann man einen Besuch im Uttewalder Grund kurz umschreiben. Geheimnisvolle Schluchten, vielfältige Vegetation, absolut stille Ecken, spannende Höhlen und Verstecke machen den besonderen Reiz dieser Wanderung aus. Unser Tourenvorschlag konzentriert sich auf das Erlebnis »Felsengründe« und ist dadurch sehr gut für heiße Sommertage geeignet. Das romantische Felsental, welches durch das von Caspar David Friedrich gemalte Felsentor bekannt wurde, überrascht zu jeder Jahreszeit und Wetterlage mit immer wieder einzigartigen Naturschauspielen und Lichteinfällen. Besonders schön am frühen Morgen, wenn der Wald im Felsengrund erwacht.

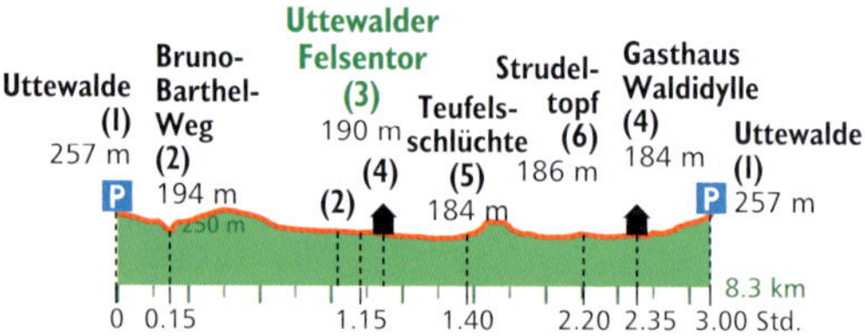

Nach längeren Regenperioden windet sich ein kleines Bächlein zwischen den grün bemoosten Felsen hindurch.

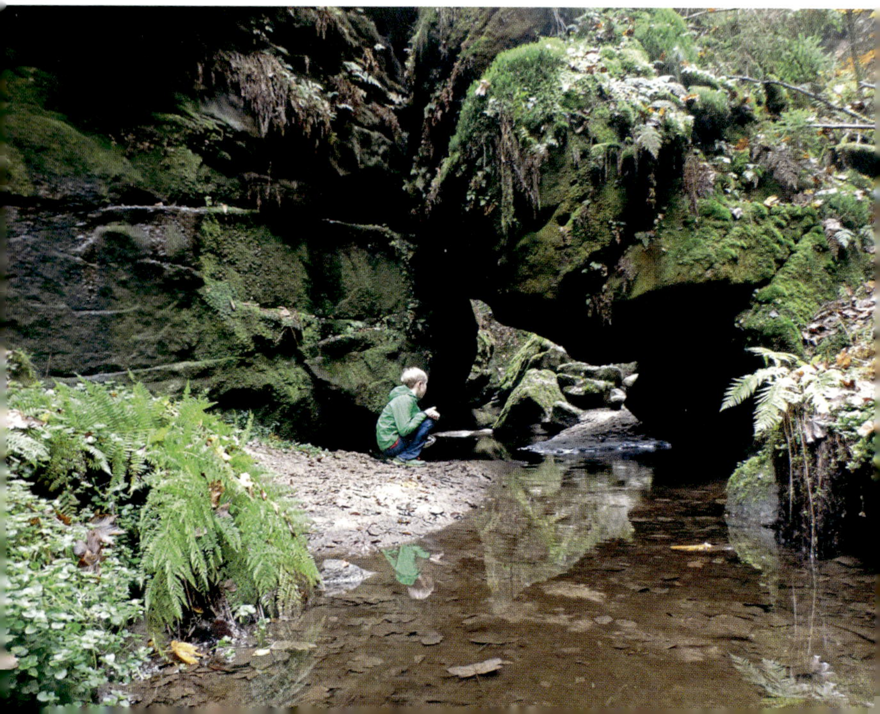

KURZINFO

Ausgangspunkt: Kleiner Parkplatz am Ortseingang von Uttewalde, 257 m (GPS: N50.976892, E14.028163).

Anfahrt: Von Pirna kommend zuerst Richtung Lohmen/Bastei fahren, durch Lohmen hindurch und vor dem Ortsausgang nach rechts Richtung Uttewalde. Von Bad Schandau oder Hohnstein der Ausschilderung Richtung Bastei folgen, nach Rathewalde geradeaus Richtung Lohmen weiterfahren. Direkt am Ortseingang von Lohmen nach links Richtung Uttewalde abbiegen.

Mit Bus/S-Bahn: Mit dem »Basteikraxler« von Mai bis Oktober stündlich von Stadt Wehlen nach Uttewalde (fährt weiter zur Bastei). Die VVO-Buslinie 238 fährt nur Montag–Freitag nach Uttewalde. Alternativ mit S-Bahn und Fähre nach Stadt Wehlen, dann zu Fuß wie in der Kinderwagen-Variante beschrieben bis zur Steinbrücke am Abzweig in den Teufelsgrund (1,4 km, ca. 30 Min. Gehzeit).

Gehzeit: 3.00 Std.

Distanz: 8,3 km.

Höhenunterschied: 260 m im Auf- und Abstieg.

Ausrüstung: Gut profilierte Freizeit- oder Sportschuhe, Stirn- oder Taschenlampe zur Erkundung der Höhlen, Becherlupe zum Betrachten von Insekten, Moosen und Farnen, Zeichenblock und Stifte.

Anforderungen: Ab 6 Jahren. Längere Wanderung, auf der steile Treppen zu überwinden sind. In den Teufelsschlüchten wandert man vorwiegend auf schmalen Pfaden und man muss sich auch mal bücken, um unter den Felsen hindurchzukommen. Kondition und Trittsicherheit sind erforderlich. Bei Schnee und Eis kann der steile Abstiegsweg in den Uttewalder Grund gefährlich sein!

Einkehr: Gasthaus Waldidylle (waldidylle-online.de, Tel. +49 35024 79 846).

Kurzvariante: Ab 4 Jahren. Nach dem steilen Abstieg in den Uttewalder Grund gleich rechts im Tal (2) zum Uttewalder Felsentor abbiegen (6,0 km, 180 Hm, 2.00 Std. Gehzeit). Vorsicht beim Abstieg!

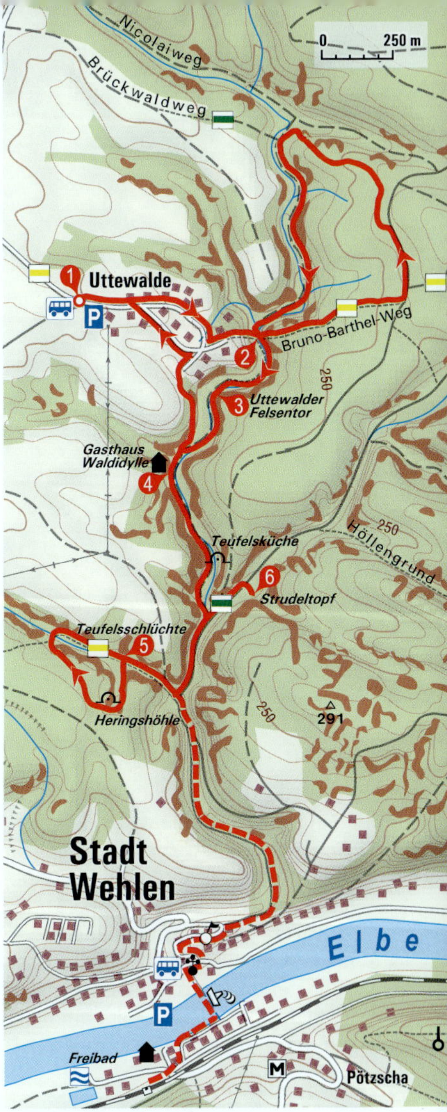

Kinderwagen-Variante: Mit geländegängigem Kinderwagen von Stadt Wehlen aus im Wehlener und Uttewalder Grund bis zum Schleifgrund und auf demselben Weg wieder zurück (Teufelsgrund und Brückwaldweg-Runde sind nicht kinderwagengeeignet!). Dazu vom Marktplatz Stadt Wehlen links an der Kirche vorbei, dann scharf links dem »Schloßberg« Richtung Uttewalder Grund folgen (Markierung »roter Punkt«).

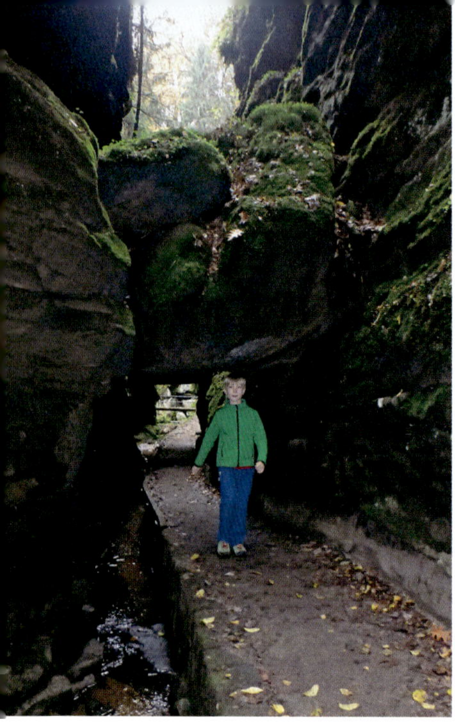

Am Uttewalder Felsentor.

Vom kleinen **Parkplatz (1)** am Ortseingang von Uttewalde gehen wir ins Dorf hinein. An der ersten Gabelung wandern wir die linke Straße abwärts. An Sandsteinmauern entlang führt die alte, mit großen Sandsteinquadern gepflasterte Straße in das Dorf hinein. Wir halten uns auf der »Grundstraße« immer rechts und treffen nach 300 m in einer scharfen Rechtskurve auf den gelb markierten Wanderweg, dem wir nach links folgen. Die Wegmarkierung befindet sich links an einem Betonmast und ist leicht zu übersehen. Es geht an einer Wiese einige Meter am Zaun entlang und dann zwischen den Grundstücken auf schmalem Weg bis zum Waldrand. Aufmerksam steigen wir über eine lange, steile Steintreppe hinunter in eine tief eingeschnittene Schlucht. Linker Hand sehen wir an der gegenüberliegenden Felswand eine Gedenktafel, die an den Heimatdichter Bruno Barthel erinnert. An dieser Stelle stehen wir schon am Beginn des Uttewalder Grundes. Um die Schönheit dieses Tals jedoch in voller Länge genießen zu können, folgen wir zuerst dem **Bruno-Barthel-Weg (2)** an der gegenüberliegenden Schluchtwand über steile Steintreppen hinauf. Dem imposanten Tiefblick am Ende der Treppe folgt bald eine ruhige Waldlandschaft. Der gelb markierte Wanderweg trifft nach einem halben Kilometer auf einen breiten Forstweg, dem wir links folgen. 40 m weiter verlassen wir die gelbe Wegmarkierung und wandern links weiter auf der Forststraße. Nach 250 m biegen wir halb links in einen breiten Wanderweg nach Lohmen ab. Aufgepasst! Den Abzweig direkt vor einer Rechtskurve kann man leicht verfehlen. Dieser auch als »Brückwaldweg« bekannte Waldweg führt uns gemächlich in ein Tälchen hinein. Nach etwa einer Viertelstunde treffen wir auf eine größere Wegkreuzung mit einer Brücke und einer Bank. Ab hier wird es wieder spannend, denn wir folgen nun dem linken, grün markierten Weg immer an einem Geländer entlang in den

HIGHLIGHTS

- ★ Wanderung durch die klammartige Schlucht zum Uttewalder Felsentor.
- ★ Spannende Entdeckertour durch die Teufelsschlüchte und die Heringshöhle.
- ★ Der Strudeltopf im Zscherregrund ist ein Relikt der letzten Eiszeit.
- ★ Das geheimnisvoll im Felsental versteckte Gasthaus Waldidylle.

Schleifgrund hinein. Ein Bächlein schlängelt sich durch den feuchten Grund. Die Felsen bilden eine immer enger und tiefer werdende Schlucht. Dicke hohe Bäume, grüne Farne, verschiedene Moose und umgestürzte Baumstämme bestimmen zunehmend das Bild. Mit einer Lupe können wir die verschiedenen Moose genauer betrachten und entdecken darauf vielleicht den einen oder anderen winzigen Waldbewohner.
Nach einiger Zeit weitet sich das Tal ein wenig und wir stehen plötzlich wieder vor dem Wegweiser des Bruno-Barthel-Weges **(2)**. Diesmal bleiben wir jedoch im Talgrund, um nun zum berühmten Uttewalder Felsentor weiterzuwandern. Das Tal wird wieder enger, große Felsbrocken türmen sich rechts und links des Weges auf. Nach wenigen Minuten erreichen wir eine Stelle, wo sich einige herabgestürzte Blöcke zwischen den Felswänden verklemmt haben. Wir kriechen darunter hindurch und werfen unbedingt noch einen Blick zurück. Denn jetzt sehen wir das **Uttewalder Felsentor (3)**, wie es Caspar David Friedrich zu seinem großartigen Bild inspirierte. Wer Papier und Stift dabei hat, kann hier versuchen, dem großen Künstler nachzueifern.

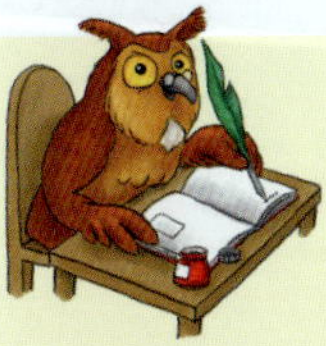

Hallo Kinder,

vor langer Zeit soll ein frommer Einsiedler in einer Hütte im Uttewalder Grund gelebt haben. Er betete täglich und war ein wirklich guter Mensch. Deshalb wurde er von den Leuten der Umgebung sehr verehrt. Als der Teufel davon hörte, versteckte dieser sich sofort in einer Felsenhöhle unweit der Hütte, um sich die Seele des braven Einsiedlers zu holen. Er braute in seiner »Teufelsküche« einen stinkenden Teufelstrank. Dunkler Rauch und gelbe Schwefeldämpfe zogen durch den Grund und vernebelten auch die kleine Hütte des Einsiedlers. Das störte diesen natürlich sehr, aber es hielt ihn nicht davon ab, immer weiter zu beten. Daraufhin holte der Teufel hübsche Hexen herbei, die den Einsiedler verzaubern sollten. Doch auch von diesen ließ sich der friedliche Mann nicht stören, stattdessen lief er fröhlich singend am Bach entlang durch den Grund. Voller Zorn brach der Teufel einen riesigen Felsbrocken aus der Wand und warf diesen dem lebensfrohen Einsiedler hinterher. Da kam ein Engel herbei und schob geschwind die beiden Felswände eng zusammen. So blieb der Felsbrocken darin stecken. Das rettete unserem Einsiedler das Leben. Der Teufel tobte vor Wut, warf um sich mit Pech und Schwefel. Blitz und Donner durchzogen den Felsengrund und der Teufel verschwand. Geblieben ist das imposante Felsentor und der gelbe »Schwefel«, der noch mancherorts an den Schluchtwänden zu sehen ist.

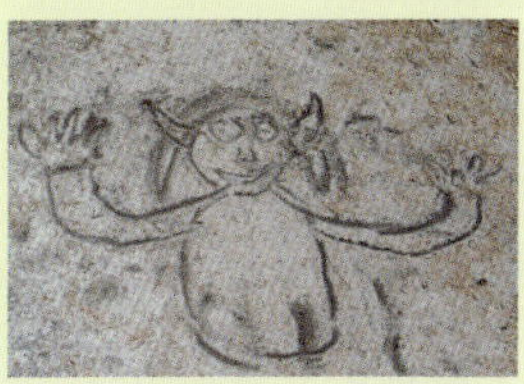

Vielleicht hat er so ausgesehen, der Teufel im Uttewalder Grund …
Versucht doch selbst einmal, ihn an einer geeigneten Wegstelle zu zeichnen.

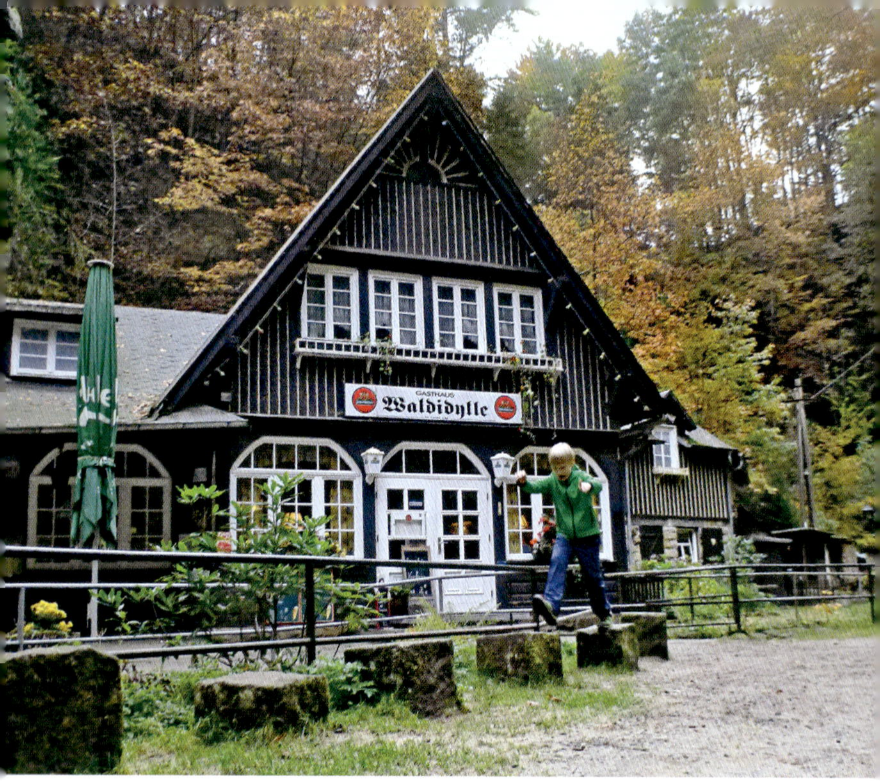

Das Gasthaus Waldidylle steht in der Tiefe des Uttewalder Grundes.

Anschließend wandern wir weiter und kommen bald am **Gasthaus Waldidylle (4)** vorbei – vielleicht heben wir uns die Einkehr für den Rückweg auf – und laufen nun auf breitem Weg weiter zur **Teufelsküche**, einer Höhle am linken Wegesrand, aus der manchmal die Nebel aufsteigen, als ob jemand in ihr wohnen würde.

Bald kommen wir an einen Wegabzweig, wo wir uns rechts in Richtung Stadt Wehlen halten (roter Punkt). Circa 350 m weiter überqueren wir an einer großen Kreuzung rechts die Steinbrücke und biegen dahinter gleich rechts in den schmalen, gelb markierten Pfad ein. Auf diesem gelangen wir zum »Rundgang Teufelsschlüchte«. Links geht es über Holzbohlen zu riesigen Felsblöcken, die den Eingang zu den **Schlüchten (5)** scheinbar verschließen. Wir kriechen durch diesen hindurch und wandern zwischen den Felswänden weiter. Bald darauf weist eine Inschrift zur **Heringshöhle**. In der etwa 20 Meter langen Durchgangshöhle ist es richtig finster. Ein echtes Abenteuer! Eine Taschen- oder Stirnlampe ist hier von Vorteil. Der Wanderweg führt an der Inschrift geradeaus weiter. Durch Felsentore, über Stein- und Holzstufen gelangen wir hinauf in den lichtdurchfluteten Hochwald. An der Wegteilung halten wir uns rechts Richtung »Rundgang Teufelskammern«. Nach circa 200 m weist ein Geländer den Weg hinunter in die

In den Teufelsschlüchten müssen wir enge Klüfte und Tunnel überwinden. Das macht richtig Spaß!

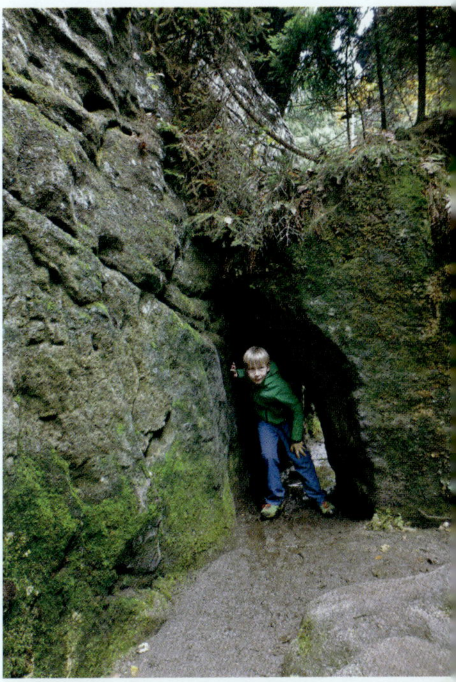

verwunschenen **Teufelskammern**. Über einige Treppen steigen wir in die kleine Klamm mit wannenartigen Ausspülungen hinab und stehen bald wieder am Ausgangspunkt des Rundweges. Ab hier laufen wir auf dem bekannten Pfad bis zur Steinbrücke und dann links auf dem rot markierten Weg bis zur nächsten Weggabelung zurück. Wir machen noch einen kurzen Abstecher geradeaus in den Zscherregrund hinein, um uns eine geologische Besonderheit anzusehen. 150 m von der Gabelung entfernt finden wir rechts vom Weg einen **Strudeltopf (6)**, der wohl am Ende der letzten Eiszeit entstanden ist.
Zurück an der Weggabelung folgen wir nun wieder der grünen Markierung bis zum **Gasthaus Waldidylle (4)**, wo wir uns jetzt eine große Pause verdient haben. 100 m danach führt unser Rückweg links über Stufen hinauf. Wer aufmerksam ist, kann im oberen Teil des Aufstieges an einem Felsen alte Inschriften entdecken. Wenig später sind wir ganz oben und folgen dem Wegverlauf nach Uttewalde. An der Straße biegen wir links ab und folgen ihr bis zu unserem **Parkplatz (1)** an der Bushaltestelle mit dem kleinen Gipfelbuchfelsen.

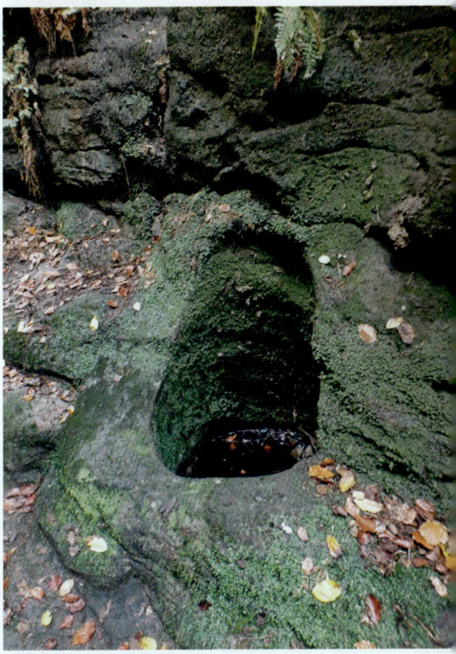

Strudeltöpfe sind trichter- oder kesselförmige Vertiefungen im Gestein, die sich in schnell fließenden Flüssen an Stellen bilden, wo ein Hindernis das Wasser zu einer drehenden Bewegung zwingt. Im entstandenen Strudel können sich Steine und Sande sammeln, die sich in den Felsuntergrund hineinschleifen.

13 Steinbruchpfad Dorf Wehlen

Über die Wilkeaussicht

ab 5 J.

Zum Sandstein-Miniaturpark »Kleine Sächsische Schweiz«

Bis Ende des 19. Jahrhunderts gab es einen regen Steinbruchbetrieb in den Elbtalwänden. Viele Gebäude der Umgebung bis nach Dresden oder Meißen wurden aus Sandstein gebaut. Wir wandern auf einem Abschnitt des Steinbruchpfades bei Wehlen, der an das schwere und nicht ungefährliche Handwerk des Steinbrechers erinnert. Verfallene Gebäude sowie eine umfangreiche Sammlung historischer Werkzeuge und Maschinen lassen die Vergangenheit wieder lebendig werden. Unterwegs genießen wir die Aussicht in das Elbtal auf Stadt Wehlen und Bastei aus einer recht ungewohnten Perspektive und besuchen anschließend die »Kleine Sächsische Schweiz«, einen mit den typischen Felsformationen des Elbsandsteingebirges verzierten, liebevoll gestalteten Miniaturpark mit Parkeisenbahn (siehe auch Freizeittipp F1).

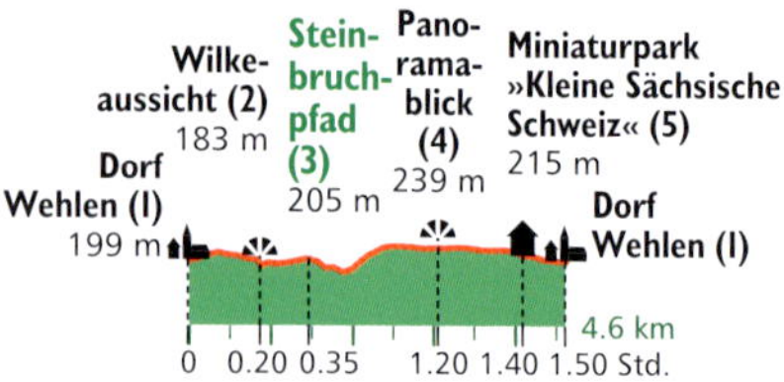

KURZINFO

Ausgangspunkt: Parkplatz in Dorf Wehlen, im unteren Ortsteil an der Kreuzung Pirnaer Straße/Vorwerkstraße, 199 m (GPS: N50.958577, E14.013122).

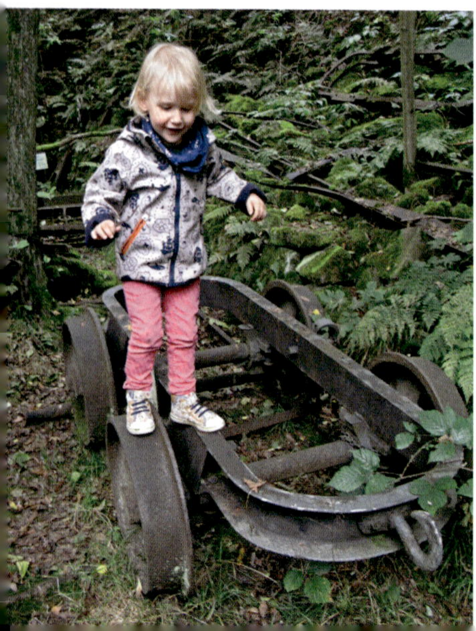

Anfahrt: Aus Pirna kommend zuerst Richtung Bastei fahren, im Ortsteil Pirna-Copitz Richtung Stadt Wehlen abbiegen. In Dorf Wehlen ca. 1,1 km durch den Ort hindurchfahren, bis die Straße einen scharfen Linksknick macht; hier befindet sich rechts der Parkplatz.

Von Bad Schandau oder Hohnstein der Ausschilderung Richtung Bastei folgen, dann aber nach Lohmen weiterfahren. Direkt am Ortseingang von Lohmen nach links Richtung Stadt Wehlen abbiegen. In Dorf Wehlen links auf die Hauptstraße einbiegen und dieser für ca. 800 m folgen, bis die Straße einen scharfen Linksknick macht; hier befindet sich rechts der Parkplatz.

Mit S-Bahn/Bus: Mit der S-Bahn bis Stadt Wehlen, dann mit der Fähre übersetzen und zu Fuß zur Wilkeaussicht (ca. 30 Min.), Rückfahrt mit Buslinie 238 oder dem »Basteikraxler« ab »Dorf Wehlen, Kleine Sächsische Schweiz« (s. Variante). Alternativ mit Buslinie 238 oder dem »Basteikraxler« nach »Dorf Wehlen, Klei-

Zum Transport großer Steinblöcke diente dieser alte Lorenwagen.

ne Sächsische Schweiz« und entlang der Straße abwärtslaufen bis zum Ausgangspunkt (ca. 400 m).

Gehzeit: 1.50 Std.

Distanz: 4,6 km.

Höhenunterschied: 100 m im Auf- und Abstieg.

Ausrüstung: Gut profilierte Freizeit- oder Sportschuhe, Fernglas, Geld für Eintritt in den Miniaturpark.

Anforderungen: Ab 5 Jahren. Leichte Wanderung auf unbefestigten Waldwegen und Fahrwegen. Trittsicherheit ist erforderlich, denn gleich nach der Wilkeaussicht führt der Pfad ein kurzes Stück relativ nah an einer ungesicherten Steinbruchkante entlang – hier besonders aufpassen und die Kinder nicht allein laufen lassen!

Einkehr: Gasthaus »Zur Alten Säge« (pension-zur-alten-saege.de, Tel. +49 35024 70 622).

Variante: Alle, die gern mit der S-Bahn anreisen möchten, können die Tour von Stadt Wehlen aus starten und direkt zur Wilkeaussicht wandern: Vom Bahnhof mit der Fähre übersetzen und dann links dem asphaltierten Uferweg flussabwärts folgen. Nach dem großen Parkplatz gehen wir rechts hinauf, an der nächsten Kreuzung links, bis wir auf eine kleine Straße treffen. Wir wandern nun nach links mit der Ausschilderung »Wilkeaussicht« flussabwärts weiter. Nach einem halben Kilometer zweigt der Aufstieg zur Wilkeaussicht nach rechts ab. Ein plätscherndes Bächlein querend führt der Weg über Stufen und Treppen steil nach oben zur Aussicht (von der Fähre ca. 30 Min. Gehzeit, 1,3 km, 60 Hm).

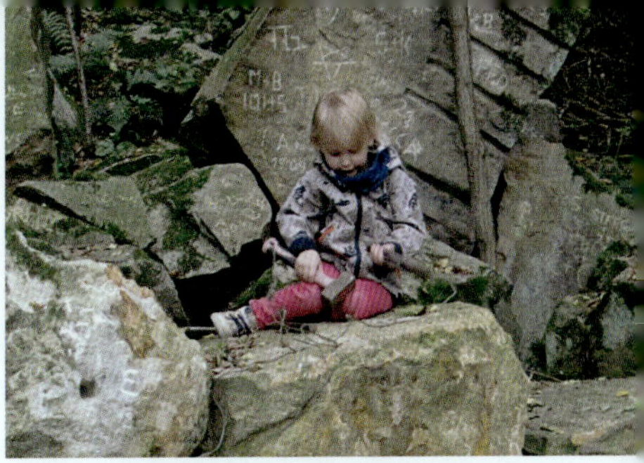

An einigen Sandsteinblöcken kann man sich als Steinmetz versuchen.

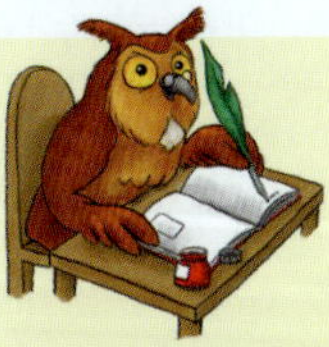

Hallo Kinder,

die berühmte Frauenkirche in Dresden ist, wie viele historische Gebäude in der Gegend, aus Sandstein gebaut. Doch woher kamen die Steine dafür? Ihr ahnt es sicher schon – natürlich aus dem Elbsandsteingebirge! Bis zum Beginn des 20. Jahrhunderts wurde in den hohen Felswänden des Elbtals Sandstein gebrochen. Es war eine sehr schwere und gefährliche Arbeit. Zuerst wurde ein Teil der riesigen Sandsteinwand unterhöhlt und mit Stützpfeilern gehalten. Danach wurden die Stützpfeiler weggesprengt und die schwere Felswand stürzte herunter. Anschließend wurden die Felsbrocken in kleinere Stücken zerteilt und mit riesigen Seilwinden über den Hang hinunter zur Elbe abgelassen. Schiffe brachten das begehrte Baumaterial dann nach Dresden oder Meißen. Auf dem Steinbruchpfad könnt ihr noch viele Dinge aus dieser Zeit bestaunen, wie die großen Seilwinden, Schienen und Loren der Lorenbahn, fertig hergestellte Mühlsteine oder eine eiserne Schubkarre. Übrigens lebten damals mehrere Tausend Menschen von der Steingewinnung. Neben den eigentlichen Steinbrechern waren das zum Beispiel Steinsäger, Steinmetze, Verladearbeiter, Fuhrleute, Schiffer, Bildhauer und Zimmerleute.

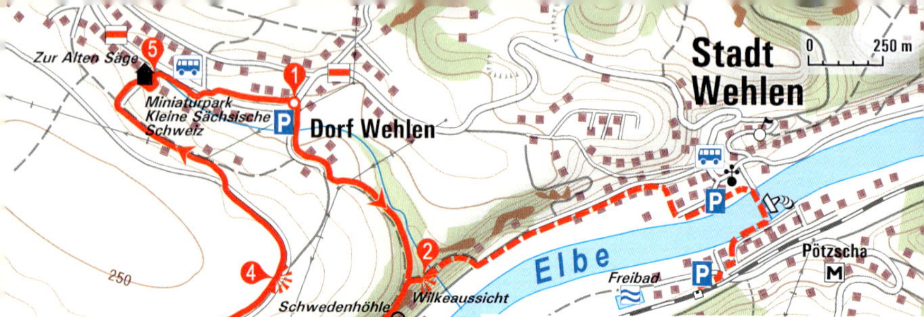
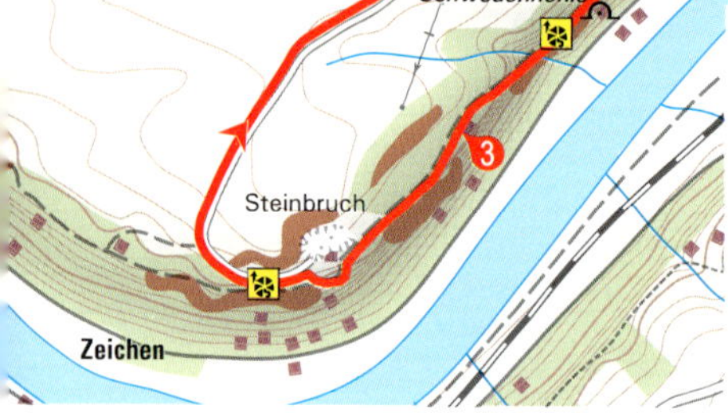

Vom **Parkplatz (1)** folgen wir der kleinen Zufahrtsstraße in Richtung Wilkeaussicht. Nach 300 m zweigt ein kleiner Wiesenpfad nach links ab. Am Weidezaun, später am Waldrand entlang kommen wir nach fünf Minuten zu einem kunstvoll behauenen Stein. Dahinter sind es nur wenige Schritte zur **Wilkeaussicht (2)**, die eine kleine Wetterfahne ziert. Das Elbtal mit dem kleinen Ort Wehlen liegt tief unter uns, links sehen wir die Bastei, gegenüber Rauen- und Bärensteine. Eine Steinbank lädt zum Ausruhen ein.

Wieder zurück an der kleinen Wegsäule gehen wir links einen schmalen Waldpfad weiter. Die Kinder sollten hier unbedingt bei den Eltern bleiben, denn der Weg führt nahe an der ungesicherten Abbruchkante des Steinbruches entlang! Bald sehen wir an einem Baum auch das Wegsymbol des **Steinbruchpfades** und kommen an eine Weggabelung. Wir folgen am besten dem rechten, oberen Weg, der gemächlich und gefahrlos durch den Laubwald führt. Der linke Pfad ist nicht ganz ungefährlich, denn er führt hier sehr nahe an der Abbruchkante und an den imposanten, aber nicht gesicherten Einsturztrichtern der Schwedenhöhle vorbei. Diese unterirdische Kluft, die ca. 35 Meter weit in den Fels hineinführt und an mehreren Stellen oben offen ist, ist durch Abrutschen eines gigantischen Wandstückes entstanden.

Bald führen beide Wege wieder zusammen, und wir entdecken immer mehr Spuren des Steinbrecherbetriebes. Alte, verrostete Werkzeuge und Maschinen, die aus den alten Sandsteinbrüchen zusammengetragen wurden, immer wieder Gleisreste der ehemaligen Lorenbahn, ein paar steinerne Tische und verwunschene Ruinen am Wegesrand bestimmen diesen Teil der Wanderung. Eine **Schautafel (3)** erklärt einige Fundstücke und die Geschichte dieses kleinen Freiluftmuseums. An einigen Felsblöcken neben dem Wanderweg sind Hämmer und Meißel befestigt. Wer sich einmal selbst als Steinmetz versuchen möchte, erhält hier die Gelegenheit dazu.

Auf dem Steinbruchpfad halten wir uns im Prinzip immer geradeaus, bis wir unter einer vier Meter hohen Brücke hindurchgehen. Danach verlassenen wir den Steinbruchpfad, steigen rechts einige Stufen hinauf und stehen auf der Zufahrt zu einem Steinbruch aus jüngerer Zeit, der heute jedoch ebenfalls nicht mehr in Betrieb ist. Dem Fahrweg folgen wir nach links und gewinnen langsam an Höhe. Bald können wir über die Felder auf die Elbsandsteinlandschaft schauen. Kurz darauf treffen wir am beeindruckenden **»Panoramablick« (4)** auf einen Rastplatz mit einem großen, steinernen Tisch. Hier zweigt rechts die alte Steinbruchstraße ab. Wir bleiben jedoch weiter auf unserem Fahrweg und halten uns an der Gabelung links. 400 m weiter nehmen wir den kleinen Fahrweg rechts über die Weiden abwärts. Bald stößt ein weiterer Weg dazu. Ab hier ist der Miniaturpark gut ausgeschildert. Wenig später können wir von oben sogar einen Blick auf die Anlage erhaschen. Neben einer Wiese führt dann ein Fußweg mit Steinsäulen nach rechts ins Dorf hinunter. Am **Gasthof »Zur Alten Säge«** gehen wir gleich durch den ehemaligen Bauernhof hindurch und kommen so direkt zum Eingang des **Miniaturparks (5)**. Etwa eine Stunde sollte man für den Besuch einplanen. Die Parkbahn lädt ein, ein Stück durch die mit Liebe zum Detail gestaltete Anlage mitzufahren.

HIGHLIGHTS

- ★ Blick ins Elbtal von der Wilkeaussicht.
- ★ Freiluftausstellung zur Geschichte des Steinebrechens im oberen Elbtal.
- ★ Aussichtsreiche Wanderung zum Panoramablick.
- ★ Besuch des Miniaturparks »Kleine Sächsische Schweiz« (siehe auch Freizeittipp F1).

Der Rückweg zum Ausgangspunkt ist nun nicht mehr weit. Wir gehen vom Parkeingang 20 m die Straße hinab und biegen scharf rechts in die Schustergasse ab, der wir 160 m folgen, bis eine etwas verfallen wirkende Treppe mit Geländer links hinunterführt. Unten wandern wir rechts haltend in wenigen Schritten zur Hauptstraße. Vorsichtig folgen wir dieser nach rechts und erreichen nach nur 200 m den **Parkplatz (1)**.

Dieser Miniatur-Steinbruch zeigt die harte Arbeit der Steinbrecher.

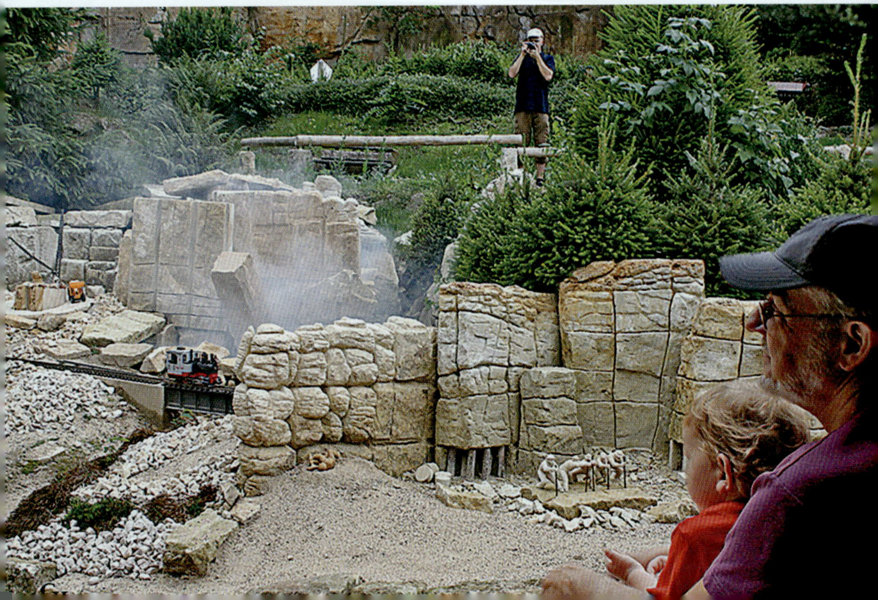

14 Bastei und Amselgrund

Vom Kurort Rathen

ab 5 J.

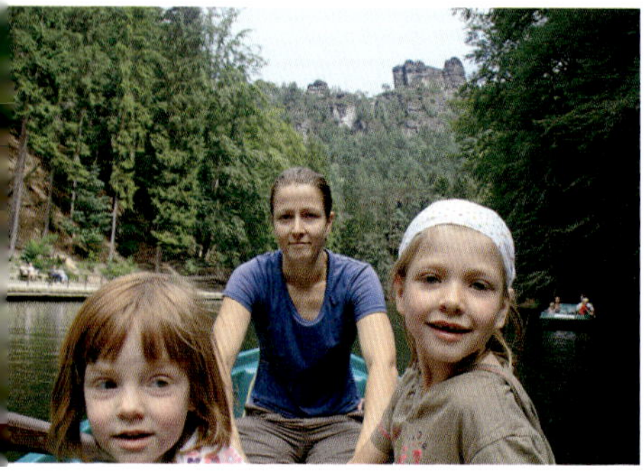

Rudern auf dem Amselsee macht allen riesig Spaß.

Zur luftigen Felsenburg und in die Schwedenlöcher

Die Rundtour »Bastei und Schwedenlöcher« ist der Klassiker unter den Wanderungen im Basteigebiet. Der kurzweilige Wanderausflug für konditionsstarke Kids und Eltern ist gespickt mit einer Vielzahl an Highlights und führt steil zur mittelalterlichen Neurathener Felsenburg hinauf, von welcher uns ein wunderbarer Blick auf den »Mönch« und die vielen Klettergipfel des Rathener Klettergebietes erwartet. An sonnigen Tagen sind unterwegs sicher einige Kletterer zu beobachten. Über die luftige Basteibrücke wandern wir zur weltbekannten Bastei, wo sich ein atemberaubender Blick auf die 200 Meter tiefer fließende Elbe bietet. In den versteckt gelegenen Schwedenlöchern wandern wir über Hunderte Treppenstufen in den kühlen Amselgrund. Am Amselsee lädt zum Abschluss ein Ruderbootverleih zu einer lustigen Bootsfahrt ein.

Ausblick an der Tiedgestein-Aussicht ins Elbtal und zum Lilienstein.

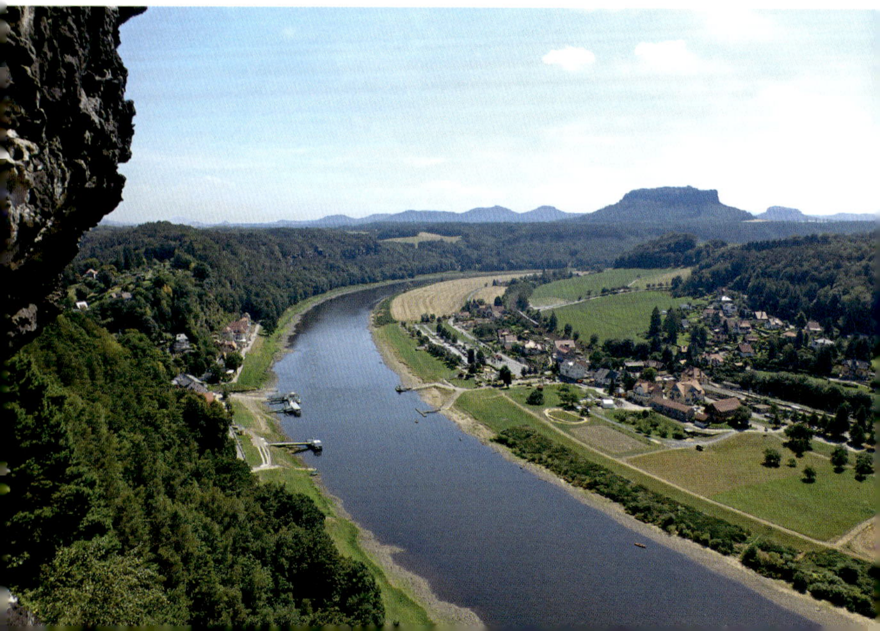

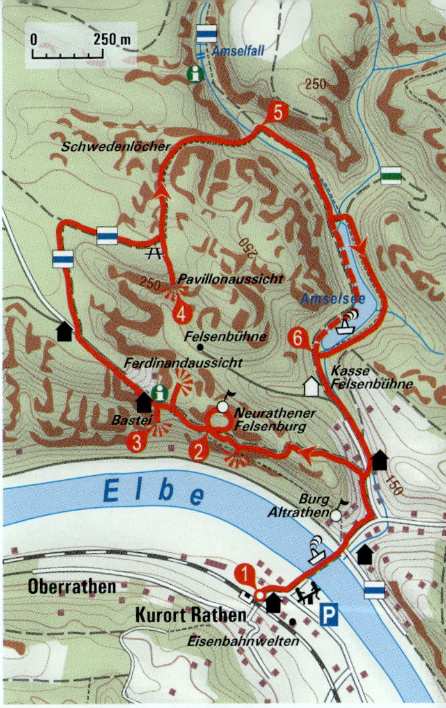

KURZINFO

Ausgangspunkt: Bahnhof Kurort Rathen, 124 m (GPS: N50.956545, E14.076691).

Anfahrt: Von Bad Schandau über Königstein nach Struppen, direkt am Ortseingang nach rechts und gleich nochmals rechts Richtung Kurort Rathen abbiegen. Von Pirna auf der B 172 Richtung Schmilka. Nach dem Kreisverkehr (an der Araltankstelle) links abbiegen Richtung Struppen. Am Ortsausgang Struppen links und gleich wieder rechts in Richtung Kurort Rathen.

Der Parkplatz befindet sich in Rathen direkt an der Elbe neben dem Fähranleger (GPS: N50.956380, E14.078526). Ein zweiter Parkplatz liegt ca. 400 m vorher vor dem Bahnübergang.

Mit der S-Bahn: Empfehlenswert, bis Haltestelle »Kurort Rathen«.

Gehzeit: 3.00 Std.

Distanz: 6,6 km.

Höhenunterschied: 210 m im Auf- und Abstieg.

Ausrüstung: Gut profilierte Freizeit- oder Sportschuhe. Handtuch, genug Verpflegung und Getränke, falls man nicht inmitten des Bastei-Trubels Pause machen möchte, Geld für die Überfahrt mit der Fähre und den Eintritt zur Felsenburg.

Anforderungen: Ab 5 Jahren. Längere Wanderung auf überwiegend guten Wegen, für den steilen Aufstieg zur Felsenburg Neurathen ist ein wenig Kondition nötig. Langer Abstieg über Stufen in den Amselgrund.

Einkehr: Imbiss und Restaurant auf der Bastei, diverse Einkehrmöglichkeiten im Kurort Rathen.

Kinderwagen-Variante: Von der Fähre auf direktem Weg zum Amselsee und an dessen Westseite weiter zum Nordende; Rückweg auf derselben Route. Eine Umrundung des Sees ist nur mit geländegängigem Kinderwagen zu empfehlen.

Hinweis: In der Hauptferienzeit und an schönen Wochenenden sind zwischen 10 und 16 Uhr sehr viele Leute unterwegs! Toiletten (Kleingeld) findet man im Kurort Rathen und auf der Bastei.

Vom **Bahnhof Rathen (1)** gehen wir hinunter zur Elbe, wo wir mit der Gierseilfähre übersetzen. Geradeaus geht es durch den Ort, bis wir auf einen Abzweig nach links treffen. Wegweiser und eine historische Steinsäule weisen uns den Weg Richtung Bastei. Wir gehen die enge Gasse hinauf, nach wenigen Schritten sehen wir rechts an einer Hausecke die Markierungen der extremsten Hochwasserstände. Am Hotel »Amselgrundschlößchen« folgen wir links dem schmalen Steinweg nun steiler hinauf. Der Blick wird freigegeben auf den ersten Felsen über dem Tal, dem »Talwächter«. Wir folgen dem Weg in den Wald, bald geht es über Stufen aufwärts, und wir gelangen an die ersten Felsen. Nach etwa 20 Minuten erreichen wir ein Eisengeländer und we-

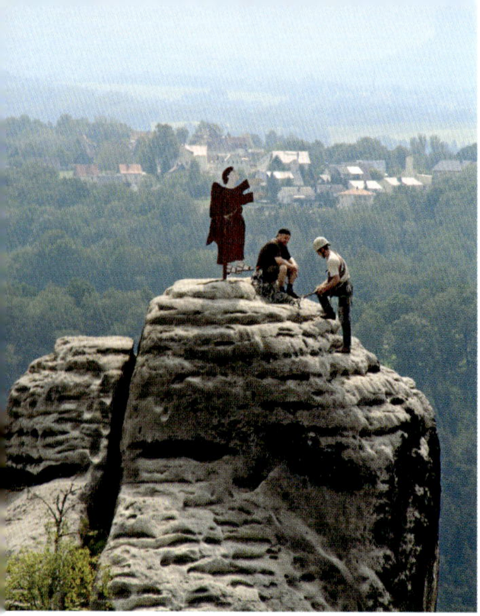

Kletterer auf dem »Mönch«.

nig später kommen wir links zu einer großartigen und sehr luftigen Aussicht am **Tiedgestein** mit einem überwältigenden Blick auf die Elbe. Wieder zurück am Hauptweg steigen wir nun stetig über Treppen durch die Felsen aufwärts. Nach einigen Minuten taucht vor uns am Wegesrand ein von dicken, oben spitz zulaufenden Holzstämmen gebildeter Zahn auf. Noch einige Schritte und schon stehen wir vor dem Eingang zur **Neurathener Felsenburg (2)**. Auf einem interessanten Rundgang ist die ehemalige Burganlage begehbar gemacht worden. Über eiserne Brücken folgen wir dem Weg von Felsen zu Felsen, Nischen mit Räumen und Höfen, Steinkugeln, Inschriften, eine Zisterne und ein Nachbau der legendären Steinschleuder erwarten uns und werden auf Tafeln auch erläutert. Der Höhepunkt für die Kinder ist meist der Blick hinüber auf den »Mönch«, einer Blechfigur, die vom gleichnamigen Kletterfelsen herüberwinkt. Mit etwas Glück sehen wir vielleicht auch einen Kletterer, der dem Mönch die Hand schüttelt … Nach dem Verlassen der Burganlage gehen wir rechts weiter aufwärts. Durch das Neurathener Felsentor

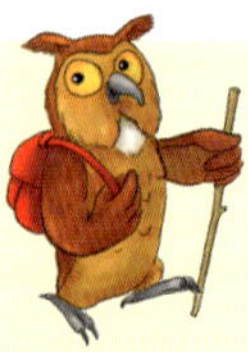

Hallo Kinder,

die Schönheit und Einzigartigkeit des Elbsandsteingebirges zog schon im 18. Jahrhundert Künstler in ihren Bann. Zuerst waren es verschiedene Maler der Dresdner Kunstakademie, die die wilde, zerklüftete Felsenlandschaft auf Leinwand festhielten und sie so über die Grenzen Deutschlands hinaus bekannt machten. Sie wanderten immer wieder zu besonders schönen Aussichtsplätzen. Mit der Zeit bildete sich eine Wanderroute heraus, der Malerweg. Die bekanntesten Maler dieser Zeit waren Bernardo Bellotto (genannt Canaletto), Caspar David Friedrich, Johan Christian Dahl und Adrian Zingg. Es folgten Dichter und Musiker, wie Carl Maria von Weber, Richard Wagner und Hans Christian Andersen, die sich von der märchenhaften Landschaft inspirieren ließen. Im »Schweizerhaus« an der Bastei könnt ihr euch viele verschiedene Kunstwerke anschauen. Vielleicht packt ihr für die nächste Wanderung einfach Zeichenblock und Stifte mit in den Rucksack und versucht, an einer ruhigen Aussicht selbst einmal eine eigene Zeichnung anzufertigen!

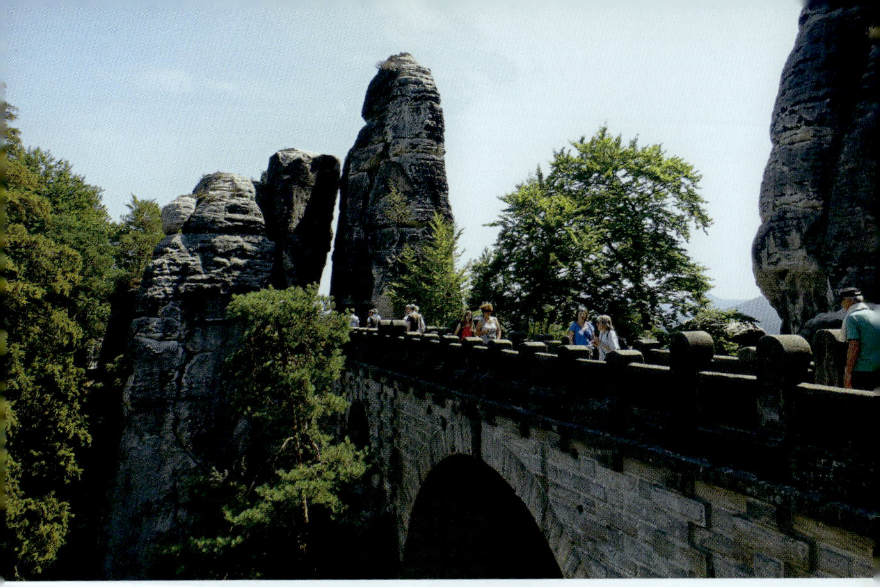

Blick zur Basteibrücke mit dem Neurathener Felsentor.

betreten wir die imposante **Basteibrücke**. Luftig spannt sich die heutige Sandsteinbrücke zwischen den Felsen über die tiefe Schlucht. Der Blick über die Brüstung hinunter auf die Elbe lässt manchem Wanderer den Atem stocken. Rechts unten stehen schlanke Felstürme mit grauen Kapseln darauf. In den Kapseln befinden sich die Gipfelbücher, in welche sich die Kletterer nach erfolgreicher Besteigung eintragen. Weiter hinten sehen wir das auffällige Felsmassiv der Gansfelsen und den Plattenstein. Auffällig ist der riesige, schiefe Felsquader am Plattenstein-Gipfel, der ausschaut, als würde er jeden Moment herunterstürzen. Inschriften am Felsen der »Steinschleuder« auf der linken Brückenseite erinnern an die beiden Erschließer der Sächsischen Schweiz, Götzinger und Nicolai. Der Felsen gehörte einst zur Befestigungsanlage der Felsenburg. Die lange, in den Fels gehauene Stufenreihe an der Ostseite ist auch heute noch gut zu erkennen.

Am Ende der Basteibrücke zweigt nach rechts der Weg zur Aussicht auf dem Ferdinandstein ab, von der wir einen lohnenden Blick auf Basteibrücke und Burganlage haben. Eine Infotafel zeigt das berühmte Bild Caspar David Friedrichs vom Neurathener Felsentor.

Zurück am Hauptweg steigen wir weiter aufwärts. Bald schon teilt sich der Weg und wir gehen links die Stufen hinauf direkt zur **Bastei (3)**. Sie lockt Touristen schon seit Beginn des 19. Jahrhunderts mit ihrem atemberaubenden Tiefblick auf die Elbe. Während der Hochsaison ist hier tagsüber immer viel Trubel. Wir

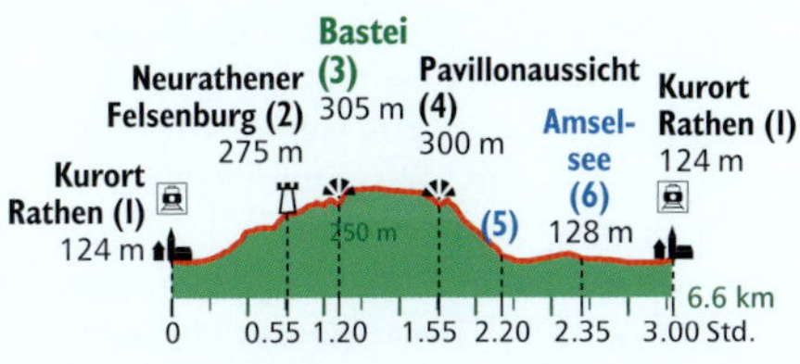

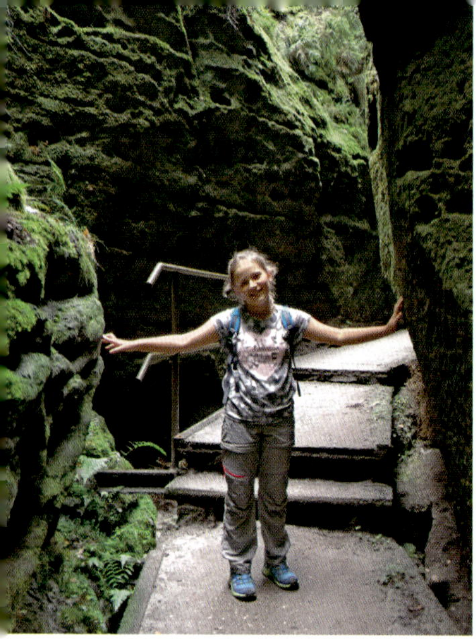

Zwischen hohen, bemoosten Felswänden geht es in die Schwedenlöcher hinunter.

können über die ganze Sächsische Schweiz schauen. Rechts sehen wir den großen Felsabbruch am Wartturm, dahinter das Elbtal von Wehlen. Gegenüber befinden sich der Rauenstein und dahinter weitere große Tafelberge, weiter links die berühmte Elbschleife und der Lilienstein. Links der Bastei fallen die senkrechten Felswände der »Steinschleuder« zur Elbe ab.

Von der Aussicht laufen wir geradeaus an Imbiss, Souvenirgeschäft und Eisstand vorbei und kommen zum Bastei-Hotel. Rechts davon befindet sich das **Schweizerhaus**, die Nationalpark-Infostelle auf der Bastei. Sie bietet eine vielfältige Kunstausstellung mit Gemälden und Grafiken und Infos zur Geschichte des Tourismus im Basteigebiet sowie zum Malerweg.

Links am Hotel vorbei folgen wir der Basteistraße. Der Leierkastenmann freut sich über unseren Applaus und ein kleines Honorar. Einige Meter weiter gibt es noch einen Imbissund Souvenirstand und einen Wegweiser. An dieser Stelle verlassen wir die Basteistraße und biegen rechts in den blau markierten Hauptweg ein, der Richtung Schwedenlöcher führt.

Nach 350 m gehen wir rechts weiter und kommen bald an eine kleine Schutzhütte mit Bänken. Bevor wir in die Schwedenlöcher absteigen, sollten wir unbedingt noch einen Abstecher nach rechts zur **Pavillonaussicht (4)** machen. Die 130 m zur Aussicht sind schnell geschafft, und es belohnt uns ein wunderschöner Blick in den Wehlgrund und auf die umgebenden Felsen. An manchen Tagen dringen die Klänge der Felsenbühne bis zu uns herauf.

Zurück wandern wir an der überdachten Raststelle vorbei geradeaus weiter die Stufen hinunter, die in die geheimnisvollen **Schwedenlöcher** führen. Romantisch schlängelt sich der Wanderweg durch enge Felsgassen und -tore, vorbei an dunklen Nischen und herabgestürzten Felsblöcken. Im kühlen Klima der Schlucht verzieren verschiedene grüne Moose und Farne die Felsenwelt. Während des Dreißigjährigen Krieges versteckten sich in der Schlucht die einheimischen Bauern mit ihren Habseligkeiten vor den Schweden. So kamen die Schwedenlöcher zu ihrem Namen. 838 Stufen sind zu überwinden, bis wir ganz unten den **Amselgrund** erreichen. Wer genau mitzählt, weiß, wann das Ende des Abstiegs naht und ob der Autor sich verzählt hat …

Eine kleine Brücke bringt uns über den **Grünbach (5)**. 250 m oberhalb befindet sich die Amselfallbaude mit dem bekannten Wasserfall. Einst

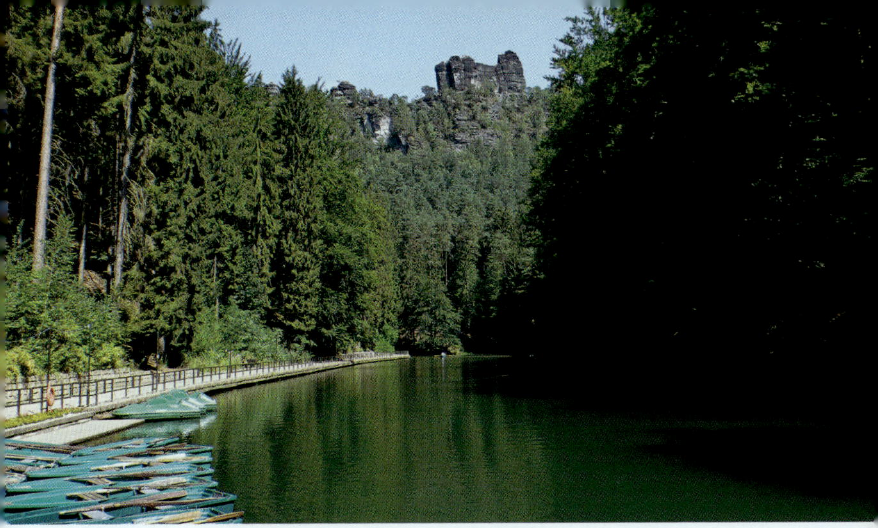

Hoch über dem Amselsee thront die »Lokomotive«.

war er eine der bekanntesten Attraktionen des Rathener Wandergebietes. Wegen der Gefahr von Felsstürzen bleibt das Gelände bis auf Weiteres gesperrt (Stand April 2024). Deshalb wandern wir nach rechts an dem kleinen Wildbach entlang weiter talwärts zur Brücke am Nordende des Amselsees. Feiner Sand und Felsbrocken am Ufer des Grünbaches laden zum Spielen im und am Wasser ein. Wir überqueren die Brücke, gehen nun rechts und spazieren gemütlich oberhalb des Sees auf einem etwas ruhigeren Weg um den Amselsee herum. Wenn wir wollen, können wir uns nach dem Überqueren der **Staumauer (6)** ein Ruderboot ausleihen. Auf keinen Fall sollten wir versäumen, einen Blick auf die imposante »Lokomotive« zu werfen, die hoch über dem Amselsee thront.

Wir gehen anschließend links weiter. Bald kommen wir an der Bergrettungsstation mit einem interessanten Schaukasten für Kinder und am Kassenhäuschen der Felsenbühne vorbei. Wenig später taucht vor uns ein Fischteich mit einer Fischräucherei auf. Wer will, kann kurz verweilen und die Forellen beobachten. Wir wandern geradeaus, bis wir die Häuser von Rathen erreichen. Immer rechts haltend geht es auf bekanntem Weg zurück zur Fähre, die uns zum **Bahnhof (1)** auf der anderen Elbseite übersetzt.

HIGHLIGHTS

- ★ Überfahrt mit der Gierseilfähre über die Elbe (siehe auch »Hallo Kinder« Tour 15).
- ★ Neurathener Felsenburg mit Blick zum »Mönch«.
- ★ Aussicht von der Bastei und der Basteibrücke, Ausstellung in der Nationalpark-Infostelle Schweizerhaus (täglich 10–18 Uhr geöffnet).
- ★ Abstieg durch die kühle Schlucht der Schwedenlöcher.
- ★ Amselsee mit Ruderbootverleih.
- ★ Spielplatz neben dem großen Parkplatz unterhalb des Bahnhofs Rathen.
- ★ Besuch der Eisenbahnwelten neben dem großen Parkplatz (siehe Freizeittipp F4).

15 Gamrig

Vom Kurort Rathen

ab 6 J.

Weißer Sandstein und prächtige Rhododendronblüte

Auf unserer Wanderung über den Aussichtsberg Rathens erwarten uns wundervolle Ausblicke aus ganz ungewohnten Perspektiven hinein in die weiße Sandsteinwelt Rathens. Die Gamrighöhle und der viele weiße Sand ringsum begeistern vor allem die Jüngsten unter uns. Fernab vom großen Touristenrummel können wir anschließend den nicht minder schönen Blick von der Kleinen Bastei auf die Elbe genießen. Wenn im Mai die Rhododendren und Azaleen im Rhododendronpark in froher Blütenpracht stehen, lädt diese leichte Wanderung zu einem einzigartigen Naturerlebnis ein.

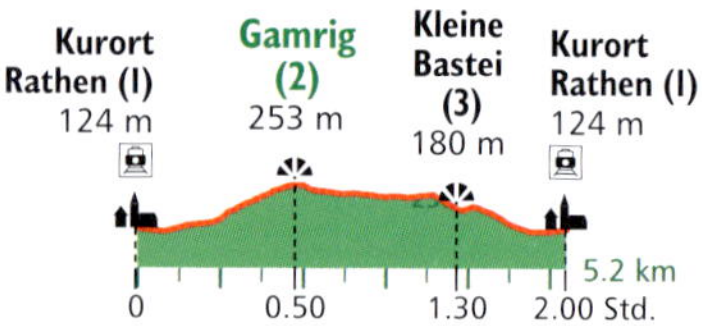

KURZINFO

Ausgangspunkt: Bahnhof Kurort Rathen, 124 m (GPS: N50.956545, E14.076691).

Anfahrt: Von Bad Schandau über Königstein nach Struppen, direkt am Ortseingang nach rechts und gleich nochmals rechts Richtung Kurort Rathen abbiegen. Von Pirna auf der B 172 Richtung Schmilka. Nach dem Kreisverkehr (an der Araltankstelle) links Richtung Struppen. Am Ortsausgang Struppen links und gleich wieder rechts Richtung Kurort Rathen. Der Parkplatz befindet sich in Rathen direkt an der Elbe neben dem Fähranleger (GPS: N50.956380, E14.078526). Ein zweiter Parkplatz liegt ca. 400 m vorher vor dem Bahnübergang.

Mit der S-Bahn: Empfehlenswert, bis Haltestelle »Kurort Rathen«.

Gehzeit: 2.00 Std.

Distanz: 5,2 km.

Höhenunterschied: 190 m im Auf- und Abstieg.

Ausrüstung: Gut profilierte Freizeit- oder Sportschuhe, Geld für die Überfahrt mit der Gierseilfähre, kleines Fernglas, um die Kletterer zu beobachten, ausreichend Verpflegung und Getränke für unterwegs.

Anforderungen: Ab 6 Jahren. Überwiegend leichte Wanderung auf Wald- und Feldwegen, einige Treppen. Bei der Besteigung des Gamrig sind Trittsicherheit und Schwindelfreiheit gefragt. Vorsicht, im Gipfelbereich sollten Kinder nicht unbeaufsichtig herumlaufen – es gibt dort keine Geländer, Absturzgefahr! Deshalb bei Eis und Schnee den obersten Gipfelbereich meiden!

Einkehr: Diverse Gaststätten im Kurort Rathen.

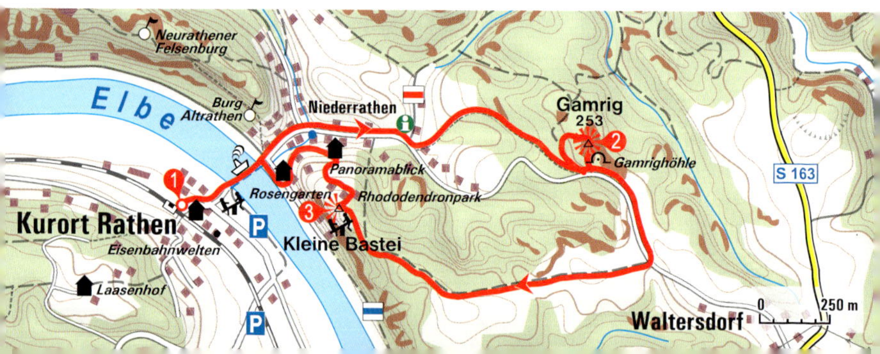

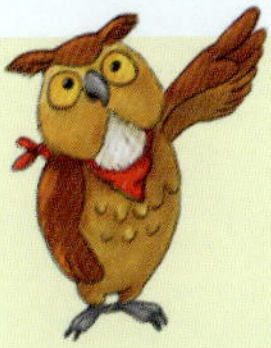

Hallo Kinder,

im Kurort Rathen gibt es eine ganz besondere Fähre – eine Gierseilfähre! Ganz ohne Motorantrieb und fast lautlos kommt sie uns entgegen. Als Antrieb wird die Kraft des Flusses ausgenutzt. Die Fähre wird von einem dicken Stahlseil gehalten, das weiter flussaufwärts am Ufer verankert ist. Anhand der gelben Bojen könnt ihr den Seilverlauf dieses sogenannten »Gierseils« nachverfolgen. Mit Hilfe von zwei großen Rudern steuert der Fährmann die Fähre schräg zur Strömung des Flusses. Wenn der richtige »Anströmwinkel« erreicht ist, drückt das Wasser so gegen die Seitenwand der Fähre, dass sie dadurch hinüber zur anderen Uferseite geschoben wird. Kurz vor dem Anlegen muss die Fähre wieder »neutral zur Strömung« gelenkt werden, um sanft am Bootssteg anzulegen. Eine geniale Erfindung, die dazu auch noch sehr umweltfreundlich ist!

Vom **Bahnhof Rathen (1)** laufen wir hinunter zur Elbfähre und setzen ganz ohne Motor, nur durch die Kraft des Wassers, auf die andere Elbseite über. Wir folgen dem Touristenstrom geradeaus durch die Ortslage von Rathen. Am Abzweig in den Amselgrund steht eine alte Wegsäule. Wir gehen die Straße geradeaus weiter. Gegenüber des Elbsandsteinladens treffen wir auf ein kleines Wasserbecken mit kleinen Sandsteinsäulen, auf denen kleine Bronzefiguren zu sehen sind. Namen bedeutender Felsen des Rathener Klettergebietes sind aus der Gestalt der Bronzefiguren zu erraten. Wir finden darunter beispielsweise die Lokomotive oder die Gans.

Auf der Straße weiter müssen wir am Haus der Freiwilligen Feuerwehr gut aufpassen. Etwa 30 m dahinter, vor dem Haus »Bergfried«, weist ein Wegweiser nach links Richtung Waltersdorf. Wir folgen dem schmalen Weg an einer Sandsteinmauer entlang aufwärts. Bald lassen wir die letzten Häuser hinter uns und haben auf der Wiese das erste Mal einen freien Blick in die Felsen oberhalb von Rathen. Wir steigen am Waldrand aufwärts und folgen dem Weg geradeaus in den Wald hinein. Bald säumen Felsen den Wegrand und wir treffen auf eine Straße. Hier biegen wir scharf links auf einen bequemen Waldweg ab. Nach 130 m stehen wir bereits vor der Aufstiegstreppe zum Gipfel des **Gamrig**. Über Holzstufen gehen wir hinauf auf die luftige Aussicht **(2)**. Hier oben gibt es keine Geländer und an der Seite fallen die Felswände senk-

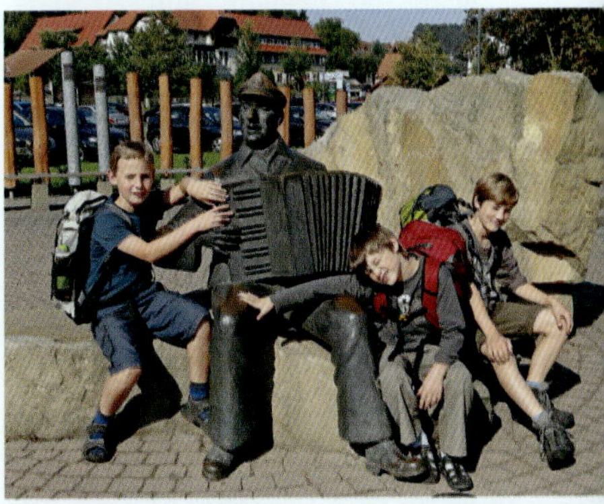

Die Klangterrasse an der Elbe lädt zum Verweilen und Träumen ein.

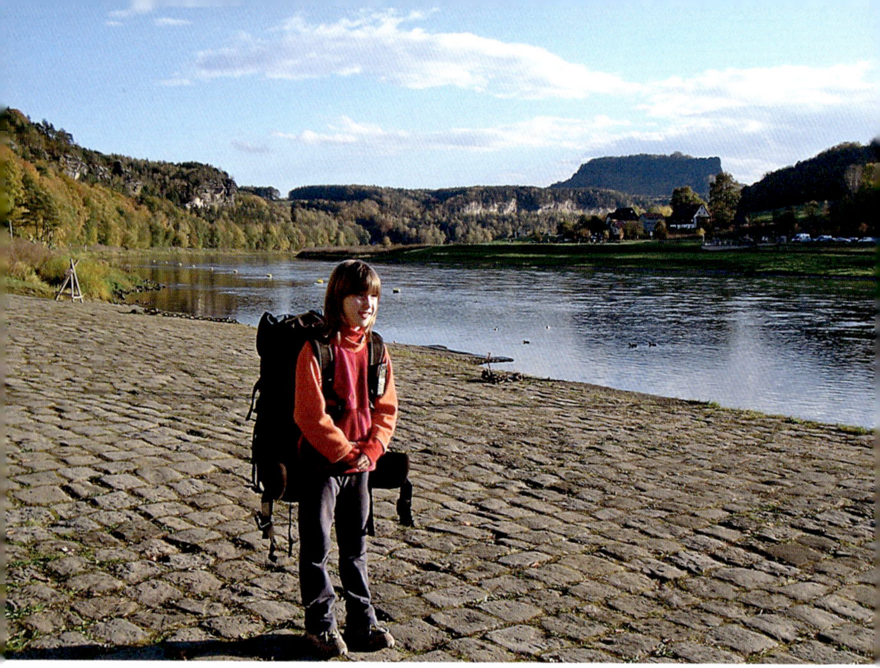

Am Ufer der Elbe warten wir auf die Fähre von Rathen. Im Hintergrund erhebt sich der gewaltige Lilienstein mit seiner steilen Westkante.

recht ab. Es besteht Absturzgefahr! Die Kinder sollten hier auf keinen Fall alleine herumkraxeln! Wir haben einen weiten Blick über das Elbsandsteingebirge und können zur Bastei hinüber und in das Elbtal Richtung Wehlen hinunterschauen. Der Gamrig besteht aus sehr weichem, weißem Sandstein und ähnelt ein wenig einer von Zauberhand geschaffenen, riesigen Sandburg.

Den Abstieg nehmen wir auf demselben Weg und folgen unten dem breiten Wanderweg nach links bis zur Straße. Wer möchte, kann hier links die paar Stufen zur **Gamrighöhle** hinaufgehen. Es lohnt sich! Rund 25 m geht es in die Höhle hinein, überall ist Sand. Wieder zurück an der Straße folgen wir dieser nach links aus dem Wald heraus und laufen am Parkplatz vorbei. Bald zweigt nach rechts ein schmaler Fahrweg ab, dem wir über die Wiesen und Felder folgen. Wir sehen links einen auffälligen Tafelberg, den Lilienstein. Diesen finden wir übrigens im Logo des Nationalparks wieder, weil es der zentralste und markanteste aller Tafelberge ist und der einzige, der auf der rechten Elbseite steht.

Nach einer Viertelstunde führt der Fahrweg in den Wald hinein und wenig später sehen wir vor uns die ersten riesigen Rhododendronbüsche. Hier befindet sich links eine modern gestaltete, überdachte Sitzgelegenheit mit einem kleinen, einfachen Spielplatz zum Herumbalancieren. Am Eingangstor zu einem Gartenverein weisen uns gleich zwei Wegweiser auf die **Kleine Bastei** hin. Wir folgen dem schmalen Pfad zuletzt über Sandsteintreppen hinunter zu dieser weniger bekannten Aussicht **(3)** auf die Elbe. Eine kleine

Wer sich im Winter in die verschneiten Felsen traut, muss besonders vorsichtig sein. Die Felsen können unterm Schnee vereist sein. Auf den Gamrig steigen wir daher nur bis zur letzten Holztreppe hinauf.

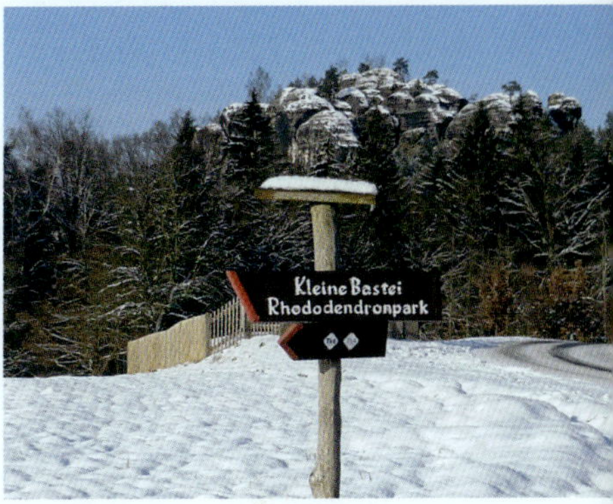

Fahne flattert hier lustig im Wind und eine Bank lädt zum ausgiebigen Schauen und Verweilen ein. Gegenüber sehen wir das Dorf Weißig und den Rauenstein. Unten auf dem Elbestrom pendelt die Gierseilfähre von Rathen hin und her.

Nach unserer Rast laufen wir bis zum Spielplatz zurück und folgen dem Fahrweg nach links in die Rhododendronbüsche hinein. Im geschützten **Rhododendronpark** gibt es neben den vielen verschiedenen, teils sehr alten Azaleen und Rhododendren, die von Ende April bis Anfang Juni abwechselnd blühen, auch einen kleinen Teich mit einigen Bänken, wo man an ruhigen Tagen dem Vogelgezwitscher lauschen kann. Hier kann man sich ruhig etwas Zeit nehmen und die Parkwege ein wenig erkunden. Rechts neben dem großen Haus am Ende des Fahrweges führt der Weg um das Gebäude herum. Dahinter eröffnet sich an einer Bank ein überwältigender Blick auf die Kletterfelsen über dem Amselgrund, an denen man an warmen, sonnigen Tagen sicher einige Kletterer entdecken kann.

Der Abstieg nach Rathen folgt dem Zickzackweg erst über die Wiese, dann an einem Metallgeländer über einige Treppenstufen hinab, an der **Gaststätte Panoramablick** vorbei, immer geradeaus abwärtssteigend ins Tal hinunter. Zum Schluss führt der gepflasterte Weg oberhalb des Grünbaches entlang bis zur Elbe. Hier sind wir völlig ungestört vom Touristenstrom jenseits des Grünbachs unterwegs. Unten folgen wir dem Elbweg nach rechts an der **Gaststätte Rosengarten** vorbei über eine kleine Brücke bis zur Fähre, die uns hinüber zum Startpunkt am **Bahnhof Rathen (1)** bringt.

HIGHLIGHTS

- ★ Überfahrt mit einer Gierseilfähre ohne Motor.
- ★ Brunnen mit Bronzefiguren, die nach den Namen einiger Kletterfelsen des Elbsandsteingebirges gestaltet wurden.
- ★ Besteigung des Aussichtsberges Gamrig, der aus weißem Sand besteht und einen wunderbaren Blick auf die Elbe und ins Rathener Felsgebiet bietet.
- ★ Ein besonderes Erlebnis ist der Rhododendronpark zur Zeit der Rhododendronblüte etwa von Ende April bis Anfang Juni.
- ★ Luftige Aussicht von der Kleinen Bastei auf die Elbe.
- ★ Kleiner Spiel- und Rastplatz zwischen Rhododendronpark und Kleiner Bastei.
- ★ Spielplatz neben dem großen Parkplatz unterhalb des Bahnhofs Rathen.
- ★ Nach der Tour: Besuch der Eisenbahnwelten neben dem großen Parkplatz (siehe Freizeittipp F4).

16 Auf den Hockstein

Aus dem Polenztal

ab 4 J.

Durch die Wolfsschlucht auf eine ehemalige Burgwarte

Diese auch für jüngere Kinder gut geeignete, sehr abwechslungsreiche Halbtagestour hinauf auf die ehemalige Burgwarte Hockstein besticht durch ihren abenteuerlichen, steilen Aufstieg über schmale Eisentreppen durch die enge Wolfsschlucht und die beeindruckende, luftige Aussicht aus 100 Metern Höhe ins Polenztal und auf die gegenüberliegende Burg Hohnstein. Mit einem optionalen Abstecher ins wilde Polenztal können Naturliebhaber und Wasserratten die Tour erweitern.

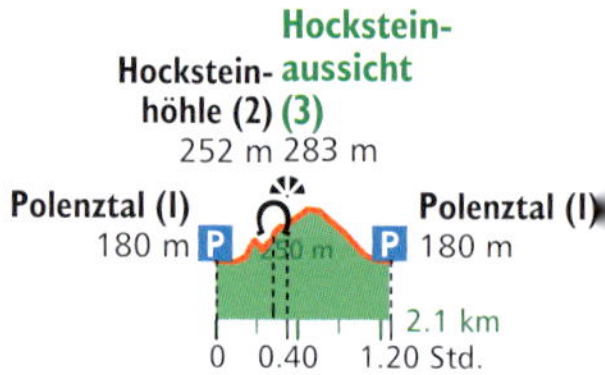

KURZINFO

Ausgangspunkt: Parkplatz Polenztal, 180 m (GPS: N50.983754, E14.104672).
Anfahrt: Von Pirna über Lohmen und Rathewalde Richtung Hohnstein fahren, am Ende der Serpentinen ins Polenztal rechts abbiegen zum Parkplatz.

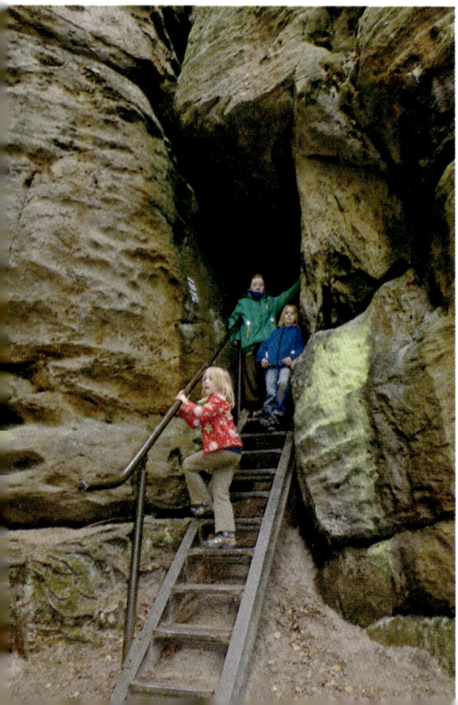

Von Bad Schandau nach Hohnstein, durch den Ort hindurch und nach den Serpentinen geradeaus über die Brücke und links ins Polenztal abbiegen zum Parkplatz.
Mit dem Bus: Mit den Linien 236 und 237 bis Haltestelle »Polenztal, Hohnstein«, von hier ca. 100 m an der Straße südwärts gehen, die Hauptstraße und die Brücke überqueren und den Zufahrtsweg zum Gasthaus Polenztal nehmen.
Gehzeit: 1.20 Std.
Distanz: 2,1 km.
Höhenunterschied: 140 m im Auf- und Abstieg.
Ausrüstung: Gut profilierte Freizeit- oder Sportschuhe, Taschenlampe, Verpflegung und Getränke, eventuell ein Handtuch zum Fußeabtrocknen, falls ein Abstecher zur Polenz geplant ist.
Anforderungen: Ab 4 Jahren. Durch den steilen Aufstieg recht anstrengende, jedoch insgesamt kurze, unschwierige Wanderung auf meist guten Waldwegen und Treppen. Kondition und Trittsicherheit erforderlich. Vorsicht an der Hocksteinaussicht mit jüngeren Kindern!
Einkehr: Unterwegs keine. Gasthaus Polenztal (polenztal.de, Tel. +49 35975 80826).

Durch die enge Wolfsschlucht führt die Wanderung hinauf zur grandiosen Hocksteinaussicht.

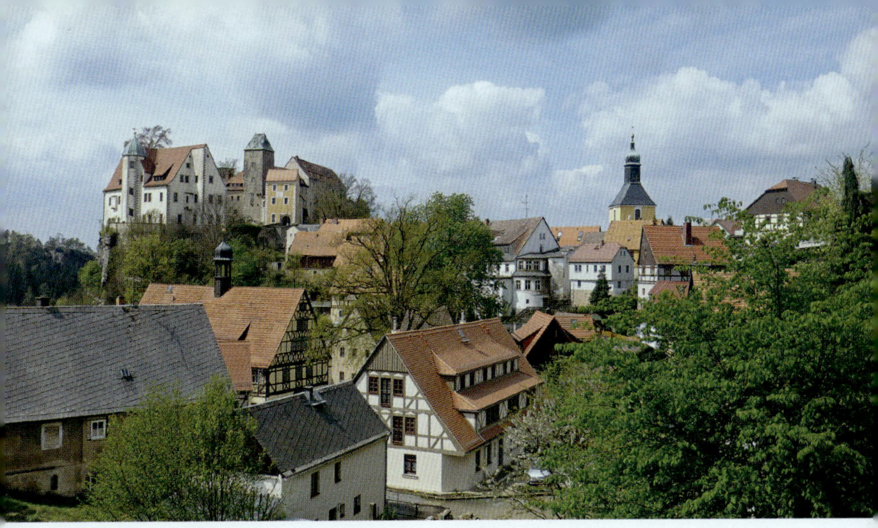

Die Burg überragt das kleine Bergstädtchen Hohnstein.

Vom **Parkplatz (1)** im Polenztal laufen wir den Zufahrtsweg zum Gasthaus Polenztal hinein. Gerade vor uns sehen wir hoch oben bereits unser Tagesziel: einen hohen Felsen, welcher über eine Steinbrücke mit dem Massiv verbunden ist. Nach 250 m treffen wir auf den Malerweg. Wir folgen der Ausschilderung zum Hockstein und steigen den mit blauem und grünem Strich markierten Weg über Stufen aufwärts. Auf diesem Wegstück laden mehrere Lehrtafeln zum kurzen Verweilen ein und informieren über interessante Details am Wegesrand. Nach einigen Minuten kommen wir unter einem großen Felsüberhang hindurch. Hier bietet sich ein erster toller Blick auf die Burg Hohnstein auf der anderen Talseite. Weiter an der Felswand entlang zweigt unser Wanderweg bald in eine enge Felsspalte, die steile Wolfsschlucht, ab. Gehen wir am Abzweig in die Schlucht noch einige Meter geradeaus weiter, kommen wir zur **Hocksteinhöhle (2)**, die unser Nachwuchs bestimmt gern erkunden wird. Danach steigen wir in die **Wolfsschlucht** hinein. Über unzählige schmale Eisenstufen steigen wir in der hohen, dunklen Felsspalte hinauf. An der Stelle, wo wir wieder ans Tageslicht kommen, lohnt es sich kurz zurückzuschauen. Wie ein »gotisches Felsentor« mutet der Ausstieg der Steiganlage an. Nach wenigen Schritten kommen wir zur Schutzhütte und befinden uns auf dem **Hockstein**. Von der Hütte kann man noch einige Meter zur vordersten Felsspitze hin abstei-

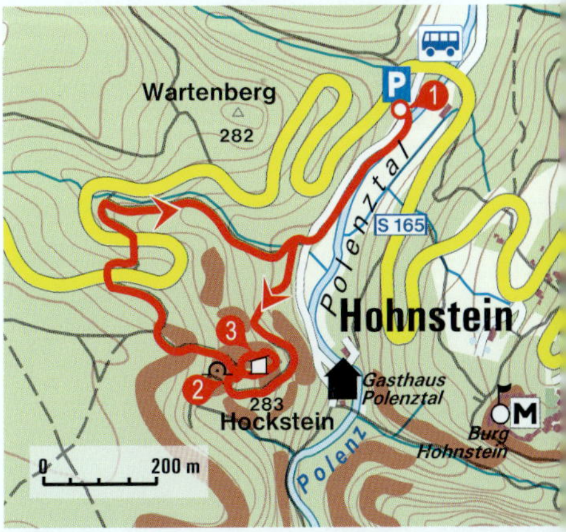

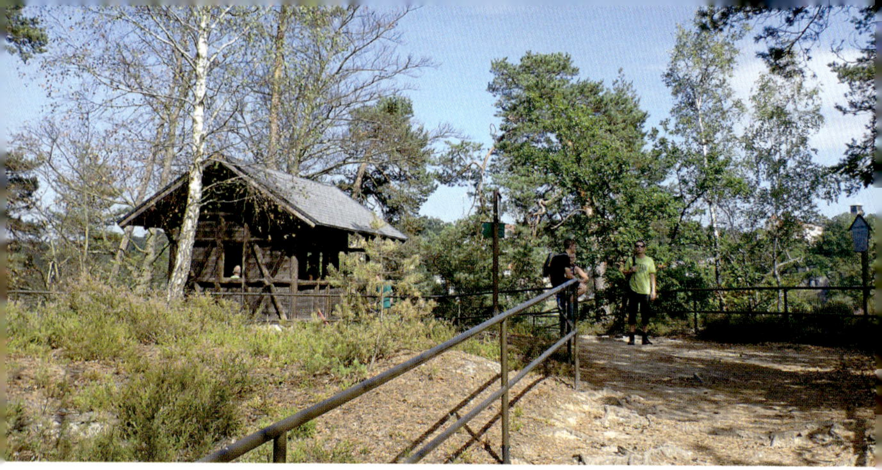

Die Schutzhütte auf dem Hockstein ist ein schöner Rastplatz.

gen. Von hier haben wir eine wunderschöne **Aussicht (3)** in das Polenztal und auf Hohnstein. 100 m fällt der Blick senkrecht auf das von hier ganz winzig wirkende Gasthaus und auf das Flüsschen Polenz hinab. An der Aussichtskanzel befindet sich ein kleines, in den Fels gemeißeltes Mühlespiel. Schon um 1800 befand es sich hier. Ob die Überlieferung stimmt, dass sich die Wachposten der mittelalterlichen Burgwarte mit diesem Spiel hier die Zeit vertrieben haben, kann nicht mit Bestimmtheit gesagt werden. Von der Burganlage auf dem Hockstein, die wie die meisten anderen Burgwarten der Sächsischen Schweiz aus Holz gebaut war, sind heute nur noch einige wenige, in den Fels gemeißelte Spuren zu entdecken. Von der Aussicht zurück gehen wir links an der Schutzhütte geradeaus weiter, überqueren die Wolfsschlucht hoch oben über eine eiserne Gitterrostbrücke und kommen wenig später zu einer steinernen Brücke, die wir bereits von unserem Startpunkt aus durch die Baumwipfel erkennen konnten. Über die **»Teufelsbrücke«** verlassen wir den Bereich der Burgwarte. 80 m weiter gelangen wir an

An der Aussichtskanzel des Hocksteins findet man diese Einmeißelung. Ob hier die Raubritter Mühle gespielt haben?

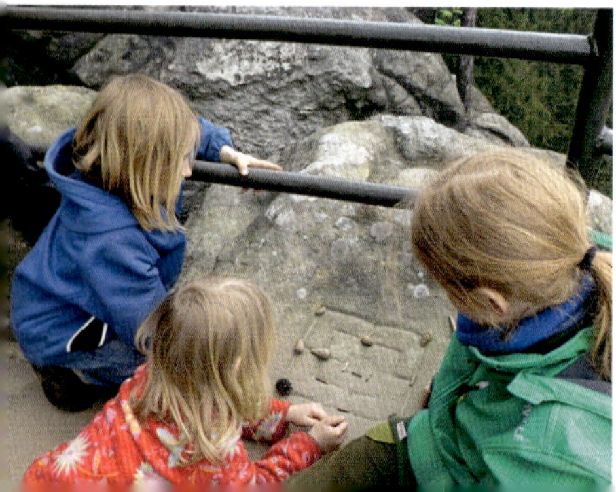

HIGHLIGHTS

- ★ Steiganlage durch die enge Wolfsschlucht.
- ★ Luftige Aussicht vom Hockstein.
- ★ In den Fels gemeißeltes Mühlespiel an der Aussichtskanzel.
- ★ Eine schöne Stelle zum Spielen am Ufer der Polenz erreicht man, wenn man vom Gasthaus Polenztal aus dem Wanderweg ins Polenztal etwa 300 m flussabwärts folgt.
- ★ Nach der Tour: Besichtigung der Burg Hohnstein (Freizeittipp D2).

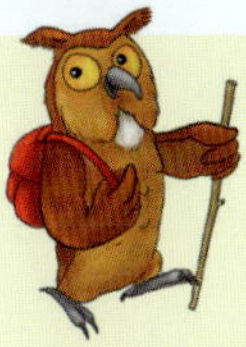

Hallo Kinder,

schaut einmal von der vordersten Aussichtskanzel des Hocksteins nach links und rechts in das Tal hinein. Fällt euch die verschiedenartige Form des Polenztals auf? Im nördlichen Teil, also polenzaufwärts, ist das Tal sanft geschwungen und weist einen breiten, v-förmigen Querschnitt auf. Südlich von uns, also polenzabwärts, bilden steile, senkrecht abfallende Felsen einen eher U-förmigen Talquerschnitt.

Warum aber sieht das Tal hier so unterschiedlich aus? Der Grund ist recht einfach. Es treffen an dieser Stelle zwei Gesteinsarten aufeinander, die auf verschiedene Weise verwittern. Im Norden besteht das Polenztal aus festem Granit, im Süden aus dem weicheren Sandstein.

eine Weggabelung. Ab hier folgen wir dem mit einem schrägen Strich markierten Lehrpfad nach rechts talwärts. Bald überqueren wir eine stark befahrene Straße (Vorsicht!), gehen einige Meter nach rechts und dann links in den Wald hinein. Kurz darauf müssen wir erneut die Straße überqueren, halten uns danach jedoch links und steigen am Ende des Geländers weiter den Lehrpfad in den Grund hinab. Der Wanderweg führt recht idyllisch an einem kleinen Wasserlauf entlang durch den **Kohlichtgraben** ganz hinunter ins Polenztal. Wir treffen auf den uns bereits bekannten Fahrweg zum Gasthaus Polenztal. Links gelangen wir in fünf Minuten zurück zum **Parkplatz (1)**. Wer noch im 200 m entfernten Gasthaus einkehren möchte, geht nach rechts.

Die Hocksteinaussicht erlaubt einen atemberaubenden Tiefblick auf die Häuser im Polenztal.

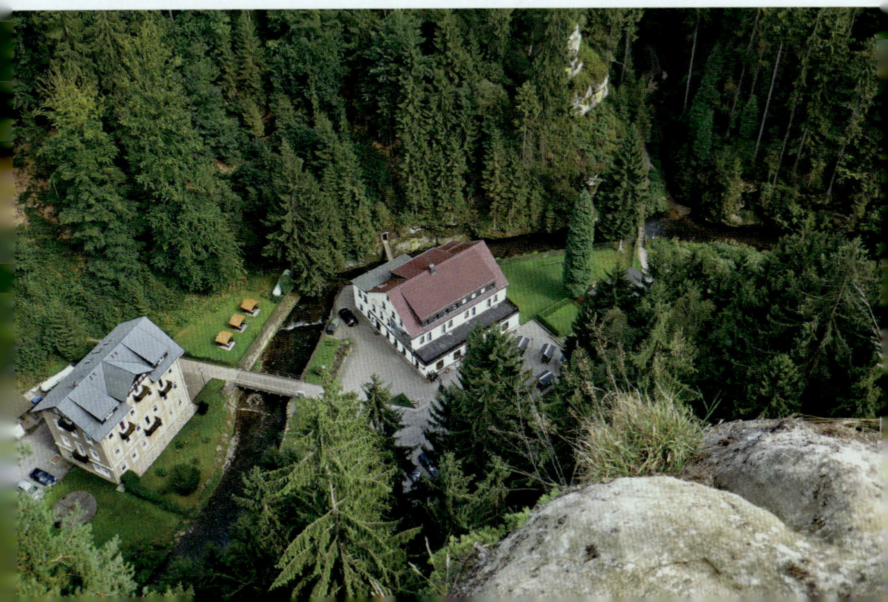

17 Polenztal und Brandaussicht

Von Hohnstein

ab 8 J.

In die Heimat von Uhu und Wasseramsel

Obwohl überwiegend im schattigen Wald verlaufend, ist diese Rundwanderung im Brandgebiet bei Hohnstein nicht nur an heißen Sommertagen empfehlenswert. Das tief eingeschnittene Flusstal ist Heimat einiger seltener Tier- und Pflanzenarten. So sind hier Uhu und Wasseramsel zu Hause. Verschiedene Farne und Moose schmücken den Wegesrand. Am Ufer der Polenz können wir still beobachten, welche Tiere am und im Wasser leben. Die Tour wartet an einigen Stellen mit einzigartigen Aus- und Fernsichten auf, die zum Verweilen und Genießen einladen. Die Brandaussicht gilt als einer der schönsten und umfassendsten Ausblicke über das Elbsandsteingebirge und hat darüber hinaus auch eine einladende Gaststätte und ein Ziegengehege zu bieten.

KURZINFO

Ausgangspunkt: Hohnstein, Parkplatz »Eiche«, 300 m (GPS: N50.978912, E14.114517).

Anfahrt: Von Pirna über Lohmen und Rathewalde nach Hohnstein; der Parkplatz befindet sich vom Markt kommend Richtung Sebnitz auf der rechten Straßenseite.
Von Bad Schandau nach Hohnstein; ca. 300 m nach dem Ortseingang befindet sich der Parkplatz auf der linken Seite.

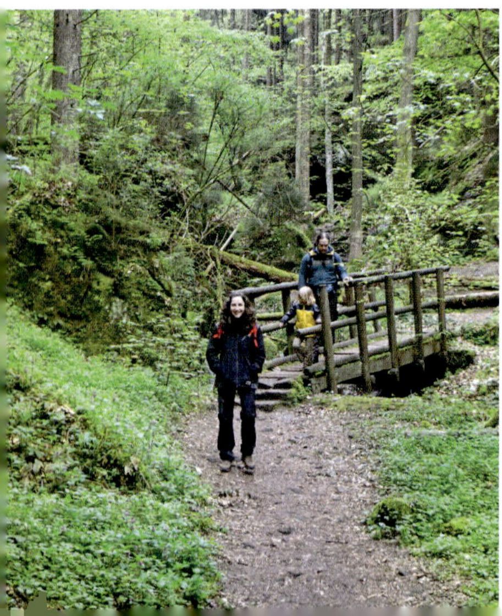

Mit dem Bus: Mit Linie 236 vom Busbahnhof Pirna (ZOB) Richtung Sebnitz bis Haltestelle »Eiche Hohnstein« oder mit dem »Basteikraxler« von »Bad Schandau Elbkai« nach »Eiche Hohnstein«.

Gehzeit: 4.00 Std.

Distanz: 10,3 km.

Höhenunterschied: 280 m im Auf- und Abstieg.

Ausrüstung: Gut profilierte Freizeit- oder Sportschuhe, ausreichend Verpflegung und Getränke, ein Bandmaß (oder eine etwa vier Meter lange, dünne Schnur) zum Baumumfang messen, Fernglas, Becherlupe für Erkundungen unterwegs.

Anforderungen: Ab 8 Jahren. Mittelschwere, längere Wanderung auf meist breiteren Wegen, für die Kondition erforderlich ist. Im Schindergraben und Schulzengrund steilere Wege mit Stufen, hier ist Trittsicherheit notwendig.

Einkehr: Gasthaus Polenztal (polenztal.de, Tel. +49 35975 80826; derzeit ganztägig nur am Wochenende geöffnet), Waltersdorfer Mühle, Gasthaus Brandbaude (brand-baude.de, Tel. +49 35975 84425), Gasthäuser in Hohnstein.

Hinweis: Vorsicht, Totholz! Siehe S. 27.

Abstieg im Schindergraben.

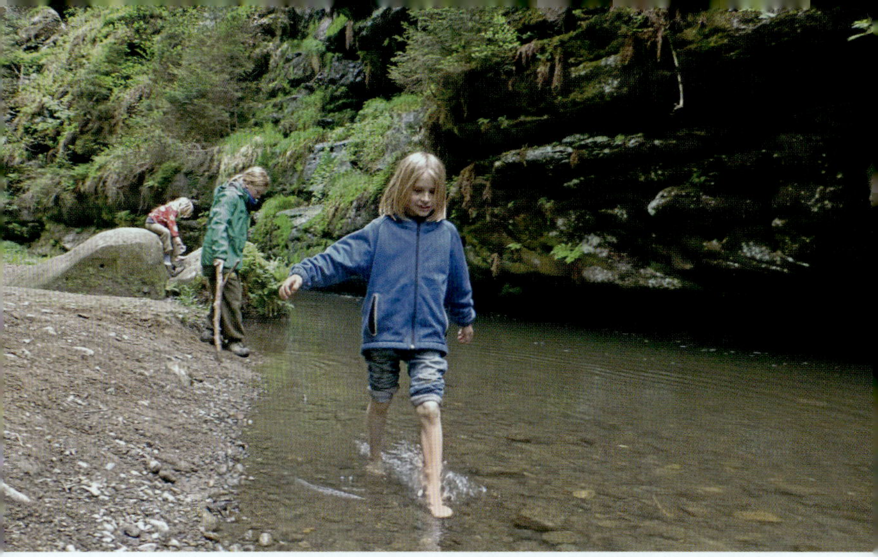

Das idyllische Polenztal begeistert durch seine wilde Vielfalt an seltenen Pflanzen und Tieren. Die Wasseramsel hüpft über die Steine am Wasser und mit etwas Glück hören wir den Ruf des Uhus in den Wänden.

In Hohnstein starten wir vom Eingang des **Parkplatzes (1)** unterhalb der Schule und gehen die schmale Rathausstraße hinunter. Nach 250 m befindet sich an einem kleinen Platz das Rathaus und gegenüber die Touristeninformation mit dem **Handpuppenmuseum**. Hier erfährt man alles über den Hohnsteiner Kasper. Wir folgen dem blau markierten Weg Richtung Schindergraben nach links am Ratskeller vorbei. Rechts oben auf dem Felsen thront die Burg Hohnstein über uns. Wir gehen geradeaus in den Wald hinein. Wenig später führt der Weg an alten Sandsteinmauerresten vorbei. Im Mittelalter war dies die Befestigung für den Bärengarten, einem Gehege, in welchem Bären für kurfürstliche Hetzjagden gefangen gehalten wurden.

Gleich dahinter zweigt unser Weg, weiterhin blau markiert, in den

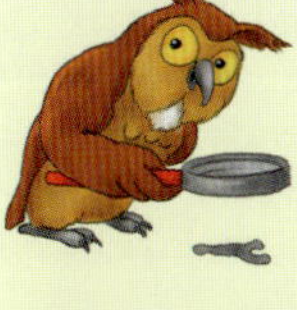

Hallo Kinder,

von der großartigen Brandaussicht geht ihr die Brandstraße entlang. Stattliche Eichen, hohe Fichten, kräftige Lärchen und mächtige Buchen säumen unterwegs den Weg. Versucht doch einmal mit Hilfe eurer Eltern oder Freunde, die einzelnen Baumarten zu bestimmen! Die Farbe und Form der Rinde und die Gestalt der Blätter oder Nadeln werden euch dabei sicher weiterhelfen. Einige Baumriesen erreichen einen Umfang von mehr als drei Metern! Findet ihr den dicksten Baum? Wie alt mögen die Bäume wohl sein? An einem umgesägten Buchenstamm könnt ihr die Jahresringe zählen.

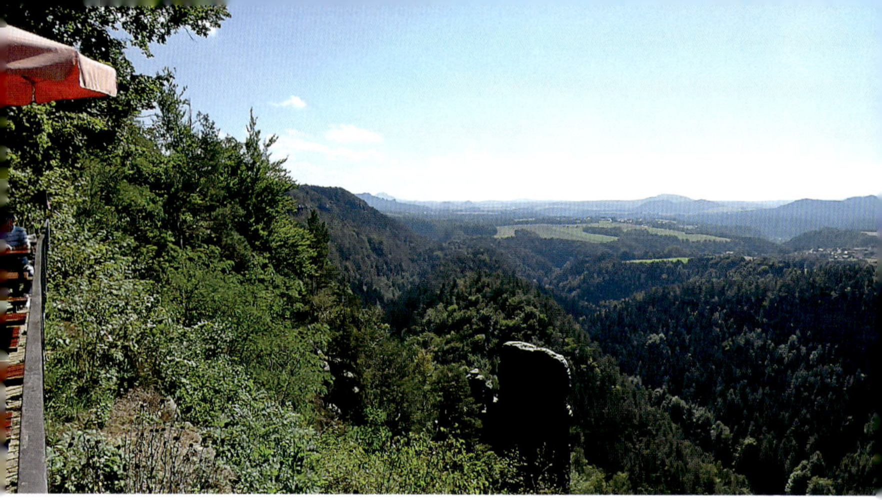

Blick von der Brandaussicht. Nicht ohne Grund wird sie gern als »Balkon der Sächsischen Schweiz« bezeichnet.

Schindergraben ab. Steil führt der Weg in eine Schlucht hinab. Baumwurzeln, Felsstufen und Steine erfordern erhöhte Aufmerksamkeit. Ein kleines Bächlein plätschert neben dem Weg hinab. Bald wird der Weg flacher und vor uns taucht eine hölzerne Brücke auf, die über das Flüsschen Polenz führt. Wir lassen das **Gasthaus »Polenztal« (2)** rechts liegen und folgen dem Wanderweg links in den wilden Teil des Polenztales hinein. Kurze Zeit später können wir einen kurzen Stopp am Ufer einlegen, ganz still die Vögel oder Fische beobachten oder einmal barfuß durchs Wasser waten.

Später führt der Weg immer einige Meter vom Wasser entfernt am Bach entlang. Eine vielfältige Flora mit verschiedenen Farnen, Moosen, dem aus Asien eingeschleppten, rosa blühenden Springkraut und vielen weiteren Pflanzen im und am Wasser bestimmt das Landschaftsbild. Nach etwa einer halben Stunde taucht auf der linken Seite hoch über dem Tal ein großer freistehender Felsen auf. Nun ist es nicht mehr weit bis zur **Waltersdorfer Mühle (3)**. Nach dem Imbissbetrieb gehen wir über die Steinbrücke und laufen nach links etwa 200 m flussaufwärts. Hier zweigt nun der mit rotem Strich markierte Weg zur Brandaussicht nach rechts ab und führt in den **Schulzengrund** hinein. Gemächlich steigen wir im Grund aufwärts. Der stille Grund bietet einen kleinen Einblick in die entstehende Wildnis des Nationalparks. Junge und alte, teils umgestürzte Bäume mit Buschwerk,

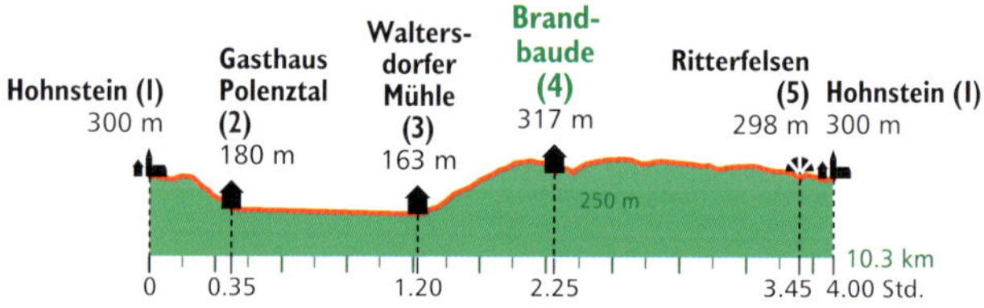

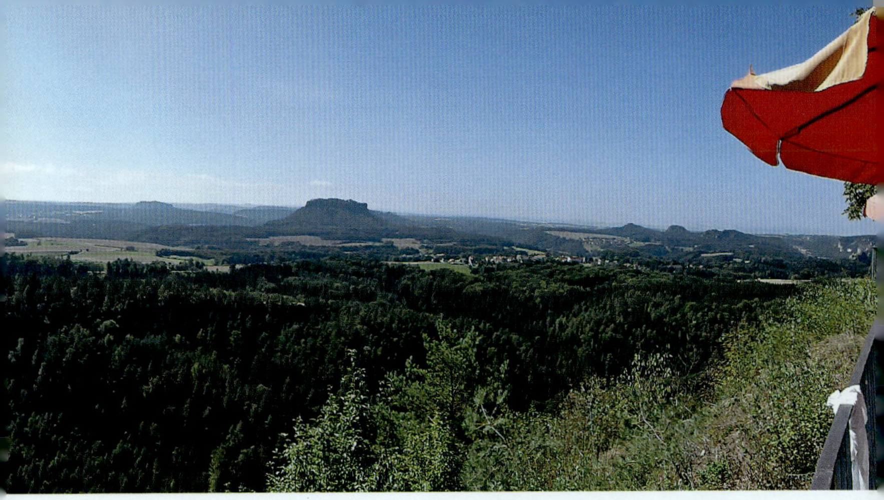

Gräsern und Farnen in den Lichtungen dazwischen geben dem Grund seinen besonderen Reiz. Am Ende des Schulzengrundes steigen wir in den Hochwald aus und stehen bald an der Brandstraße, der wir nach rechts in wenigen Minuten zur **Brandaussicht** folgen. Die Brandaussicht gilt als eine der schönsten und umfassendsten Aussichten über die Sächsische Schweiz. In der schön hergerichteten **Brandbaude (4)** oder auf der Terrasse davor kann man bei Kaffee und Kuchen, einem Eis oder einem Mittagsimbiss pausieren. Wird es den Kindern langweilig, können wir den Bewohnern des nahen Ziegengeheges einen Besuch abstatten oder uns in der Informationsstelle des Nationalparks Sächsische Schweiz informieren.

Nach der Rast ist der kurze Abstecher zur Hafersack-Aussicht sehr zu empfehlen. Wir gehen dazu von der Brandaussicht einige Meter zurück und vor dem Ziegengehege nach rechts, nach etwa 100 m biegen wir links zur **Hafersack-Aussicht** ab. Von hier hat man einen prächtigen Blick auf die Felsenwelt des Tiefen Grunds. Die runden, Hafersäcken ähnelnden Felsen gaben der Aussicht ihren Namen.

Anschließend gehen wir wieder zurück zur Brandstraße. Den Rückweg

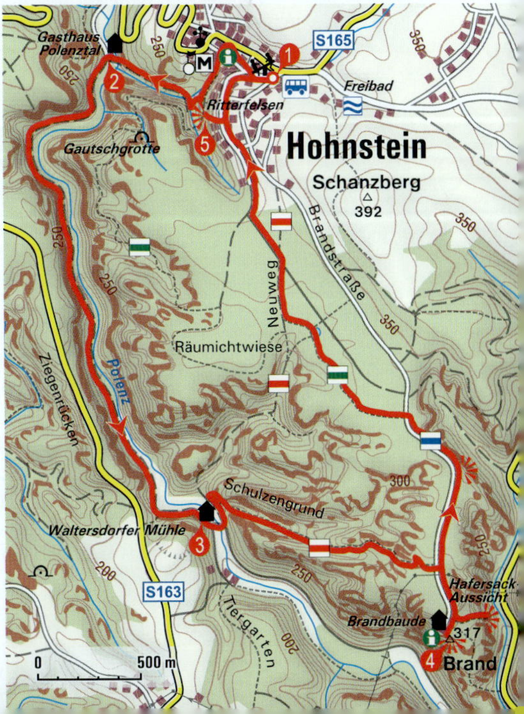

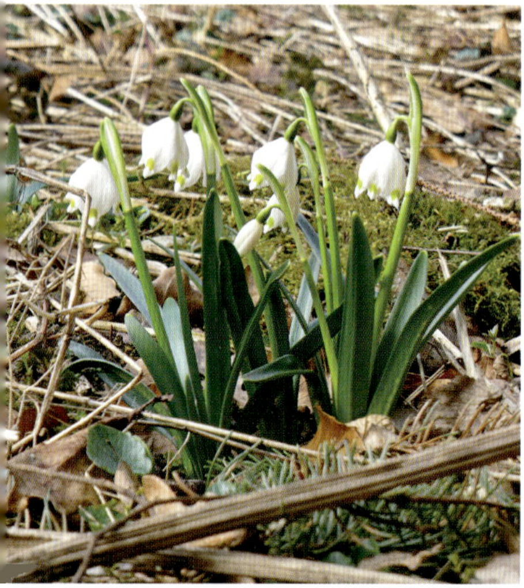

Im oberen Polenztal können wir Ende März weite Flächen mit wilden Märzenbechern bestaunen.

HIGHLIGHTS

- ★ Kühles, tief eingeschnittenes Flusstal inmitten des Nationalparks mit seltenen Pflanzen und Tieren und einer schönen Uferstelle an der Polenz, etwa fünf Minuten nach dem Gasthaus »Polenztal«, wo man barfuß ins kalte Wasser gehen kann.
- ★ Die Brandaussicht bietet einen weiten Blick über das Elbsandsteingebirge und mit der Brandbaude die Möglichkeit einer gemütlichen Einkehr unterwegs. Hier gibt es auch ein »Insektenhotel« und ein Ziegengehege.
- ★ Aussicht vom Ritterfelsen ins Polenztal und auf die Burg Hohnstein.
- ★ Nach der Tour: Möglichkeit eines Besuchs der Burg Hohnstein (Freizeittipp D2), des Handpuppenmuseums in der Touristeninformation Hohnstein, der traditionsreichen Handpuppenwerkstatt im Ort, des Freibades (unweit des Parkplatzes; Freizeittipps A1, G6 und S. 209) oder des großen Spielplatzes am Parkplatz.

nach Hohnstein wollen wir als ruhige Waldwanderung gestalten und folgen daher der Brandstraße nur für etwa einen Kilometer. Stattliche Eichen, Fichten, Lärchen und Buchen säumen unterwegs den Weg. An einem umgesägten Buchenstamm kann man die Jahresringe zählen. Danach heißt es aufgepasst, damit wir den Abzweig nicht verpassen! Wir folgen dem grün markierten und gleichzeitig als Malerweg ausgezeichneten Wanderweg nach links. Dieser Weg führt durch ein schönes Waldstück und an einem kleinen, idyllischen Teich vorbei. Etwa 150 m dahinter treffen wir auf eine Wegkreuzung. Wir folgen nun für 300 m dem rot markierten Weg nach rechts. An der nächsten Kreuzung nehmen wir links den nicht ausgeschilderten Weg. An der folgenden Kreuzung sehen wir rechts schon die Häuser von Hohnstein und laufen dorthin weiter. Wir verlassen den Wald und folgen der Straße am Panoramahotel vorbei bis zu einer Wiese. Der Stein neben einer Bank trägt die Aufschrift **»Zum Ritterfelsen«**, diesen kurzen Abstecher über die Wiese nehmen wir noch mit, denn von der Aussicht **(5)** haben wir einen wundervollen Blick auf das Polenztal und auf die Burg Hohnstein, die unweit der Aussicht über dem Städtchen thront. Wieder zurück über die Wiese folgen wir nach links weiter der Straße, die bald schmaler werdend ins Städtchen und zum **Parkplatz (1)** an der Schule hinunterführt. Hier befindet sich ein toller Spielplatz, wo die Kinder sich vor der Heimfahrt noch mal richtig austoben können.

Halbenweg

Durch die Wälder bei Hohnstein

ab 8 J.

Zu Gautschgrotte und Napoleonaussicht

Diese gemütliche Waldwanderung ohne größere Höhenunterschiede führt auf dem Halbenweg durch eine malerische Felsenlandschaft zur imposanten Gautschgrotte, weiter an der stillen Räumichtwiese vorbei zur Brandstraße und von hier etwas steiler auf Napoleons Befestigungsanlage auf dem Schanzberg aus dem Jahr 1813 hinauf, von wo man einen herrlichen Rundblick über die Vordere Sächsische Schweiz und zur Burg Stolpen genießen kann. Lehrpfadtafeln vermitteln unterwegs Interessantes zur Geschichte der Burg und Stadt Hohnstein sowie zu den geologischen Besonderheiten des Gebietes. Die Tour kann mit einem Abstecher zur Brandaussicht (siehe Tour 17) abgerundet werden. Ohne den Aufstieg auf die Napoleonschanze ist diese Wanderung auch mit geländegängigem Kinderwagen möglich.

Im gewaltigen Halbrund der Gautschgrotte fühlen wir uns ganz klein.

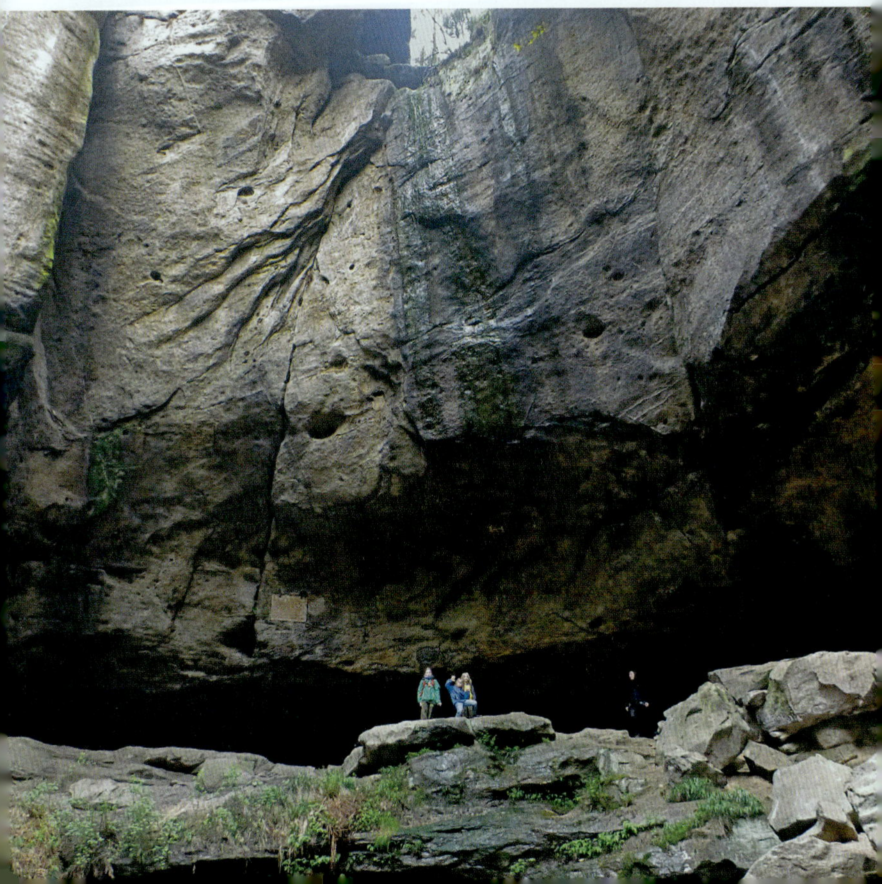

KURZINFO

Ausgangspunkt: Hohnstein, Parkplatz »Eiche«, 300 m (GPS: N50.978912, E14.114517).
Anfahrt: Von Pirna über Lohmen und Rathewalde nach Hohnstein; der Parkplatz befindet sich vom Markt kommend Richtung Sebnitz auf der rechten Straßenseite.
Von Bad Schandau nach Hohnstein, ca. 300 m nach dem Ortseingang befindet sich der Parkplatz auf der linken Seite.
Mit dem Bus: Mit Linie 236 vom Busbahnhof Pirna (ZOB) Richtung Sebnitz bis Haltestelle »Eiche Hohnstein« oder mit dem »Basteikraxler« von »Bad Schandau Elbkai« nach »Eiche Hohnstein«.
Gehzeit: 3.30 Std.
Distanz: 7,6 km.
Höhenunterschied: 220 m im Auf- und Abstieg.
Ausrüstung: Gut profilierte Freizeit- oder Sportschuhe, Verpflegung und Getränke, Fernglas sowie Badesachen, falls ein Besuch im Freibad geplant ist.
Anforderungen: Ab 8 Jahren. Leichte Tour auf meist breiteren Wegen, an der Napoleonschanze schmale Wiesenpfade. Kondition und Trittsicherheit erforderlich.
Einkehr: Unterwegs keine. Möglich ist ein Abstecher zur Brandaussicht (hin und zurück jeweils 25 Min. Gehzeit zusätzlich) mit dem Gasthaus Brandbaude (brand-baude.de, Tel. +49 35975 84425). Gasthäuser in Hohnstein.
Kurzvariante: Von der größeren Wegkreuzung nach der Räumichtwiese (4) kann man auf dem rot markierten Weg und der Brandstraße in einer knappen halben Stunde nach Hohnstein zurückkehren.
Kinderwagen-Variante: Mit geländegängigem Kinderwagen kann man bis zur Brandstraße (5) wandern und dann auf dieser zurück nach Hohnstein gehen (der Weg über die Napoleonschanze ist für Kinderwagen nicht geeignet).
Hinweis: Vorsicht, Totholz-Gebiete! Siehe S. 27.

In Hohnstein starten wir vom Eingang des **Parkplatzes (1)** unter der Schule und gehen die schmale Rathausstraße hinunter. Nach 250 m befindet sich an einem kleinen Platz das Rathaus und gegenüber die Touristeninformation mit dem **Handpuppenmuseum**. Hier erfährt man alles über den Hohnsteiner Kasper. Wir biegen nach links in die kleine Straße »Bärengarten« ein und laufen am Ratskeller vorbei abwärts. Rechts oben auf dem Felsen thront die Burg Hohnstein über uns. Wir gehen geradeaus in den Wald hinein. Wir bleiben auf dem mit einem grünen Strich markierten Wanderweg in Richtung Gautschgrotte und Brand. Wenig später führt der Weg an alten Sandsteinmauerresten vorbei. Im Mittelalter war dies die Befestigung für den Bärengarten der Burgherren. Hinter der scharfen Linkskurve bleiben wir immer auf gleicher Höhe und überqueren nach etwa 200 m eine kleine Sandsteinbogenbrücke. Wir folgen nun dem breiten, weiter grün markierten **Halbenweg**. Nach knapp zehn Minuten zweigt in einer starken Linkskurve ein Weg geradeaus zu einer kleinen Aussicht ab. Hier kann man ins Polenztal hinunterschauen und eine erste kleine Pause einlegen. Wieder zurück am Hauptweg wandern wir rechts weiter. Wir sollten jetzt ein wenig aufmerksamer sein, denn unser nächstes Ziel,

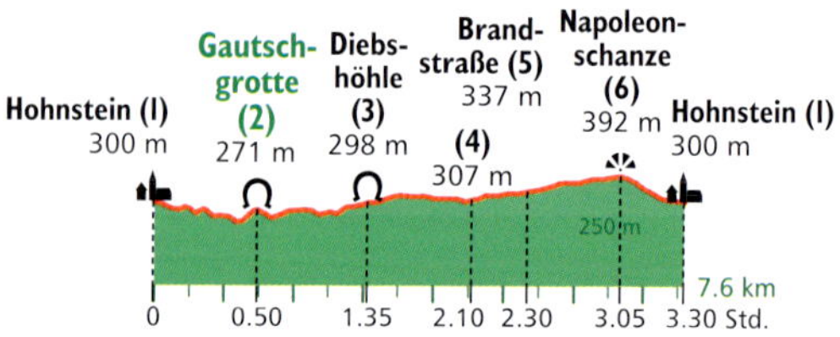

die **Gautschgrotte (2)**, liegt etwas versteckt links des Weges. Ein schmaler Pfad führt neben der Lehrpfadtafel in den riesigen Felswinkel mit der knapp 20 Meter hohen Grotte hinein. Von der Decke tropft Wasser herunter. Riesige Felsblöcke liegen verstreut am Boden der Grotte. Einige Stufen führen in den etwas höher liegenden Teil der Grotte hinauf. In langen strengen Wintern wächst hier manchmal ein gigantischer freihängender Eiszapfen.

Nachdem wir die Szenerie ausreichend genossen haben, gehen wir zurück zum Wanderweg und folgen diesem nach links weiter. Immer wieder können wir Höhlungen in den Felsen am Wegesrand entdecken. Der Weg schlängelt sich wieder und wieder um die hohen Felsenriffe herum. Nach 1,5 km kommen wir zu einem alten, bereits wieder komplett zugewachsenen Sandsteinbruch, in dem sich die **Diebshöhle (3)** befindet. Wenige Meter weiter wendet sich der Weg nach links und führt ein wenig den Berg hinauf. Oben folgen wir der Wegmarkierung nach rechts. In einem lang gezogenen Bogen führt der Waldweg bis zur **Räumichtwiese**, an deren Rand sich eine kleine Quelle befindet. Bald gelangen wir an eine größere Wegkreuzung, an der wir auf einen rot markierten Weg treffen **(4)** (siehe Kurzvariante). Da wir noch auf die beeindruckende Napoleonschanze wandern wollen, gehen wir auf dem grün markierten Weg weiter, erst links und nach wenigen Schritten wieder rechts. Nach 150 m stehen wir plötzlich an einem kleinen Teich, eine lichtdurchflutete Stelle mitten im Wald. Wenig später kommen wir an einer umgestürzten zweistämmigen Buche vorbei. Hier können wir die Baumwurzeln ein-

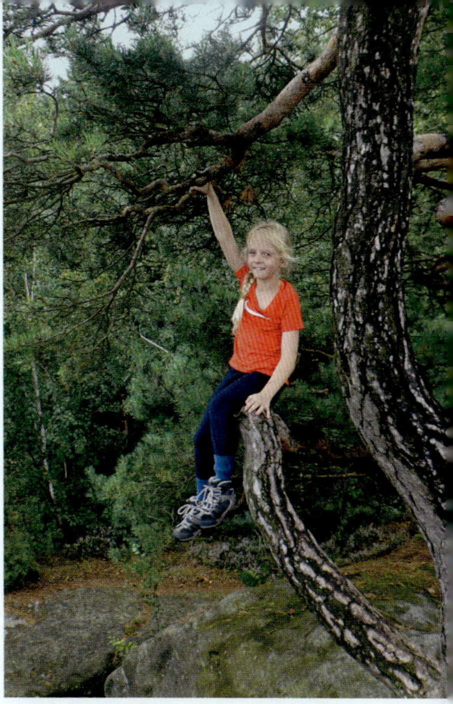

Kinder klettern gern, egal ob es Felsen oder Bäume am Wegesrand sind.

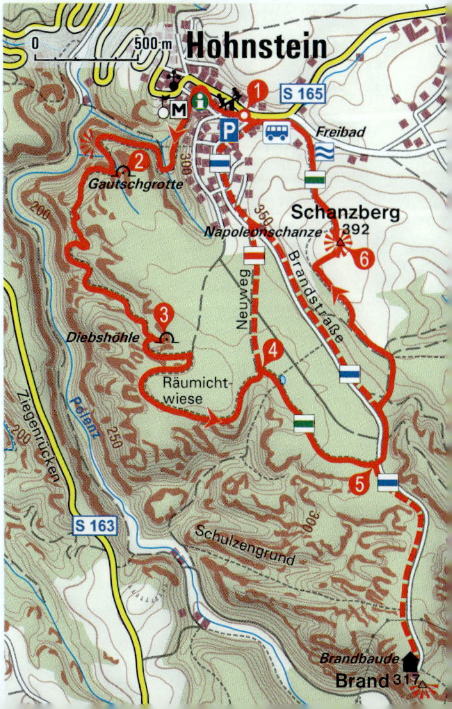

mal von unten betrachten. Wie groß der Baumwipfel wohl gewesen sein muss, erahnen wir, wenn wir nach oben blicken und sehen, welch großes Loch hier in den Wald gerissen wurde. Bald stehen wir an der **Brandstraße (5)**, einem breiten Fahrweg, welcher rechts in etwa 25 Minuten zur großartigen Brandaussicht mit einer Gastwirtschaft führt.

Wir gehen jedoch nach links. Bereits nach 300 m weisen uns an einer großen Buche eine gelbe und unsere grüne Wegmarkierung nach rechts. Nun müssen wir genau aufpassen! Nach 30 m kommt von links ein breiter Weg dazu, dem wir nur wenige Schritte nach rechts folgen, um dann gleich wieder nach links aufwärts in einen unmarkierten Forstweg abzubiegen. Dieser führt uns aufwärts und nach 250 m aus dem Wald heraus. Von hier sehen wir bereits vor uns auf der Höhe die Baumgruppe der Napoleonschanze. Wir laufen auf breitem Weg links am Waldrand entlang und nach ca. 200 m im Wald weiter. Bald treffen wir auf einen Wegweiser. Wir gehen hier nach rechts steil hinauf und folgen oben dem schmalen Pfad am Feldrand entlang bis zu einem Wildzaun. Hier führt der Weg nun bis zur

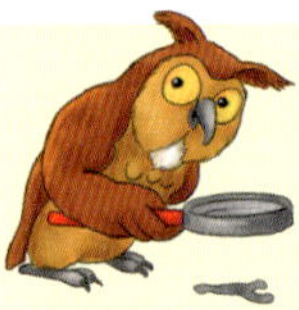

Hallo Kinder,

sind euch schon die gelben Flächen aufgefallen, die man an den Felsen öfters sieht? Es ist eine durch ihre schwefelgelbe Farbe besonders auffällige Flechtenart, die leuchtend gelbe Schwefelflechte. Eine Flechte ist eine Lebensgemeinschaft aus einem Pilz und einer Alge, die beide voneinander abhängig sind. Die Alge produziert Nährstoffe, von denen sich der Pilz ernährt. Der Pilz stützt mit seinem Gewebe die Alge, gibt der ganzen Flechte Halt auf ihrer Unterlage und versorgt sie mit Wasser. Dieses Zusammenleben ist sehr empfindlich, daher reagieren Flechten äußerst sensibel auf Umwelteinflüsse, wie z. B. Luftverunreinigungen. Wo die Luft besonders sauber ist, gedeihen Flechten gut. Die Schwefelflechte findet ihr häufig an schattigen Sandsteinfelsen in luftfeuchten Tälern und Schluchten des Elbsandsteingebirges. Direkten Regen mag sie nicht so sehr und versteckt sich deshalb oft unter Felsüberhängen. Das lebensnotwendige Wasser holt sie sich allein aus der feuchten Luft. Sie fühlt sich mehlig-pulvrig an. Ihre intensive Farbe entsteht durch eine flechteneigene chemische Verbindung, Schwefel enthält sie aber keinen. In früheren Zeiten wussten die Menschen noch nicht, was es mit den kräftig-gelben Stellen inmitten der grauen Felsen auf sich hat – das musste wohl mit dem Teufel zugehen …

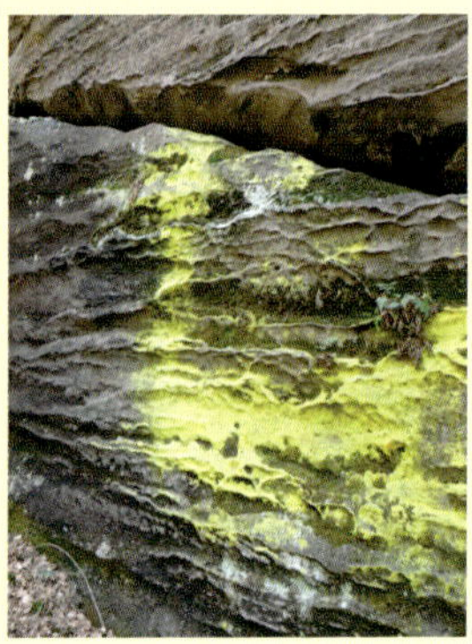

(siehe auch »Hallo Kinder« Tour 12)

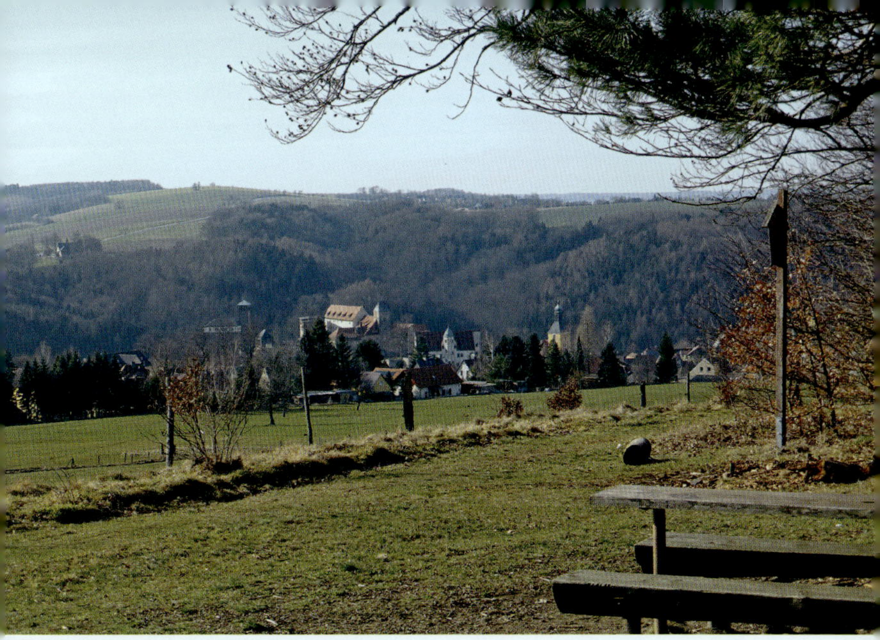

Von der Napoleonaussicht haben wir einen wunderbaren Blick auf Hohnstein und über die Sächsische Schweiz.

Napoleonschanze (6) hinauf. Die Anlage diente Napoleon im Befreiungskrieg 1813 als strategisch günstig gelegene Stellung. Eine Schautafel berichtet über diese Zeit. Einige Bänke und Tische bieten gute Rastmöglichkeiten. Mit den Kindern können wir die Wälle erkunden und uns vielleicht auch dahinter verstecken. Oder wir genießen einfach den herrlichen Blick über die Vordere Sächsische Schweiz.

Zum Abstieg nach Hohnstein folgen wir dem Weg direkt am Zaun weiter in nordwestlicher Richtung. Am Horizont kann man die Spitzen der Burg Stolpen entdecken. Zwischen Weidezäunen steigen wir abwärts. Nach zehn Minuten unterqueren wir eine hohe Steinbogenbrücke, über die ehemals eine Schmalspurbahn fuhr. Gleich darauf steigen wir am **Hohnsteiner Freibad** vorbei bis hinunter an die Hauptstraße. Hier führt uns links ein Fußweg an Friedhof und Bushaltestelle vorbei zum **Parkplatz (1)**.

HIGHLIGHTS

- ★ Gemütliche Waldwanderung oberhalb des tief eingeschnittenen Polenztales inmitten des Nationalparks zur Gautschgrotte.
- ★ Viele Felsen und Höhlungen am Wegesrand.
- ★ Kulturhistorisch interessanter Aussichtsberg Napoleonschanze.
- ★ Abstecher zur Brandaussicht möglich.
- ★ Nach der Tour: Möglichkeit eines Besuchs der Burg Hohnstein (Freizeittipp D2), des Handpuppenmuseums in der Touristeninformation, der traditionsreichen Handpuppenwerkstatt im Ort, des Freibades (unweit des Parkplatzes; Freizeittipps A1, G6 und S. 209) oder des großen Spielplatzes am Parkplatz.

19 Lilienstein

Über die Sellnitz

ab 4 J.

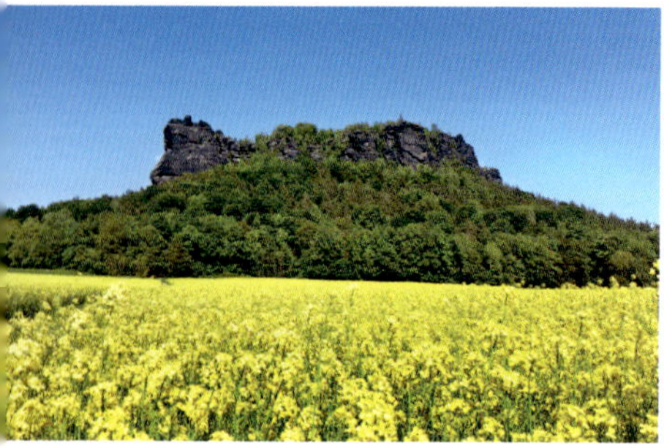

Majestätisch ragt der schwarze Lilienstein über den Feldern auf.

Zum zentralen Tafelberg der Sächsischen Schweiz

Der Lilienstein ist der einzige rechtselbig gelegene Tafelberg des Elbsandsteingebirges. Von den verschiedenen Aussichten auf dem Lilienstein kann man in alle Richtungen über die Sächsische Schweiz schauen. Hoch aufragend und weithin sichtbar ist er ein »Pflichtziel« für jeden Wanderer. So ist es nicht verwunderlich, dass er gemeinsam mit der auffälligen Elbschleife heute das Logo des Nationalparks ziert. An seinem Fuß befindet sich die Nationalpark-Bildungsstätte Sellnitz. Hier veranstaltet die Nationalparkverwaltung im Sommerhalbjahr Bildungsprogramme für Grundschüler. Das Außengelände ist für Besucher frei zugänglich und lädt zum bewussten Naturerleben ein. Ob Baumtelefon, Barfußpfad oder Geologisches Würfelpuzzle, es ist sicher für jeden etwas Interessantes dabei.

KURZINFO

Ausgangspunkt: Parkplatz »Am Lilienstein«, 241 m (GPS: N50.934233, E14.082666).

Anfahrt: Von Pirna aus über Lohmen/Rathewalde fahren, dann weiter in Richtung Bad Schandau bis nach Waltersdorf. In der Linkskurve geradeaus und ca. 2,9 km bis zum Parkplatz neben dem Lilienstein.

Von Bad Schandau kommend über Porschdorf nach Waltersdorf. Dort links und ca. 2,9 km bis zum Parkplatz.

Mit Bus/S-Bahn: Mit der Buslinie 253 vom Nationalparkbahnhof Bad Schandau nach Waltersdorf, Haltestelle »Parkplatz Am Lilienstein«. Oder mit der S-Bahn bis Königstein, dort mit der Fähre nach Königstein/OT Halbestadt übersetzen und zu Fuß in ca. 30 Min hinauf zur Hauptroute (siehe Variante).

Gehzeit: 2.20 Std.

Distanz: 5,1 km.

Höhenunterschied: 270 m im Auf- und Abstieg.

Ausrüstung: Gut profilierte Freizeit- oder Sportschuhe.

Anforderungen: Ab 4 Jahren. Leichte Wanderung mit einer luftigen Eisentreppe im Aufstieg, die etwas Schwindelfreiheit erfordert. Durch den steilen Aufstieg mäßig anstrengend. Vorsicht mit jüngeren Kindern im Bereich der Aussichten!

Einkehr: Felsbaude Lilienstein (hotel-lilienstein.de , Tel. +49 35022 40943).

Variante: Wer mit der S-Bahn nach Königstein fährt, setzt unterhalb des Bahnhofs mit der Fähre nach Halbestadt über, läuft dann auf der schmalen Fahrstraße nach rechts, nach etwa 70 m links und die Stufen neben einem verfallenen Grundstück hinauf. Im Zickzack geht es durch den Wald aufwärts, bis wir an die Grundmauern eines Hauses stoßen. Hier tangieren wir den blauen Wanderweg, den wir uns für den Abstieg aufheben

wollen. Wir gehen stattdessen rechts im Wald weiter. Noch 500 m geht es stetig bergan. Oben angekommen geradeaus am Waldrand entlang. Schräg vor uns thront der Lilienstein. Nach einigen Minuten treffen wir am Wegweiser »Lilienstein (Nordaufstieg)« auf die Hauptroute (2) und folgen dieser nach rechts.
Rückweg zum Bahnhof: Nach dem serpentinenartigen Abstieg vom Lilienstein (6) auf dem blauen Wanderweg geradeaus weiter übers Feld Richtung »Königstein (Fähre)«. Am Ende des Feldes ca. 50 m links, dann rechts auf einen schmalen Wiesenweg und später über Stufen hinunter bis zur Fähre. Insgesamt sind für den Alternativzugang vom Bahnhof Königstein etwa 30 Min. Gehzeit mehr einzuplanen.

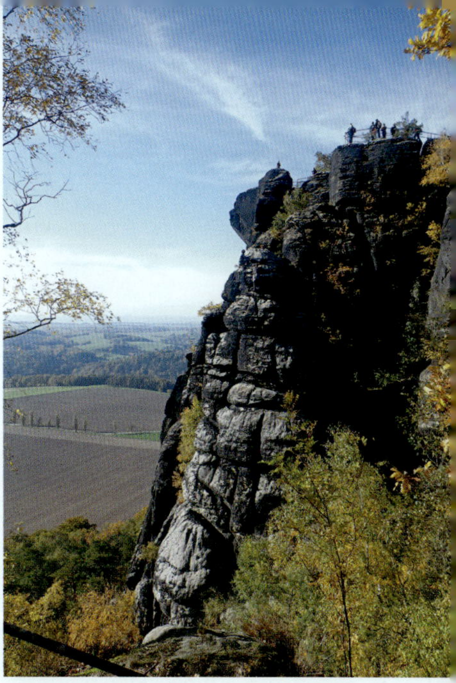

Die markante Westecke des Liliensteins ist bei Kletterern und Wanderern gleichermaßen beliebt.

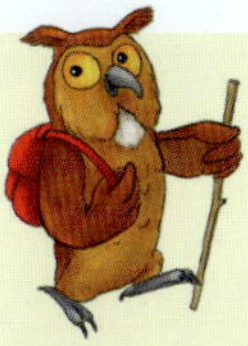

Hallo Kinder,

das Klettern im Elbsandsteingebirge ist etwas ganz Besonderes. Vor über 150 Jahren kletterten mutige Kerle auf den Falkenstein in den Schrammsteinen. Seitdem wurden immer mehr Felsen erstiegen. Es wurden Kletterregeln festgeschrieben, die ein »zünftiger Kletterer« einzuhalten hat. Heute sind über 1000 Sandsteinfelsen als Klettergipfel anerkannt. Über 15.000 verschiedene Kletterrouten bis in die allerhöchsten Schwierigkeitsgrade führen auf diese hinauf. Festhalten darf man sich nur an natürlichen Stellen am Fels. Kleine Löcher, Kanten, Buckel oder Risse dienen als Griffe und Tritte. Das Seil dient nur zur Sicherung. Ringe gibt es im Vergleich zu anderen Klettergebieten nur sehr wenige. Der Elbsandsteinkletterer benutzt Seilschlingen, die er mit einem Knoten in Rissen verklemmt und dann mit einem Karabiner ins Seil einhängt. Bei einem Sturz bleibt er dann an diesen Knotenschlingen im Seil hängen. Außerdem steigen die meisten Kletterer hier bis auf die Spitze des Klettergipfels und erfreuen sich an der tollen Aussicht von ganz oben. Nach dem Eintrag im Gipfelbuch seilt man sich an einer Abseilöse ab. Manche klettern sogar barfuß, so wie früher, als Kletterschuhe noch rar waren. Oft klettert die ganze Familie zusammen, Kinder, Eltern und Großeltern. Verschiedene Klettervereine und Kletterschulen bieten die Möglichkeit, das Elbsandsteinklettern einmal auszuprobieren. Wollt ihr es nicht auch einmal versuchen?

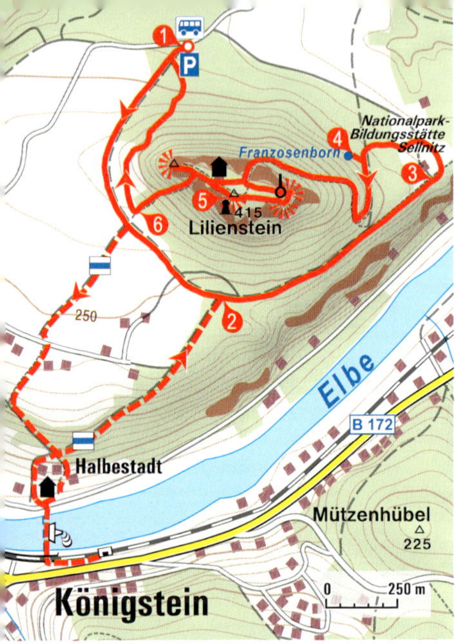

Neben der Nationalpark-Informationstafel am **Parkplatz Lilienstein (1)** gehen wir geradeaus in den Wald hinein. Bald führt der Weg wieder aus dem Wald heraus und wir wandern auf einem schönen Wiesenweg am Feldrand entlang aufwärts. Von hier haben wir eine wunderbare Sicht auf die Festung Königstein und die anderen Tafelberge des Elbsandsteingebirges. Nach einigen Gehminuten fällt der Weg wieder leicht ab, quert den Wanderweg übers Feld von Königstein her (Rückweg der Variante) und führt als schmaler Pfad weiter am Feldrand entlang. Am Ende des Feldes führt der Weg wieder in den Wald hinein **(2)** (Hier mündet die S-Bahnvariante ein) und wir folgen dem Wegweiser Richtung »Lilienstein (Nordaufstieg)« immer geradeaus weiter. Von rechts dringen plötzlich die Geräusche aus dem Elbtal herauf. Nach zehn Minuten gabelt sich der Weg. Wir gehen rechts weiter und kommen nach einigen Minuten auf die Wiese der **Nationalpark-Bildungsstätte Sellnitz (3)**. Hier gibt es so einiges zu entdecken, und wir sollten uns unbedingt ein wenig Zeit nehmen, den Barfußpfad auszuprobieren, die Kräuterspirale und das Insektenhotel zu bewundern oder ein Lied auf dem Holz-Xylophon zu spielen. Unter der Woche kann hier schon mal ein munteres Treiben herrschen, wenn junge Umweltbildner des Nationalparks mit Grundschülern aus der Region Naturerfahrungsspiele durchführen.

Haben wir alles ausprobiert und ausreichend Pause gemacht, gehen wir am lang gezogenen Gebäude rechtsherum vorbei bis zur Wegkreuzung vor dem Bauernhof. Ein Wegweiser leitet uns in Richtung »Lilienstein (Nordaufstieg)«. An einer Streuobstwiese vorbei geht es wieder in den Wald hinein. An der nächsten Wegkreuzung gehen wir links und folgen nun dem blauen Weg aufwärts. Nach nur 30 m führt rechts ein unscheinbarer schmaler Waldpfad zum **Franzosenborn (4)**, einer gefassten Wasserstelle, an der schon die Truppen Napoleons lagerten. Ein kleines Schild informiert über die Geschichte des Borns.

Nach dem kurzen Abstecher gehen wieder zurück zum Wanderweg und folgen diesem nun 150 m weiter. Bald zweigt rechts der Nordaufstieg auf den Lilienstein ab. Wir steigen auf dem abwechslungsreichen Weg auf-

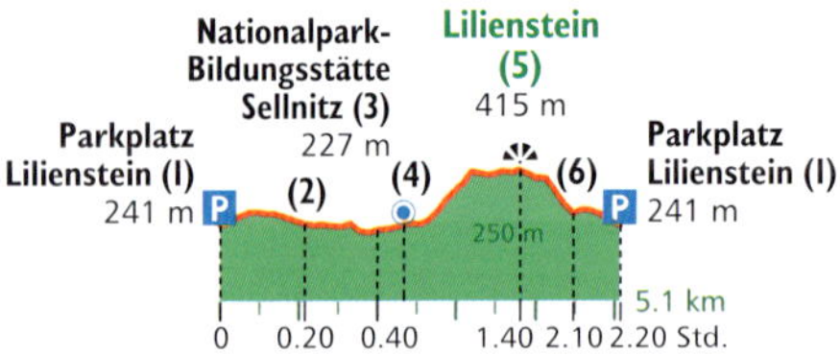

wärts, an größeren Felsbrocken vorbei, die teils höhlenartig übereinandergetürmt für die Kinder tolle Verstecke bieten. Schon erreichen wir die ersten Eisentreppen. Jetzt geht es steil nach oben. Etwas mulmig kann einem schon werden, wenn man über die folgende, völlig freistehende Treppe mit ihren über 50 Gitterroststufen hinaufklettert. Doch bald ist es geschafft, und wir erreichen das bewaldete Gipfelplateau des **Liliensteins**. Rechts sehen wir bereits das Gasthaus. Wir wollen jedoch zuerst eine kurze Panoramarunde auf dem Lilienstein drehen und gehen auf schmalem Weg nach links bis zur kleinen Aussicht an der Nordostecke. Von dieser besonderen Aussicht blicken wir geradezu auf das Felsengebiet des Brands oberhalb des Polenztales, entdecken rechts die Elbe, wie sie aus dem oberen Elbtal bei Bad Schandau kommend auf den Lilienstein zuströmt, und schauen links auf den Elbbogen beim Kurort Rathen. Wir folgen dem Rundweg weiter zur

HIGHLIGHTS

- ★ Nationalpark-Bildungsstätte Sellnitz mit frei zugänglicher Außenanlage mit Barfußpfad und vielen Stationen zum Erkunden und Erforschen.
- ★ Spannender Eisentreppenaufstieg auf den Lilienstein.
- ★ Grandiose Aussichten vom Gipfelplateau des Liliensteins in alle Himmelsrichtungen.
- ★ Beobachten der Kletterer an der Lilienstein-Westecke.

Manchmal kann man am Lilienstein auf tierische Wandergesellen treffen (siehe Freizeittipp J2).

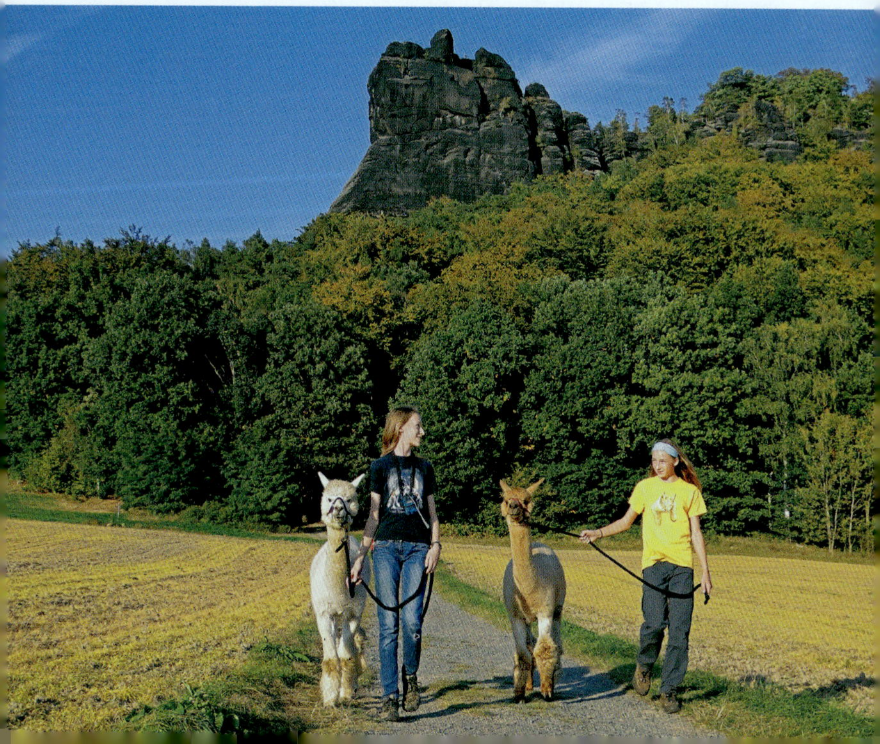

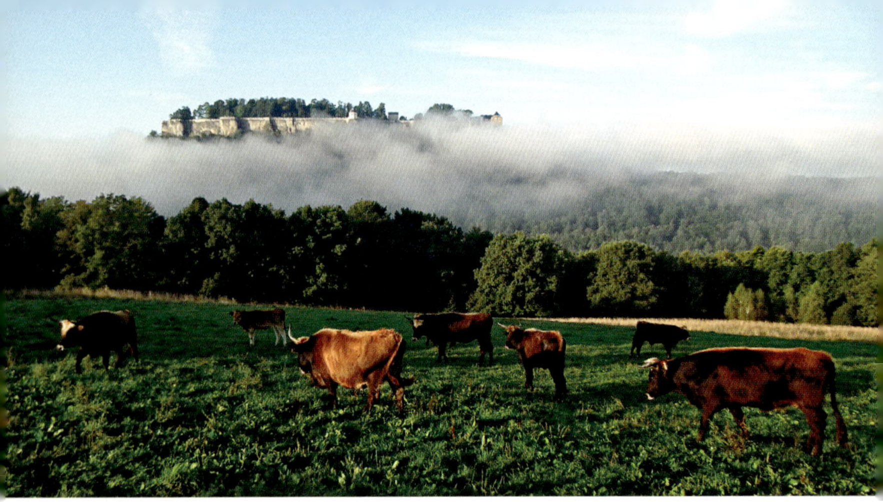

Eindrucksvolles Naturschauspiel am frühen Morgen. Erhaben thront die Festung Königstein (siehe Freizeittipp D3) über dem Wolkenmeer.

nächsten Aussicht mit einer vier Meter hohen Steinsäule. Dieser Obelisk, heute eine Rekonstruktion, wurde zur Erinnerung an eine Besteigung des Liliensteins durch August den Starken errichtet. Weiter geht es rechtsherum am Seilaufzughäuschen vorbei zur großen **Aussicht auf der Südseite (5)** mit der weithin sichtbaren 16 Meter hohen Steinsäule zur Erinnerung an das 800-jährige Jubelfest des Fürstenhauses Wettin. Wir haben einen wirklichen schönen Blick auf die Festung Königstein gegenüber und auf die gewaltige schwarze Westkante des Liliensteins, übrigens ein sehr beliebter Kletterfelsen. Weiter geht es in nur wenigen Schritten bis zur **Felsbaude Lilienstein**. Nach ausgiebiger Stärkung im Gasthaus wandern wir westwärts weiter in Richtung »Aussichten«. Über eine spannende Steiganlage mit Stufen, Eisentreppen und luftigen Gitterrostbrücken laufen wir bis ganz nach vorn auf die exponierte Westspitze des Tafelberges. Unterwegs fallen einige ältere Felsinschriften und ein kleiner zylindrischer Felsen auf. Dieser ist ein historischer trigonometrischer Punkt von der großen königlich-sächsischen Landesvermessung von 1890.

Anschließend gehen wir zurück bis zum letzten Wegweiser und steigen hier rechts mit der blauen Markierung in eine kammerartig verengte Schlucht ab. Der Weg verläuft auf zum Teil direkt aus dem Felsen gehauenen Stufen steil abwärts. Rechts der langen Eisentreppe befindet sich die bei Kletterern recht beliebte Westecke, wo man sicher den einen oder anderen Gipfelstürmer beobachten kann.

Wir folgen den Serpentinen durch den Wald abwärts. Kurz vor dem Waldrand gehen wir rechts entsprechend der Ausschilderung Richtung Parkplatz weiter **(6)** (Die S-Bahnfahrer wandern hier geradeaus weiter Richtung Königstein). Ca. 300 m weiter, nach einem dicken Felsblock, biegen wir über drei Steinstufen scharf nach links unten ab und folgen nun dem Weg in wenigen Minuten bis zum **Parkplatz (1)**.

Schrammsteinaussicht

Aus dem Zahnsgrund

ab 6 J.

Ein Tor, zwei Stiegen und eine grandiose Aussicht

Die Schrammsteinkette gehört zu den beeindruckendsten Felsformationen über dem Elbtal. Der Aufstieg durch das Schrammtor und über den Wildschützensteig hinauf zur beliebten Schrammsteinaussicht gilt als einer der schönsten Wege im Elbsandsteingebirge. Atemberaubende Aus- und Tiefblicke würzen diese Wandertour. Immer wieder gibt es Plätze zum Ausruhen. Vor allem die Leiterpassagen in den klammartigen Schluchten sind für Kinder ein Erlebnis. Der den Schrammsteinen vorgelagerte Falkenstein, ein völlig freistehender Sandsteinklotz, trug bereits im Mittelalter eine Felsenburg und ist heute ein beliebtes Ziel der Kletterer. Da es am Ausgangspunkt im Zahnsgrund nur begrenzt Parkmöglichkeiten gibt, empfiehlt sich die Anreise mit dem Bus.

KURZINFO

Ausgangspunkt: Bushaltestelle am Gasthaus und Pension Schrammsteinbaude im Zahnsgrund, 180 m (GPS: N50.916748, E14.187254).

Anfahrt: Von Pirna auf der B 172 in Richtung Schmilka, kurz vor dem Ortsausgang Bad Schandau links in Richtung Ostrau abbiegen. Parkplätze befinden sich nach etwa 800 m links. Etwa 250 m nach der Schrammsteinbaude befinden sich rechts weitere Parkmöglichkeiten.

Mit dem Bus: Vom Nationalparkbahnhof Bad Schandau mit Buslinie 252 Richtung Ostrau / Schmilka bis zur Haltestelle »Schrammsteinbaude«.

Gehzeit: 3.00 Std.

Distanz: 6,2 km.

Höhenunterschied: 360 m im Auf- und Abstieg.

Ausrüstung: Gut profilierte Trekking- oder Wanderschuhe, ausreichend Verpflegung und Getränke, Fernglas.

Anforderungen: Ab 6 Jahren. Schwierige Wanderung auf meist guten Wegen. In den Stiegen vorwiegend schmale Pfade mit Treppen und schwierigen Einzelstellen an steilen bis fast senkrechten Leitern, die Trittsicherheit, Schwindelfreiheit und eine gute Kondition erfordern.

Einkehr: Unterwegs keine; am Ausgangspunkt Gasthaus Schrammsteinbaude (schrammsteinbaude.de, Tel. +49 35022 502810).

Hinweis: Vorsicht, Totholz-Gebiete! Siehe S. 27.

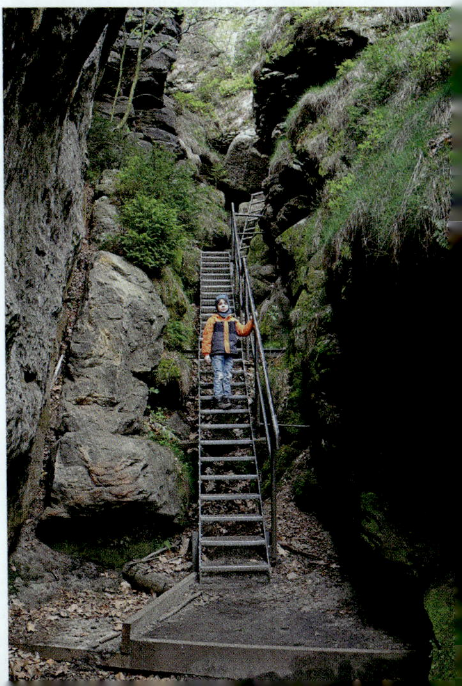

Steil und wild geht es im schluchtartigen Wildschützensteig hinauf zur Schrammsteinaussicht.

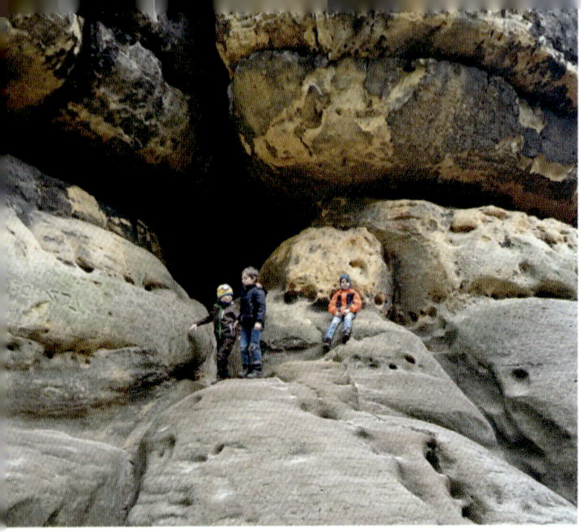

Gerne klettern die Kinder am Wandfuß der Felsen im Schrammtor herum. Ausgetretene Trittspuren zeugen davon.

Von der **Schrammsteinbaude (1)** wandern wir die Straße abwärts, bis wir nach 200 m auf der linken Straßenseite die Nationalpark-Infotafel sehen. Hier folgen wir der blauen Markierung über eine Stufenreihe in den Lattengrund hinauf. Bereits nach fünf Minuten kommen wir an die erste große Felswand direkt am Weg. An der Felsecke fällt ein alter Schriftzug »R. Solbrig 1923« auf. Kurz danach führt uns der Wanderweg durch eine enge Felsenklamm hindurch in den stillen, kühlen **Lattengrund** hinein. Es ist immer feucht hier unten. Überall sehen wir grüne Moose und Farne. Nur an manchen Stellen dringen die Sonnenstrahlen bis auf den Boden. Bald geht es etwas steiler aus dem Grund heraus. Bevor wir nach rechts weiterwandern, nutzen wir den breiten Pfad geradezu, um zu einer **kleinen Aussicht (2)** mit Blick zum Falkenstein zu gelangen, auf dem sich im Mittelalter eine Burgwarte befand.

Auf dem blauen Weg geht es anschließend durch hohen Mischwald weiter. Am gelb markierten Querweg biegen wir nach links Richtung Schrammtor ab. Vor diesem befindet sich eine große Wegkreuzung mit Bänken und einer informativen Tafel. Wir gehen geradeaus weiter. Vor ein paar Jahren warf hier ein Sturm eine riesige Fichte um. Im Moment lädt der Stamm noch zum Balancieren ein, bevor er in den nächsten Jahren nach und nach von Moosen und Flechten besiedelt und von Holzwürmern oder Ameisen zerfressen wird. 50 m sind es noch bis zum Schrammtor, dem berühmten Durchgang durch die eng beieinanderstehenden über 60 m hohen Felsen der Schrammsteinkette. Direkt im **Großen Schrammtor (3)** ist viel Platz für eine kurze Rast. Kleine Felsen laden zum Herumklettern ein. Auffällig ist hier der gelbliche, recht weiche Sandstein und der viele lose Sand am Boden.

Hinter dem Schrammtor laufen wir etwa zehn Minuten weiter auf dem

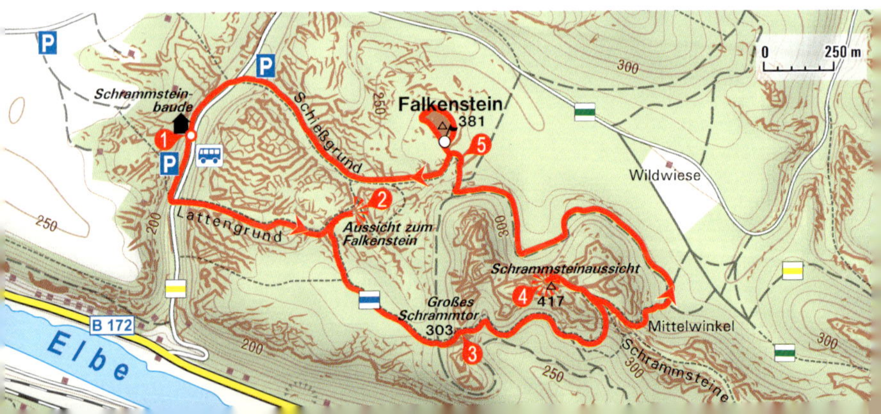

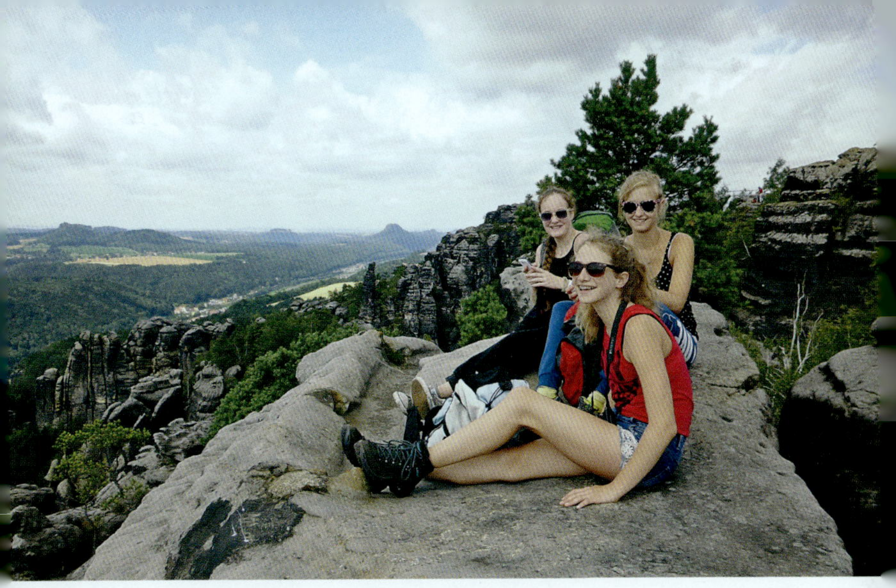

Mittagsrast auf der Wanderung durch die Schrammsteine.

Wanderweg bis zum Abzweig zweier Stiegen. Wir wollen über die linke Stiege, den **Wildschützensteig**, aufsteigen. Über Holzstufen geht es auf eine Felswand zu. Links entdecken wir eine kleine Hütte mit einem Gitter davor. Ein Gefängnis? Es entpuppt sich als eine Erinnerungsstätte an die langjährige Geschichte der Bergwacht in Sachsen. Uns an Eisenklammern haltend überwinden wir die erste Felsstufe. Der weitere Aufstieg führt uns über Leitern und einige kleine Kletterstellen in einer wilden Schlucht hinauf. Nach jedem überwundenen Meter erwarten uns neue, spannende Eindrücke. Am Ende des Aufstiegs wartet noch eine lange, luftige Leiter auf uns. Danach kommen wir an einen breiten Wanderweg mit ein paar Sitzbänken. Hier geht es links weiter Richtung Schrammsteinaussicht. Eine kurze Leiter ist zu überwinden. Nicht weniger spannend steigen wir auf dem verwinkelten Zustieg aufwärts und stehen nach fünf Minuten ganz oben auf der **Schrammsteinaussicht (4)**. Der Rundblick auf die nahe Schrammsteinkette mit den Torsteinen und der bizarren, schlanken »Tante« ist überwältigend. Rechts im Tal steht völlig einzeln der Falkenstein, den wir im weiteren Verlauf der Tour noch umrunden wollen. Der Fernblick ist grandios: Vor uns entdecken wir die Festung Königstein, ganz links die typische Silhouette der beiden Zschirnsteine.

Auf demselben Weg geht es zurück bis zu den Bänken am Ausstieg des Wildschützensteiges. Hier gehen wir nun geradeaus weiter Richtung

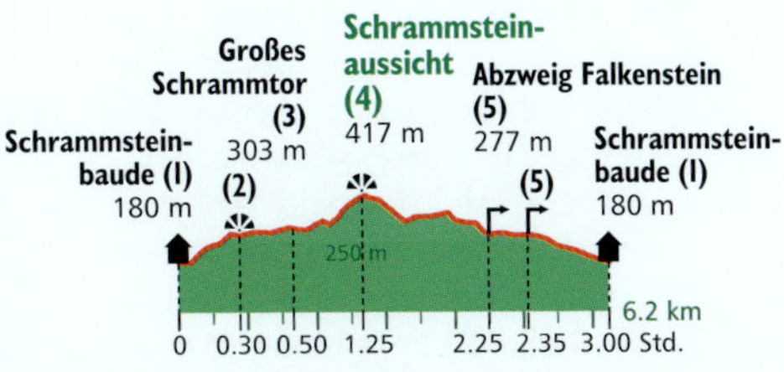

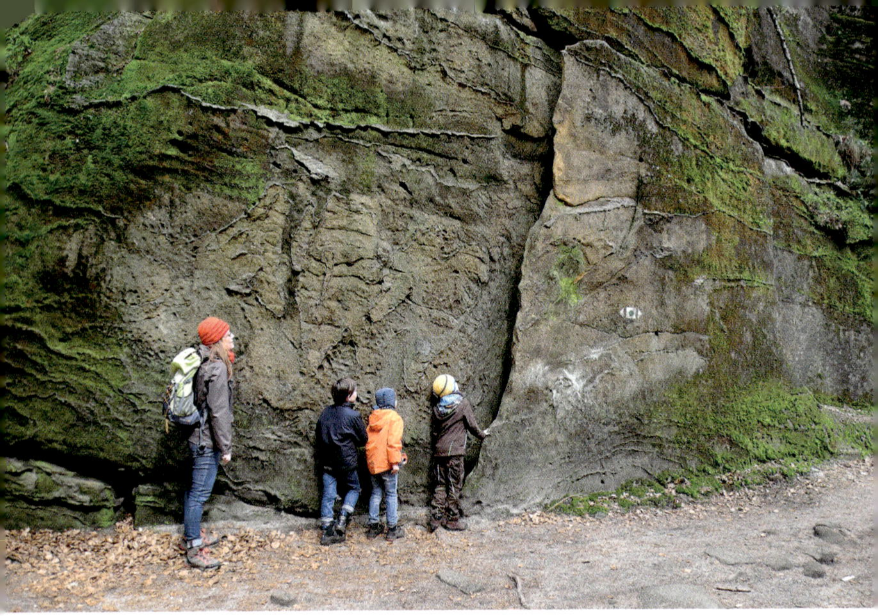

Durch den Spalt hinter der »magischen Platte« kann man ins Antlitz der Hexe schauen. Versucht es doch auch einmal!

»Mittelwinkel« (grüner Punkt). Bereits nach 150 m biegen wir nach links in den Abstieg über den **»Mittelwinkel«** ab. Über Stufen und später über mehrere lange, steile Eisenleitern klettern wir vom Schrammsteinmassiv hinunter. Nach der Klettereinlage schlängelt sich der Weg durch hohen Buchenwald abwärts bis zu einem breiten, gelb markierten Wanderweg, auf dem wir links Richtung Schrammtor gehen. Nach einem guten Kilometer treffen wir an einer Kreuzung wieder auf den grünen Punkt und biegen rechts Richtung Schießgrund ab. Nach einigen Schritten eröffnet sich der Blick auf einen riesigen Felskoloss, den Falkenstein, der im Mittelalter als Burgwarte diente. Wir gehen am nächsten Abzweig geradeaus und steigen bald ein paar Holzstufen hinunter zu einem Geländer. Der weitere Abstieg führt an dieser Stelle **(5)** links hinab. Wer jedoch noch Lust hat, einen kurzen Abstecher zum **Falkenstein** zu unternehmen oder diesen zu umrunden, kann hier rechts über das Holzgeländer steigen und die Stufen auf der anderen Seite geradeaus hinaufgehen (Markierung »schwarzes

HIGHLIGHTS

- ★ Auf dem Weg durch das hohe Schrammtor gibt es einige Möglichkeiten, an den Felsen herumzuklettern.
- ★ Spannende Stiegentour über Treppen und Leitern am Wildschützensteig und im Mittelwinkel.
- ★ Atemberaubende Aus- und Tiefblicke von der Schrammsteinaussicht.
- ★ Umrundung des Kletterfelsens Falkenstein mit vielen Möglichkeiten, im Sand zu buddeln und in einer Höhle zu rasten.
- ★ Überraschende Einblicke am »magischen Spalt« im Schießgrund.

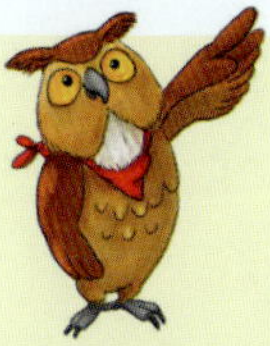

Hallo Kinder,

der Schießgrund ist ein mystisches Tal, in dem vor unseren Augen verborgen eine alte Hexe haust und über unser Tun wacht. Nur mittels Blick durch den »magischen Spalt« kann man das Antlitz der Elbsandsteinhexe entdecken. Soll ich euch verraten, wo ihr diesen »magischen Spalt« findet? Nach einem Felsüberhang, unter dem wir hindurchwandern, fällt rechts an einer bemoosten Felswand eine unscheinbare, vielleicht fünf Meter hohe, etwa 20 Zentimeter vom Massiv abgesprengte, dünne Felsplatte auf – eine magische Platte, die uns einen unglaublichen, sehr überraschenden Blick zurück auf unseren Weg erlaubt.

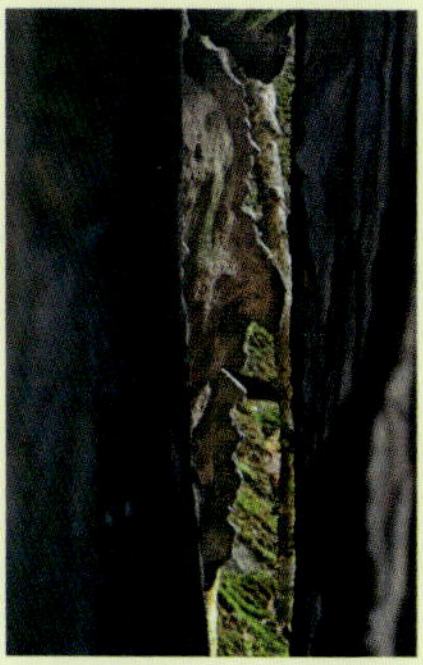

Dreieck« / Kletterzugang). Der mächtige Fels erscheint jetzt immer höher, und bald schon steht man am Wandfuß. An schönen Tagen kann man sicher einige Kletterer beobachten, die versuchen, mit Seil gesichert, die 90 m hohen Felswände zu bezwingen. An einem Felsüberhang kann man noch einmal schön rasten und die Kinder können im losen Sand spielen. Wer den Falkenstein umrunden möchte, läuft auf dem Pfad links am Felsmassiv entlang, an großen Felsblöcken vorbei bis zur hinteren Felsecke des Falkensteins. Man folgt der Kletterpfad-Markierung »schwarzes Dreieck« nach rechts. Über eine kleine Holzleiter und dann auf schmalem, meist sehr sandigem Pfad geht es durch den Wald hinter dem Felsmassiv herum. Es muss nirgends hinaufgeklettert werden! Wer aufmerksam ist, sieht eine in den Fels gehauene Treppe. Diese führt zu einer aus dem Fels gemeißelten Nische, die einst den Burgwächtern als Unterstand diente. Dahinter befand sich der Zugang zu einer hölzernen Steiganlage hinauf zur Burgwarte. Man klettert diese Stufen besser nicht hinauf, denn es besteht Absturzgefahr! Nach einer Viertelstunde ist der Falkenstein umrundet und man kommt links auf bekanntem Zugangspfad wieder bis zum Holzgeländer und steigt darüber zurück auf den mit dem grünen Punkt markierten Wanderweg **(5)**.

Wir folgen diesem nun über weitere Stufen durch den Wald abwärts. Im wundervoll ruhigen, kühlen **Schießgrund** können wir besonders an der rechten Schluchtwand interessante Brauneisenbildungen entdecken: lange, dünne Eisenbänder, die durch eine kompakte gelbliche Felswand ziehen, und fette, teils verformte Eisenplatten, die in vielleicht zehn Meter Höhe aus einem löchrigen Sandsteinfelsen hervortreten.

Durch das mystische Tal steigen wir, vorbei an der »magischen Platte« (siehe »Hallo Kinder«), bis zur Straße im Zahnsgrund hinab und halten uns dort links. Nach nur 150 m auf der Straße erreichen wir wieder unseren Ausgangspunkt an der **Schrammsteinbaude (1)**.

21 Breite-Kluft-Aussicht und Heilige Stiege

Rundwanderung von Schmilka ab 7 J.

Aussichtsreicher Stiegenspaß im Schmilkaer Kessel

Die weiten Ausblicke von der Kleinen Bastei oberhalb des kleinen Örtchens Schmilka und von der Breiten-Kluft-Aussicht, die wilde Felsenriffe und das Bezwingen der vier stufenreichen Stiegen sind die Highlights dieser Bergwanderung durch den Schmilkaer Kessel. Immer wieder finden wir auch stille Plätze, an denen wir die Natur auf uns wirken lassen können. Der hochaufragende Rauschenstein und die Eisentreppen in der Heiligen Stiege beeindrucken Groß und Klein immer wieder aufs Neue. Eine Wandertour für echte Naturliebhaber!

KURZINFO

Ausgangspunkt: Parkplatz in Schmilka, 125 m (GPS: N50.892141, E14.229817).
Anfahrt: Von Bad Schandau auf der B 172 nach Schmilka, der Parkplatz befindet sich im Ort direkt an der Bundesstraße auf der rechten Seite. Zeitiges Kommen sichert einen der begehrten Plätze. Alternativ kann man das Auto bereits am P+R-Parkplatz am Bahnhof Bad Schandau stehen lassen und entspannt mit der S-Bahn nach Schmilka kommen.

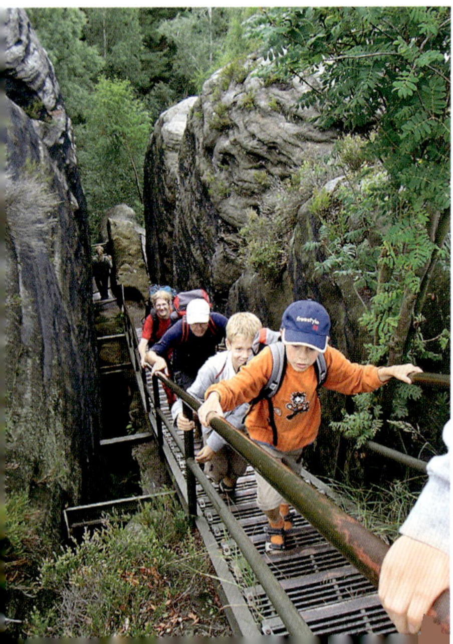

Mit S-Bahn/Bus: Mit der S-Bahn nach »Schmilka-Hirschmühle«, dann mit der Fähre übersetzen. Alternativ mit Buslinie 252 oder mit dem »Sächsisch-Böhmischen-Nationalparkexpress« (verkehrt von Mai bis November) bis Haltestelle »Schmilka, Grenzübergang«.
Gehzeit: 3.40 Std.
Distanz: 8,0 km.
Höhenunterschied: 350 m im Auf- und Abstieg.
Ausrüstung: Gut profilierte Trekking- oder Wanderschuhe, ausreichend Verpflegung und Getränke, Fernglas, eventuell kleiner Zeichenblock und Stifte.
Anforderungen: Ab 7 Jahren. Mittelschwere Wanderung mit abwechslungsreichen Auf- und Abstiegen, vielen Holzstufen, einigen Eisentreppen und teils schmalen Felsenpfaden in den Stiegen, sonst überwiegend bequeme Wanderwege. Vor allem wegen der vielen Höhenmeter, die überwunden werden müssen, ist gute Kondition erforderlich. Darüber hinaus sind gute Trittsicherheit und etwas Schwindelfreiheit nötig. Vorsicht an den ungesicherten Aussichten!
Einkehr: Ganz am Ende der Tour Imbiss »Zur Alten Schule« an der Ilmenquelle; diverse Restaurants in Schmilka.
Hinweis: Vorsicht, Totholz-Gebiete! Siehe S. 27.

Gut, dass wir die langen Eisentreppen der »Heiligen Stiege« auf unserer Tour nur hinunterlaufen müssen.

Wir starten auf dem **großen Parkplatz (1)** in Schmilka. Hier befindet sich auch die Bushaltestelle und unterhalb die Fähre. Unterhalb des Parkplatzes führt ein asphaltierter Weg am Elbufer entlang. Wir laufen diesen Weg flussabwärts, bis wir auf die Bundesstraße stoßen. Wir überqueren diese vorsichtig, folgen ihr etwa 50 m nach links und nehmen dann den mit einem grünen Strich markierten Pfad in Richtung Kleine Bastei, der nach rechts hinauf in den Wald führt. Über Holzstufen gewinnen wir schnell an Höhe und erreichen bald eine Forststraße, auf der wir kurz nach rechts weiterlaufen. Schon nach 50 m biegen wir nach links ab und steigen die »Kahntilke« über weitere, unzählige Stufen hinauf. Oben angekommen, bringt uns die grüne Markierung an einem Abzweig vorbei zur **Kleinen Bastei (2)**. Hoch über dem Elbtal kann man den Blick von Zirkelstein und Kaiserkrone zur Linken über die markanten Tafelberge bis hin zur imposanten Schrammsteinkette zur Rechten schweifen lassen. Eine kleine Bank lädt zum Rasten ein.

Anschließend wandern wir zurück zum Abzweig und gehen hier nach links weiter. Nach 400 m erreichen wir einen breiten Forstweg, den Elbleitenweg. Diesen wandern wir links weiter, immer der Markierung mit dem grünen Strich folgend. Am rechten Wegesrand taucht kurz darauf ein riesiger Felsen auf. Der Rauschenstein, auf dem sich im Mittelalter eine Felsenburg befand, ist heute ein bedeutender Kletterfelsen. Nach etwa zehn Minuten zweigt die grüne Markierung nach rechts in die **»Breite Kluft«** ab. Wir steigen wieder über Stufen den Waldhang aufwärts. Der obere Teil des Weges führt zwischen Felswänden hindurch, und bald haben wir die Höhe

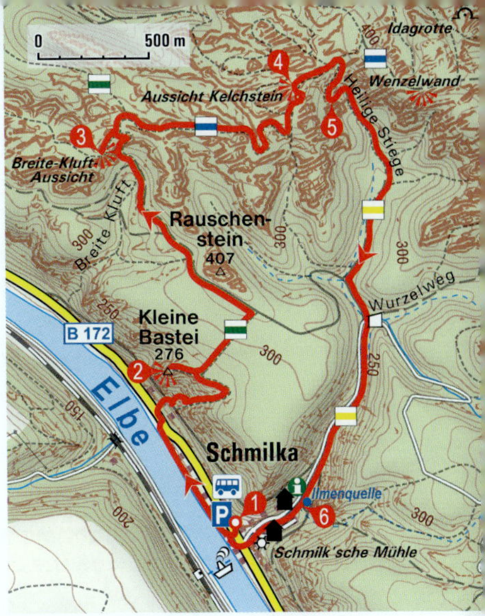

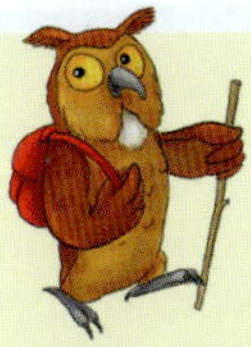

Hallo Kinder,

kennt ihr die verschiedenen Baumarten, die im Elbsandsteingebirge heimisch sind? Hoch oben auf den trockenen Felsenriffen könnt ihr vor allem Birken und Kiefern entdecken. In mittelhohen Lagen kommen Buchen, Ahornbäume, Eichen und Lärchen dazu. In den Tälern und Schluchten dagegen seht ihr vor allem Fichten. Hier ist es immer etwas feuchter und kühler, man spricht deshalb von einem »Kellerklima« – das mögen die Fichten. Anhand der Blätter oder Nadeln, der Früchte und der Rinde lassen sich die Bäume gut unterscheiden. Versucht doch einmal, mit Hilfe eines Naturführers die einzelne Bäume zu bestimmen!

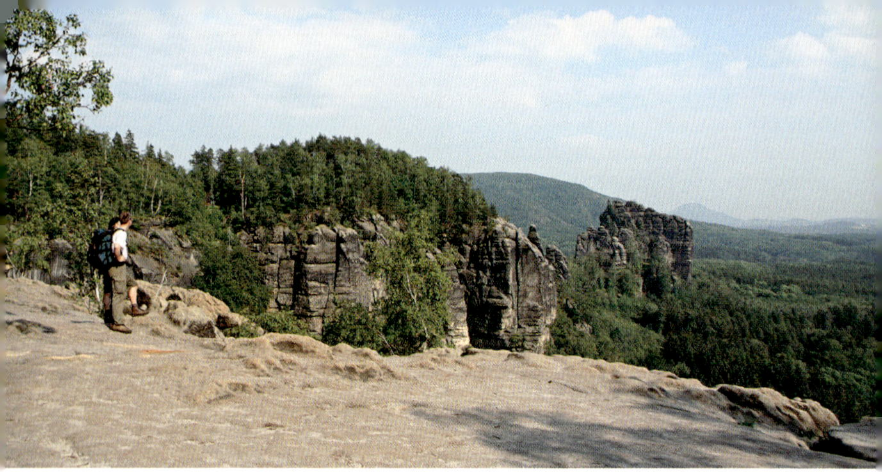

Auf der Breiten-Kluft-Aussicht mit Blick zum Rauschenstein, auf welchem sich im Mittelalter eine Burgwarte befand.

erreicht. Wir kommen an einen breiteren Weg, folgen diesem noch etwa 50 m nach links, wo wir auf einen Wegweiser an einem Hauptwanderweg treffen. Bevor wir hier jedoch rechts weiterwandern, belohnen wir uns mit dem kurzen Abstecher nach links zur etwa 150 m entfernten **Breite-Kluft-Aussicht (3)**. Nach dem harten Aufstieg haben wir uns hier eine Pause verdient. Danach gehen wir zurück zum Wegweiser und folgen nun dem blau markierten Weg etwa 1,2 km in Richtung Zurückesteig. Ohne größere Höhenunterschiede führt der Wanderweg entlang der Felsenriffe durch den Wald. Birken, Lärchen und Kiefern dominieren hier oben das Bild. Am Abzweig zum Zurückesteig verlassen wir den gemütlichen Weg nach rechts und steigen über Holzstufen und Eisentreppen weiter hinauf. Eine große Kiefer, die sich mit ihrer mächtigen Wurzel an einen Felsen krallt, erregt unsere Aufmerksamkeit, bevor wir am **Kelchstein** vorbei an eine ungesicherte **Aussichtsstelle (4)** kommen. Wir schauen an dieser kleinen Aussicht in Richtung des böhmischen Elbtals und können auch von hier wieder den Zirkelstein entdecken.

Weiter geht es entsprechend der blauen Markierung im abwechslungsreichen Auf und Ab über den **Zurückesteig**. Nach einem mit Ketten gesicherten Wegstück kommen wir wieder an einen Wegweiser und biegen hier nach rechts mit der gelben Markierung in Richtung Heilige Stiege ab. Nach der ersten Eisenbrücke haben wir einen grandiosen Blick in den Heringsgrund hinunter und hinüber auf den Großen Winterberg. Unterhalb des Weges können wir den Klettergipfel »Flohspitze« mit der Gipfelbuchkapsel und einer Abseilöse entde-

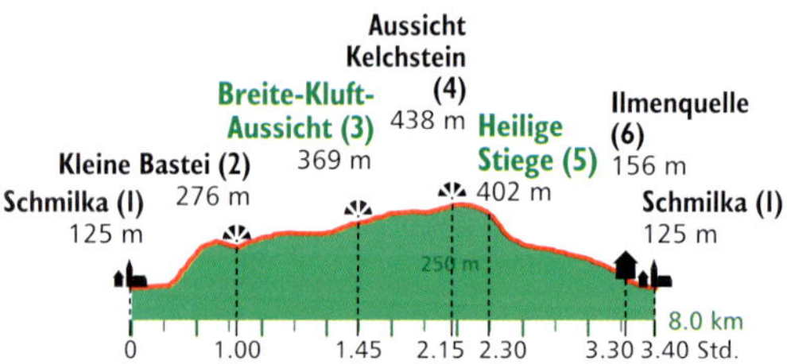

cken. Auf dieser Spitze hat wirklich nur noch ein Floh Platz!
Nach einigen weiteren Metern kommen wir dann schon an die **Heilige Stiege (5)**, eine lange und steile Eisentreppe mit 200 Treppenstufen! Wir steigen die vielen Stufen vorsichtig hinab und freuen uns darüber, dass wir diese Stiege nicht hinaufklettern müssen. Anschließend folgen noch mehrere Hundert Holzstufen, bis der Weg endlich etwas sanfter in einen breiten, sandigen Waldweg übergeht. Bald stoßen wir auf einen Forstweg, dem wir nach links folgen. Die gelbe Wegmarkierung leitet uns nun stetig abwärts bis nach Schmilka, wo uns nach dem Waldrand ein netter Imbiss an einer der ergiebigsten Quellen des Elbsandsteingebirges erwartet. An der **Ilmenquelle (6)** können wir unsere müden Füße ein wenig abkühlen, bevor wir die letzten Meter durch den Ort, an der **Schmilk'schen Mühle** vorbei, bis zur Bundesstraße hinunterlaufen. 100 m nach rechts sehen wir bereits unseren **Ausgangspunkt (1)**.

HIGHLIGHTS

★ Grandiose Ausblicke von der Kleinen Bastei und der Breite-Kluft-Aussicht auf die Tafelberge und das Elbtal.

★ Imposantester Felsen am Wegesrand ist die frühere Burgwarte Rauschenstein, die heute auch gern von Kletterern erstiegen wird. Am Wandfuß gibt es viel Sand zum Spielen.

★ Wilde, sehr abwechslungsreiche Felsenriff-Landschaft im zentralen Teil der Bergwanderung.

★ An der Ilmenquelle kann man am Ende der Tour wunderbar Pause machen und mit den Füßen ins Wasser gehen. Hier gibt es auch einen einladenden Imbissbetrieb.

★ Die Schmilk'sche Mühle bietet in ihrer Biobäckerei riesige Kuchenstücke und leckere Brötchen direkt im Backraum zum Verkauf an. Bäcker und Müller lassen sich gern über die Schulter schauen, das Mahlwerk und das Mühlrad sind ebenfalls interessant und sehenswert (muehle-schmilka.de, Tel. +49 35022 9130).

Auf dem Zurückesteig erwartet uns ein abwechslungsreicher Bergpfad.

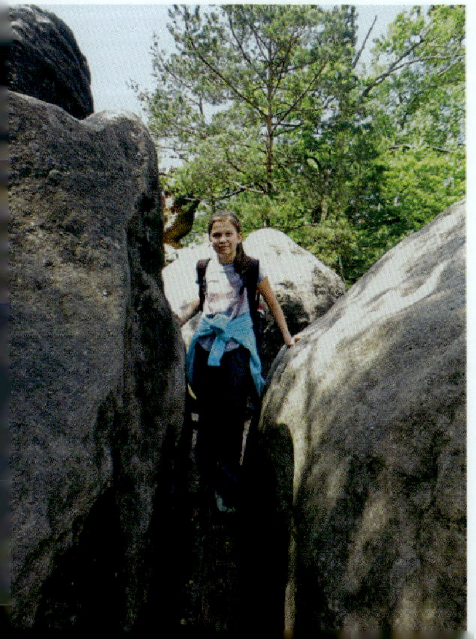

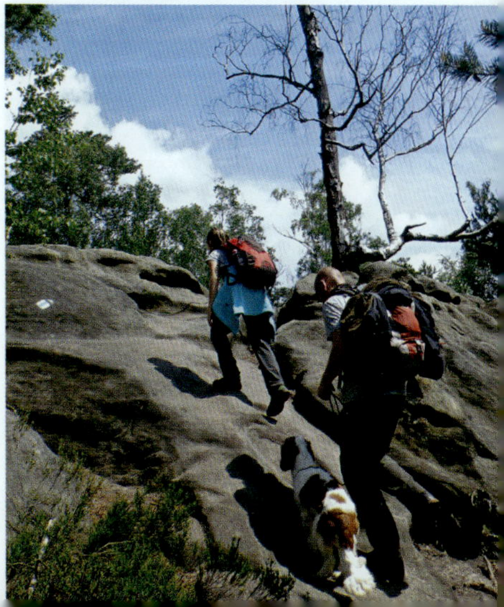

22 Großer Winterberg

Von Schmilka

ab 7 J.

Über den Lehnsteig zur Kipphornaussicht

Der 556 Meter hohe Große Winterberg ist die zweithöchste Erhebung der Sächsischen Schweiz. Auf seiner buchenbewachsenen Basaltkuppe, einem Relikt des tertiären Vulkanismus, befindet sich seit 1819 eine Gastwirtschaft mit Aussichtsturm. Unsere Wanderung führt auf abwechslungsreichen Pfaden und Wegen durch das zerklüftete Felsgebiet am Großen Winterberg. Ganz besondere Erlebnisse bieten der steile Aufstieg über den wild-verwunschenen Lehnsteig hinauf zum beeindruckenden Borkenkäferwald, die grandiose Aussicht vom Kipphorn auf das Elbsandsteingebirge und der kurzweilige Abstieg über den mit Stufen und Geländern versehenen Bergsteig.

KURZINFO

Ausgangspunkt: Parkplatz in Schmilka, 125 m (GPS: N50.892141, E14.229817).

Anfahrt: Von Bad Schandau auf der B 172 nach Schmilka, der Parkplatz befindet sich im Ort direkt an der Bundesstraße auf der rechten Seite. Zeitiges Kommen sichert einen der begehrten Plätze. Alternativ kann man das Auto bereits am P+R-Parkplatz am Bahnhof Bad Schandau stehen lassen und entspannt mit der S-Bahn nach Schmilka kommen.

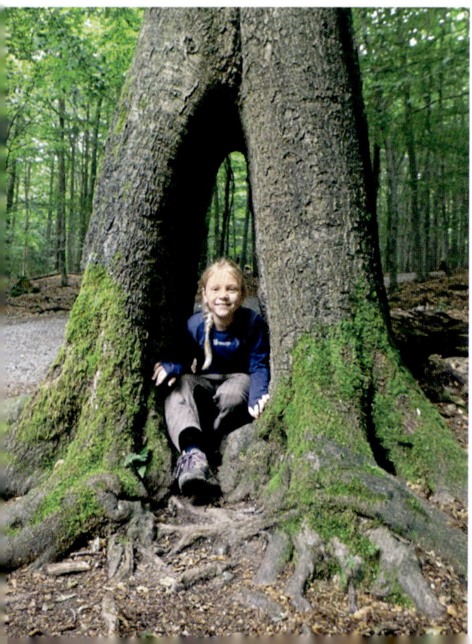

Mit S-Bahn/Bus: Mit der S-Bahn nach »Schmilka-Hirschmühle«, dann mit der Fähre übersetzen. Alternativ mit Buslinie 252 oder mit dem »Sächsisch-Böhmischen-Nationalparkexpress« (verkehrt von Mai bis November) bis Haltestelle »Schmilka, Grenzübergang«.

Gehzeit: 4.20 Std.

Distanz: 8,5 km.

Höhenunterschied: 500 m im Auf- und Abstieg.

Ausrüstung: Gut sitzende, knöchelhohe Wanderschuhe, ausreichend Verpflegung und Getränke.

Anforderungen: Ab 7 Jahren. Mittelschwere Wanderung, vor allem aufgrund der vielen Höhenmeter, die überwunden werden müssen, ist gute Kondition erforderlich. Einige Treppen und leichte Kraxelstellen im Lehnsteig, sonst überwiegend bequeme Wanderwege, steiler Abstieg. Trittsicherheit erforderlich.

Einkehr: Wanderrast Großer Winterberg (nur Imbiss, von Ostern bis Ende Oktober, derzeit Sa und So 12–16 Uhr, Stand Frühjahr 2024), Imbiss »Zur Alten Schule« an der Ilmenquelle, diverse Restaurants in Schmilka.

Hinweis: Vorsicht, Totholz-Gebiete! Siehe S. 27.

Ein besonderer Baum auf dem Weg zum Großen Winterberg.

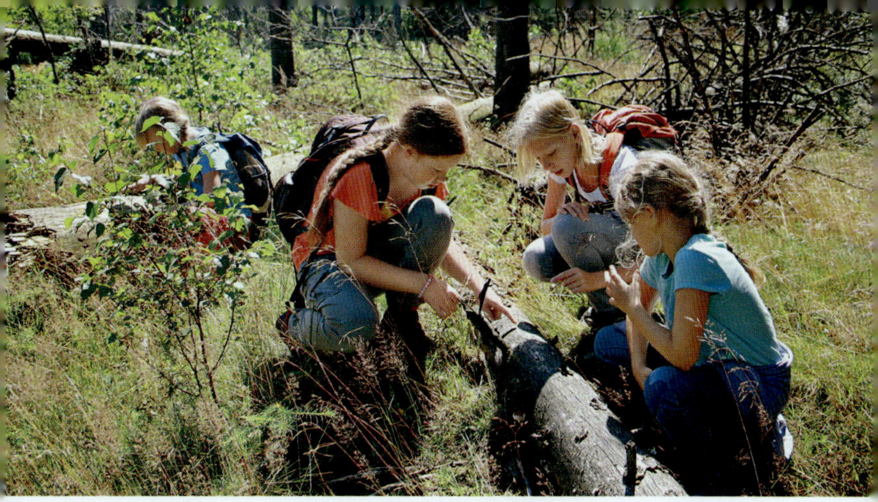

Neues Grün im Borkenkäferwald – ein vielfältiges Biotop entsteht.

Vom **Parkplatz (1)** aus überqueren wir die Hauptstraße am Fußgängerüberweg, laufen einige Meter nach rechts und biegen dann links in die schmale Straße ab, die uns in das Bergdorf Schmilka hinein und stetig bergan führt. Wir durchqueren die historische **Schmilk'sche Mühle**, die schon bei den Malern der Romantik ein beliebtes Motiv war. Am Ortsende kommen wir an die Infotafel am Nationalparkeingang, links befindet sich ein Infopunkt zum Thema Bergsport und Naturschutz. Wir folgen der schmalen Teerstraße, die später in einen Schotterweg übergeht, etwa 1 km geradeaus. An einer größeren Wegkreuzung gehen wir geradeaus zu einem größeren Wegweiser und einer Rastbank. Hier gabelt sich der Weg, wir nehmen rechts den Wurzelweg. Nach etwa fünf Minuten zweigt von diesem links der **Lehnsteig** ab, ein schmaler, steiler, mit Holzbohlen ausgelegter Bergpfad. In einem Tälchen geht es stetig aufwärts. Bald tauchen riesige Felswände vor uns auf. Über Holzstufen, später auch Treppen, ganz oben zum Teil über Felsen, schlängelt sich die Stiege am wilden Lehnriff entlang bis ganz hinauf auf das Felsmassiv. Nach wenigen Schritten eröffnet sich rechts der Blick **(2)** über wild zerklüftete Felsenriffe auf unser heutiges Tagesziel, den Großen Winterberg mit einem Funkturm auf der Spitze.
Nun schlängelt sich der Pfad bis zu einem breiten Wanderweg, dem **Reitsteig (3)**. Bevor wir der blauen Markierung nach rechts folgen, sollten wir uns noch die Zeit für die beiden Lehrpfade zur Waldentwicklung nehmen. Einige Meter links von hier führt ein kurzer Holzbohlensteg in das Waldbrandgebiet von 2022.
Anschließend folgen wir dem Wanderweg Richtung Großer Winterberg und passieren den zweiten

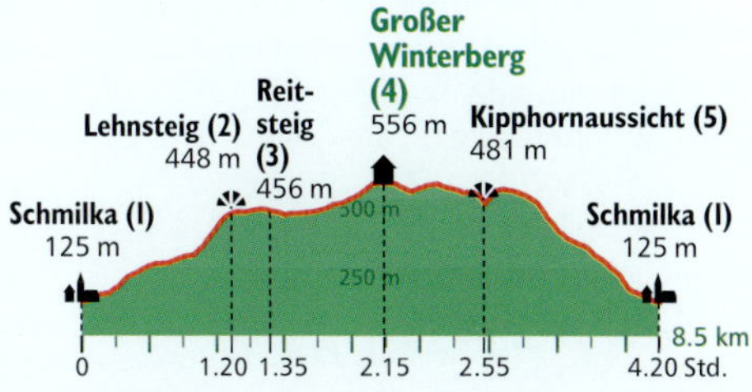

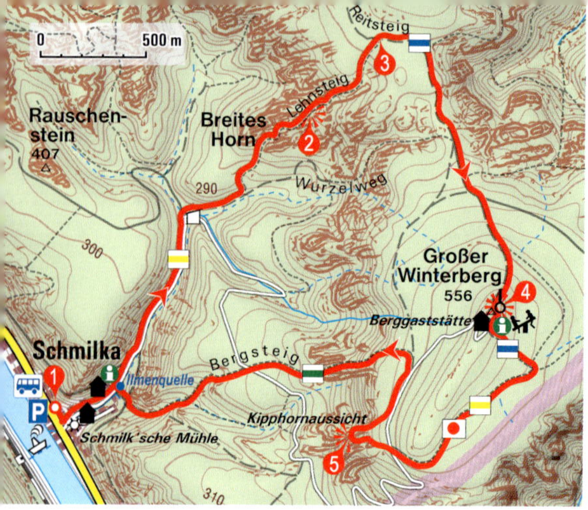

Lehrpfad. Der **Weg zur Wildnis** bringt uns in einen jungen Wald. Viele abgestorbene Bäume liegen herum, denn hier waren die Borkenkäfer schon seit 2003 aktiv. Wer genau hinschaut, kann sehen, wie ein neuer, vielfältiger Wald entsteht.

An den folgenden Wegkreuzungen halten wir uns immer mit der blauen Markierung Richtung »Großer Winterberg«. Nach etwa einer Viertelstunde steigt der Weg wieder langsam an, und wir befinden uns in einem der größten Buchenwaldbestände Sachsens, der sich über die gesamte Basaltkuppe des Großen Winterberges erstreckt. Wenig später kommen wir an eine große Wegkreuzung mit einer großen Sandstein-Wegsäule. Hier leitet uns die blaue Wegmarkierung halb rechts weiter in Richtung »Großer Winterberg«. Kurz vorm Gipfel, den wir etwa eine Viertelstunde später erreichen, können wir links im Wald die markanten, eckig gebrochenen, schwarzen Basaltklippen entdecken, die vom vulkanischen Ursprung dieses Berges zeugen. An der Wiedereröffnung des **Berggasthauses Großer Winterberg (4)** und der Nationalpark-Infostelle Eishaus wird seit Langem gearbeitet. Am Imbiss neben dem altehrwürdigen Haus können wir eine Pause einlegen.

Nach der Rast gehen wir am Eishaus vorbei zu den Informationstafeln und folgen links dem blau markierten Roßsteig hinunter in den Wald. Bald stoßen wir auf einen Querweg mit Holzbohlen. Wir wandern rechts auf dem gelb markierten Weg Richtung Schmilka weiter, immer an der buchenbewachsenen Bergflanke des Großen Winterbergs entlang, bis wir nach etwa einer Viertelstunde an eine befestigte Forststraße kommen. Schräg gegenüber folgen wir dem unmarkierten Pfad zur **Kipphornaussicht (5)** mit einem grandiosen Panorama. Ein Tisch und Bänke laden hier zum Ausruhen und Schauen ein. Links sehen wir das böhmische Elbtal, bei guter Sicht den Schneeberg, mit 723 m höchster Gipfel des Elbsandsteingebirges, und die beiden Zschirnsteine, davor Zirkelstein und Kaiserkrone. Weiter rechts ragen in der Ferne die sächsischen Tafelberge über dem Elbtal heraus und ganz rechts blicken wir

HIGHLIGHTS

- ★ Die Schmilk'sche Mühle (siehe Tour 21).
- ★ Wilde Natur beim Aufstieg über die Treppen des Lehnsteigs.
- ★ Lehrpfade am Reitsteig.
- ★ Basaltgestein auf dem Großen Winterberg.
- ★ Grandioser Blick von der Kipphornaussicht.
- ★ Schöner Rastplatz an der Ilmenquelle (siehe Tour 21).

zur Schrammsteinkette und über den gewaltigen Schmilkaer Kessel mit seinen vielen Klettergipfeln.
Von der Aussicht gehen wir wieder einige Meter zurück in den Wald, halten uns gleich etwas links auf deutlichem Weg und gelangen so wieder an die Forststraße, der wir nach links folgen. Schon nach wenigen Minuten geht es links auf einem Forstweg weiter, auf dem wir nach etwa 100 m den Bergsteig erreichen. Wir biegen links ab und steigen auf dem grün markierten Bergsteig über viele Holzstufen, an einer kleinen Quelle und vielen spannenden Felsbrocken vorbei, bis ins Tal hinunter. Nach einer halben Stunde können wir die ersten Häuser von **Schmilka** durch die Bäume entdecken. Wir überqueren noch einen Fahrweg, steigen ein paar Treppen hinunter und gelangen über einen sandsteingepflasterten Weg bis zu

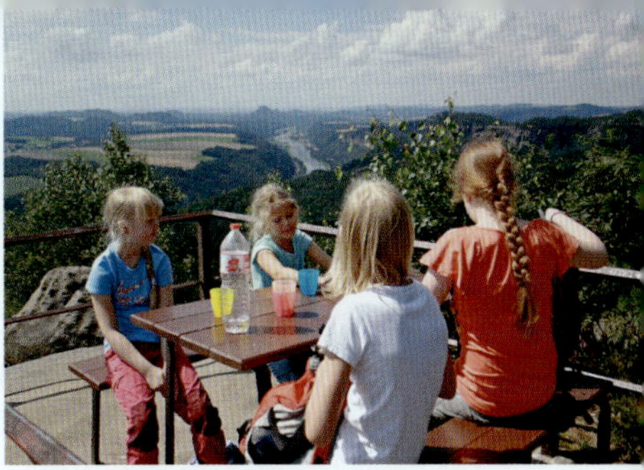

Rast an der Kipphornaussicht.

den uns bereits bekannten Infotafeln am Ortsende. Ein kleiner, sehr freundlicher Imbissbetrieb lädt uns zum Verschnaufen ein. Gegenüber entspringt aus der **Ilmenquelle** der klare Bach, der 100 m weiter das große Mühlrad antreibt.
Wir gehen auf der Straße weiter talwärts, durchqueren wieder die **Schmilk'sche Mühle** und erreichen bald die Bundesstraße und unseren **Ausgangspunkt (1)**.

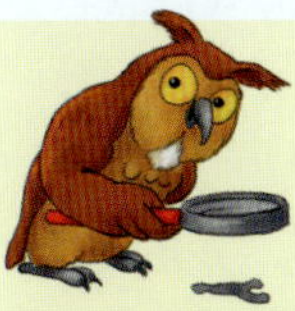

Hallo Kinder,

nachdem ihr den Aufstieg über den Lehnsteig geschafft habt, wandert ihr durch ein auffälliges Waldstück. Viele abgestorbene Bäume stehen und liegen hier am Wegesrand. Borkenkäfer lieben warmes, trockenes Wetter und vermehrten sich im heißen Jahrhundertsommer 2003 rasant in diesem von der Trockenheit geschwächten Waldstück. Sie fraßen sich in die Rinde der Bäume hinein und legten dort ihre Eier ab. Die Larven schlüpften, fraßen sich weiter unter der Rinde entlang und flogen wieder aus, um sich in die nächsten Bäume hineinzufressen. Bei so vielen Käferattacken konnten die Bäume Wasser und Nährstoffe nicht mehr ausreichend von den Wurzeln bis zu den Ästen transportieren und starben dadurch ab. Wer genau hinschaut, kann die Fraßspuren heute noch an den abgestorbenen Baumstämmen entdecken. Mittlerweile recken sich zwischen den toten Baumresten bereits wieder junge Fichten, Lärchen, Buchen und Birken sowie verschiedene Sträucher und Farne in das Licht. Das ist der natürliche Kreislauf der Natur.

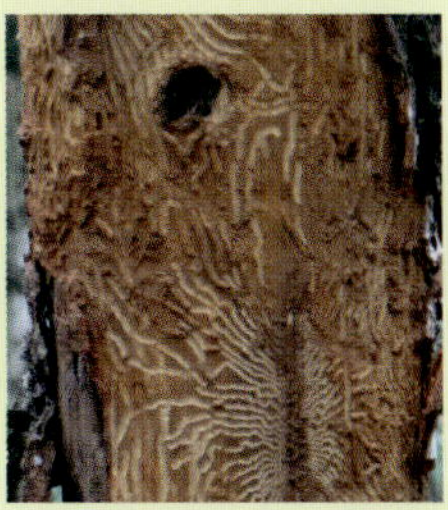

23 Über die Affensteine

Von Schmilka über die Rotkehlchenstiege — ab 9 J.

Auf luftigen Bergpfaden zur Idagrotte

Die abenteuerliche Kraxelei auf der Rotkehlchenstiege verbunden mit einer luftigen Wanderung zur Idagrotte lassen diese Überschreitung des Hauptkamms der Affensteine zu einer spannenden Tour werden. Die riesige Grotte gilt aufgrund ihrer Lage hoch über dem Tal als einer der ganz besonderen Plätze des Elbsandsteingebirges. Absolute Schwindelfreiheit und Trittsicherheit sowie gute Kondition sind auf dieser Streckenwanderung gefordert. Weitere Highlights sind die Felsenwanderung auf dem Zurückesteig und die Kletterer, denen wir am Bloßstock zuschauen können. Und wer aufmerksam ist, kann unterwegs den winzigen Ameisenlöwen entdecken.

KURZINFO

Ausgangspunkt: Bahnhof »Schmilka-Hirschmühle«, 125 m (GPS: N50.890174, E14.228130).
Endpunkt: Haltestelle Beuthenfall der Kirnitzschtalbahn, 157 m (gegenüber befindet sich die Bushaltestelle).
Anfahrtsempfehlung: Parken am Nationalparkbahnhof Bad Schandau (P+R) (GPS: N50.919926, E14.137650), dann mit der S-Bahn bis zum Bahnhof »Schmilka-Hirschmühle« und mit der Fähre übersetzen. Alternativ: Mit der Buslinie 252 oder mit dem »Sächsisch-Böhmischen-Nationalparkexpress« bis »Schmilka, Grenzübergang«.
Rückfahrt vom Beuthenfall mit der Kirnitzschtalbahn nach Bad Schandau, zu Fuß an der Kirche vorbei zum Elbkai und mit der Fähre zum Nationalparkbahnhof (alternativ mit Buslinie 241 bis »Bad Schandau, Nationalparkbahnhof«; der Bus verkehrt nur alle 2 Std.).
Gehzeit: 3.50 Std. Insgesamt sind für diese Tour aufgrund der Transfer-Fahrten 6–8 Std. einzuplanen!
Distanz: 7,5 km.
Höhenunterschied: 400 m im Aufstieg, 370 m im Abstieg.
Ausrüstung: Gut profilierte, knöchelhohe Trekking- oder Wanderschuhe, ausreichend Verpflegung und Getränke, Geld für Fähre, Bahn oder Bus.
Anforderungen: Ab 9 Jahren. Abwechslungsreiche, schwierige Wanderung, teils über Stiegen mit Treppen und auf schmalen Bergpfaden, die absolute Schwindelfreiheit, Umsicht und Trittsicherheit sowie gute Kondition erfordern. Die kurzen Klettereinlagen an Eisenklammern und Felsstufen in der Rotkehlchenstiege sowie das luftige Felsband auf dem Weg zur Idagrotte verleihen der Tour das Prädikat »schwierig«! Vorsicht bei Nässe! Nicht bei Eis und Schnee!
Einkehr: Unterwegs keine.
Variante: Als leichtere und etwas kürzere Aufstiegsvariante (ab 7 Jahren) bietet sich der Weg von Schmilka über die Heilige Stiege an (von Schmilka mit gelbem Strich markiert, trotzdem anstrengend; der luftige Weg zur Idagrotte kann problemlos weggelassen werden.
Hinweis: Vorsicht, Totholz-Gebiete! Siehe S. 27.

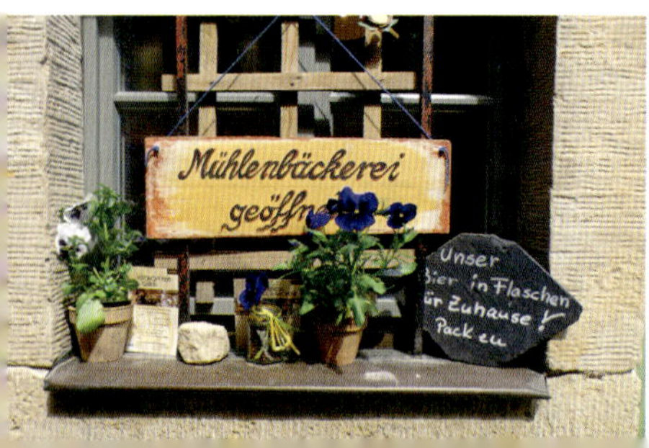

In der Schmilk'schen Mühle kann man direkt in der Backstube Brötchen oder leckeren Kuchen kaufen.

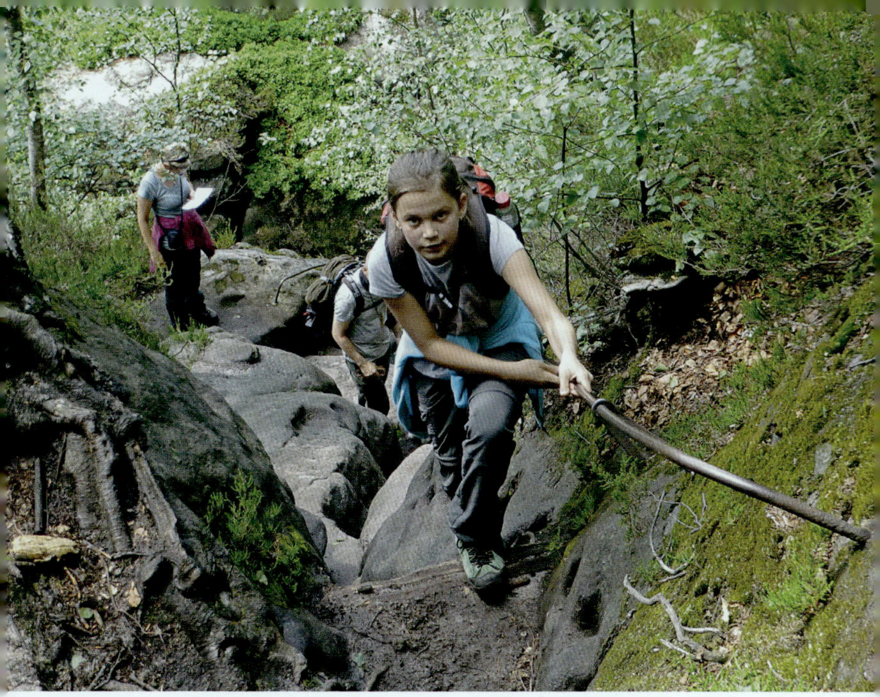

In der Rotkehlchenstiege muss ein wenig geklettert werden.

Vom **Bahnhof (1)** setzen wir mit der Fähre nach Schmilka über. Vom Fähranleger gehen wir geradeaus zur Hauptstraße hinauf, überqueren diese am Fußgängerüberweg, laufen einige Meter nach rechts und biegen dann links in die Straße ab, die in das Bergdorf hineinführt. Kurz darauf kommen wir an einem Umgebindehaus vorbei, ein besonderer Baustil, auf den man im Elbsandsteingebirge häufiger treffen kann. Wenig später durchqueren wir die historische **Schmilk'sche Mühle**, nehmen aus der Backstube der Bio-Bäckerei vielleicht noch ein paar frische Brötchen oder eins der riesigen Kuchenstücke mit auf unsere Wanderung und steigen die schmale, steile Straße nun stetig bergan. Am Ortsende kommen wir an der Nationalpark-Infotafel und am Infopunkt der Nationalparkbehörde zum Thema Bergsport und Naturschutz vorbei. Etwa 1 km folgen wir der schmalen Teerstraße, die später in einen Schotterweg übergeht, weiter geradeaus. An einer größeren Wegkreuzung gehen wir geradeaus zu einer Rastbank und einem Wegweiser. Hier gabelt sich der Weg. Wir folgen dem Elbleitenweg nach links, halten uns am Abzweig in den Heringsgrund erneut links und stehen 150 m weiter, vor einer scharfen

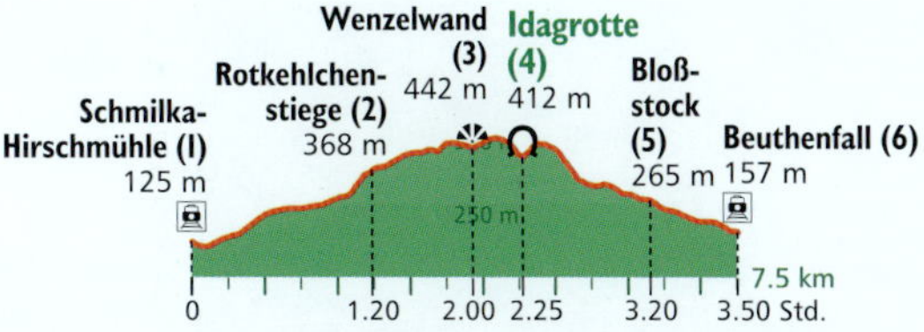

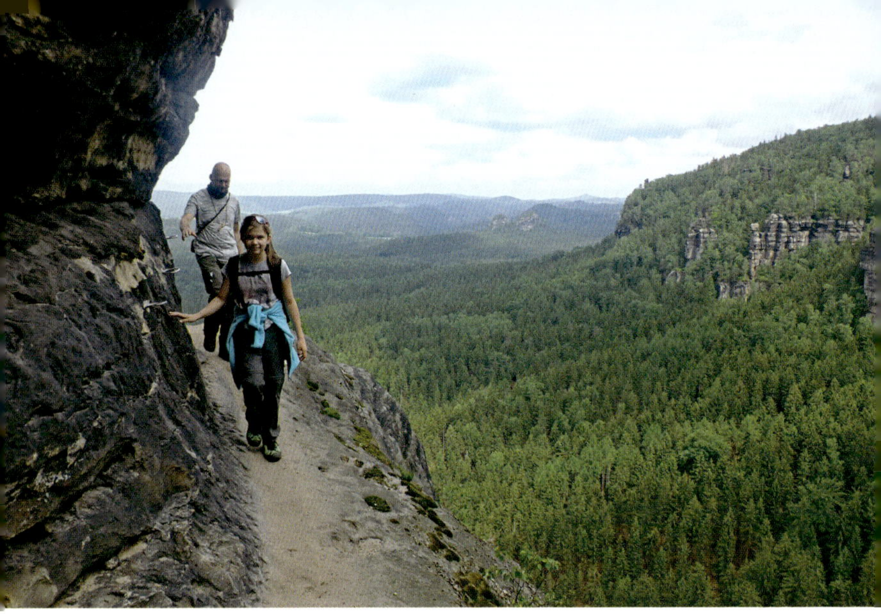

Auf dem stark ausgesetzten, schmalen Weg zur Idagrotte sollte man absolut schwindelfrei und trittsicher sein.

Linkskurve des Fahrweges, am Zugang zum Bergpfad **Rotkehlchenstiege**. Dieser führt uns nach rechts in den Grund hinein. Zuerst geht es über sandige Holzbohlen, später über einzelne hölzerne Stufen, bis wir an der eigentlichen Stiege ankommen. Ein paar in den Fels gehauene Stufen mit einigen Eisenklammern als Griffhilfe führen zu einem quer laufenden Pfad hinauf. Hier gehen wir links, immer den grünen Pfeilen folgend, bis zu einem hohen, hellen **Felsüberhang (2)**. Unter der Wand gibt es reichlich tiefen Sand, der am Rande mit auffälligen kleinen Trichtern verziert ist. In den Trichtern wartet der Ameisenlöwe auf seine Beute (siehe »Hallo Kinder«). Wir steigen am linken Rand über Holzstufen weiter aufwärts und kommen zu einer ausgetretenen Felstreppe. Hier ist erhöhte Vorsicht geboten! Die Eltern sollten kleinere Kinder besonders an den zwei kurzen Kletterstellen ein wenig unterstützen und absichern. Steil geht es an Eisenklammern aufwärts. Im Mittelteil und ganz am Ende können wir uns nur direkt am Felsen festhalten und sollten deshalb darauf achten, dass wir uns mit den Füßen immer sicher hinstellen.

Am Ende der Stiege wandern wir nach links in den Wald hinein und treffen nach 60 m auf einen blau markierten Hauptwanderweg. Wir

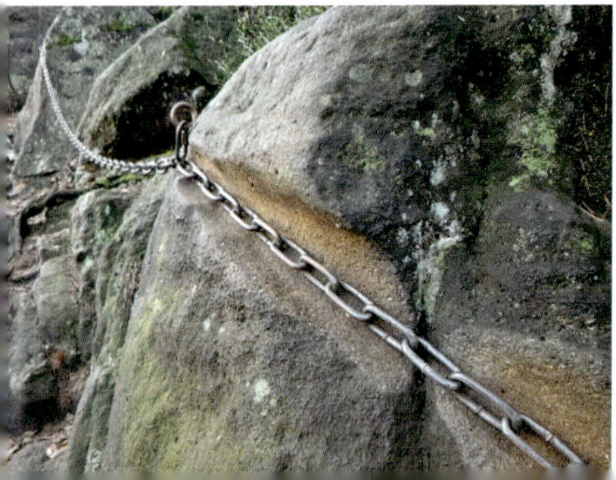

Der weiche Sandstein wurde von der Kette ausgeschliffen.

biegen rechts ab und folgen nun der Wegmarkierung »blauer Strich« auf den nächsten anderthalb Kilometern. Auf gutem Weg können wir uns kurz vom spannenden Kletterabenteuer erholen, bevor wir am nächsten Wegweiser schon wieder auf eine Stiege abbiegen. Auf dem Zurückesteig Richtung »Großer Winterberg« geht es rechts über Stufen und Treppen hinauf. Am Wegesrand bieten sich interessante Eindrücke von der Felsenriff-Landschaft, wie z. B. die Schlangenwurzel am Ende der Treppe, der gelbliche Kelchstein oder die Ausblicke hinüber zum böhmischen Elbtal. Im ständigen Auf und Ab, unterwegs sogar mit einer Kette gesichert, führt uns der Steig, am Abzweig zur Heiligen Stiege geradeaus vorbei, hinauf zum Reitsteig. Am zentralen Wegweiser gehen wir rechts weiter und kommen bald an ein ausgedehntes Felsplateau, die Aussicht an der **Wenzelwand (3)**. Es lohnt sich, hier eine Rast einzulegen. Zwischen den Felsen hindurch blicken wir tief hinunter in den Schmilkaer Kessel und ins Böhmische hinein, über der Wenzelwand ragt der Große Winterberg auf. Wir bleiben noch kurz auf dem blau markierten Wanderweg und biegen etwa 160 m nach der Aussicht links Richtung »Frienstein« ab. Durch einen klammartigen Abstieg erreichen wir das Friensteinflössel, eine nett gestaltete Wasserstelle. An dieser vorbei rechts aufwärts unternehmen wir einen Abstecher zum hoch aufragenden Frienstein mit der Idagrotte. Das Felsambiente ist beeindruckend. Am Wandfuß nach links gehend, teils über Felsblöcke kletternd, kommen wir in der Nordseite zu einem kleinen Felsentor, dem Zugang zur **Idagrotte (4)**. Nur über ein schmales Felsband hoch über

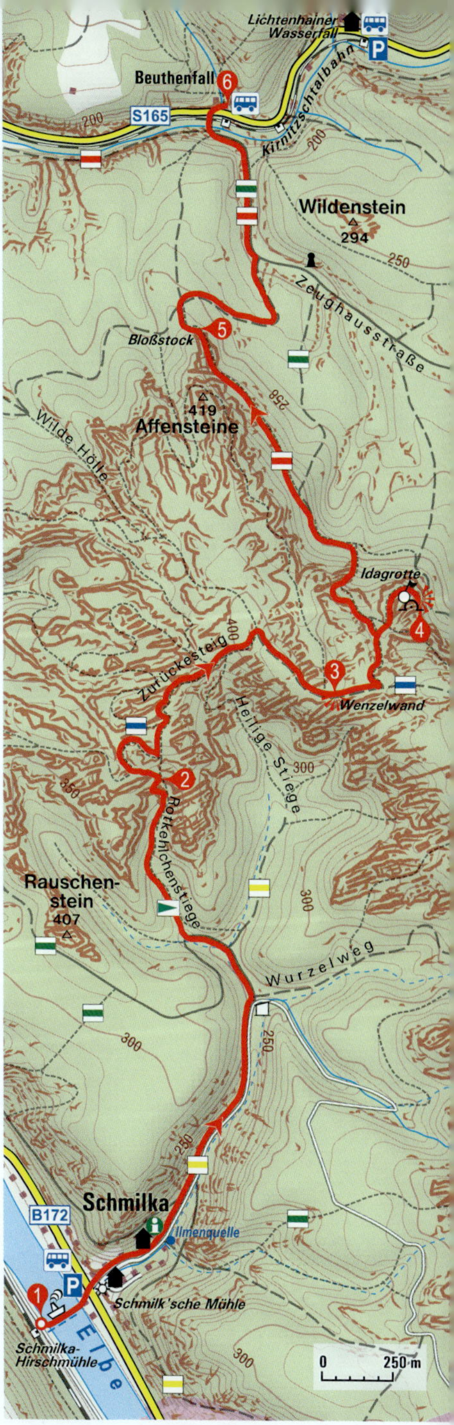

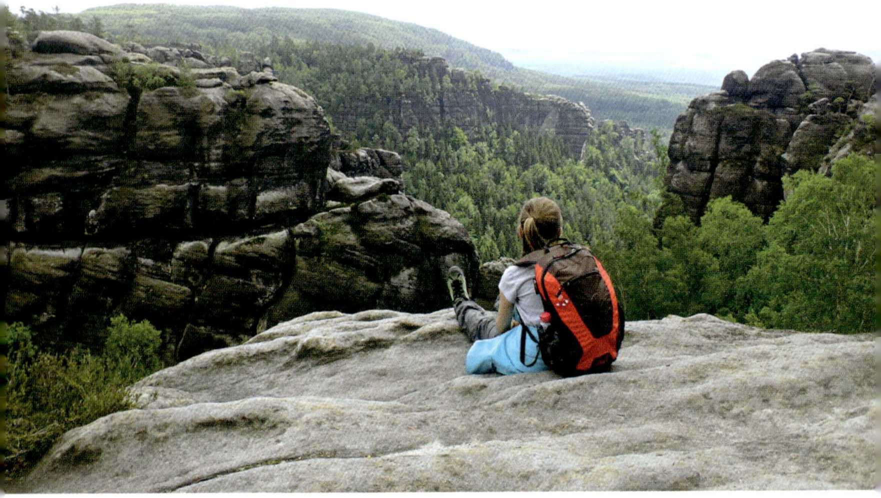

Von der Aussicht an der Wenzelwand kann man tief in den Schmilkaer Kessel hineinschauen.

dem Talgrund erreichbar, liegt die eindrucksvolle Höhle an der Rückseite des »Vorderen Raubschlosses«, wie der Frienstein aufgrund seiner mittelalterlichen Nutzung als Burgwarte auch genannt wird. Einige Eisenklammern sind zum Festhalten angebracht. Der Pfad ist gar nicht schwierig, trotzdem sind hier absolute Schwindelfreiheit, Trittsicherheit und Umsicht erforderlich. Sehr ängstliche Gemüter sollten bedenken, dass man über dieses Wegstück auch wieder zurückgehen muss. Auch an der Grotte selbst sollten wir gut auf unsere Sprößlinge achten, denn es geht wirklich tief hinab. Der Ausblick auf die weite Waldlandschaft der Hinteren Sächsischen Schweiz ist atemberaubend.

Wir laufen auf demselben Weg zurück bis zum Friensteinflössel und wandern dort nach rechts auf dem mit grünem Strich markierten Weg Richtung »Beuthenfall«. Bald steigen wir über viele Stufen ins Tal hinab und biegen dort links auf einen rot markierten Querweg ab. Der roten Markierung folgen wir auf einem gemütlichen Pfad ohne größere Höhenunterschiede bis zum 80 m hohen **Bloßstock (5)**, der vordersten Spitze der Affensteine. Hier rechts hinunter kommen wir auf

HIGHLIGHTS

- ★ Sehenswert ist die Schmilk'sche Mühle mit leckerem Kuchen aus der Biobäckerei, einem Mühlrad und Blick in die Mahlstube (siehe Tour 21).
- ★ Bei der abenteuerlichen Kraxelei über die Rotkehlchenstiege muss man sich an Eisengriffen festhalten und über Felsstufen klettern.
- ★ Der spannende, ausgesetzte Zugang über ein schmales Felsband zur Idagrotte ist etwas für mutige Kids.
- ★ Zum Abschluss kann man die Tour noch wunderbar am Ufer der Kirnitzsch ausklingen lassen.

den Unteren Affensteinweg. Ein zwei Meter hoher Felsbrocken wird von Kindern gern erklettert, bevor es auf das letzte Wegstück hinunter zum Beuthenfall geht. Dazu bleiben wir auf dem rot markierten Fahrweg. Ohne weitere Schwierigkeiten steigen wir bis zur Kirnitzsch ab. Hinter der Brücke befindet sich die **Haltestelle Beuthenfall (6)** der Kirnitzschtalbahn. Sicher ist noch etwas Zeit, ein wenig am Flussufer zu spielen oder Fische im klaren Wasser zu beobachten. Die Straßenbahn bringt uns anschließend nach **Bad Schandau**. An der Endhaltestelle überqueren wir am besten die kleine Brücke und schlendern durch den Kurpark an der Kirnitzsch entlang flussabwärts. Nach 300 m überqueren wir eine Straße, gehen nach rechts in eine Gasse hinein. Nach wenigen Schritten biegen wir links in die Kirchstraße ein und kommen so zur Kirche Sankt Johannis am Marktplatz. Der Besuch der ganz aus Sandstein gebauten Kirche ist lohnenswert. Im Innenraum findet man neben einem wundervollen, mit Marmor und Schmucksteinen verzierten Altar und einer barocken Kanzel auch die beeindruckenden Hochwasserstände angezeichnet, die die Kirche schon erleben musste. Am anderen Ende des Marktplatzes führt eine Gasse hinunter zum Fähranleger, von wo aus wir zum **Nationalparkbahnhof (1)** übersetzen.

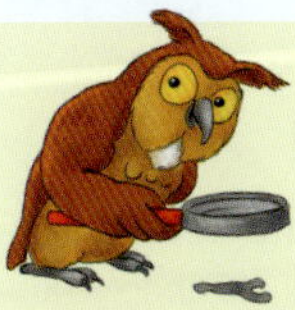

Hallo Kinder,

habt ihr schon einmal die kleinen, runden Trichter im Sand unter den Felsen gesehen und euch gefragt, was es damit auf sich hat? Darin sitzt ein gefräßiger Löwe! Glaubt ihr nicht? Na dann hört einmal zu:
Der wohl kleinste »Löwe« der Welt ist eine Insektenlarve und wird als »Ameisenlöwe« bezeichnet. Er ist nur etwa einen Zentimeter lang und baut an trockenen, sonnigen Stellen kleine Trichter im losen Sand. An der tiefsten Stelle sitzt er und wartet auf Beute. Wenn Ameisen oder andere kleine Insekten in den Bereich des Trichters hineinlaufen, rutschen sie durch den lockeren Sand zum Trichterboden. Oft wirbelt der Ameisenlöwe noch zusätzlich kleine Sandfontänen auf. Nun gibt es kein Entrinnen mehr! Mit seinen großen Kieferzangen schnappt er sich blitzschnell sein Opfer, spritzt ein lähmendes Gift und anschließend noch einen Verdauungssaft in den Körper des Beutetiers. So kann er es bald in Ruhe aussaugen und gleich wieder in sein Versteck »abtauchen«. Nach etwa zwei Jahren, meist im Juli oder August, passiert dann etwas Außergewöhnliches. Unser Ameisenlöwe spinnt sich einen Sandkokon und verpuppt sich darin, um sich nun zu verwandeln. Nach drei Wochen schlüpft das Insekt mit neuer Gestalt, gräbt sich aus dem Sand, klettert auf eine Pflanze und entfaltet seine Flügel. Der Ameisenlöwe ist nun zur Ameisenjungfer geworden und ähnelt einer kleinen Libelle.

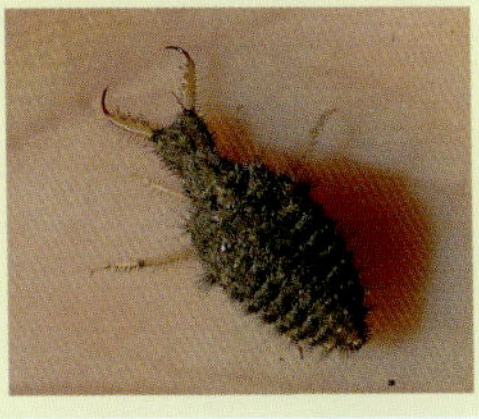

24 Zum Carolafelsen

Durch die »Wilde Hölle« auf die Carolaaussicht ab 7 J.

Steile Stiegen in schroffer Sandsteinlandschaft

Der Carolafelsen gehört zu den schönsten Aussichten der Sächsischen Schweiz und gilt zudem als der höchste Punkt der Affensteine. Ein herrlicher Panoramablick auf die weite Felsenwelt der Vorderen Sächsischen Schweiz erwartet uns nach dem steilen Aufstieg durch die »Wilde Hölle«, einer tiefen, stark zerklüfteten Felsenschlucht. Die spannende Stiege ist mit Leitern und Eisenklammern gespickt. Der Abstieg führt zuerst entlang der Felsenriffe, anschließend über eine etwas leichtere Steiganlage hinunter in den »Kleinen Dom« und später über die liebliche Wildwiese zurück ins Kirnitzschtal. Eine abwechslungsreiche Felsenwanderung inmitten des Nationalparks.

KURZINFO

Ausgangspunk: Parkplatz »Nasser Grund« im Kirnitzschtal, 151 m (GPS: N50.925449, E14.219750).
Anfahrt: Von Pirna auf der B 172 bis Bad Schandau. Im Zentrum direkt nach der Kirche scharf links ins Kirnitzschtal abbiegen und dem Straßenverlauf für 6 km bis zum Parkplatz folgen.
Mit Bus/Bahn: Vom Nationalparkbahnhof Bad Schandau mit Buslinie 241 bis zur Haltestelle »Nasser Grund«. Alternativ mit der Kirnitzschtalbahn von »Bad Schandau/Kurpark« bis »Nasser Grund«. Von der Haltestelle zu Fuß entlang der Straße etwa 300 m flussabwärts zum Parkplatz.
Gehzeit: 4.00 Std.
Distanz: 8,3 km.
Höhenunterschied: 360 m im Auf- und Abstieg.
Ausrüstung: Gut profilierte, knöchelhohe Trekking- oder Wanderschuhe, ausreichend Verpflegung und Getränke, Fernglas. Etwas trockenes Holz und Feuerzeug, falls eine Pause an der offiziellen Feuerstelle Wildwiese geplant ist.
Anforderungen: Ab 7 Jahren. Schwierige Wanderung auf teilweise schmalen Wegen, teils mit Treppen, Leitern und Eisenklammern. Kondition und Trittsicherheit sind unbedingt erforderlich. Vorsicht bei Nässe! Nicht bei Schnee oder Eis begehen!
Einkehr: Unterwegs keine; verschiedene Gaststätten im Kirnitzschtal.
Kurzvariante: Am Ende des Kleinen Doms (5) gelangt man geradeaus absteigend über den ausgeschilderten Jordanweg und die Fahrstraße im Nassen Grund zum Parkplatz im Kirnitzschtal (1,8 km, ca. 30 Min. Gehzeit).
Hinweis: Vorsicht, Totholz-Gebiete! Siehe S. 27.

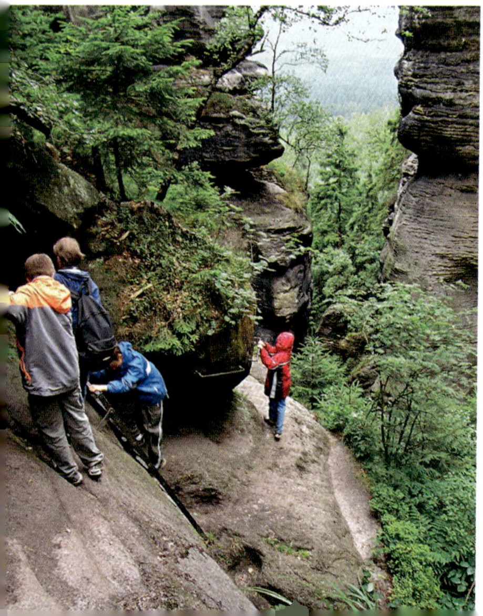

Abenteuer in der »Wilden Hölle«: Kurze Steilstücke mit Leitern und Eisenklammern fordern uns heraus.

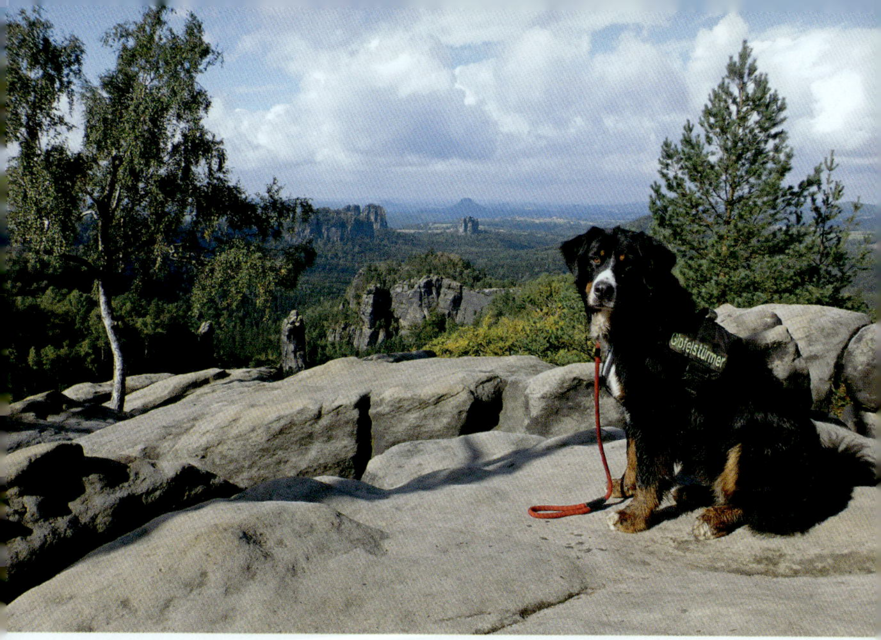

Der Ausblick vom Carolafelsen in den »Großen Dom« und zu den Schrammsteinen ist wirklich überwältigend.

Am **Parkplatz »Nasser Grund« (1)** überqueren wir die kleine Brücke über die fröhlich dahinplätschernde Kirnitzsch und folgen der Forststraße geradeaus in den »Nassen Grund«. Nach etwa zehn Minuten erreichen wir den nächsten Abzweig und biegen links in die »Eulentilke« ab. Auf dem Wanderweg gewinnen wir zügig an Höhe. Felsüberhänge und ein spitzer Felsblock, der zum Hinaufklettern animiert, lassen uns erwartungsfroh aufwärtssteigen.

Nach einer Viertelstunde stoßen wir auf einen breiten Forstweg, den wir geradeaus in Richtung »Wilde Hölle« überqueren. Jetzt wird es richtig spannend! Nicht ohne Grund wurde auf dem Wegweiser der Vermerk »Schwierig!« hinzugefügt. Der sanft ansteigende Pfad wird zusehends steiler und steiniger, und bald erreichen wir den Einstieg in das Steilstück dieser anspruchsvollen **Steiganlage (2)**. Eine sehr steile, ausgewaschene Sandsteintreppe klettern wir hinauf in einen Felskessel. Man könnte meinen, in einer flachen dunklen Höhle den Eingang zur Hölle zu erkennen. Wir folgen zwei steilen Stahltreppen, klettern mit Hilfe von Eisenklammern und Leitern Absatz für Absatz höher. Mit Ruhe und Umsicht überwinden wir dieses schwierige Wegstück.

Weiter steigen wir über Felsblöcke aufwärts und gelangen bald an eine Wegkreuzung. Wir wandern ent-

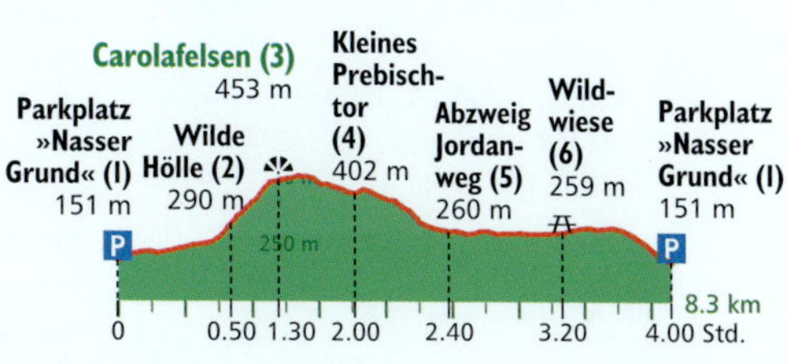

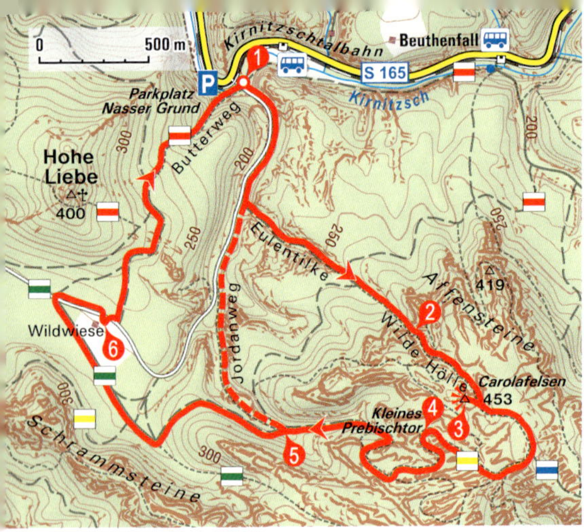

sprechend der Ausschilderung »Carolafelsen – Großer Winterberg« geradeaus weiter. Wenig später führt eine Holztreppe nach rechts hinauf und bringt uns zur Aussicht auf dem **Carolafelsen (3)**, wo wir mit einem einzigartigen Panorama und einer guten Möglichkeit zum Rasten für die Mühen des schwierigen Aufstieges belohnt werden. Wir sehen von hier die Schrammsteine und den Falkenstein, in der Ferne den Lilienstein und die Felsen der Vorderen Sächsischen Schweiz. Unter uns schauen wir tief in den »Großen Dom« mit der markanten Rohnspitze hinein.

Zurück geht es dann wieder auf demselben Weg bis zum Abzweig an der Holztreppe, wo wir jetzt nach rechts weitergehen. Wir kommen auf das Hochplateau mit einer ganz anderen Vegetation als bei unserem bisherigen Aufstieg. Nach einigen Minuten erreichen wir eine größere Wegkreuzung mit einem umfangreichen Wegweiser und wandern hier rechts, also südwestwärts, in Richtung »Kleiner Dom / Kirnitzschtal« weiter. Es geht über einige Holzstufen abwärts, bis wir abermals eine Wegkreuzung erreichen. Jetzt führt uns die gelbe Markierung rechts hinab. An der Weggabelung nehmen wir den linken Weg. Nach einer Kurve treffen wir auf das **Kleine Prebischtor (4)**.

Etwa einen halben Kilometer spazieren wir auf dem gemütlichen Wanderweg an den Felsenriffen entlang. In einer scharfen Linkskurve folgen wir dem gelb markierten Wanderweg nach rechts. 70 m weiter biegen wir nochmals rechts ab. Es geht nun über viele Stufen hinunter in den »Kleinen Dom« . Kurz nach einer Holztreppe und einer kleinen Holzbrücke, wo wir etwas aufpassen sollten, weil es an der Seite tief hinuntergeht, genießen wir nochmals den wundervollen Blick zum Falkenstein und rechts zur Rohnspitze, bevor wir über weitere Treppenstufen in den Talgrund absteigen. Über den sandigen Waldweg gelangen wir zu einem breiten **Forstweg (5)**, auf dem wir nach links weiterwandern. (Wer hier bereits sehr

HIGHLIGHTS

- ★ Stiege mit Leitern und Eisenklammern durch die »Wilde Hölle«.
- ★ Grandiose Aussicht vom Carolafelsen in den »Großen Dom«, zu den Schrammsteinen und den Tafelbergen.
- ★ Feuer machen an der Nationalpark-Feuerstelle an der Wildwiese: Bis Waldbrandgefahrenstufe 2 ist es hier erlaubt, ein kleines Feuer zu entfachen. Dabei darf nur von zu Hause mitgebrachtes Holz verwendet werden.
- ★ Am Parkplatz »Nasser Grund« kann man an einer seichten Stelle an der Kirnitzsch spielen.

Gleich doppelt spektakulär – die riesigen Wurzeln einer alten Rotbuche und das Kleine Prebischtor.

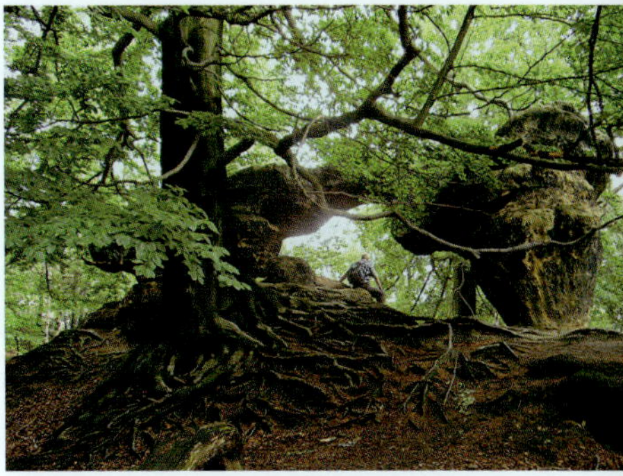

müde ist, könnte auch geradeaus über den Jordanweg zum Parkplatz abkürzen; siehe Kurzvariante.)
Der gelben Wegmarkierung folgen wir etwa einen Kilometer, bis diese vom Forstweg nach links abzweigt. Wir bleiben auf dem Forstweg und laufen geradeaus weiter, nun mit der Markierung »grüner Strich«, bis wir auf die große **Wildwiese** treffen. Bei den beiden Hütten auf der anderen Seite gibt es eine schöne Pausenstelle mit Blick auf die Schrammsteine und einer offiziellen Nationalpark-Feuerstelle. Wir folgen dem grünen Strich bis zur nächsten Kreuzung und nehmen dort die Forststraße nach rechts zu den Hütten **(6)**, wo wir uns eine Pause verdient haben.

Einige Meter weiter zweigt von der Forststraße ein breiter, mit »TK11« bezeichneter Fahrweg in nördlicher Richtung in den Wald ab, dem wir etwa 800 m folgen. Es kreuzt ein rot markierter Wanderweg, auf den wir nach rechts abzweigen. Der als »Butterweg« bezeichnete Steig geleitet uns in einer Viertelstunde direkt hinunter zu unserem Startpunkt im **Kirnitzschtal (1)**.

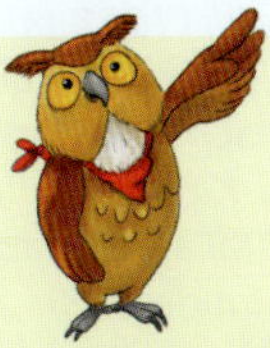

Hallo Kinder,

warum lässt der Förster die vielen abgestorbenen Bäume im Nationalparkwald? Im Nationalpark soll sich die Natur frei entfalten können. Während in einem Forstwald das Holz der Bäume »geerntet« wird, um wichtige Dinge für die Menschen daraus herzustellen, darf ein Baum in der Wildnis richtig alt werden. Dabei wird er nach und nach absterben und irgendwann umfallen. Spannend ist, dass auch der abgestorbene Baum in der Natur eine wichtige Aufgabe erfüllt. Denn er ist Lebensgrundlage und Heimat vieler Tiere und Pflanzen. Zum Beispiel baut der Buntspecht in Baumhöhlen seine Nester und ernährt sich von Würmern, Insekten und Käferlarven, die im Holz des abgestorbenen Baumes leben und es zerfressen. Schaut einmal genauer hin! Ihr könnt ihre Fraßspuren, wie z. B. die Löcher in und unter der Rinde sowie im Holz, gut erkennen. Pilze und Flechten sowie Moose und viele andere Pflanzen siedeln sich auf dem alten Baum an. Auch für sie bietet der vermodernde Baum viel Nahrung. Wenn der Baum zerfällt, reichert er den Boden mit Humus an, in dem sehr viele Nährstoffe für das Wachstum der Pflanzen enthalten sind. Nur mit genügend »totem Holz« stellen sich die natürlichen Kreisläufe ein, die wichtig sind für einen gesunden Wald.

25 Oberer Flößersteig

Neumannmühle – Lichtenhainer Wasserfall ab 7 J.

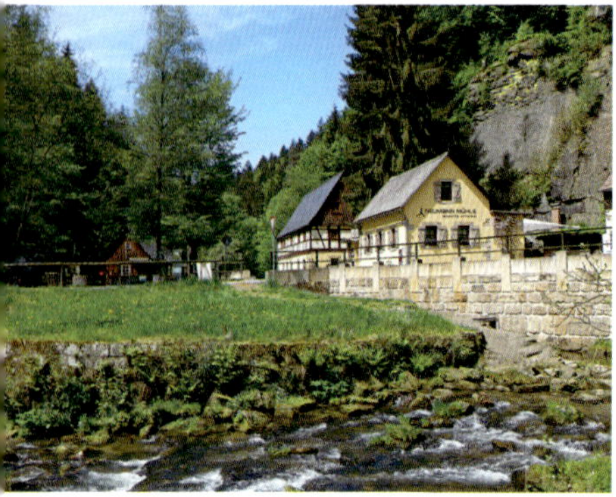

Die Neumannmühle wurde 1576 erstmals urkundlich erwähnt.

Unterwegs auf den Spuren der Flößer

Der heute auf insgesamt 16 Kilometern begehbare Flößersteig ist nicht nur aus historischen Gründen einen Besuch wert. Teils einem alpinen Pfad ähnelnd führt er immer entlang der plätschernden Kirnitzsch bis nach Bad Schandau. Zuerst wandert man durch ein landschaftlich reizvolles Engtal, dann auf weiten Auen, später sind sogar einige Kletterstellen zu meistern. Für Interessierte stehen auf diesem Lehrpfad regelmäßig kleine Tafeln mit Wissenswertem rund um den Flößersteig, den Nationalpark, das Elbsandsteingebirge sowie deren Flora und Fauna. Zwei attraktive Etappen des Flößersteiges sind auch mit Kindern gut zu bewältigen. Das sind der wilde obere Teil von Neumannmühle bis zum Lichtenhainer Wasserfall für Kinder ab 7 Jahren sowie der mittlere Teil vom Beuthenfall bis zum Hotel Forsthaus (ab 5 Jahren; siehe Tour 26). Als krönender Abschluss kann nach dem Forsthaus auch noch eine Kletterpassage über der rauschenden Kirnitzsch bezwungen werden (ab 9 Jahren). Da Parkplätze im Kirnitzschtal sehr knapp sind, ist eine Anreise mit dem Bus für diese Streckenwanderungen sehr zu empfehlen. So kann auch die Länge der Tour flexibel gestaltet werden.

Der obere Teil des Flößersteiges von Neumannmühle bis Lichtenhainer Wasserfall hat den Charakter eines Bergpfades, welcher am steilen Hang des wilden Engtales am oder einige Meter über dem Wasser entlangführt. Viele Wurzeln, Felsbrocken und hier und da ausgespülte Wegbereiche machen dieses Stück spannend und abwechslungsreich, aber auch anspruchsvoll. Trittsicherheit und Aufmerksamkeit sind hier unbedingt gefordert.

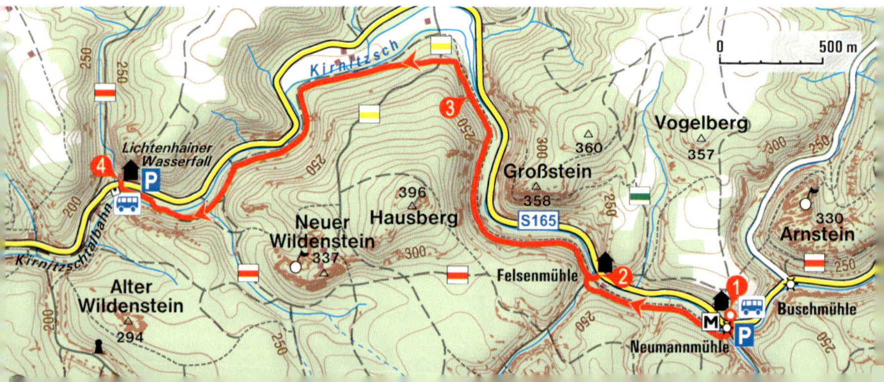

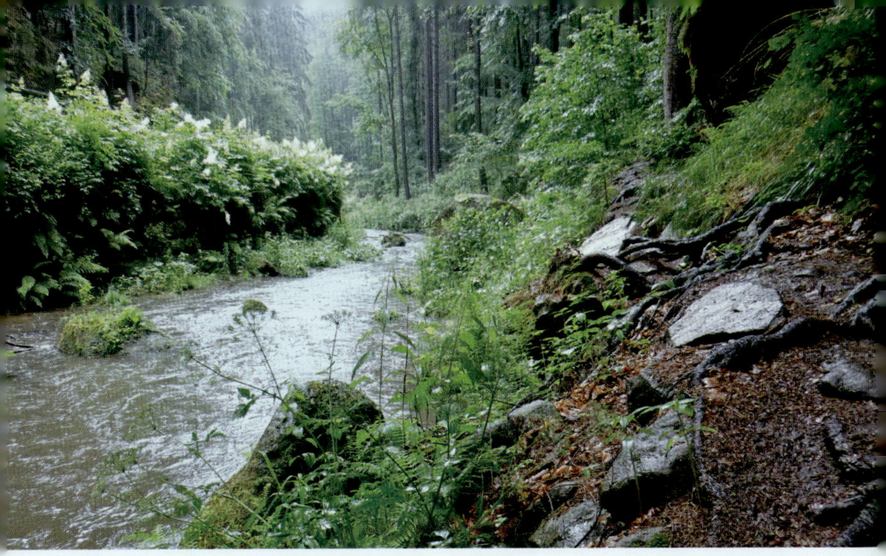

Als wilder Ufersteig präsentiert sich der Flößersteig in seinem oberen, schwierigeren Teil. Belohnt werden wir durch eine üppige Pflanzenwelt.

KURZINFO

Ausgangspunkt: Neumannmühle im Kirnitzschtal, 198 m (GPS: N50.923801, E14.284452).

Endpunkt: Lichtenhainer Wasserfall, 163 m (GPS: N50.929024, E14.244039).

Anfahrtsempfehlung: Parken am Nationalparkbahnhof Bad Schandau (P+R) (GPS: N50.919926, E14.137650), dann mit Buslinie 241 bis zur Neumannmühle fahren. Rückfahrt vom Lichtenhainer Wasserfall mit dem Bus zum Nationalparkbahnhof Bad Schandau.

Tipp: Kommt man von Bad Schandau, kann man für die Rückfahrt ab dem Lichtenhainer Wasserfall auch die historische Kirnitzschtalbahn nutzen, anschließend Spaziergang durch den Stadtpark Richtung Ortszentrum und mit der Stadtfähre zum Nationalparkbahnhof.

Gehzeit: 1.50 Std.

Distanz: 4,6 km.

Höhenunterschied: 70 m im Aufstieg, 170 m im Abstieg.

Ausrüstung: Gut profilierte, knöchelhohe Trekking- oder Wanderschuhe, Handtuch zum Füßeabtrocknen.

Anforderungen: Ab 7 Jahren. Mittelschwere Wanderung mit dem Charakter eines Bergpfades. Der meist schmale Waldpfad über knorrige, teils ausgespülte Wurzeln, umgestürzte Bäume und Felsbrocken führt oft am Hang entlang und erfordert sehr gute Trittsicherheit und Aufmerksamkeit. Vorsicht bei Nässe! Nicht bei Schnee oder Eis begehen!

Einkehr: Gasthaus Neumannmühle (saechsische-schweiz.com, Tel. +49 35974 50565), Gasthaus Felsenmühle (pension-felsenmuehle.de, Tel. +49 35974 50088), Gasthof Lichtenhainer Wasserfall (lichtenhainer-wasserfall.de, Tel. +49 35971 53733).

Kombi-Tipps: 1) Kurz vor dem Ende der Wanderung trifft man auf Tour 27, die hinauf zum Kuhstall führt.

2) Am Lichtenhainer Wasserfall vorbei gelangt man entlang der Straße zum Beuthenfall (ca. 800 m) und hat hier Anschluss an Tour 26 – Flößersteig Mittelteil.

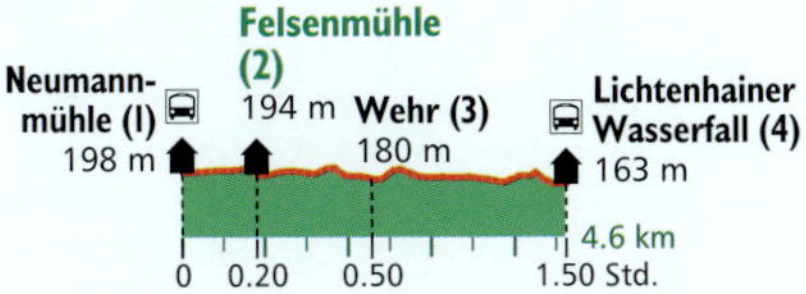

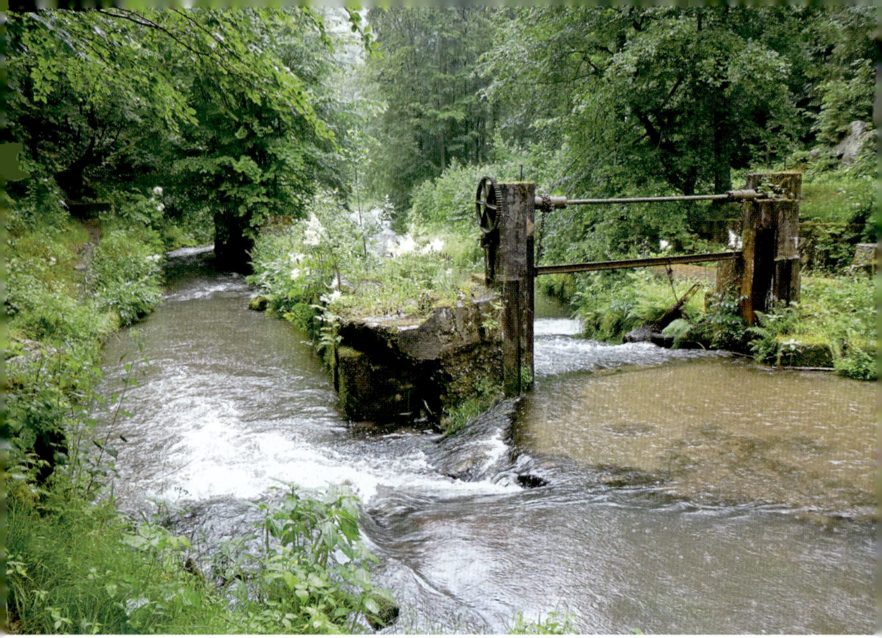

Wir treffen auf alte Wehranlagen, die zur Wasserregulierung dienen.

Nach unserer Ankunft an der **Neumannmühle (1)** können wir gleich das Technische Museum gegenüber dem Gasthaus besichtigen. Die über 400 Jahre alte Sägemühle ist nahezu im Originalzustand erhalten. Anschließend überqueren wir die Brücke und biegen dahinter rechts in den **Flößersteig** ein. Gemütlich wandern wir oberhalb der Kirnitzsch durch den Wald. Nach einigen Gehminuten steigen wir steil nach links

HIGHLIGHTS

- ★ Technisches Museum Neumann-Mühle mit einer originalen, 400 Jahre alte Sägemühle und einer Ausstellung zur historischen Holzschleiferei und Papierherstellung (neumann-muehle.de; siehe Freizeittipp E3).
- ★ Wanderung entlang der plätschernden Kirnitzsch mit Lehrtafeln.
- ★ Lichtenhainer Wasserfall.

den Waldhang hinauf und haben von oben einen Blick auf das Gelände der Felsenmühle, die heute noch als Sägewerk in Betrieb ist. Einige Stufen hinunter und dann rechts gelangen wir zur Kirnitzsch-Brücke. Auf der anderen Seite lockt das **Gasthaus Felsenmühle (2)**.

Noch vor der Brücke führt unser Weg nach links und etwas oberhalb des Flusses entlang bis zu einem Felsen mit Lehrpfadtafel. Dort gehen wir an der Wegteilung rechts haltend abwärts. Nun verläuft der Weg, der bald zum Pfad wird, auf dem nächsten Kilometer meist nah am Wasser durch ein eindrucksvolles Engtal. Bei starkem Bewuchs in den Sommermonaten ist der schmale Pfad an manchen Stellen fast nicht mehr zu sehen. Daher ist hier auch erhöhte Aufmerksamkeit erforderlich, um nicht fehlzutreten. Teilweise sind Wurzeln oder Felsblöcke so ausgespült, dass man sehr

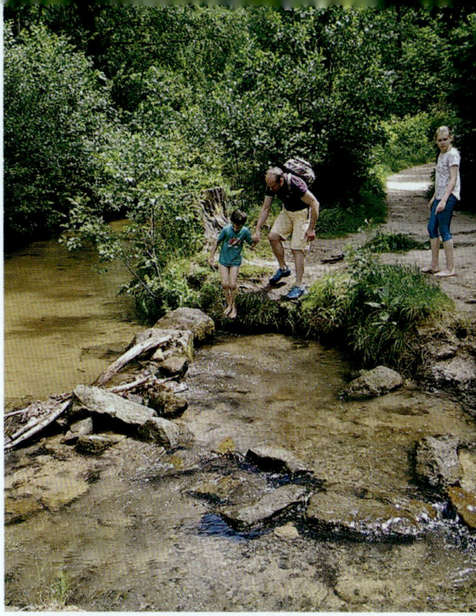

Kurz vor dem Ziel gibt es eine schöne Uferstelle, die zum Planschen im Wasser einlädt.

genau treten muss. Die wilde Natur entschädigt jedoch für den Zustand dieses Wegabschnittes. Nach einer verfallenen **Wehranlage (3)** wird der Weg wieder breiter und führt etwas abseits vom Fluss geradeaus durch den Wald. Nach etwa einer Viertelstunde treffen wir wieder auf die Kirnitzsch und folgen ihr am Ufer entlang. Überall sehen wir das Indische Springkraut sprießen. Nach einer weiteren Viertelstunde gelangen wir an eine Treppe, die wir hinaufsteigen. Oben treffen wir auf einen Wanderweg (Tour 27, Kuhstall), dem wir nach rechts hinunter zum Fluss folgen. Hier gibt es eine schöne Uferstelle, wo wir mit den Füßen im Wasser planschen können. 200 m weiter sehen wir bereits die Endhaltestelle der Kirnitzschtalbahn, die wir über eine kleine Steinbrücke erreichen. An der Haltestelle vorbei kommen wir zum Gasthof und können dahinter den **Lichtenhainer Wasserfall (4)** bestaunen (siehe »Hallo Kinder« Tour 27).

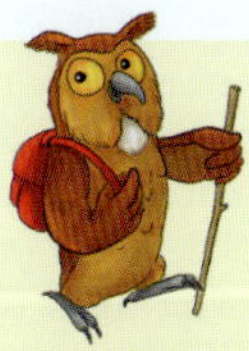

Hallo Kinder,

schon mal was von der Wasseramsel gehört? An den klaren Gebirgsbächen des Elbsandsteingebirges ist sie zu Hause. Auffällig ist ihr weißer Brustlatz auf dem sonst braunen Federkleid. Sie ist der einzige Singvogel, der schwimmen und tauchen kann. Ihre Nahrung sucht sie am Grund der Bäche. Würmer, Larven, Insekten und kleine Fische sind ihre Leibspeisen. Wenn sie nach Beute Ausschau hält, sitzt sie leicht wippend auf Steinen im Bach oder fliegt knapp über dem Wasser dahin. Hat sie etwas entdeckt, taucht sie kopfüber hinein. Unter Wasser spreizt sie ihre Flügel ganz leicht und stellt sie gegen die Strömung, sodass sie auf den Boden gedrückt laufen kann. Schon ab Januar kann man die Männchen am Ufer singen hören. Sie markieren ihr Revier. In Felslöchern oder unter Brücken bauen sie ihre Nester, die rund sind wie eine Kugel mit einem seitlichen Eingang. Wenn ihr auf dem Flößersteig an der Kirnitzsch entlangwandert, setzt euch doch einfach mal an einen ruhigen Platz, seid ganz still und beobachtet, was sich am oder im Wasser so alles tut.
Wofür der Flößersteig, auf dem wir heute unterwegs sind, einst genutzt wurde, erfahrt ihr im Hallo-Kinder-Kasten von Tour 30.

26 Mittlerer Flößersteig

Vom Beuthenfall zum Hotel Forsthaus — ab 5 J.

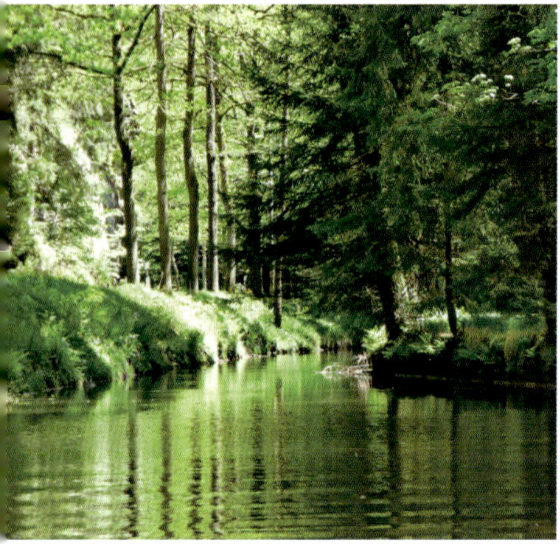

In den flacheren Talauen kommt die Kirnitzsch auch einmal zur Ruhe.

Durch die Auewiesen des mittleren Kirnitzschtales

Der mittlere Teil des Flößersteigs vom Beuthenfall bis zum Hotel Forsthaus ist ein überwiegend ruhiger Wanderpfad mit zwei kurzen, etwas felsigen Passagen, an denen Aufmerksamkeit und Trittsicherheit gefordert sind. Meist geht es entlang des Flussufers, teils durch Auewiesen mit vielen Möglichkeiten, am Wasser zu spielen oder zu rasten. Ideal für einen gemütlichen Familienausflug mit jüngeren Kindern. Für alle, die ausgesprochen trittsicher und schwindelfrei sind und das Abenteuer lieben, sei (nur) bei trockenen Wegverhältnissen der Wegabschnitt zwischen Forsthaus und Ostrauer Mühle als längere und schwierige Tourvariante empfohlen (ab 9 Jahren; siehe Variante). Ein alpin anmutender Kletterpfad hoch über dem rauschenden Wildbach mit mehreren durch Ketten abgesicherten Kletterpassagen fordert uns heraus. Das Besondere an diesem Felsenstück ist das Gestein. Wir klettern nicht über Sandstein, sondern an Granit, welcher sich hier aufgrund weiträumiger Bewegungen der Erdkruste im Tertiär von der Lausitz her über den erdgeschichtlich viel jüngeren Elbsandstein geschoben hat.

KURZINFO

Ausgangspunkt: Beuthenfall im Kirnitzschtal, 157 m (GPS: N50.926756, E14.237037).
Endpunkt: Hotel Forsthaus, 145 m (GPS: N50.931400, E14.205300).
Anfahrtsempfehlung: Parken am Nationalparkbahnhof Bad Schandau (P+R) (GPS: N50.919926, E14.137650), dann mit Buslinie 241 bis zum Beuthenfall fahren. Rückfahrt vom Hotel Forsthaus (bzw. bei Tourverlängerung von Ostrauer Mühle) mit dem Bus bis Nationalparkbahnhof Bad Schandau.
Tipp: Zwischen dem Bad Schandauer Kurpark und dem Lichtenhainer Wasserfall verkehrt die historische Kirnitzschtalbahn, die man als geruhsam dahinschunkelnde, nostalgische Alternative zum modernen Bus ebenfalls nutzen kann. Die Fahrt von Bad Schandau zum Beuthenfall dauert etwa 30 Min., Zugang vom Nationalparkbahnhof zur Kirnitzschtalbahn siehe Kurzinfo Tour 27.
Gehzeit: 1.20 Std.
Distanz: 3,2 km.
Höhenunterschied: 60 m im Aufstieg, 90 m im Abstieg.
Ausrüstung: Gut profilierte Freizeit- oder Sportschuhe, Handtuch.

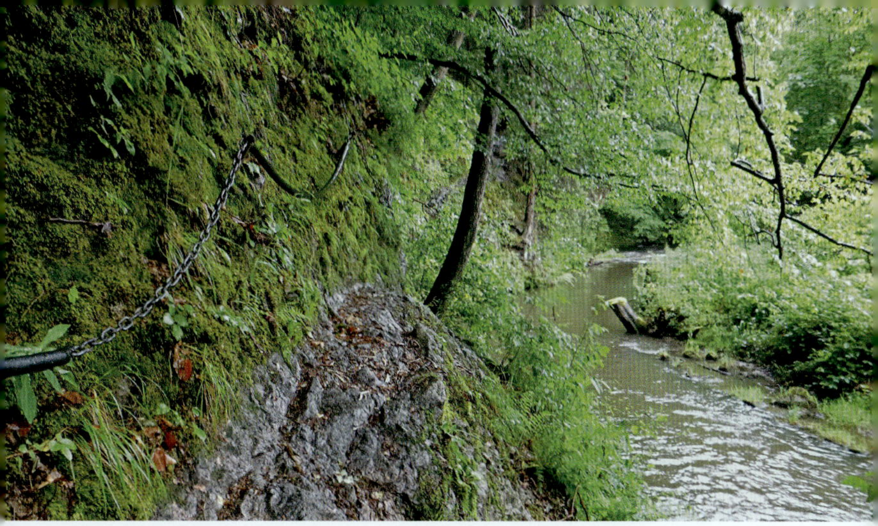

An der Variante muss man ein schwieriges Wegstück an Ketten entlang über glatte Granitfelsen klettern.

Anforderungen: Ab 5 Jahren. Leichte Wanderung, die an einigen Stellen Trittsicherheit und an einer Stelle Schwindelfreiheit verlangt. Vorsicht, bei feuchter Witterung oder nach längeren Regenfällen kann es sehr rutschig sein! Nicht bei Schnee und Eis begehen!
Die Variante erfordert absolute Schwindelfreiheit und Trittsicherheit sowie Kletterfähigkeiten für eine mit Ketten gesicherte Felspassage. Nicht bei Nässe, Eis und Schnee begehen!
Einkehr: Hotel Forsthaus (pura-hotels.de), Tel. +49 35022 5840. Bei Tourverlängerung: Flößerstube am Campingplatz Ostrauer Mühle (ostrauer-muehle.de, Tel. +49 35022 42742, geöffnet von April bis Oktober).
Variante: Tourverlängerung bis Ostrauer Mühle (ab 9 Jahren, »schwarze« Tour, 35 Min. Gehzeit, 1,5 km, 40 Hm im Aufstieg, 50 Hm im Abstieg; gut profilierte Trekking- oder Wanderschuhe empfohlen): Von der Eisenbrücke, die zum Hotel Forsthaus (3) führt, gehen wir links der Kirnitzsch flussabwärts weiter. Bereits nach 300 m treffen wir auf die schwierige, mit Ketten versicherte Felspassage (4), die uns einige Meter oberhalb des Flusses entlangführt. Auf den knapp 200 Klettermetern müssen wir immer sicher und genau treten und uns gut an den Ketten festhalten. An einer Eisentreppe endet der Klettersteig, und entspannt wandern wir auf recht gutem Weg noch etwa 500 m weiter. Unten sehen wir eine intakte Wehranlage und kurz darauf treffen wir auf einen Weg und steigen auf diesem zwischen ein paar Häusern hindurch zur Flößerstube und zum Campingplatz hinunter. Etwas unterhalb der Brücke über die Kirnitzsch finden wir die Bus- und Bahnhaltestelle (5), wo wir unsere Tour beenden.

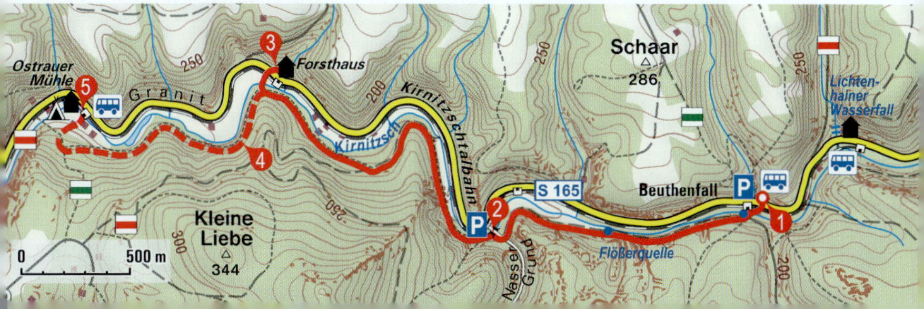

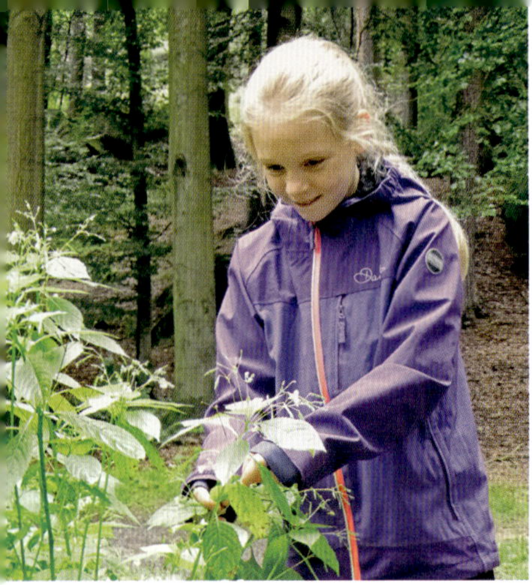

Die reife Kapselfrucht des Springkrauts ist bei Kindern sehr beliebt. Sie kann ihre Samen bis zu drei Meter weit schleudern.

Wir starten unsere Wanderung an der **Haltestelle Beuthenfall (1)** im Kirnitzschtal. Gegenüber hören wir einen kleinen Wasserfall herunterplätschern, der leider nur durch einen Bauzaun hindurch zu bewundern ist. Wir überqueren die Brücke über die Kirnitzsch, biegen dahinter rechts ab und steigen über ein paar Felsstufen am »Richters Born«, einer kleinen, wasserreichen Quelle, vorbei hinunter zum Fluss. Der **Flößersteig** führt uns hier weiter flussabwärts. Schon nach wenigen Metern überwinden wir eine kurze, unschwierige Kletterstelle mit zwei Eisenklammern, die uns auf unsere Flößersteigswanderung einstimmt. Danach geht es teils an hohen Felswänden und einem ehemaligen Felssturz vorbei, immer wieder direkt am Wasser entlang und etwas später durch feuchte Auewiesen mit einer großen Pflanzenvielfalt. Das Indische Springkraut ist überall präsent und verdrängt an vielen Stellen die einheimischen Auepflanzen. Nach 1,5 km stoßen wir auf einen befestigten Fahrweg im **Nassen Grund (2)**. Wir gehen kurz nach rechts, um nach einigen Metern auf der gegenüberliegenden Seite wieder in den etwas unscheinbaren Flößersteig einzubiegen. Bald führt der Pfad etwas steiler bergauf, und wir kommen an die heikelste Stelle dieser Etappe. Der schmale Pfad führt in zehn Metern Höhe um eine Felsnase herum. Hier gibt es kein Geländer und wir sollten daher etwas vorsichtiger sein. Der weitere Wegverlauf ist unschwierig. Meist geht es auf Wurzelpfaden, teils im Wald, teils am Ufer der Kirnitzsch entlang. Wir orientieren uns an den Lehrtafeln und der Lehrpfad-Markierung »grüner Schrägstrich«. Nach knapp 2 km treffen wir noch einmal auf ein steileres, abschüssiges Wegstück, welches mit Ketten gesichert ist, aber keine größeren Probleme bereiten sollte. Danach überqueren wir die Kirnitzsch über eine Eisenbrücke und gelangen so zur Haltestelle am **Hotel Forsthaus (3)**.

HIGHLIGHTS

- ★ Gemütliche Wanderung durch Auewiesen mit dem auffälligen Indischen Springkraut.
- ★ Lehrtafeln informieren über Tiere und Pflanzen, Geologie und Kulturgeschichtliches.
- ★ Viele Spiel- und Rastmöglichkeiten an der plätschernden Kirnitzsch.
- ★ Fahrt mit der historischen Kirnitzschtalbahn.
- ★ Spannende Tourverlängerung mit Kletterpassage möglich.

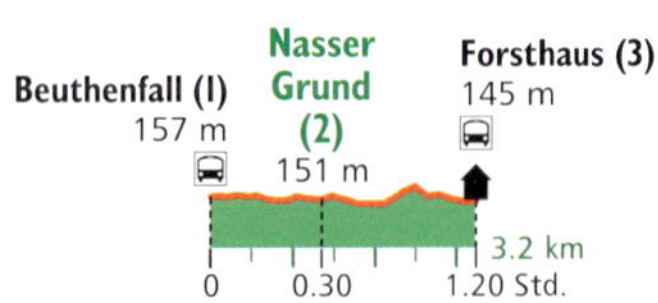

Zum Kuhstall

Vom Lichtenhainer Wasserfall

ab 4 J.

Das Felsentor auf der ehemaligen Burg Wildenstein

Ein Highlight jagt auf diesem Ausflug das andere. Wir wählen den vergleichsweise wenig frequentierten Aufstieg durch die Nasse Schlucht hinauf zum berühmten Felsentor, dem Kuhstall. Über die abenteuerliche, enge »Himmelsleiter« steigen wir ganz hinauf auf den ehemaligen Burgfelsen, wo wir noch einige Spuren der mittelalterlichen Besiedlung finden können. Der Ausblick ins Elbsandsteingebirge und nicht zuletzt die kleine Klettereinlage ins »Schneiderloch« lassen die Wanderung nie langweilig werden. Nach dem kurzen Abstieg ins Kirnitzschtal erfrischen wir uns zum Abschluss noch am Lichtenhainer Wasserfall.

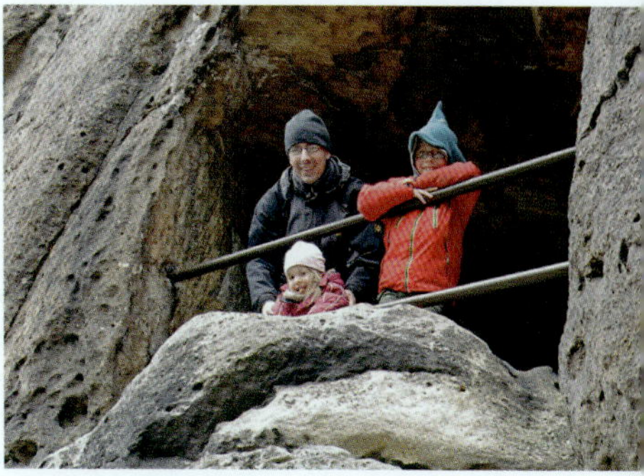

Die Aussicht vom »Schneiderloch« ist nur durch eine Höhlenkluft kletternd erreichbar.

Die gigantische Kuhstallhöhle, nach dem Prebischtor zweitgrößtes Felsentor des Elbsandsteingebirges, ist Motiv zahlreicher künstlerischer Darstellungen – von der Romantik bis zur Gegenwart.

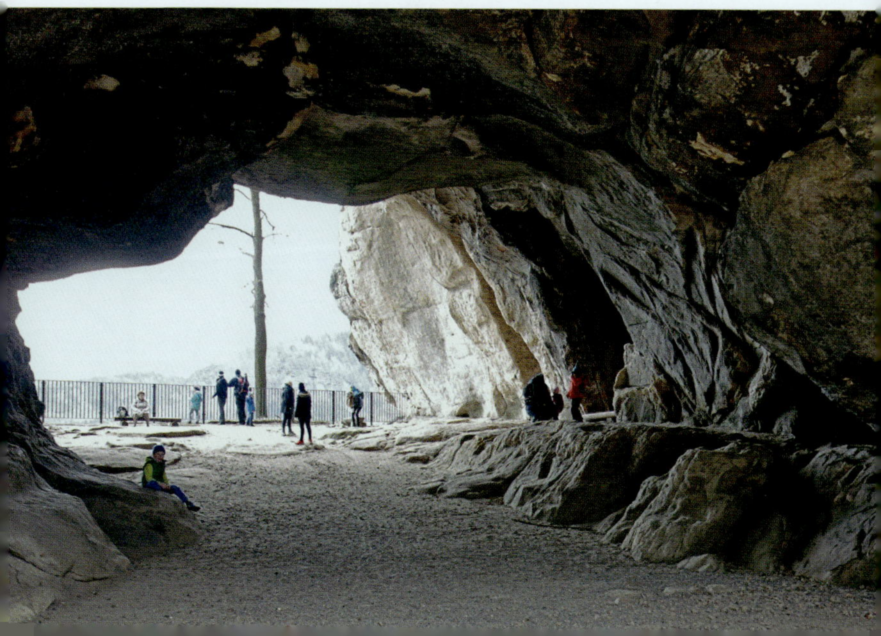

KURZINFO

Ausgangspunkt: Lichtenhainer Wasserfall im Kirnitzschtal, 163 m.
Anfahrt: Von Pirna auf der B 172 bis Bad Schandau. Im Zentrum direkt nach der Kirche scharf links ins Kirnitzschtal abbiegen und dem Straßenverlauf für 8 km bis zum Parkplatz am Lichtenhainer Wasserfall folgen (GPS: 50.928750, 14.244500).
Mit Bus/Bahn: Vom Nationalparkbahnhof Bad Schandau mit Buslinie 241 bis zum Lichtenhainer Wasserfall. Die Tour kann aber auch mit einer romantischen Fahrt in der historischen Kirnitzschtalbahn verbunden werden. Dazu parken wir auf dem Parkplatz am Nationalparkbahnhof Bad Schandau (P+R) (GPS: N50.919926, E14.137650) und setzen mit der Fähre (F5) nach Bad Schandau über. Vom Fähranleger am Elbkai gehen wir geradeaus hinauf zum Marktplatz. Danach laufen wir nach rechts über den Marktplatz Richtung Kirche. Über den Fußgängerüberweg erreichen wir die schmale Kirchstraße. Diese gehen wir gerade durch, biegen dann nach rechts in die Poststraße ein und überqueren den kleinen Basteiplatz und die Kirnitzsch. Wir folgen dem schmalen Weg nach der Brücke flussaufwärts in den Park hinein und erreichen nach etwa 5 Min. die Haltestelle der Kirnitzschtalbahn. Für den Rückweg nimmt man vom Lichtenhainer Wasserfall am besten die Buslinie 241. Diese fährt regelmäßig direkt bis zum Nationalparkbahnhof Bad Schandau.
Gehzeit: 1.50 Std.
Distanz: 4,0 km.
Höhenunterschied: 200 m im Auf- und Abstieg.
Ausrüstung: Gut profilierte Freizeit- oder Sportschuhe, Fernglas.
Anforderungen: Ab 4 Jahren. Leichte Tour auf meist breiten Wanderwegen, am Neuen Wildenstein Treppen. Der lange, enge Aufstieg auf der »Himmelsleiter« kann umgangen, die Kletterstelle im »Schneiderloch« weggelassen werden.
Einkehr: Bergwirtschaft »Am Kuhstall« (berggast.de, Tel. +49 35971 838610), Gasthof Lichtenhainer Wasserfall (lichtenhainer-wasserfall.de, Tel. +49 35971 53733).

Dieses flache Wegstück leitet uns zu einem Räuberversteck …

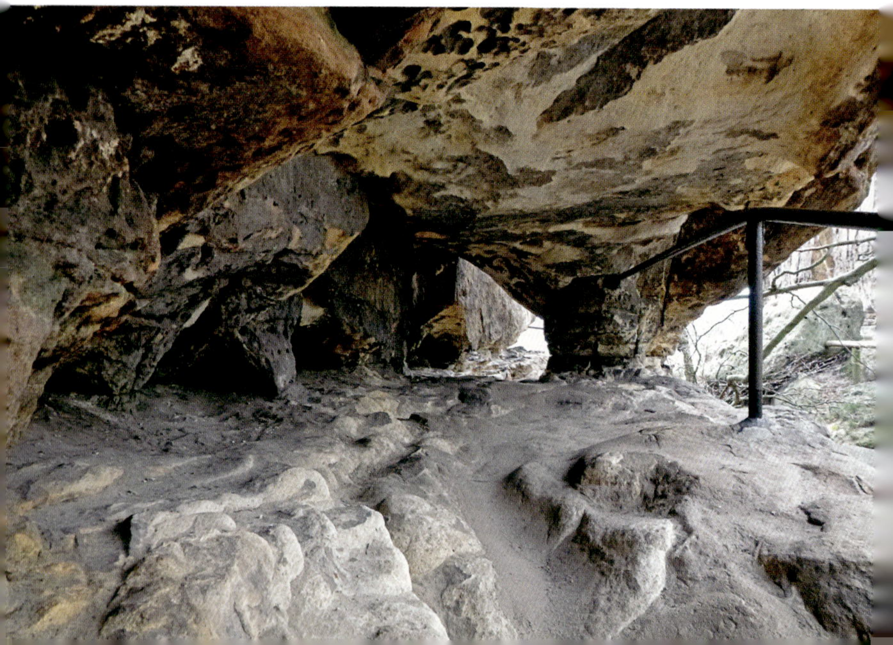

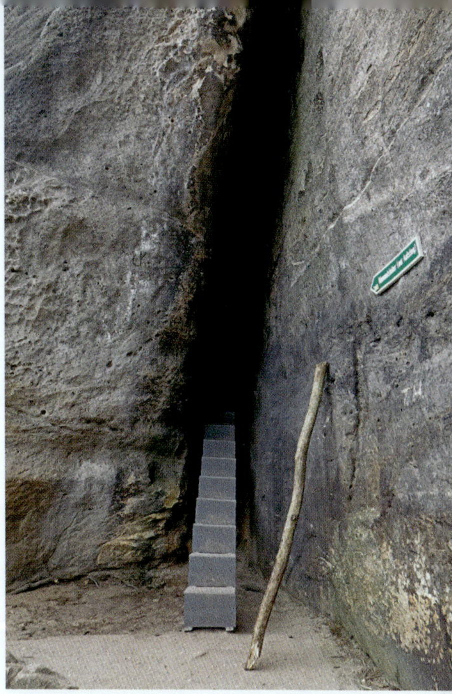

Durch eine enge Spalte führt die »Himmelsleiter« hinauf auf das Gipfelplateau des Neuen Wildensteins.

Hinter dem Parkplatz an der Endhaltestelle der historischen Kirnitzschtalbahn am **Lichtenhainer Wasserfall (1)** starten wir unsere Wanderung. Auf einer uralten Steinbrücke überqueren wir die Kirnitzsch und folgen dem Weg mit der Wegmarkierung »roter Punkt«. Zuerst wandern wir ein Stück am Fluss entlang, dann führt der Weg steiler durch den Wald hinauf. An einem Fahrweg treffen wir auf eine historische steinerne Wegsäule. Wir biegen nach rechts in den Forstweg ab. Auf den nächsten 800 m bleiben wir auf dem mit einem roten Strich markierten Wanderweg. Hochwald umgibt uns, und der Weg steigt nur leicht an. An der nächsten großen Wanderwegkreuzung mit einer Steinsäule wandern wir nach links weiter direkt auf die Felsen zu. Bald führt der Weg über Stufen und Treppen in eine enge Klamm hinein. Nachdem wir die viele Stufen in der **Nassen Schlucht** bezwungen haben, stehen wir bereits direkt vor dem berühmten Felsentor **Kuhstall (2)**. Meist herrscht hier reges Treiben, auch wegen des nahen Gasthauses. Durch das 11 Meter hohe, 17 Meter breite und 24 Meter tiefe Felsentor gelangen wir zur Aussichtsterrasse mit einem Metallgeländer. Es gibt ein paar Holzbänke, um die Szenerie in Ruhe auf sich wirken zu lassen. Die Höhle ist gewaltig, der Ausblick von hier in das weite Waldgebiet ebenso. Alte, teils eingeritzte Inschriften sind an den Wänden zu entdecken, die noch vom Beginn der touristischen Erschließung stammen.

Über die »Himmelsleiter«, einen fast 50 m langen, engen Felsspalt, können wir den spannenden Aufstieg auf das Gipfelplateau des **Neuen Wildensteins** wagen. (Wer unter starker Platzangst leidet und sich diesen Weg nicht zutraut, geht durch das Felsentor zurück zum Gasthaus, links an diesem vorbei und nimmt

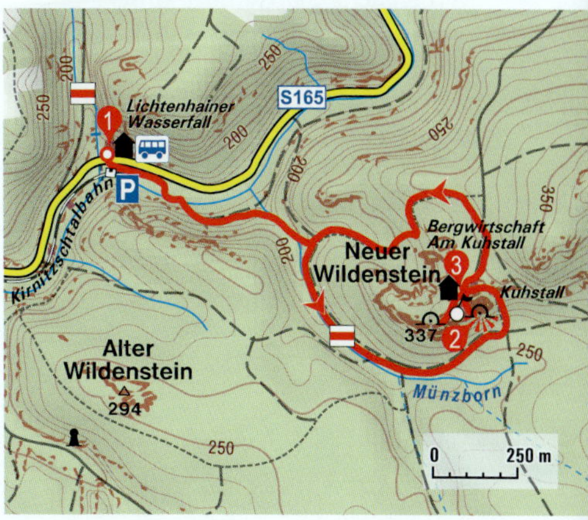

HIGHLIGHTS

- ★ Der Kuhstall, das berühmte Felsentor auf dem Neuen Wildenstein und beliebtes Postkartenmotiv.
- ★ Spannender Aufstieg über die »Himmelsleiter« durch einen engen Felspalt.
- ★ Kurze Klettereinlage mit Eisenklammern in die Schneiderloch-Höhle.
- ★ Planschen am Ufer der Kirnitzsch.
- ★ Besuch des Lichtenhainer Wasserfalls.

kurz danach linker Hand den bequemen Weg zum Plateau hinauf.)

Wir nehmen natürlich den abenteuerlichen Aufstieg! An der südöstlichen Höhlenecke führt ein Durchgang zur »Himmelsleiter«. Wenn wir hier noch ein paar Schritte weitergehen, können wir links in einer Felsnische noch eine erweiterte Höhlung, das sogenannte »Wochenbett«, entdecken – ein netter Unterschlupf der Bewohner der ehemaligen Felsenburg Wildenstein aus dem 14. Jahrhundert. Danach steigen wir über die »Himmelsleiter« hinauf. Vom Hochplateau haben wir eine atemberaubende Aussicht über die Hintere Sächsische Schweiz. Auf der Gipfelfläche selbst beeindruckt ein dicker, alter Baum mit seinen kräftigen Wurzeln, die sich in den Sandsteinritzen verkrallen. Wer genau schaut, entdeckt hier oben weitere Spuren der Burganlage, wie alte Balkenfalze, Mauerreste, eine Zisterne und steile Sandsteintreppenstufen.

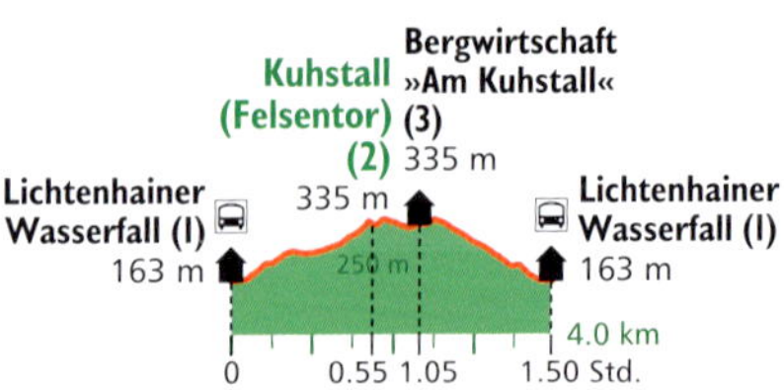

In westlicher Richtung steigen wir über Treppen und eine kleine steinerne Brücke hinunter zur bewaldeten Fläche zwischen hohen Felsen. Hier kann man links noch zwei schöne Abstecher unternehmen. Ganz links führt ein nur etwa einen Meter hoher Gang um einen Felsen herum zur **Räuberhöhle**, einer flachen Höhle gleich links am Fels. Der zweite Abstecher geradeaus führt zum **»Schneiderloch«**. Die kleine, spektakuläre Höhle mit fantastischer Aussicht in der Südseite der »Zyklopenmauer« erklettern wir durch einen engen Spalt mit Eisenklammern. Anschließend wandern wir zurück und sehen bald schon die **Bergwirtschaft »Am Kuhstall« (3)**, wo wir auf der Freiterrasse eine Pause einlegen können. Nach der Stärkung werfen wir einen letzten Blick auf das Felsentor, wenden uns dann nach links und folgen dem mit rotem Punkt markierten Fahrweg in nördlicher Richtung. An der Weggabelung nach etwa 150 m halten wir uns links, und ab jetzt geht es nur noch abwärts. Nach etwa 700 m treffen wir auf den querlaufenden Fahrweg mit der uns schon bekannten Wegsäule. Hier wandern wir geradeaus weiter, die Stufen hinunter. Unterwegs kommen wir an einem kleinen in den Hang gebauten Sandsteingebäude vorbei. Es ist ein historisches Wasserwerk von 1911, das zur Wasserversorgung des Gasthauses gedient haben soll. Bald laufen wir wieder am Flüsschen entlang und können mit unseren Füßen im Wasser planschen, bevor wir die Steinbrücke erreichen und wieder am **Ausgangspunkt (1)** stehen. Von hier sollten wir unbedingt noch die paar Schritte zum berühmten **Lichtenhainer Wasserfall** mit seinem Gasthaus gehen.

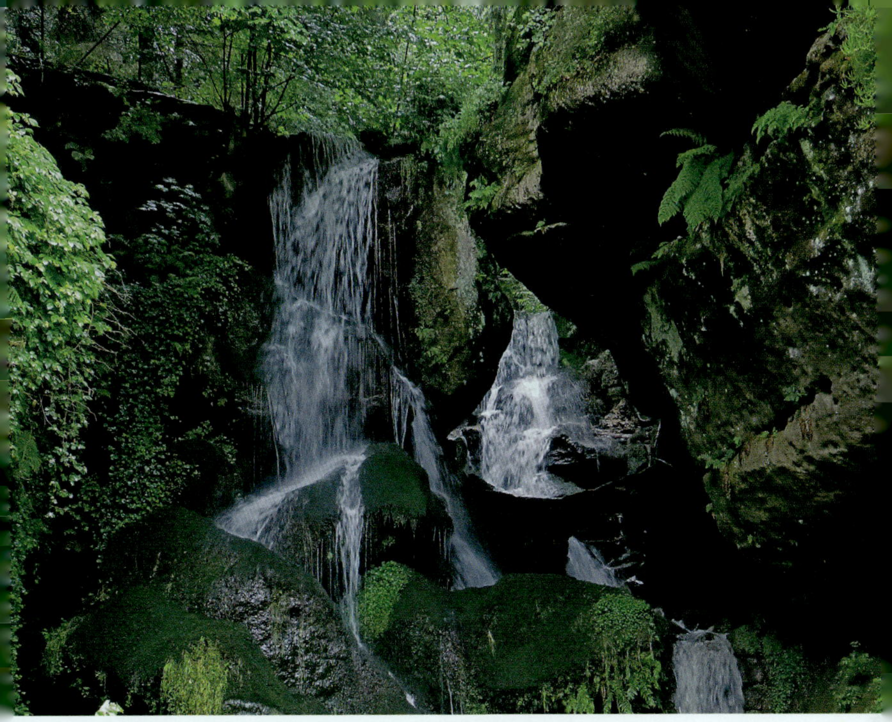

Jede halbe Stunde wird das Schwallwehr des Lichtenhainer Wasserfalles geöffnet, und das Wasser ergießt sich über die Felsen in die Tiefe.

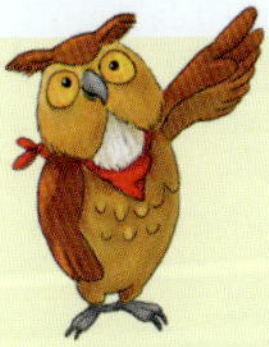

Hallo Kinder,

an der Endhaltestelle der Kirnitzschtalbahn erwartet uns eine der bekanntesten Attraktionen der Sächsischen Schweiz, der Lichtenhainer Wasserfall. Ein kleiner natürlicher Wasserfall plätschert hier über mehrere Felsstufen herunter. Vor nicht ganz 200 Jahren kam man auf die Idee, den Bach durch ein aufziehbares Wehr anzustauen. Ein Bürger aus dem nahen Dörfchen Lichtenhain erhielt das Amt des Wasserfallziehers. In einer kleinen Rindenhütte betrieb er einen kleinen Ausschank und gegen ein Trinkgeld öffnete er für Touristen das Wehr. Das Wasser strömte daraufhin in einem gewaltigen Schwall von oben herab. Bald zog der Wasserfall immer mehr Besucher an. Man konnte hier Träger, Saumtiere und Fremdenführer mieten und zum Kuhstall, Winterberg oder Prebischtor weiterwandern. 1898 wurde eine Straßenbahnstrecke durch das Kirnitzschtal gebaut. Seither kommen viele Besucher, um sich nach einer wildromantischen Fahrt durch das Kirnitzschtal an diesem Ort zu erfreuen. Heute wird das Wehr alle halbe Stunde gezogen und mit einer netten musikalischen Untermalung das Erlebnis noch eindrucksvoller.

28 Winterstein

Auf das Hintere Raubschloss

ab 10 J.

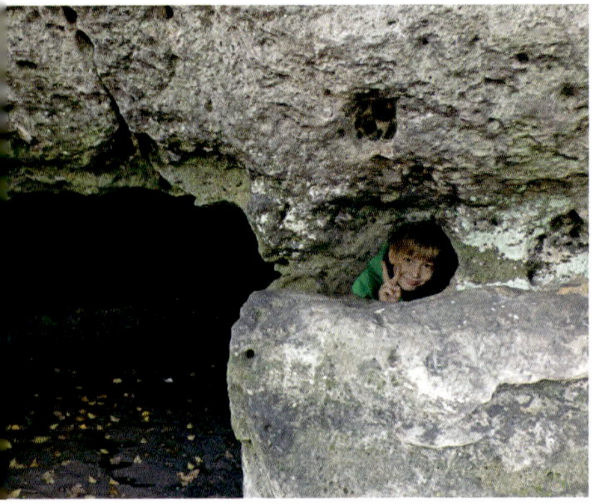

In der künstlich erweiterten Höhle auf dem Winterstein.

Abenteuer Felsenburg

Eines der spektakulärsten Wanderziele für junge Abenteurer in der Hinteren Sächsischen Schweiz ist der Winterstein, auch Hinteres Raubschloss genannt. Der schwierige Aufstieg auf den über 50 Meter hohen Sandsteinklotz führt über eine freistehende, luftige Leiter in einer Felsengrotte. Schwindelfrei und trittsicher sollte man unbedingt sein. Dafür kann man auf dem Gipfelplateau eine wunderbare Aussicht über endlose Wälder und Felsenriffe genießen. Der Winterstein war im Mittelalter als Felsenburg zum Schutz der Handelswege zwischen Böhmen und Sachsen ausgebaut. Im Aufstiegsweg und auf dem Gipfel entdecken wir in den Fels gehauene Steinstufen, Balkenlager, Zisternen und Mauerreste aus dieser Zeit.

KURZINFO

Ausgangspunkt: Parkplatz Neumannmühle im Kirnitzschtal, 198 m (GPS: N50.923314, E14.284669).
Anfahrt: Von Pirna auf der B 172 bis Bad Schandau. Im Zentrum direkt nach der Kirche scharf links ins Kirnitzschtal und dem Straßenverlauf für 12,5 km folgen. Eine weitere Parkmöglichkeit befindet sich 300 m weiter an der Buschmühle.
Mit dem Bus: Vom Nationalparkbahnhof Bad Schandau mit der Buslinie 241 Richtung Hinterhermsdorf bis »Neumannmühle«.
Gehzeit: 2.50 Std.
Distanz: 6,5 km.
Höhenunterschied: 300 m im Auf- und Abstieg.
Ausrüstung: Gut profilierte, knöchelhohe Trekking- oder Wanderschuhe, Stirnlampe, ausreichend Verpflegung und Getränke, Fernglas.
Anforderungen: Ab 10 Jahren. Mittelschwere Wanderung auf mit Wurzeln und Steinen gespickten Wegen und Forstwegen. Der schwierige Gipfelaufstieg auf den Winterstein erfordert zwingend absolute Schwindelfreiheit und Trittsicherheit, besonders im Abstieg über die hohe, senkrechte Leiter! Vorsicht bei Nässe, nicht bei Eis und Schnee!
Einkehr: Gasthaus Neumannmühle (saechsische-schweiz.com, Tel. +49 35974 50565). Gasthaus Felsenmühle (pension-felsenmuehle.de, Tel. +49 35974 50088).
Hinweise: 1) Vorsicht, Totholz-Gebiete! Siehe S. 27.
2) Der Aufstieg auf den Winterstein kann auch nur bis zur Höhle erfolgen, wo auch schon ein spannender Ausblick belohnt (mit Kindern ab 6 Jahren möglich).
3) An Feiertagen und langen Wochenenden ist an der langen Leiter mit deutlichem Andrang und Stau zu rechnen!

Wir starten unsere Wanderung am beliebten Wanderparkplatz an der **Neumannmühle (1)**. Von hier führt ein breiter, befestigter Forstweg ins Gebirge hinein. Nach 100 m biegen wir rechts über einen kleinen Holzsteg in die Spitzsteinschlüchte ab. Durch die Felsen bringt uns der naturbelassene Steig in ein ruhiges Hochtal. Bald steigen wir über einige Holzstufen zu einem Querweg hinauf. Bevor wir Richtung »Hinteres Raubschloss« (Wegweiser) wandern, wollen wir einen kurzen Abstecher zu einem schönen Aussichtsplatz unternehmen und laufen dafür 60 m nach rechts. Dort gehen wir nach links den schmalen Pfad über Holzstufen aufwärts. Von einer Einschartung gelangen wir nach rechts zum großen Felsüberhang des **Lorenzsteins (2)**. Vorsicht, Absturzgefahr! Der Platz, der von Kletterern gern zum Lagern genutzt wird, bietet uns Gelegenheit für eine erste kurze Rast und eine weite Aussicht über den Talkessel des Großen Zschand. Heulenberg, Kanstein und Teichstein stehen aufgereiht nebeneinander.

Nach dem wir die Aussicht ausreichend genossen haben, steigen wir wieder bis zum Wegweiser zurück. Dort gehen wir geradeaus Richtung »Hinteres Raubschloss«. Der Knorrenweg führt über eine freie Fläche und trifft nach 1 km auf die Zeughausstraße. Gleich gegenüber folgen wir einem unmarkierten, bewachsenen Forstweg. Anfangs müssen wir durch ein knapp 200 m langes Waldstück mit abgestorbenen Fichten. Dunkel ragt der Winterstein vor uns auf. Nach einigen Minuten wendet sich der Weg nach rechts und trifft an einem Holzgeländer auf einen sandigen Weg mit breiten Stufen. Diesem folgen wir rechts aufwärts zu einer Passhöhe.

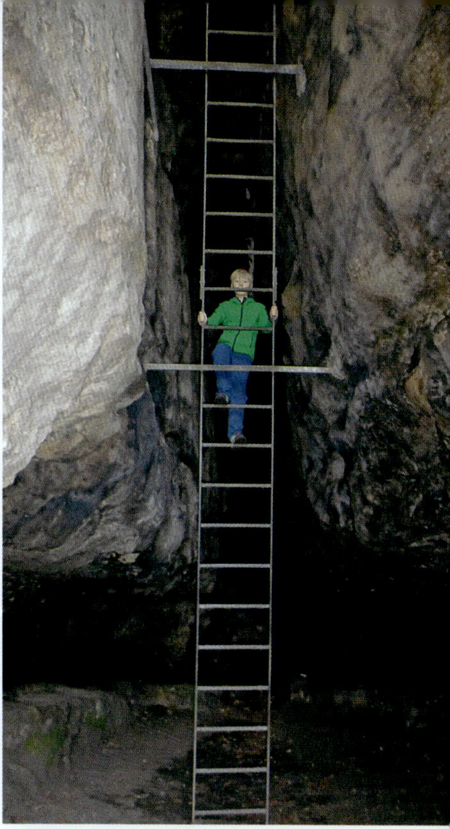

In der Steiganlage auf das Hintere Raubschloss müssen wir besonders für den Abstieg absolut höhentauglich und trittsicher sein.

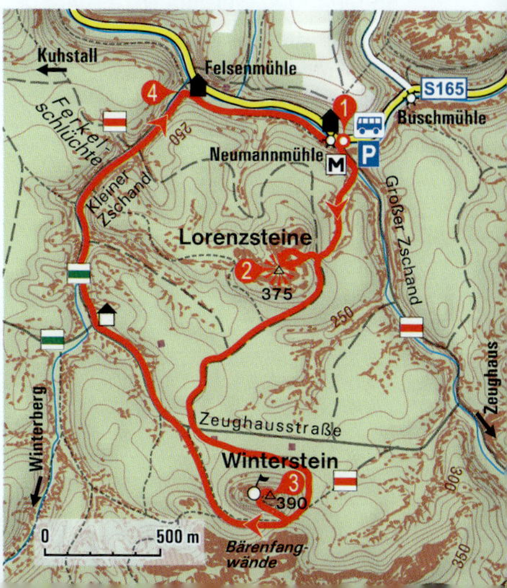

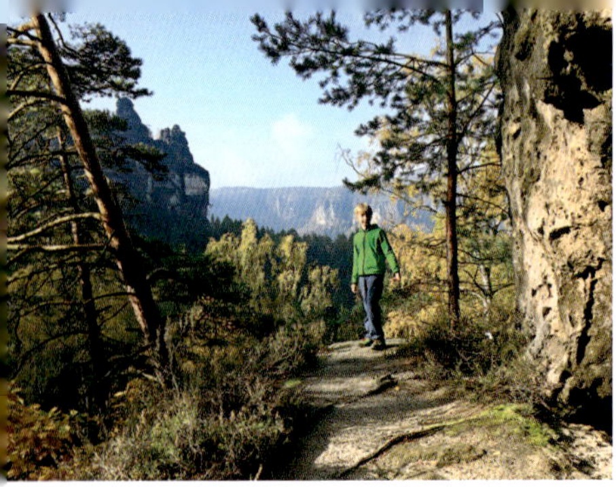

Am Hinteren Raubschloss.

Das lichte Waldstück links wurde vor über 10 Jahren vom Borkenkäfer heimgesucht. Heute ragen dort nur noch einzelne Totholzstämme in den Himmel, während ringsum frisches Grün die Lücke im Wald schließt.

An der Passhöhe zweigt rechts der Aufstiegspfad zum Winterstein ab. Kurz darauf stehen wir am Einstieg der ehemaligen Felsenburg. Über einige Eisentreppen und -leitern sowie ein paar Eisenklammern zum Festhalten erreichen wir eine große Höhle mit einer etwa acht Meter hohen, senkrechten Leiter in der Mitte, die zu einem Felsspalt in der Höhlendecke führt. Der luftige Aufstieg ist sehr spektakulär und sollte nur von schwindelfreien Abenteurern angegangen werden. Man sollte bedenken, dass man über diese Stelle auch wieder hinunterklettern muss! Nach der Leiter klettern wir über eine kleine, steile Felstreppe mit schon sehr ausgetretenen Stufen in eine Querspalte hinein. Über viele Gitterroststufen und eine Leiter steigen wir bis auf das Gipfelplateau des **Wintersteins (3)** hinauf. Neben weiteren in den Fels geschlagenen Stufen und Balkenfalzen erinnern hier besonders die Mauerreste auf dem Gipfel und eine darunter befindliche, flache Höhle mit einem echten Kaminabzug an die Geschichte des Wintersteins als Felsenburg. Mit Hilfe einer Infotafel können wir uns leichter vorstellen, wie die Burg im Mittelalter ausgesehen haben könnte.

Der Ausblick von hier oben ist grandios. Wir schauen auf die gegenüberliegenden Bärenfangwände, die Pechofenhörner und hinüber zu den Winterbergspitzen in westlicher Richtung. Weiter nördlich stehen der Neue Wildenstein mit dem berühmten »Kuhstall« und rechts davon der Große Lorenzstein. Im Osten ragt der Teichstein auf.

Das große Plateau mit seiner herrlichen Rundsicht bietet sich für eine ausgiebige Rast an, danach klettern wir über die Steiganlage wieder vorsichtig hinunter, laufen bis zur Passhöhe zurück und steigen nach rechts weiter ab. (Falls der folgende Wegabschnitt durch Bäume unpassierbar sein sollte, können wir auch auf dem Hinweg wieder bis zur Zeughausstraße zurückgehen und dort dann links.) Auch dieses Waldstück ist abgestorben und erfordert Aufmerksamkeit. Nach 100 m nehmen wir den Wanderweg rechts durch die Buchschlüchte Richtung Felsenmühle. Wer jetzt ganz genau schaut, kann 130 m vor der nächsten Einmündung rechts vom Weg einen Trampelpfad entdecken. Dieser führt zu einer quadratischen Grube am Hang. Früher deutete man diese als eine der typischen Bärenfanggruben, in denen Bären für den

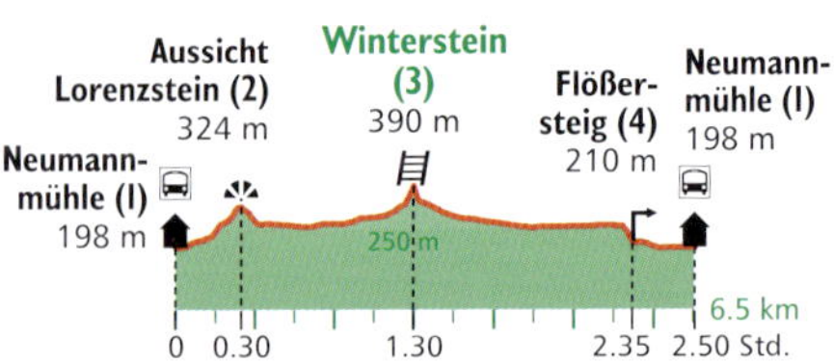

kurfürstlichen Hof gefangen wurden. Heute geht man davon aus, dass der Raum früher wohl mit einem hölzernen Aufbau versehen als Vorposten der nahen Felsenburg diente.

An der Einmündung in die Zeughausstraße wenden wir uns nach links. Die Forststraße bringt uns leicht abwärts in den Felsengrund Kleiner Zschand und zur Felsenmühle (nach 600 m kommt von links die grüne Markierung dazu). Nach einer halben Stunde passieren wir den Abzweig in die Ferkelschlüchte, wo man zum berühmten Kuhstall gelangen könnte. 5 Min. später stehen wir am **Abzweig (4)** von Flößersteig und Malerweg. Geradeaus sehen wir bereits die Talstraße, an der sich das Gasthaus Felsenmühle befindet. Wir biegen nach rechts auf den Flößersteig ein. Es geht ein paar Stufen hinauf, dann auf einem schmalen Pfad entlang der Felsen und bald hinunter an die Kirnitzsch. Am Flussufer wandern wir in 20 Min. zurück zur **Neumannmühle (1)**.

HIGHLIGHTS

- ★ Reste einer mittelalterlichen Burganlage auf dem Winterstein.
- ★ Aufstieg auf den Winterstein über steile Treppen und Leitern; Schlüsselstelle ist die freistehende Leiter in einer Höhle.
- ★ Nach der Wanderung: Besuch des Technischen Museums Neumann-Mühle mit einer originalen, 400 Jahre alte Sägemühle und einer Ausstellung zur historischen Holzschleiferei und Papierherstellung (neumann-muehle.de; siehe Freizeittipp E3).

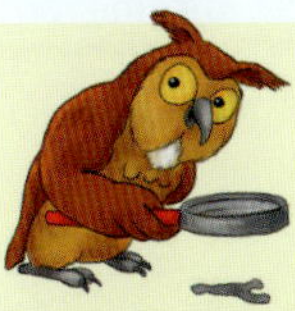

Hallo Kinder,

der Uhu mit seinem klaren, stechenden Blick und den lustigen Federohren gehört zu den seltenen Tierarten der Sächsischen und Böhmischen Schweiz. Er kann bis zu 70 Zentimeter groß werden. Die Federn seiner weiten Flügel sind ganz weich und an den Rändern wie in einem Kamm angeordnet. So kann er lautlos durch die Nacht gleiten, um seine Beute zu überraschen. Die abwechslungsreiche Landschaft des Elbsandsteingebirges mit Wäldern, Feldern und Wiesen bietet ihm viel Nahrung, wie Mäuse, Kaninchen oder kleinere Vögel. Wichtig sind auch Verstecke für den Tag, meist große, alte Bäume, die ihm als Ruheplatz dienen. Hohe Felswände mit Höhlungen oder Felsbändern geben Sicherheit vor Fuchs oder Marder, um in Ruhe brüten zu können. Besonders im Frühjahr und im Herbst hört ihr in der Nacht seinen Ruf, das typische, gehauchte »Bu-huu!«. Die Uhus finden sich auf diese Weise zu Paaren zusammen. Im Frühjahr legt das Uhuweibchen zwei bis drei Eier in eine kleine Sandmulde auf einem versteckt liegenden Felsband und hält diese über 30 Tage lang warm, um sie auszubrüten. In dieser Zeit kümmert sich das Männchen um sie und beschafft Futter. Wird das Weibchen gestört oder muss gar selber jagen, erkalten die Eier und es gibt in dem Jahr keine Jungen. Seid also bitte leise und rücksichtsvoll, um den Uhu und andere Tiere möglichst wenig zu stören!

29 Pohlshörner und Teichstein

Zwischen Räumicht- und Neumannmühle

ab 9 J.

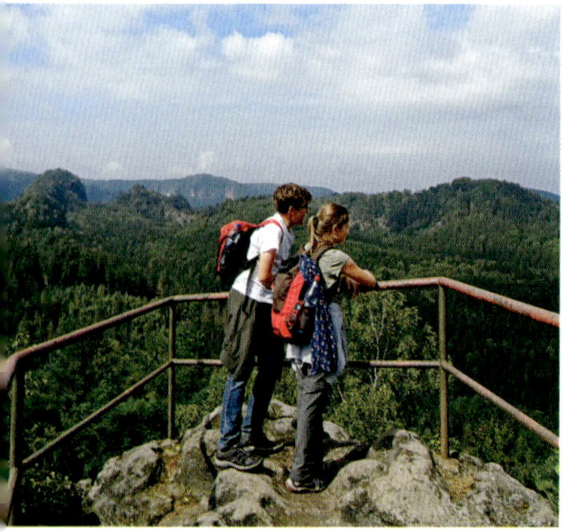

Einsame Aussicht am Großen Pohlshorn.

Einsame Drei-Steine-Tour überm Kirnitzschtal

Malerische Ausblicke bietet die Drei-Steine-Tour inmitten der weiten Wald-Fels-Landschaft im hinteren Nationalparkteil. Über die beiden recht einsamen Pohlshörner führt die Bergwanderung hinunter ins tiefe Kirnitzschtal, um wenig später mit dem mittelschwierigen Aufstieg auf den aussichtsreichen Teichstein ihren Tourhöhepunkt zu erleben. Im Alten Zeughaus belohnen wir uns bei Kaffee, heißer Schokolade oder Kuchen und können uns in der ehemaligen Revierförsterei über die historische Jagd nach Auerhuhn, Hirsch, Luchs oder Bär informieren.

KURZINFO

Ausgangspunkt: Bushaltestelle Räumichtmühle, 271 m (GPS: N50.928823, E14.326576).
Endpunkt: Parkplatz und Bushaltestelle Neumannmühle im Kirnitzschtal, 198 m.
Anfahrt: Parken am Nationalparkbahnhof Bad Schandau (P+R) (GPS: N50.919926, E14.137650), dann mit Buslinie 241 bis Räumichtmühle fahren. Rückfahrt von der Neumannmühle mit dem Bus bis zum Nationalparkbahnhof Bad Schandau. Alternativ kann man an der Neumannmühle parken (GPS: N50.923320, E14.284670) und mit Buslinie 241 zur Räumichtmühle fahren
Gehzeit: 4.00 Std.
Distanz: 8,0 km.
Höhenunterschied: 420 m im Aufstieg, 470 m im Abstieg.
Ausrüstung: Gut profilierte Trekking- oder Wanderschuhe, Fernglas, ausreichend Verpflegung und Getränke.
Anforderungen: Ab 9 Jahren. Mittelschwere Wanderung mit großen Höhenunterschieden auf zumeist guten Wegen und breiten Treppen. In den Gipfelbereichen schmale Felsenpfade, teils mit Eisenstufen und Kettensicherung. Gute Kondition und Trittsicherheit, besonders in den Gipfelpassagen, erforderlich. Vorsicht bei Nässe! Nicht bei Schnee und Eis begehen!
Einkehr: Gastwirtschaft »Altes Zeughaus« (alteszeughaus.de, Tel. +49 35974 55 9095), Gasthaus Neumannmühle (saechsische-schweiz.com, Tel. +49 35974 50565).
Hinweis: Vorsicht, Totholz-Gebiete! Siehe S. 27.

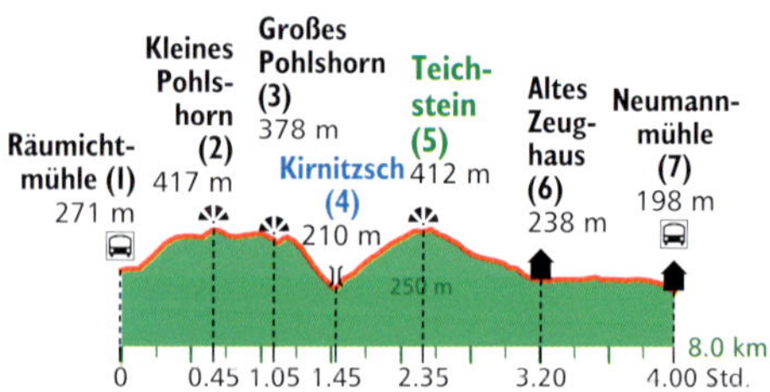

Von der Bushaltestelle **Räumichtmühle (1)** laufen wir ca. 250 m an der Straße entlang talwärts Richtung Bad Schandau. 100 m nach dem Ortsausgangsschild verlassen wir die Straße nach links und folgen dem Malerweg Richtung »Großes Pohlshorn/Zeughaus«. Der grün markierte Weg durch die Mühlschlüchte führt stetig steil bergan. Umgibt uns unten noch dunkler Fichtenwald, wird der Weg bald lichter und eine vielfältige Pflanzenwelt am Wegesrand erfreut unser Herz. Auf der mit Buchen bewachsenen Anhöhe befindet sich eine kleine Schutzhütte. Wir lassen sie rechts liegen, wandern weiter auf markiertem Weg und treffen bald auf den Wegweiser zum Kleinen Pohlshorn. Der kurze Abstecher lohnt sich. Einerseits ist das **Kleine Pohlshorn (2)** mit 417 m der höchste Punkt unserer Drei-Steine-Tour, andererseits ist der meist recht einsame, bewaldete Gipfel sehr naturbelassen und etwas für echte Naturfreunde. Von einem kleinen Felsen haben wir bereits eine erste, tolle Aussicht auf die weiten Wälder der Hinteren Sächsischen Schweiz.

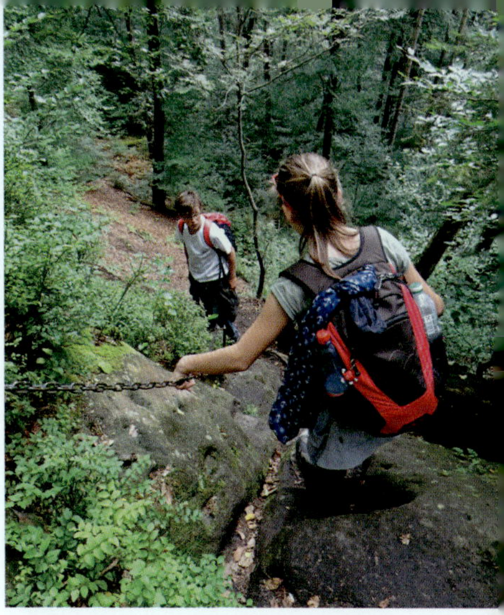

Der abwechslungsreiche Zugang auf den Teichstein ist teils mit Ketten gesichert. Vorsicht!

Anschließend folgen wir dem markierten Weg auf gleicher Höhe bleibend weiter bis zum Aussichtspunkt auf dem **Großen Pohlshorn (3)**. Die letzten Meter bis zur Aussicht an der vordersten Spitze des Felsenriffes verlaufen spannend entlang kleiner Felsblöcke, und wir klettern teils über in den Fels gehauene Stufen.

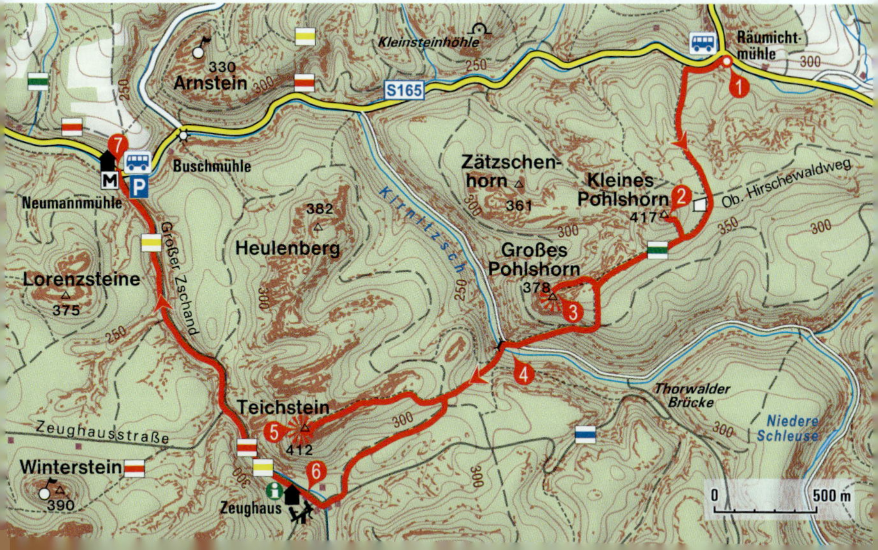

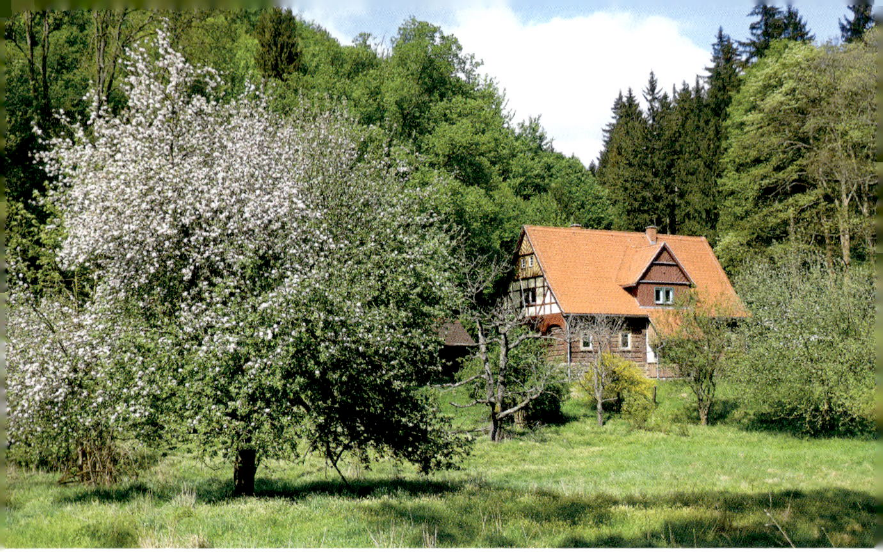

Unweit des Alten Zeughauses befindet sich dieses schöne Umgebindehaus.

Der Blick auf die wilden, bewaldeten Felsberge ist beeindruckend. Links steht ein hoher, mit Buchen bewachsener Basaltkegel, der Raumberg. Geradeaus sehen wir den markanten Teichstein, unser drittes Gipfelziel. Rechts fällt inmitten des Waldes eine große Felswand mit einem Loch auf. Es ist der Kleinstein mit seiner bekannten Höhle.

Haben wir ausreichend gerastet, wandern wir den Pfad wieder zurück bis zum Wegweiser und biegen scharf rechts ab. Steil geht es teils über Holzstufen bis ins Kirnitzschtal hinunter. Eine idyllisch gelegene Brücke führt uns über die **Kirnitzsch (4)**. Am Ufer findet sich ein lauschiges Plätzchen, um ein wenig zu spielen, dem Plätschern des Flüsschens zu lauschen und um Kraft zu sammeln für den nun folgenden Anstieg. Der Malerweg führt als Steig steil durch den Hang hinauf. Doch bereits nach 20 Minuten haben wir es geschafft und stehen an einer größeren Wegkreuzung. Gegenüber beginnt der Aufstieg auf den Teichstein als angenehmer Waldweg, der sich jedoch bald zu einem schmalen Pfad verengt und besonders bei Nässe absolute Vorsicht und Trittsicherheit verlangt. Hier und auf dem Felsenriff sollten die Kinder bei den Eltern bleiben, denn an einigen Stellen besteht Absturzgefahr. Spannend geht es über einige Eisenstufen und in den Fels geschlagene Tritte aufwärts. Eisenketten erleichtern uns den Weg.

An der vordersten Spitze des **Teichsteins (5)** erwartet uns eine grandiose Aussicht. Zur Linken blicken wir in den Großen Zschand und geradeaus auf den Winterstein, der als ehemalige mittelalterliche Burgwarte den Beinamen Hinteres Raubschloss trägt (Tour 28). Etwas rechts davon können wir an der vordersten Spitze der Affensteine einen einzeln stehenden Felsen entdecken. Es ist der Bloßstock, ein beliebter Klettergipfel. Wir werfen noch einen letzten Blick auf das tief unter uns befindliche Alte Zeughaus, welches wir als nächstes Etappenziel ansteuern wollen und wo wir uns vielleicht mit einem Eis belohnen können. Konzentriert steigen wir auf unserem Bergpfad bis an die große Wegkreuzung zurück und folgen dem Malerweg nach rechts bis zum Zeughaus, wo uns als Erstes ein altes Umgebindehaus auffällt. Etwas weiter sehen wir dann bereits den Biergarten des **Alten Zeughauses (6)** mit einem kleinen Kinderspielplatz daneben. Wenige Schritte weiter können wir die Nationalpark-Infostelle in der ehemaligen Revierförsterei besuchen. Sie stellt u. a. die historische Jagdnutzung des Gebietes vor. Auerhuhn, Luchs, Wolf und Hirsche wurden hier früher gejagt. Dabei erfahren wir auch, was es mit den Bärenfangwänden oberhalb vom Zeughaus auf sich hat.

Nach ausgiebiger Pause wandern wir auf der Zeughausstraße bis zur Neumannmühle im Kirnitzschtal hinunter. Ein paar kleine Felsen und Höhlungen am Wegesrand lockern die letzte Wegstrecke etwas auf. Am Ende unserer Drei-Steine-Tour lohnt es sich noch, das Technische Museum Neumann-Mühle gegenüber dem **Gasthaus Neumannmühle (7)** zu besichtigen.

HIGHLIGHTS

- ★ Wanderung durch die weite Waldlandschaft der Hinteren Sächsischen Schweiz mit einsamen Aussichten.
- ★ Mit Ketten und Eisenklammern gesicherter Wandersteig auf die vorderste Spitze des Teichsteins.
- ★ Nationalpark-Infostelle am Zeughaus.
- ★ Nach der Tour: Besuch des Technischen Museums Neumann-Mühle (siehe Freizeittipp E3).

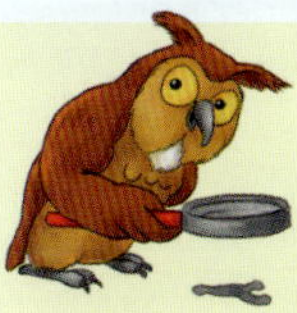

Hallo Kinder,

der Luchs ist ein sehr seltenes und scheues Raubtier. Mit ihrem buschigen Backenbart, den großen Pfoten und den lustigen Pinselohren hat die Raubkatze heute die Sympathien meist auf ihrer Seite, obwohl sie nach Bär und Wolf das drittgrößte Raubtier Europas ist und deshalb in früheren Zeiten stark gejagt wurde. In ganz Europa soll es nur noch etwa 7000 Luchse geben. Davon leben in Deutschland ungefähr 70 Tiere. In der Sächsischen Schweiz gilt die Raubkatze seit dem Jahr 1743 als ausgerottet. Schade eigentlich, denn der Luchs ist ein ganz besonderes Tier. Er kann sehr gut hören und auch nachts scharf sehen. In der Dämmerung jagt er als Einzelgänger Mäuse, Füchse, Marder und sogar junge Wildschweine, am liebsten jedoch Rehe, die er mit einem gezielten Biss in die Kehle erlegt. Dabei kann er durch seine langen Hinterbeine auf kurzer Distanz bis zu 70 km/h schnell sprinten. Die großen zusammenhängenden Waldgebiete vom Erzgebirge bis zur Sächsischen Schweiz wären ein geeigneter Lebensraum und wurden in den letzten Jahren bereits wieder von einzelnen Luchsen durchwandert. Schön wäre es, wenn die Raubkatze irgendwann auch bei uns wieder heimisch würde! Im Luchsgehege bei Bad Schandau könnt ihr schon heute Luchse aus nächster Nähe bestaunen (siehe Freizeittipp A3 – Luchsweg).

30 Zur Oberen Schleuse

Von Hinterhermsdorf

ab 5 J.

Kahnfahrt in der wildromantischen Kirnitzschklamm

Im äußersten Osten der Sächsischen Schweiz windet sich das kleine Flüsschen Kirnitzsch durch ein wildes, canyonartiges Tal. Im Sommer gedeihen in der stets kühlen und feuchten Schlucht üppige Farne und Moose. Die Obere Schleuse staut das Wasser der Kirnitzsch auf eine Länge von 700 Metern. Die Anlage diente vom späten 16. Jahrhundert bis in die Sechzigerjahre des vorigen Jahrhunderts der Holzflößerei. Heute werden in der wildromantischen Kirnitzschklamm Kahnfahrten für Touristen angeboten. Nach der beschaulichen Bootsfahrt wird die Wandertour richtig spannend, denn eine steile Eisentreppe führt uns durch eine an manchen Stellen kaum mehr als einen halben Meter breite Felsspalte hinauf aufs Hermannseck, wo wir von ganz oben in die tiefe Schlucht hinabblicken können. Auf dem Rückweg verspricht der Königsplatz (siehe Variante) noch eine wirklich weite Aussicht über die Fels-Wald-Wildnis der Hinteren Sächsischen Schweiz.

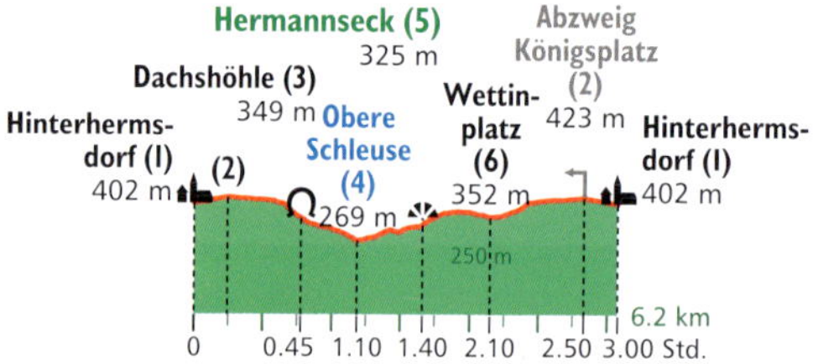

Unterwegs zeigt uns der Bootsführer interessante Dinge, wie die Liebesinsel oder einem Krokodil und einem Elefant ähnelnde Felsen in der Schluchtwand.

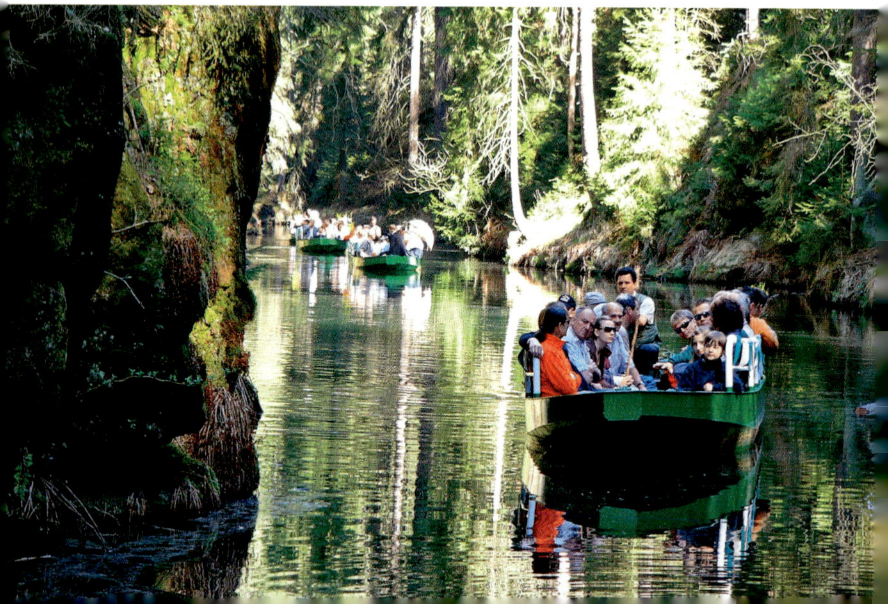

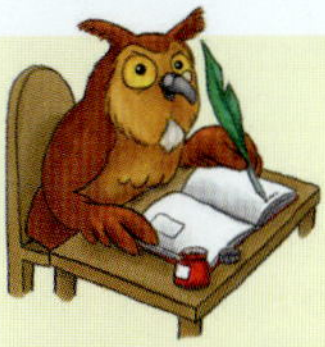

Hallo Kinder,

wisst ihr denn, was es mit der Oberen Schleuse auf sich hat? Vor mehr als 450 Jahren wurde im tiefen Kirnitzschtal die erste Staumauer errichtet. Das angestaute Wasser diente dazu, die von Holzfällern geschlagenen Baumstämme von hier auf der Kirnitzsch bis zur Elbe zu transportieren. Auf dem Stausee wurden die Baumstämme gesammelt. Wenn die Schleuse geöffnet wurde, trug die entstehende Flutwelle das Holz weiter bis zur 7 Kilometer entfernten Niederen Schleuse, und von dieser dann bis zur Mündung in Bad Schandau. Dort wurden die Stämme zu riesigen Holzflößen verbunden und auf dem Elbestrom weitergeflößt. Entlang der Kirnitzsch wurde ein Flößersteig angelegt, über den die Flößer das Holz begleiten konnten, um ein Verkeilen der Stämme auf dem Weg ins Tal zu verhindern. Es war eine sehr anstrengende und nicht ungefährliche Arbeit, wenngleich auch in einer wundervollen Umgebung! Einen Teil des Flößersteigs könnt ihr bei den Touren 25 und 26 kennenlernen.

KURZINFO

Ausgangspunkt: Parkplatz an der Buchenparkhalle in Hinterhermsdorf, 402 m (GPS: N50.917151, E14.359332).
Anfahrt: Von Pirna auf der B 172 nach Bad Schandau. Im Zentrum direkt nach der Kirche scharf links ins Kirnitzschtal abbiegen und dem Straßenverlauf folgen bis nach Hinterhermsdorf. Im Ortskern rechts in die Buchenstraße, nach ca. 120 m wieder rechts abbiegend auf der Buchenstraße bleiben und dieser bis zum Wanderparkplatz folgen.
Mit dem Bus: Vom Busbahnhof Pirna (ZOB) oder vom Nationalparkbahnhof Bad Schandau mit Buslinie 241 Richtung Hinterhermsdorf bis »Hinterhermsdorf, Zur Hoffnung«, von da zu Fuß über Dorfbachweg und Buchenstraße zur Buchenparkhalle (ca. 1 km).
Gehzeit: 3.00 Std.
Distanz: 6,2 km.
Höhenunterschied: 230 m im Auf- und Abstieg.
Ausrüstung: Gut profilierte Trekking- oder Wanderschuhe, Stirnlampe, Geld für die Kahnfahrt, ausreichend Verpflegung und Getränke.
Anforderungen: Ab 5 Jahren. Mittelschwere Wanderung, durch den Höhenunterschied mäßig anstrengend. Zwischen Oberer Schleuse und Hermannseck ist Trittsicherheit erforderlich. Der enge Steilaufstieg zum Hermannseck kann umgangen werden.
Einkehr: Gaststätte Buchenparkhalle (buchenparkhalle.com, Tel. +49 35974 55763), Imbiss an der Oberen Schleuse (geöffnet Ostern bis 31.Oktober).
Variante: Hat man am Rückweg noch ein Stündchen Zeit, kann man einen Abstecher zum Königsplatz unternehmen. Es ist nur ein Kilometer, auf gleicher Höhe bleibend, bis zu dieser schönen Aussicht. Kurz vor Beginn der Kleingärten (2) biegen wir links auf den rot markierten Wanderweg zum Königsplatz ab. Von einem kleinen Aussichtsfelsen, den man über eine kurze Treppe erklettert, hat man einen ganz besonderen Blick über die Wälder der Hinteren Sächsischen Schweiz und zu den Vulkankegeln der Böhmischen Schweiz. Auch Friedrich August, König von Sachsen, verweilte gern an diesem Ort, und so erhielt der Platz seinen Namen (hin und zurück 45 Min. Gehzeit; auch für geländegängige Kinderwagen geeignet).
Hinweis: Vorsicht, Totholz-Gebiete! Siehe S. 27.

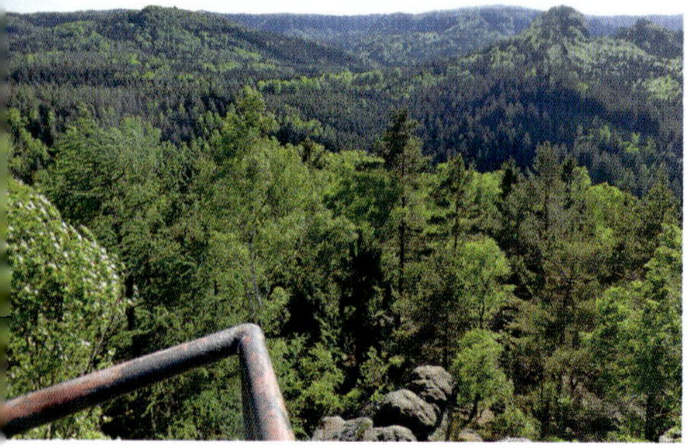

Aussicht vom Königsplatz (Variante).

Am **Wanderparkplatz (1)** nehmen wir den blau markierten Forstweg in Richtung »Obere Schleuse«, der rechts neben einer Kleingartenanlage entlangführt. In der Saison verkehren hier häufig Pferdekutschen, welche Touristen zur Oberen Schleuse bringen. Auch nach der Kleingartenanlage **(2)** (hier können wir im Anschluss an unsere Wanderung noch einen Abstecher zum Königsplatz unternehmen; siehe Variante) wandern wir weiter geradeaus auf dem schnurgerade durch einen lichten Mischwald führenden Weg. Nach ca. 700 m, an einer Schutzhütte, verlassen wir die Forststraße und steigen schräg links über zahlreiche Holzstufen weiter ins Tal hinunter. Wir kreuzen einen Forstweg, und bald zeigt sich auf der linken Wegseite ein dicker Felsblock mit einem Felsüberhang. Eine Felsspalte reicht hier 12 Meter in den Fels hinein und bildet am Ende eine kleine Kammer, die **Dachshöhle (3)**. Ein tolles Versteck! Wir folgen dem Wanderweg weiter abwärts und erreichen nach kurzer Zeit die Bootsstation **Obere Schleuse (4)**. Von hier unternehmen wir eine beschauliche Kahnfahrt auf dem 700 m langen Stausee. Die Kirnitzsch fließt hier durch eine wildromantische Klamm. Außerhalb der Öffnungszeiten oder wenn man nicht mit dem Kahn fahren möchte, kann man den rechts oberhalb des Sees verlaufenden, sehr reizvollen Wanderweg nehmen, der ebenfalls bis zur Ausstiegsstelle an der Staumauer führt. An der Staumauer ist das Wasser sieben Meter tief und stürzt tosend in die Schlucht hinab.

Vom Bootsanleger steigen wir über die Treppen zum Wanderweg hinauf und wandern links weiter. Tief unter uns rauscht die Kirnitzsch. Nach nur 200 m stehen wir vor einer Abzweigung. Nach rechts führt der rot markierte Normalanstieg hinauf zum Hermannseck. Neigt man zu Platzangst oder hat man einen sehr großen Rucksack dabei, sollte man diesen Weg nach oben wählen. Wir wollen jedoch den spannenderen Aufstieg über eine steile, enge

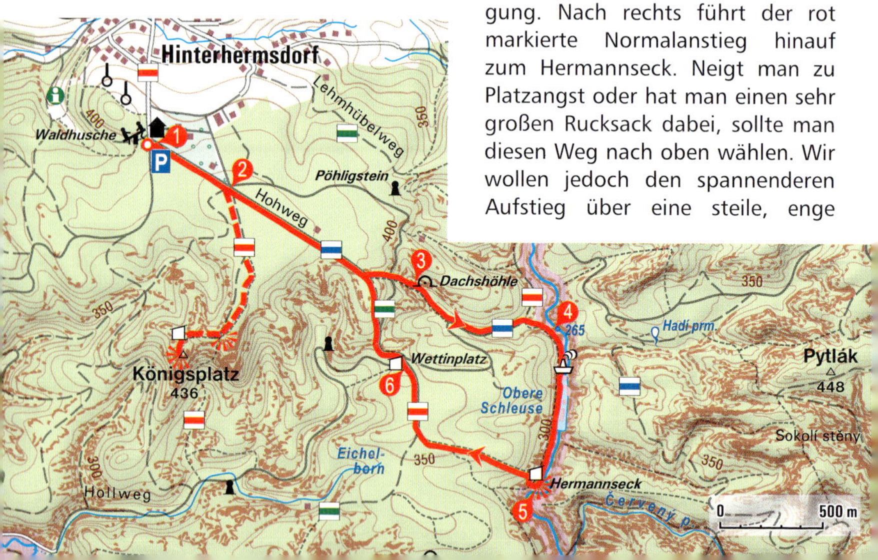

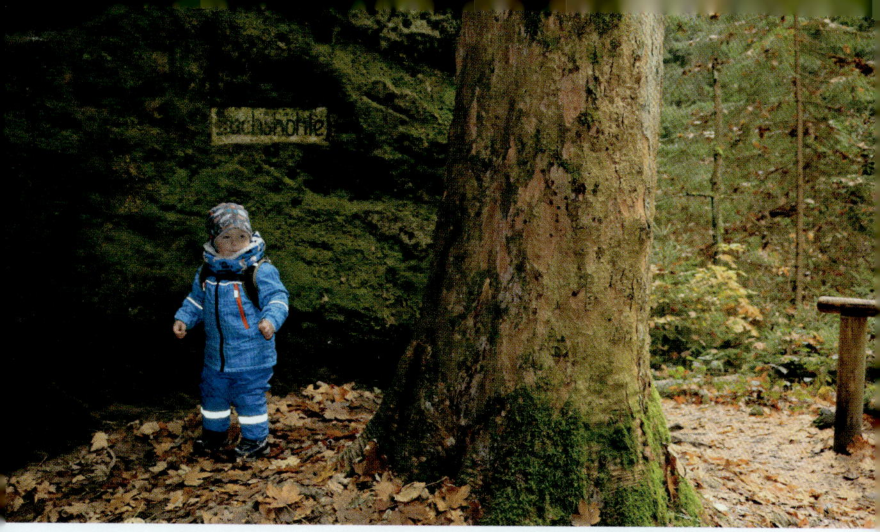

Auf dem Weg zur Oberen Schleuse kommen wir an der Dachshöhle vorbei. Ob früher Räuber ihre Beute darin versteckt haben?

Steiganlage nehmen und gehen dazu noch einige Meter geradeaus weiter. Nach einem Felsvorsprung stehen wir vor dem Steilaufstieg zum Hermannseck. Anfangs führen steile, in den Sandstein gehauene Stufen bergan. Dann folgt der spektakuläre Teil über schmale Metallstufen in einer äußerst engen Felsspalte. Uns teils mit den Händen abstützend erreichen wir das Ende dieses abenteuerlichen Steiges. Wir gehen über die kleine Gitterrostbrücke hinüber zum **Aussichtspunkt Hermannseck (5)**. Eine kleine Schutzhütte lädt zum Rasten ein. Für den Rückweg überqueren wir abermals die kleine Gitterrostbrücke und folgen dem rot markierten Wanderweg geradeaus in den Wald hinein. Gemächlich ansteigend wandern wir bis zum **Wettinplatz (6)**, einer großen Wegkreuzung mit einer Schutzhütte. Zum 800-jährigen Jubiläum des Hauses Wettin im Jahre 1889 wurde hier ein Gedenkstein gesetzt und einige Eichen wurden gepflanzt. Ab hier laufen wir weiter auf dem grün markierten Forstweg Richtung »Buchenparkhalle«, den wir bereits nach etwa 200 m halb links wieder verlassen. Auf dem unmarkierten Waldweg geht es noch mal etwas steiler bergan, doch nach etwa zehn Minuten erreichen wir schon den vom Hinweg bekannten breiten, blau markierten Forstweg, der uns nach links zur **Buchenparkhalle (1)** zurückbringt.

HIGHLIGHTS

- ★ Gemütliche Kahnfahrt auf der Oberen Schleuse.
- ★ Steiler und superenger Klammaufstieg zum Hermannseck. Wer genau schaut, kann unter der Eisentreppe noch die Reste der ersten Steintreppe entdecken.
- ★ An der Variante: Weite Aussicht vom Königsplatz mit kleinen Felsen zum Erklettern.
- ★ Spielstationen zum Klettern und Balancieren finden sich auf dem Gelände der Waldhusche unweit des Parkplatzes (siehe Freizeittipp A5).

31 Weifberg

Von Hinterhermsdorf

ab 4 J.

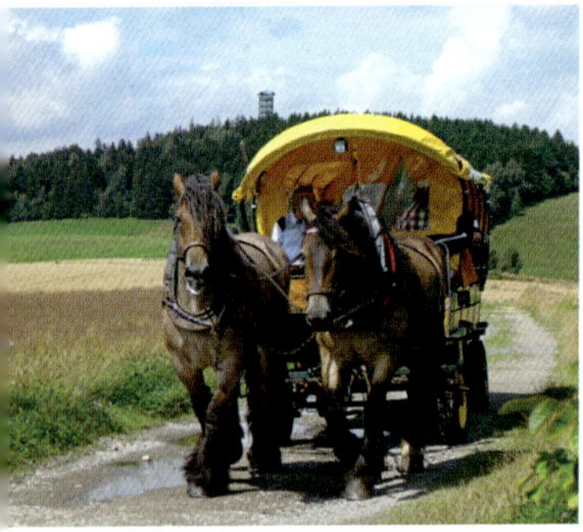

Tierische Begegnung auf dem Weg zum Weifberg.

Wald- und Wiesenwanderung zur Kräuterbaude

Der weithin sichtbare Aussichtsturm auf dem Weifberg, der bei klarem Wetter einen umfassenden Ausblick in alle Himmelsrichtungen verspricht, spornt als erstes großes Tagesziel an. Besonders in den Monaten Juli und August beeindrucken blühende Feldraine, Sommerwiesen und Felder mit reifem Getreide. Der Duft von frischem Heu liegt in der Luft. Kirschen, Himbeeren und Brombeeren wachsen am Wegesrand. Der zweite Teil der Wanderung führt vorbei an sanften Bergwiesen zur Kräuterbaude, wo wir uns auf der liebevoll gestalteten Freiterrasse bei besonderen Speisenvariationen aus dem Kräutergarten, hausgebackenem Kuchen oder einem Kräutertee stärken können. Zwei Alpakas und jede Menge Kaninchen sind hier ebenfalls zu Hause.

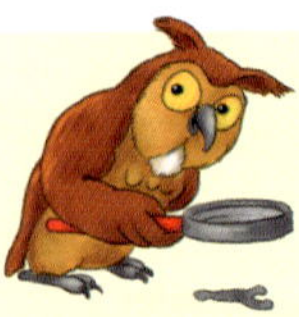

Hallo Kinder,

schaut doch mal, was auf dem Waldboden alles passiert. Vielleicht entdeckt ihr die Roten Waldameisen. Die großen Ameisen sind sehr nützlich. Durch den Bau ihrer Ameisennester durchlüften sie den Boden, verbreiten Pflanzensamen und vertilgen Kleininsekten, die in übergroßer Zahl für den Wald schädlich sein können. Ein Ameisennest ist in der Erde etwa ebenso groß, wie es als Hügel aufragt. Wenn ihr einen Ameisenhügel findet, schaut ihn euch doch mal genauer an! Passt dabei auf, die Ameisen nicht zu stören! Zahlreiche größere Eingangslöcher, die bei Bedarf verschlossen werden können, sind zu erkennen. Auch außerhalb des Nestes sieht man überall Ameisen! Damit sie immer wissen, wohin sie müssen, geben sie Duftstoffe ab. Das machen sie auch, wenn sie Hilfe brauchen, um eine größere Beute zu transportieren. Andere Ameisen eilen ihnen dann zu Hilfe. So entsteht eine regelrechte »Ameisenstraße«. Habt ihr eine Ameisenstraße gefunden, geht doch mal neben ihr entlang und schaut, wohin sie führt und wie lang sie ist! Bis zu 50 Meter weit laufen die Arbeiterinnen in den Wald, um Nahrung zu sammeln und weitere Aufgaben zu erfüllen. Sie sind sehr reinlich und legen etwas entfernt vom Bau eine Abfallstelle an, die auch als Ameisenfriedhof dient. Eine wirklich spannende Sache! Findet ihr das auch?

KURZINFO

Ausgangspunkt: Parkplatz und Bushaltestelle am »Haus des Gastes« in Hinterhermsdorf, 373 m (GPS: N50.925984, E14.358841).
Anfahrt: Von Pirna auf der B 172 nach Bad Schandau. Im Zentrum direkt nach der Kirche scharf links ins Kirnitzschtal und dem Straßenverlauf folgen bis nach Hinterhermsdorf (alternativ über Sebnitz – Saupsdorf – Räumichtmühle nach Hinterhermsdorf). Im Ortskern links abbiegen zum »Haus des Gastes«.
Mit dem Bus: Vom Nationalparkbahnhof Bad Schandau mit Buslinie 241 oder von Sebnitz mit Buslinie 268/269 nach »Hinterhermsdorf, Haus des Gastes«.
Gehzeit: 2.50 Std.
Distanz: 6,5 km.
Höhenunterschied: 240 m im Auf- und Abstieg (mit Turm).
Ausrüstung: Gut profilierte, wasserabweisende, möglichst knöchelhohe Trekking- oder Wanderschuhe (feuchte Wiesen!), Fernglas, Becherlupe.
Anforderungen: Ab 4 Jahren. Leichte Wanderung auf breiten Wegen und schmalen Wald- und Wiesenpfaden.
Einkehr: Kräuterbaude (kraeuterbaude.de, Tel. +49 35974 5250), Gasthäuser in Hinterhermsdorf.

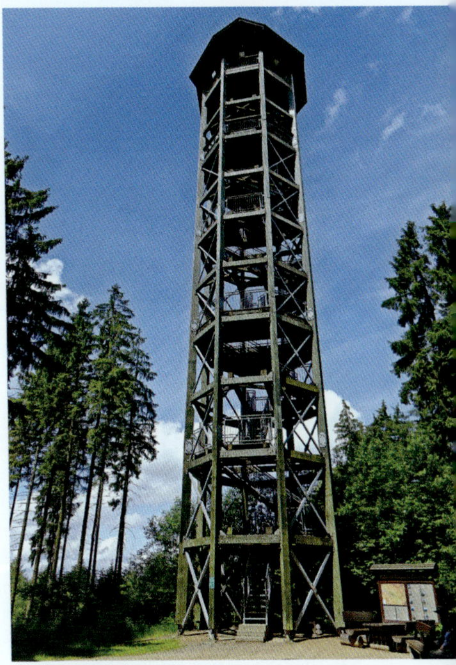

Der Weifbergturm.

Kinderwagen-Variante: Vom Parkplatz über die Weifbergstraße (Markierung »blauer Strich«) zum Weifbergturm und auf demselben Weg zurück.

Am **Ausgangspunkt (1)** nehmen wir die Straße nach rechts am Hotel Erbgericht vorbei und folgen der Markierung »grüner Strich« durch den Ort. 100 m nach der Waldarbeiterstube, einem fast 200 Jahre alten Umgebindehaus, biegen wir links in eine Straße ein, die zwischen einigen Siedlungshäusern hindurchführt. Nach etwa fünf Minuten zweigt links der mit gelbem Punkt markierte Panoramaweg ab, auf dem wir ab jetzt weiterwandern wollen. An einem Betriebsgelände vorbei geht es langsam aufwärts zu Wiesen und Feldern. Nach und nach weitet sich der Blick, und immer mehr der umliegenden Berge werden sichtbar. Bald können wir vor uns auf dem bewaldeten Weifberg den Aussichtsturm entdecken, unser erstes Tagesziel. Gemütlich wandern wir auf dem Panoramaweg bis zum Aussichtpunkt **Emmabank (2)**, hinter der sich eine moderne Flugleiteinrichtung befindet.

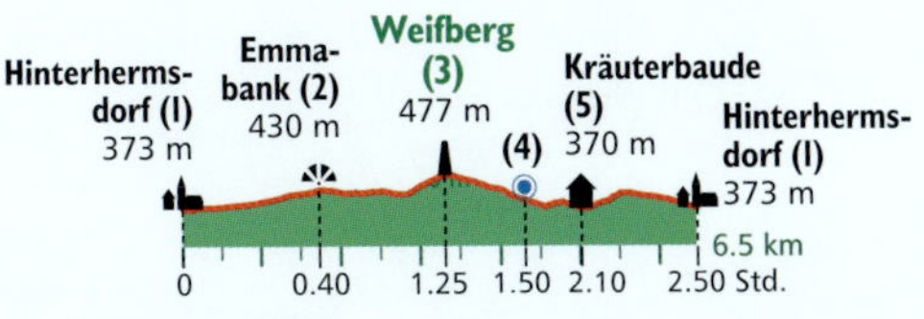

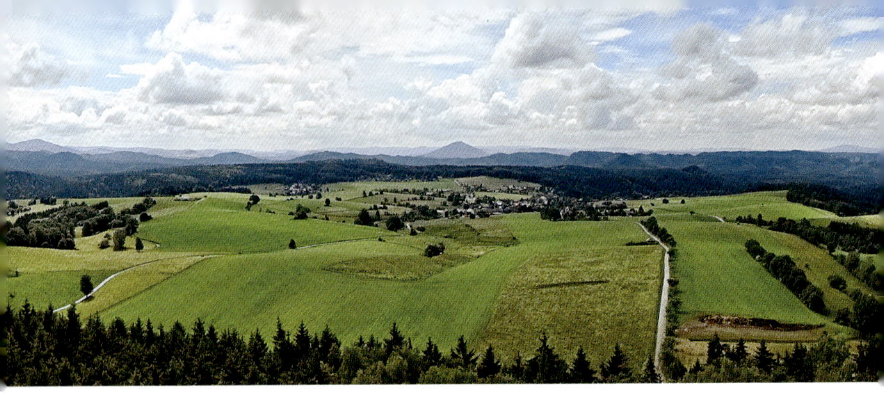

Panoramablick vom Weifberg. In der Mitte der auffällige Basaltkegel des Rosenbergs im Böhmischen, einst vom Dichter Hans Christian Andersen als »Tetschner Fujiyama« bezeichnet.

Auf drei Tafeln ist das uns umgebende Bergpanorama abgebildet, und wir können versuchen, die einzelnen Berggipfel in natura zuzuordnen. Auf einer weiteren Tafel erfahren wir mehr über die Blumenvielfalt dieses besonderen Landschaftsraumes rund um Hinterhermsdorf.

Nach kurzer Rast folgen wir dem Panoramaweg weiter Richtung Weif-

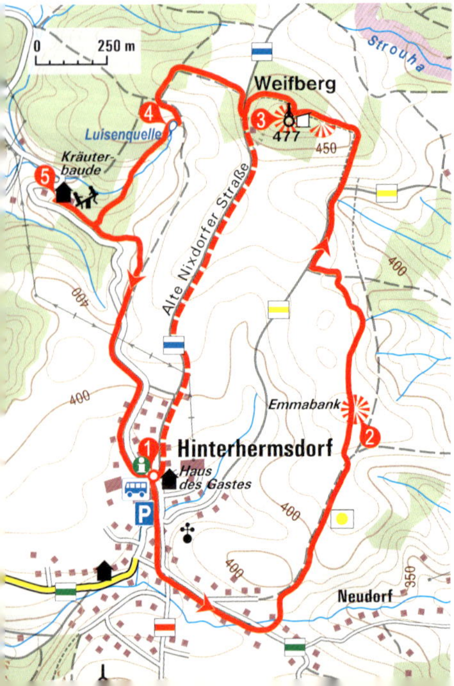

berg. Nach etwa 20 Minuten verlassen wir den breiten Wanderweg und steigen über einen Wiesenhang steil aufwärts. Dieses Wegstück ist rot markiert. An zwei Bänken unterwegs kann man kurz verschnaufen und noch mal zurück auf den bereits geschafften Wegabschnitt schauen. Noch ein kurzes Stück und schon stehen wir am höchsten Punkt des **Weifbergs (3)** (477 m). Die imposante Holzbalkenkonstruktion des achteckigen Aussichtsturmes ringt schon ein wenig Ehrfurcht ab, wenn wir die 173 Stufen auf den 37 Meter hohen Turm hinaufsteigen. Die Rundsicht von der überdachten Aussichtsplattform über das Elbsandsteingebirge, das Lausitzer und Böhmische Bergland bis hin ins Osterzgebirge ist überwältigend. Im Osten sehen wir die 22 Kilometer entfernte Lausche, höchste Kuppe des Zittauer Gebirges. Dahinter erkennen wir bei sehr guter Sicht sogar Isergebirge und Riesengebirge. Schauen wir nach Süden, erhebt sich knapp 12 Kilometer entfernt der mächtige Rosenberg als zentraler Basaltkegel der Böhmischen Schweiz. Im Westen entdecken wir ganz klein im Tal den mächtigen

Bloßstock vor den Affensteinen, die Schrammsteinkette und etwa 20 Kilometer entfernt den markanten Lilienstein.

Nach dem Abstieg vom Weifbergturm wandern wir links auf rot markiertem Wanderweg in Richtung »Grenzübergang« abwärts weiter. Wenig später treffen wir auf einen breiten Fahrweg und biegen scharf rechts ab. Nach 100 m folgen wir der Wegmarkierung »rotes Dreieck« links über eine Wiese. Bis zur Kräuterbaude ist nun etwas Aufmerksamkeit erforderlich, um den Weg nicht zu verfehlen, denn hier und da sind die Wegmarkierungen ausgeblichen. Hinter der Wiese führt der Weg im Wald links abwärts, um dann nach 130 m wieder links einem idyllischen Wiesenpfad zwischen Weidezäunen, an einer Eiche und ein paar Birken vorbei, in eine Senke hinein zu folgen. Bereits nach weiteren 130 m biegen wir nach rechts ab und gelangen so nach einigen Schritten zur **Luisenquelle (4)**. Ab hier führt unser Pfad, jetzt überwiegend im lockeren Mischwald, talwärts. Im Sommer sprießt überall das mannshohe Indische Springkraut mit seinen auffälligen rosa-weißen Blüten, auf einem kleinen, angestauten Tümpel schwimmt »Entengrütze«, und wenn man sich ganz still verhält, kann man den Vögeln und Grillen lauschen!

200 m nach dem Tümpel treffen wir auf einen Querweg, gehen rechts abwärts und erreichen nach zwei Minuten die **Kräuterbaude (5)**, die zur Einkehr einlädt. Serviert wird im schön gestalteten Gästegarten und für die Kinder sorgen ein Spielplatz,

Auf der Wanderung zur Kräuterbaude kommen wir an der Luisenquelle vorbei.

HIGHLIGHTS

- ★ Im Sommer beeindruckt die Wiesenlandschaft mit vielen bunten Blumen.
- ★ Panoramaweg zur Emmabank.
- ★ Aussichtsturm auf dem Weifberg.
- ★ Luisenquelle.
- ★ Kräuterbaude mit Hasen, Kaninchen und Alpakas.
- ★ Waldarbeiterstube (nur einige Tage im Monat geöffnet, im »Haus des Gastes« erfragen!). Hier kann man sich ansehen, wie die Waldarbeiter vor über 100 Jahren gelebt haben. Alte Möbel, Gerätschaften u.v.m. sind zu sehen.

ein Hasengehege und die beiden Alpakas für Abwechslung.

Nach der Rast wandern wir zurück nach Hinterhermsdorf. Die ersten Meter gehen wir auf demselben Weg in den Wald hinein und wandern dann geradeaus weiter aufwärts. Unterwegs halten wir uns immer leicht rechts und gelangen so an eine kleine, wenig befahrene Straße, der wir geradeaus aufwärts folgen. Nach der Anhöhe schlendern wir in den Ort hinein und erreichen nach etwa zehn Minuten wieder den **Ausgangspunkt (1)**.

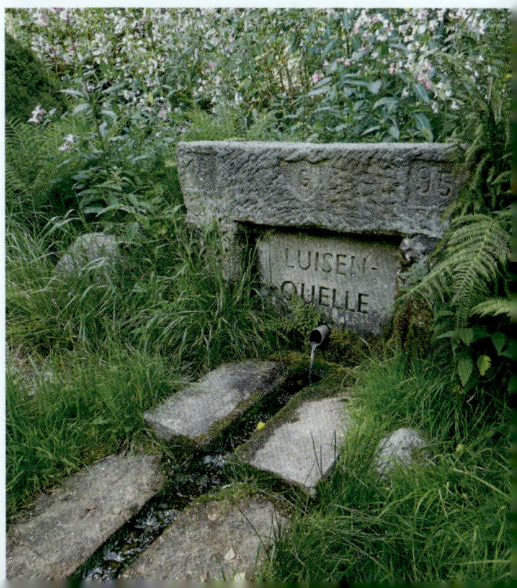

32 Weißbachtal

Von Hinterhermsdorf

ab 9 J.

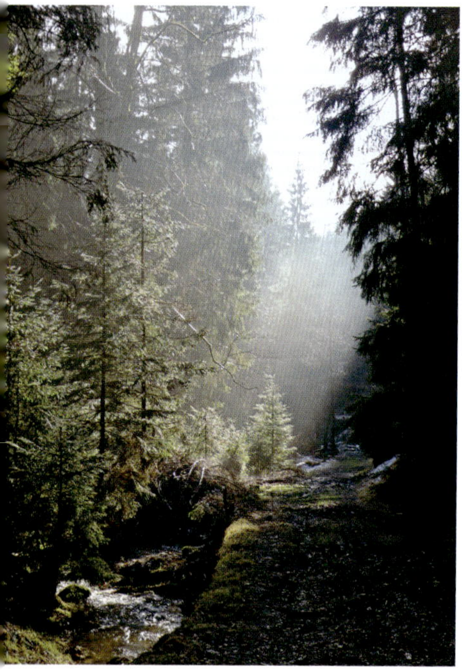

Entlang stiller Bach- und Flussläufe

Diese großartige Tageswanderung für konditionsstarke Kids führt uns auf den weithin sichtbaren Weifbergturm, der mit einem weiten Rundblick über die Sächsische und Böhmische Schweiz und auf Hinterhermsdorf belohnt. Einsamkeit umgibt uns, wenn wir ins idyllische Weißbachtal hinabsteigen und neben dem plätschernden Bach bis zur Kirnitzsch dahinschlendern. Die alte, verlassene Niedermühle, die ausschaut, als könnte sie als Kulisse in einem Märchenfilm gedient haben, steht plötzlich im engen, tiefeingeschnittenen, kühlen Kirnitzschtal vor uns. Immer wieder können die Kinder unterwegs am Wasser spielen und sich an heißen Sommertagen abkühlen.

Im Weißbachtal.

KURZINFO

Ausgangspunkt: Parkplatz und Bushaltestelle am »Haus des Gastes« in Hinterhermsdorf, 373 m (GPS: N50.925984, E14.358841).
Anfahrt: Von Pirna auf der B 172 nach Bad Schandau. Im Zentrum direkt nach der Kirche scharf links ins Kirnitzschtal und dem Straßenverlauf folgen bis nach Hinterhermsdorf (alternativ über Sebnitz – Saupsdorf – Räumichtmühle nach Hinterhermsdorf). Im Ortskern links abbiegen zum »Haus des Gastes«.
Mit dem Bus: Vom Busbahnhof Pirna (ZOB) oder vom Nationalparkbahnhof Bad Schandau mit Buslinie 241 oder von Sebnitz mit Buslinie 268/269 nach »Hinterhermsdorf, Haus des Gastes«.
Gehzeit: 4.30 Std.
Distanz: 12,5 km.
Höhenunterschied: 450 m im Auf- und Abstieg.
Ausrüstung: Gut profilierte Freizeit- oder Sportschuhe, Handtuch, Fernglas. Unbedingt ausreichend Verpflegung und Getränke.
Anforderungen: Ab 9 Jahren. Leichte, aber sehr lange Wanderung für konditionsstarke Kinder auf breiten Wald- und Forstwegen und schmalen Waldpfaden. Der Hauptteil der Wanderung führt durch kühle Waldtäler.
Einkehr: Unterwegs keine; mehrere Gasthäuser in Hinterhermsdorf.
Hinweis: Vorsicht, größere Totholz-Gebiete! Siehe S. 27.

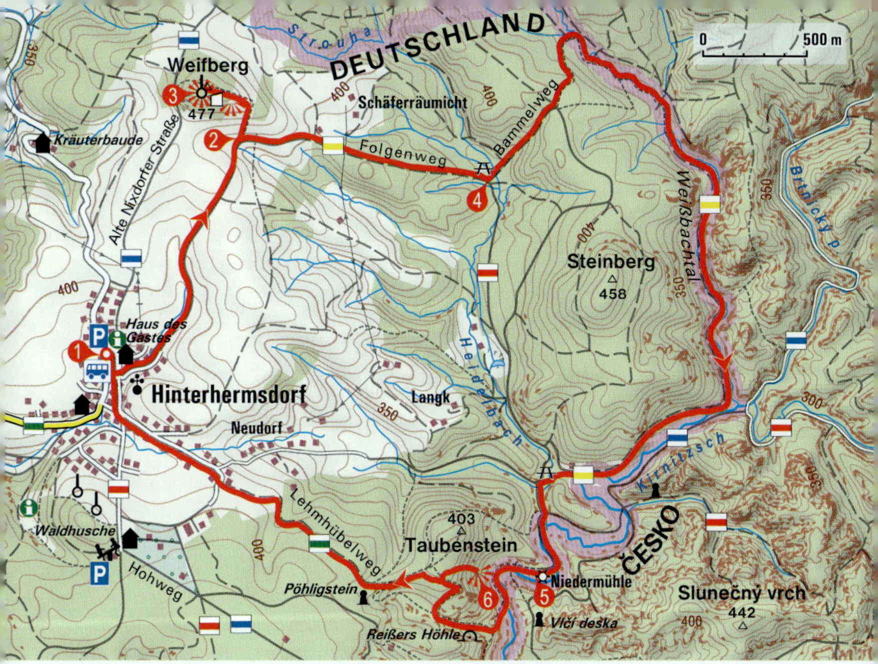

Unsere fast durchgängig mit einem gelben Balken markierte Wanderung startet von der Bushaltstelle bzw. vom Parkplatz beim »Haus des Gastes« in **Hinterhermsdorf (1)**. Wir gehen am Gasthof Erbgericht vorbei abwärts, um direkt dahinter den Oberdorfweg nach links zu nehmen. Vorbei an einigen kleinen Fachwerkhäuschen überqueren wir bald halb rechts haltend den liebevoll gestalteten Pfarrplatz mit seinem von einer Quelle gespeisten Wasserspiel. An der nächsten Wegkreuzung folgen wir links dem markierten Weg aus dem Dorf heraus. Der breite Fahrweg führt immer geradeaus über die Felder. Wenn wir einmal zurückschauen, erblicken wir die kleine gelbe Dorfkirche, die wir zu anderer Gelegenheit unbedingt einmal besuchen sollten. Nach etwa einem Kilometer kommen wir in einer scharfen Rechtskurve an den **Abzweig (2)** zum Weifbergturm. Da der Turm locker in einer Viertelstunde zu erreichen ist, können wir ihm noch einen kurzen Besuch abstatten. Immer der roten Markierung folgend steigen wir über die Wiese auf, an einer Bank am kleinen Wäldchen vorbei und oben links über die Weide zu einer weiteren Bank, der Kaltenberg-Aussicht. Hier führt der Weg nun in den Wald hinein zum **Weifbergturm (3)**. Nachdem wir

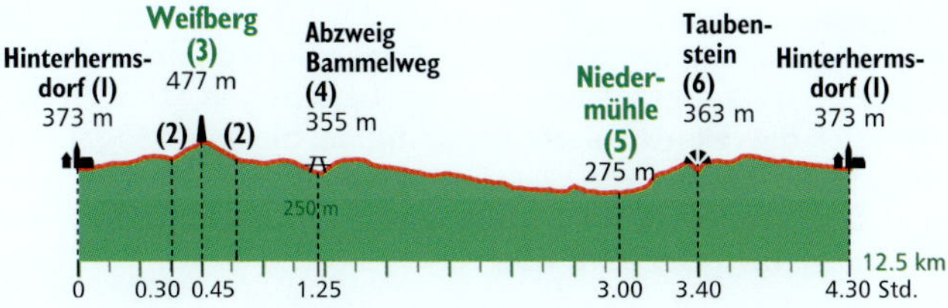

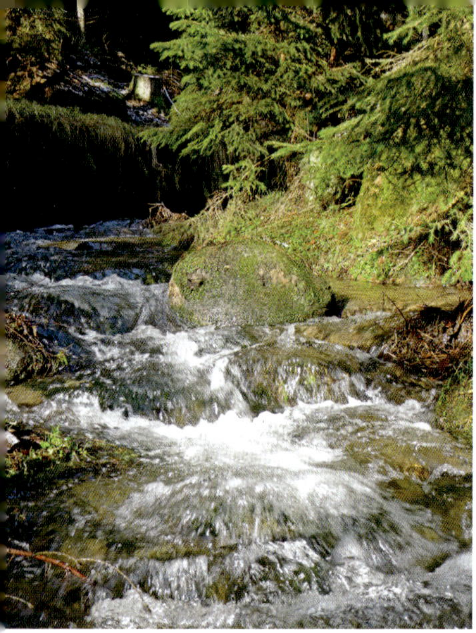

Der Wanderweg führt immer am plätschernden Bächlein entlang, in dessen Mitte die Grenze zu Tschechien verläuft.

die 173 Stufen hinaufgestiegen sind, können wir die grandiose Rundsicht über das Elbsandsteingebirge, das Lausitzer und Böhmische Bergland bis hin ins Osterzgebirge genießen (siehe auch Beschreibung der Aussicht in Tour 31). Zurück nehmen wir denselben Weg bis hinunter zum **Abzweig (2)**. Weiter geht es auf dem mit gelbem Balken markierten Fahrweg Richtung »Schäferräumicht/Weißbachtal«. Am Gehöft des Schäferräumicht vorbei führt unsere Wanderung nun in den Wald hinein. Nach etwa 20 Minuten treffen wir auf eine Wegkreuzung mit einem **Rastplatz (4)** mit Tisch und Bänken und einem kleinen Bach. Wir nutzen die Gelegenheit, um uns zu stärken. Anschließend gehen wir links den Bammelweg weiter. Für einen halben Kilometer geht es noch einmal bergan. Auf dem Bergrücken angekommen, überqueren wir die Kalkstraße, deren Name an den früheren Kalkabbau in dieser Gegend erinnert, und folgen nun halb links dem Weg ins **Weißbachtal** hinab. Bald treffen wir auf die Grenze zu Tschechien. Der Wanderweg biegt hier scharf rechts ab und führt im-

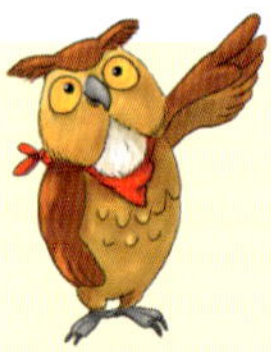

Hallo Kinder,

alte Wassermühlen haben meist ein großes Mühlrad mit breiten Schaufeln. Wenn das Wasser auf die Schaufeln trifft, treibt es das Mühlrad an. Es dreht sich. Über eine Achse wird im Inneren der Mühle dann der Mühlstein angetrieben. Mit diesem kann der Müller Getreidekörner zu Mehl mahlen. Solch ein Mahlwerk könnt ihr euch in der Schmilk'schen Mühle genauer ansehen (Touren 21–23). Neben solchen Getreidemühlen gab es auch viele Sägemühlen, wie zum Beispiel die Niedermühle bei Hinterhermsdorf, in denen Baumstämme zu Brettern verarbeitet wurden. Dabei treibt die Kraft des Wassers über das Mühlrad ein Sägewerk an. Im Technischen Denkmal Neumannmühle (Freizeittipp E3) ist so ein Sägewerk zu besichtigen. Unweit davon befindet sich die rekonstruierte Felsenmühle, die heute sogar noch in Betrieb ist. Oft treiben alte Wassermühlen heute aber auch Generatoren an und produzieren auf diese Weise umweltfreundlich elektrischen Strom. Nicht schlecht, oder?

mer am Bachlauf entlang in ein liebliches, ruhiges Tal hinein. Nach einer Weile tauchen rechts und links Sandsteinwände auf und der Weißbach schlängelt sich durch das immer tiefer werdende Tal. Nach etwas mehr als einer halben Stunde Gehzeit öffnet sich das Tal zu einer Wiesenaue. Hier mündet der Weißbach in die **Kirnitzsch**. Wir wandern rechts weiter, an der Kirnitzschaue entlang, bis zu einer kleinen Häusergruppe. Ein riesiges, aus einem Holz geschnitztes Messer und eine kleine Tafel mit einem interessanten Sprüchlein, welches zum Nachdenken anregt, sind hier kleine Attraktionen im Vorübergehen. Am nächsten Haus müssen wir nicht nur wegen der Bienen der Imkerei etwas aufmerksamer sein. 50 m dahinter biegt der markierte Weg etwas unscheinbar nach links in den Wald ab. Im Zickzack steigen wir den schmalen Pfad mit einigen Stufen im Hochwald hinunter zu einem kleinen Holzsteg über den **Heidelbach**. Dann gehen wir links zu einem riesigen Felsüberhang mit einem netten, kleinen Rastplatz darunter. An der dahinter befindlichen Wegkreuzung halten wir uns links. Neben uns plätschert der Heidelbach dahin, um wenig später an der nächsten Kreuzung in die Kirnitzsch zu münden. Wir halten uns halb rechts weiter auf dem Fahrweg. Bereits nach der nächsten Kurve taucht vor uns die idyllisch vor einer schluchtartigen Talverengung liegende **Niedermühle (5)** auf. Sie gilt als eine der ältesten Mühlen des Kirnitzschtals und diente zum Sägen und Schneiden von Brettern. Das

HIGHLIGHTS

- ★ Wandern entlang des einsam dahinplätschernden Weißbachs unmittelbar an der Grenze zu Tschechien, mit etwas Glück kann man hier dem seltenen Schwarzstorch begegnen.
- ★ Grandiose Aussicht vom Weifbergturm.
- ★ Pause an der Niedermühle, der ältesten Mühle des Kirnitzschtals.

Der Fischotter war hierzulande bereits fast ausgestorben. Heute leben wieder einige Tiere in den stillen Seitenflüssen der Elbe.

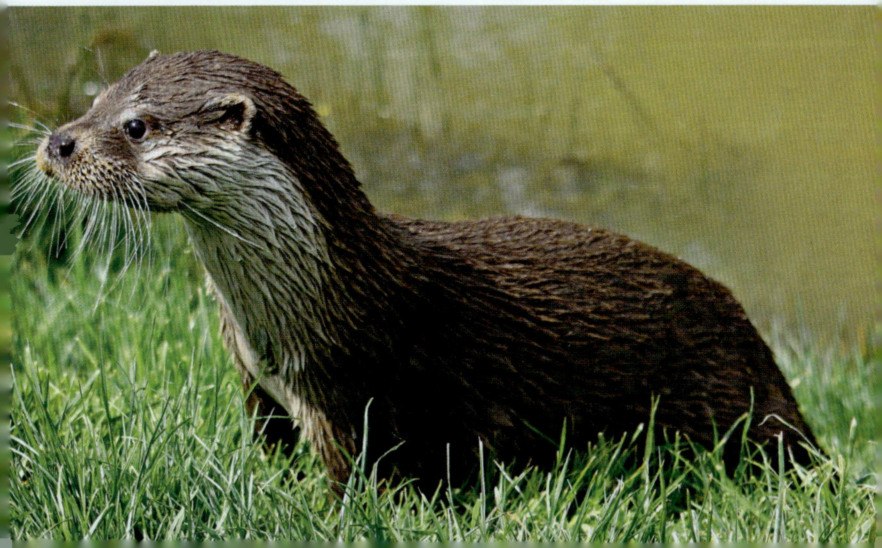

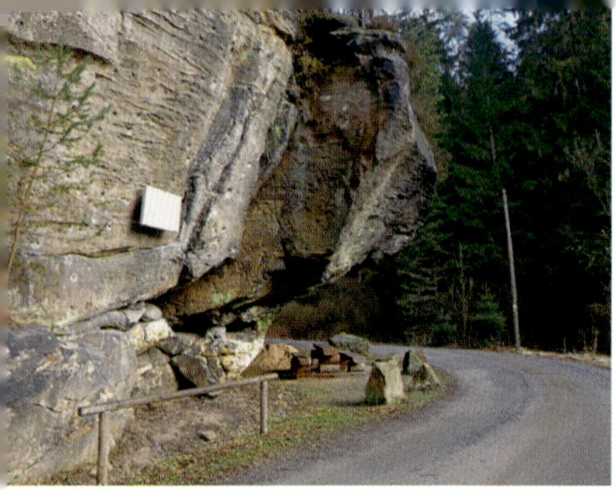

Ein beeindruckender Pausenplatz unter einem riesigen Felsdach.

Wehr, der Mühlgraben und die Gebäude werden seit einiger Zeit wieder Schritt für Schritt hergerichtet. Wir schauen uns hier ein wenig um und lassen das Ambiente auf uns wirken.
Zwischen den beiden Häusern auf der rechten Seite gehen wir nun einen schmalen Weg oberhalb des Flusses am Hang entlang, um bald wieder hinabzusteigen zu einem breiten Fahrweg. Hier befand sich früher eine Grenzbrücke, für uns ist hier die letzte Möglichkeit, noch mal am Wasser zu spielen und die malerische Landschaft auf uns wirken zu lassen. Wenige Meter weiter verlassen wir das Kirnitzschtal, um im **Reißers Grund** zum Taubenstein aufzusteigen. Nach 80 m taucht links vom Weg ein riesiger Felsüberhang mit großen, bemoosten Felsblöcken davor auf. Im Dunkel der Höhle soll sich früher ein Räuber namens Reißer versteckt haben. Nach etwa einer halben Stunde haben wir den steilen Aufstieg geschafft und biegen rechts zum **Taubenstein** ab. Verträumt liegt diese Aussicht **(6)** über dem Tal und lässt uns tief hinunter auf Kirnitzsch und Niedermühle schauen. Gelegenheit für eine letzte Rast, bevor wir nach Hinterhermsdorf zurückspazieren.
Von der Aussicht führt der breite Waldweg immer auf der Höhe entlang. Nach etwa 500 m biegen wir halb rechts in den Lehmhübelweg ab, der uns direkt nach Hinterhermsdorf bringt. Unterwegs kann man links des Weges einen Gedenkstein entdecken, der an den Waldarbeiter Wilhelm Pöhlig erinnert, welcher hier auf dem Heimweg von seiner schweren Arbeit im Jahre 1889 verstarb. Nach Verlassen des Waldes gibt ein schöner Wiesenweg noch einmal den Blick frei auf die Hügel um Hinterhermsdorf und den Weifberg mit seinem auffälligen Aussichtsturm. Im Ort halten wir uns mit der Markierung »gelber Strich« immer leicht rechts, bestaunen die vielen Umgebindehäuser und informieren uns an einer Infotafel über diesen hier verbreiteten besonderen Baustil. Daneben befindet sich die **Waldarbeiterstube**, ein kleines Museum, und oberhalb die kleine gelbe Kirche. Vielleicht ist noch etwas Zeit, um an diesem beschaulichen Ort den Wandertag zu beschließen, bevor wir an das nur noch 200 m entfernte **»Haus des Gastes« (1)** zurückkehren.

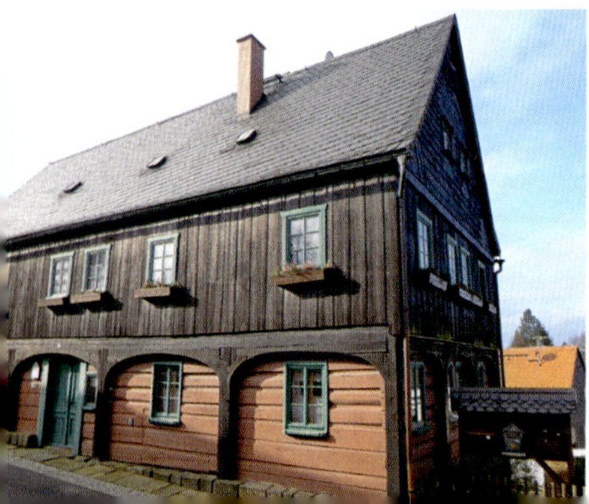

In Hinterhermsdorf steht dieses liebevoll restaurierte Umgebindehaus. Im kleinen Museum können wir uns ansehen, wie die Menschen früher in diesen Häusern gelebt haben.

Felsensteig im Khaatal

Ins Khaatal bei Kyjov (Khaa) ab 5 J.

Stiegenkraxelei im Böhmischen
Dieses weit abgelegene Felsental eignet sich gut für alle Urlauber, die in der Böhmischen Schweiz Quartier bezogen haben. Ein abwechslungsreicher Steig führt durch die märchenhafte Felsenlandschaft. Im steten Auf und Ab geht es über die in den Sandstein gehauenen Stufen durch Höhlen und Spalten, zu Aussichten und Felstürmchen. Ein eher ruhiges Ziel für eine Halbtagestour. In Verbindung mit einer Radtour von Hinterhermsdorf aus ins böhmische Kirnitzschtal ist es ein anspruchsvoller Tagesausflug und eine absolute Empfehlung.

Am Fahnenstein endet eine Treppe an einer Spalte, die man besser nicht hinaufklettern sollte!

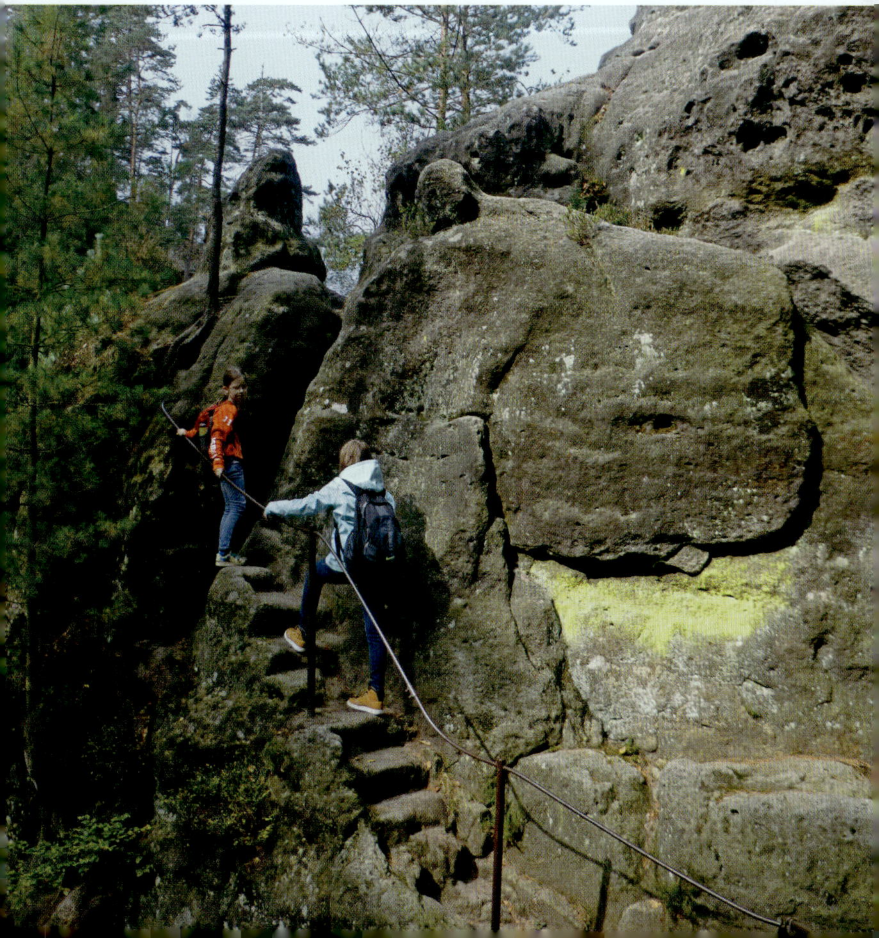

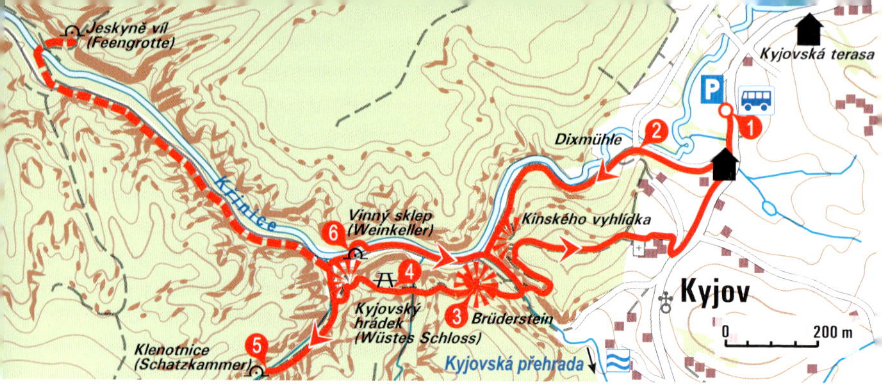

KURZINFO

Ausgangspunkt: Parkplatz in der Ortsmitte von Kyjov (Khaa), 365 m (GPS: N50.914366, E14.462700).
Anfahrt: Von Bad Schandau über Sebnitz nach Dolní Poustevna, dort rechts Richtung Vilémov und Krásná Lípa. Etwa 20 km nach der Grenze rechts Richtung Doubice/Kyjov abbiegen, nach 2,5 km in Kyjov (Khaa) rechts parken (ca. 35 Min. Fahrzeit ab Grenze).
Alternativ über Bad Schandau, Schmilka, Hřensko, Jetřichovice und Doubice nach Kyjov (ca. 45 Min. Fahrzeit ab Grenze).
Mit dem Bus: Von Hřensko mit Buslinie 512 oder 434 Richtung Krásná Lípa bis »Krásná Lípa, Kyjov, host.«. (ca. 1.15 Std./ ca. 50 Kč).
Gehzeit: 1.40 Std.
Distanz: 3,4 km.
Höhenunterschied: 170 m im Auf- und Abstieg.
Ausrüstung: Gut profilierte Trekking- oder Wanderschuhe, Verpflegung und Getränke, Personalausweise.
Anforderungen: Ab 5 Jahren. Kurzweilige, mittelschwierige Wanderung teils auf schmalen Pfaden, Treppen und Leitern. Trittsicherheit erforderlich. Vorsicht, an einigen Passagen geht es direkt neben dem Pfad tief hinunter! Vorsicht bei Nässe! Nicht bei Schnee und Eis!
Einkehr: Unterwegs keine. Gasthaus »Na fakultě« am Abzweig ins Khaatal und Pension »Kyjovská terasa« (kyjovska-terasa.cz, Tel. + 420 412 334324) 200 m nördlich des Ausgangspunktes.
Variante: Wer möchte, kann zusätzlich der »Feengrotte« (Jeskyně víl) einen Besuch abstatten. Man wandert vom »Weinkeller« auf dem Radweg etwa 700 m bachabwärts, dann rechts auf einem Waldweg hinunter zu einer kleinen Brücke und dahinter rechts über Wurzeln etwa 150 m den Hang steil hinauf (oben Ketten).
Fahrradtour: Ab 9 Jahren. Von Hinterhermsdorf auf der Neudorfstraße zum Grenzübergang Hinter Daubitz (Zadní Doubice), weiter auf dem Radweg 3032 durchs Khaatal (Kyjovské Udolí) nach Khaa (Kyjov). Auf der Rückfahrt muss ein sehr steiler Anstieg hinauf nach Hinterhermsdorf bewätigt werden (hin und zurück ca. 20 km, 180 Hm, ca. 2.00 Std.).
Hinweis: Vorsicht, Totholz-Gebiete! Siehe S. 27.

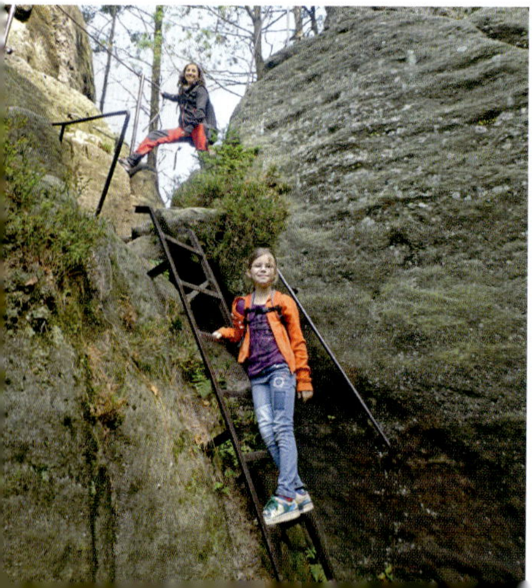

Am Fahnenstein führt der Bergpfad über eine kurze Leiter hinab.

Vom Parkplatz bzw. der Bushaltestelle in **Kyjov (1)** folgen wir der Ortsstraße in südlicher Richtung. Nach wenigen Metern biegen wir am rustikalen Gasthaus »Na fakultě« nach rechts auf den rot markierten Wanderweg ins Khaatal ab. Der Weg ist hier asphaltiert, da er auch als Radroute genutzt wird. Nach einigen Minuten erreichen wir die ehemalige **Dixmühle (2)**. Eine große Tafel informiert uns über die Geschichte dieser Mühle, in der der Lausitzer Müllerbursche Pumphut, dem man Zauberkräfte nachsagte, seinen Schabernack getrieben haben soll. Wir folgen dem Teerweg weiter und kommen bald in den Wald, wo neben dem Weg die Kirnitzsch dahinplätschert. Nach etwa 500 m stoßen wir auf ein Bächlein, das von links herunterfließt. Hier nehmen wir den Abzweig nach links

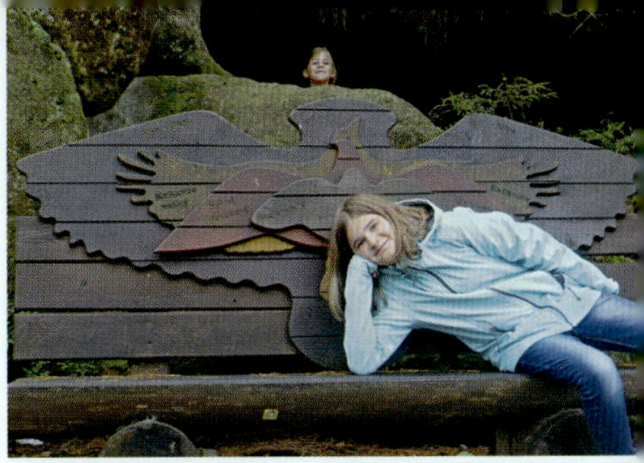

An der Vogelbank.

und treffen bald darauf auf den Wegweiser »Sýrový potok«. An dieser Kreuzung biegen wir rechts in den Felsensteig Richtung »Kyjovský hřadek« ein. Über Stufen geht es auf dem gelb und grün gekennzeichneten Steig aufwärts. Oben treffen wir auf den Aussichtsfelsen **»Brüderstein 1884« (3)**. Wenige Meter weiter führt der Weg dann an der hübsch gestalteten »Vogelbank«

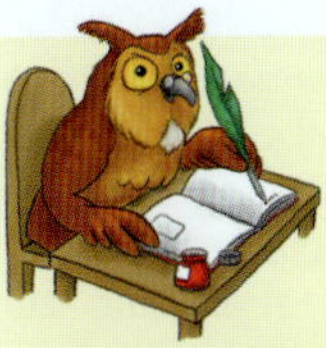

Hallo Kinder,

in den Dörfern Böhmens und der Hinteren Sächsischen Schweiz seht ihr viele Häuser, die mittels einer besonderen Bauweise errichtet wurden. Die eine Haushälfte ist meist aus Stein erbaut. Die andere Hälfte ähnelt einem Blockhaus mit dicken Holzbohlen und kleinen Fenstern. Davor befinden sich hölzerne Stützpfeiler mit meist bogenförmig gearbeiteten Spannriegeln und Kopfbändern. Darauf ruht das Dach oder das Obergeschoß im Fachwerkstil. Dieses Ständerwerk wird als »Umgebinde« bezeichnet. Es ist eine sehr alte Bauweise, die bereits im 16. Jahrhundert genutzt wurde, um die guten wärmedämmenden Eigenschaften von Holz auszunutzen und gleichzeitig eine stabile Gesamtkonstruktion zu erreichen. In der Sächsisch-Böhmischen Schweiz gibt es nur noch einige Tausend solcher Umgebindehäuser. Weil sie etwas ganz Besonderes sind, stehen sie unter Denkmalsschutz.

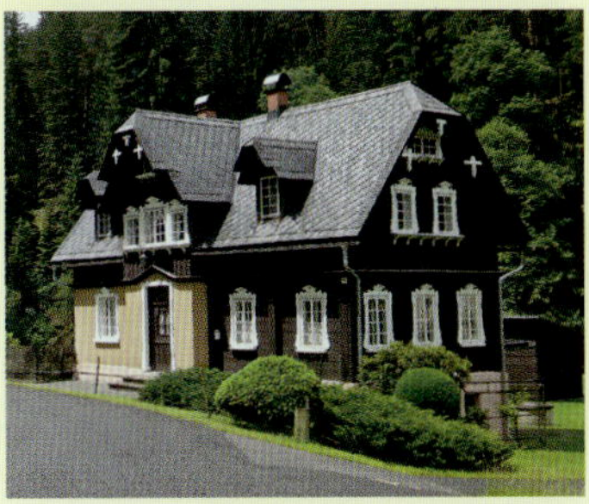

In der Dixmühle soll »Pumphut« seinen Schabernack getrieben haben.

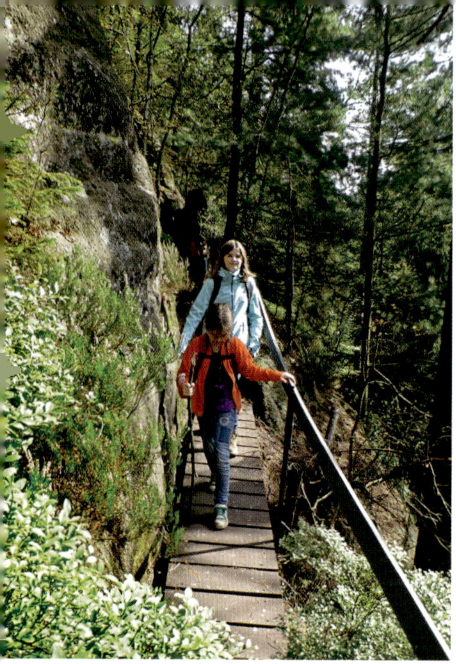

Schmalen Stege und Treppen, die teils überraschend hinter Felsecken auftauchen, lassen niemals Langeweile aufkommen.

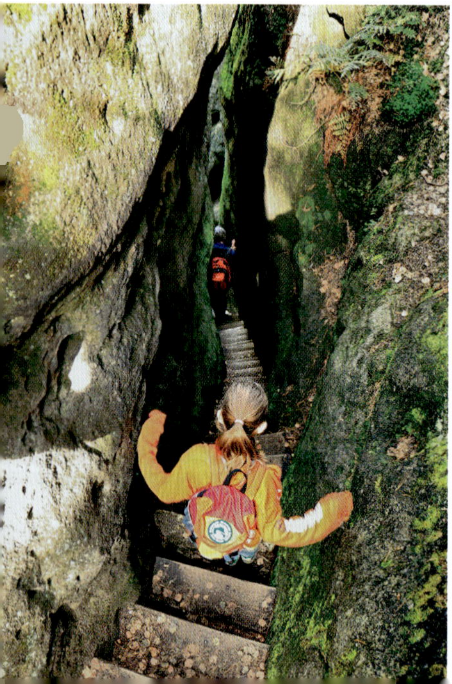

vorbei durch die »Löwenhöhle« hindurch. Nach der Querung einer Senke halten wir uns über einige Stufen rechts aufwärts und erreichen so die Anhöhe des »Wüsten Schlosses« mit einem kleinen überdachten **Rastplatz (4)** (Kyjovský hřadek). Ausgrabungsfunde deuten hier auf eine frühere befestigte Ansiedlung aus dem 13. bis 14. Jahrhundert hin.

Etwas weiter kommen wir an eine romantische Aussicht mit einer kleinen Bank. Vor uns sehen wir den »Fahnenstein«. Tief unter uns, im schluchtartig eingeschnittenen Khaatal, hören wir die Kirnitzsch rauschen. Links der Aussicht steigen wir über Stufen durch eine sehr enge Kluft hinab. Über eine Eisenleiter erreichen wir einen Steig, der in ein kleines Tälchen hinunterführt. In diesem Tal sollen Räuber ihre Beute in der sogenannten »Schatzkammer« (Klenotnice) versteckt haben. Um zu ihr zu gelangen, folgen wir dem Weg nach links. 200 m weiter treffen wir rechts vom Weg auf eine schon etwas verblichene Inschrift hoch oben am Felsen, die zum Nachdenken anregt. Links daneben befindet sich die hohe, tunnelartige Felskluft der **»Schatzkammer« (5)**.

Auf demselben Weg wandern wir durch das Tälchen zurück, bis wir auf den asphaltierten Radweg im Khaatal treffen. Hier gehen wir kurz rechts und erreichen nach einigen Metern eine Treppe, die zum Wildbach hinunterführt. Eine kleine Höhle, **»Weinkeller« (6)** (Vinný sklep)

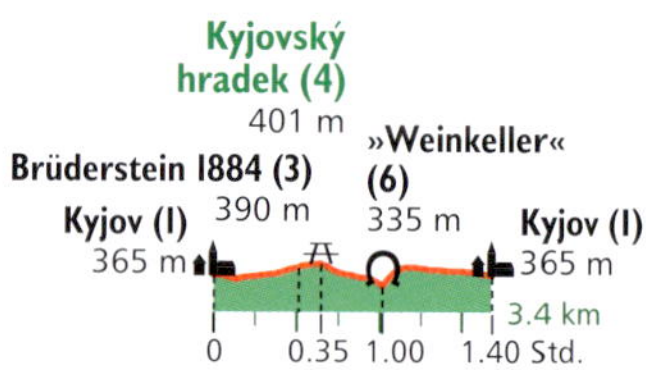

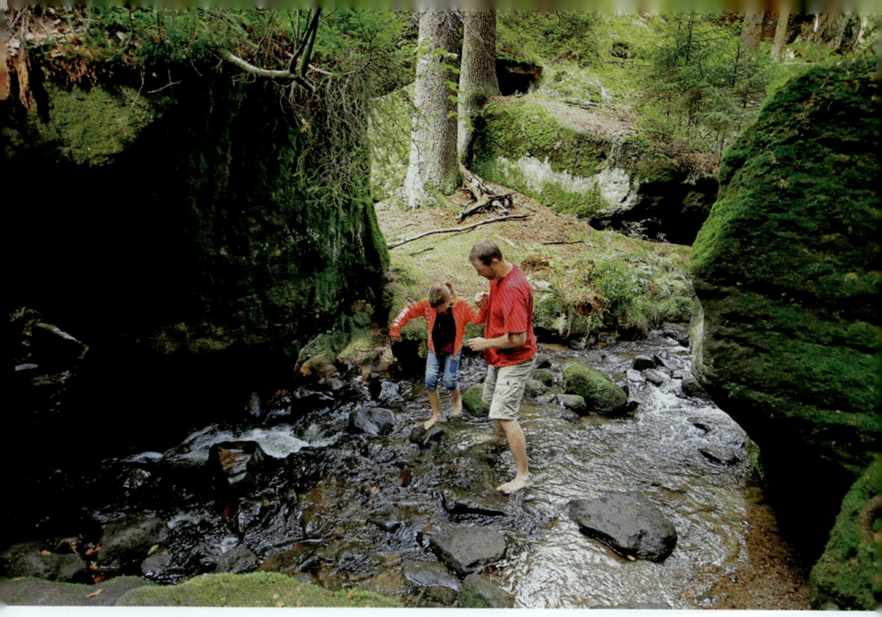

Im Hochsommer ist diese Stelle am Wasser unweit des »Weinkellers« sehr beliebt bei Groß und Klein.

genannt, und ein romantisches Felsentor im Bach sind diesen Abstecher wert.

Wieder zurück auf dem Radweg laufen wir auf diesem weiter talaufwärts Richtung Khaa (Kyjov). Nach etwa 250 m erreichen wir den uns bereits bekannten Abzweig am kleinen Bächlein. Noch einmal folgen wir dem Bächlein bis zum Wegweiser »Sýrový potok«, biegen diesmal jedoch nach links über die kleine Brücke ab und steigen über Treppen steil aufwärts. Auf einem lieblichen Pfad geht es durch ein paar Durchschlüpfe und zuletzt durch einen engen Gang über die »Himmelsleiter« hinauf zur **Fürst-Kinsky-Höhe** (Kinského vyhlídka). Oben angekommen wandern wir gemütlich durch den Wald und kommen nach etwa fünf Minuten an einen wie verwunschen daliegenden Friedhof mit alten Gräbern mit vielen deutschen Namen. Durch den Friedhof hindurch folgen wir der gelben Wegmarkierung am ehemaligen Schulgelände vorbei und dann rechts bis zur Dorfstraße. Diese wandern wir nach links am Gasthaus vorbei zum **Ausgangspunkt (1)**.

HIGHLIGHTS

- ★ Das ständige Auf und Ab über den Felsensteig ist spannend und abwechslungsreich. Besondere Stellen unterwegs sind die »Löwenhöhle« mit der Vogelbank, die Aussicht am Fahnenstein, die »Schatzkammer« und die »Himmelsleiter«.
- ★ Spielen am Kirnitzschbach bei der Höhle »Weinkeller«.
- ★ Im Winter kann man in der »Feengrotte« (Jeskyně víl) oft wundervolle, bizarre Eisgebilde bestaunen (siehe Variante).
- ★ Die Tour ist sehr lohnend in Verbindung mit einer Radtour ab Hinterhermsdorf (siehe Kurzinfo).

34 Dittersbacher Felsenwelt

Von Jetřichovice (Dittersbach) ab 8 J.

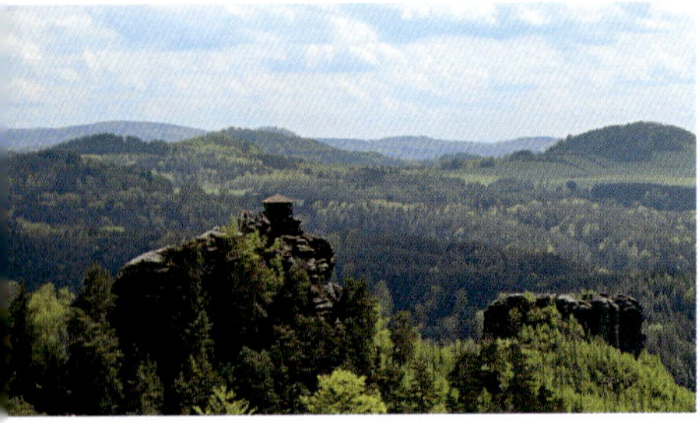

Die pavillonartige Schutzhütte auf dem Marienfels ist weithin zu sehen.

Gipfel-Trilogie inmitten der Böhmischen Schweiz

Zu den herausragendsten Aussichtspunkten der Böhmischen Schweiz gehört ohne Zweifel die Hütte auf der Spitze des Marienfelses (Mariina skála). Im Jahre 1856 als Waldbrand-Beobachtungsposten errichtet, bietet die kleine Schutzhütte heute einen einmaligen Rundblick über die böhmische Felsenwelt. Sowohl der Marienfels als auch die beiden weiteren Aussichtsfelsen dieser Tour, die Wilhelminenwand (Vilemínina stěna) und der Rudolfstein (Rudolfův kámen), verdanken ihre Namen der Fürstenfamilie Kinsky, die sich im 19. Jahrhundert um die Erschließung der Dittersbacher Felsen verdient gemacht hat. Spannend geht es für große und kleine Wanderer in der Steiganlage auf den Rudolfstein zu – ein echtes Kletterabenteuer.

KURZINFO

Ausgangspunkt: Jetřichovice (Dittersbach), Parkplatz am Imbiss »K1«, 230 m (GPS: N50.853906, E14.398852).

Anfahrt: Von Bad Schandau auf der B 172 Richtung Děčín, in Hřensko nach links Richtung Jetřichovice. Nun immer der Hauptstraße folgend über Mezní Louka (Rainwiese) und Vysoká Lípa (Hohenleipa) bis Jetřichovice. Dort am Abzweig nach Srbská Kamenice links, am Restaurace »Praha« und der Nationalparkinfostelle mit Bushaltestelle vorbei und nach knapp 200 m links zum großen Parkplatz unter einem auffällig gelben Felsen.

Mit dem Bus: Von Hřensko mit der tschechische Buslinie 512434 bis Haltestelle »Jetřichovice, host.« (tschechische Kronen bereithalten, Fahrplan: jizdnirady.idnes.cz). (Die Anfahrt von Deutschland ist umständlich und mit Kindern eher nicht geeignet: S-Bahn bis Schöna, mit Fähre nach Hřensko übersetzen, über die Brücke laufen und mit dem Bus von »Hřensko, nábř.« nach »Jetřichovice, host.«.) Vom Wegweiser neben der Bushaltestelle an der Nationalparkinfostelle dem rot markierten Wanderweg Richtung Marienfels (Mariina skála) folgen. Die kleine Straße hinauf, an einem Gasthaus vorbei und rechts haltend über eine kleine Wiese zum Parkplatz am Imbiss »K1« neben dem gelben Felsen.

Gehzeit: 3.50 Std.

Distanz: 6,9 km.

Höhenunterschied: 440 m im Auf- und Abstieg.

Ausrüstung: Gut profilierte Trekking- oder Wanderschuhe, ausreichend Verpflegung und Getränke, Personalausweise.

Anforderungen: Ab 8 Jahren. Bergwanderung mit z. T. steilen Auf- und Abstiegen über Treppen und Leitern. Kondition, Trittsicherheit und Schwindelfreiheit erforderlich. Vorsicht bei Nässe! Nicht bei Schnee und Eis begehen!

Einkehr: Unterwegs keine; einige Gasthäuser in Jetřichovice.

Hinweis: Vorsicht, Totholz-Gebiete! Siehe S. 27.

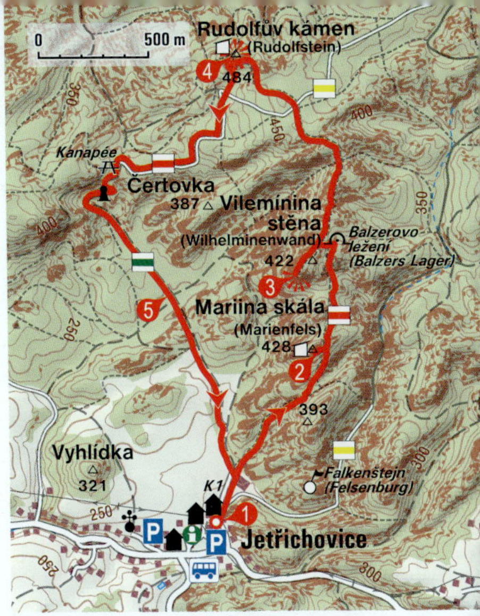

Vom Parkplatz am **Imbiss K1 (1)** nehmen wir den rot markierten Weg links an einer großen Informationstafel vorbei Richtung Marienfels (Mariina skála). Vor uns ragt der Marienfels mit seiner kleinen, pavillonartigen Schutzhütte auf dem Gipfel empor. Wir laufen am Gelände eines ehemaligen Kindersanatoriums entlang und folgen bei der Weggabelung am Nationalparkeingang dem rechten Weg mit der roten Markierung. Es geht auf Holzstufen und später auf Steintreppen nach oben. Je höher wir kommen, umso mehr tote, verkohlte Baumstämme ragen in den Himmel. Ein unheimlich anmutendes Waldstück. Hier war nicht der Borkenkäfer oder die Luftverschmutzung Ursache des Waldsterbens, sondern ein verheerender Waldbrand, der im Jahr 2006 wütete. Heute sieht man, wie sich die Natur hier wieder entfaltet. Zuerst wuchsen ein paar Moose und Flechten, Gräser und Wildblumen auf der sich selbst überlassenen Fläche, dann kleine Büsche und Farne. Jetzt gedeihen schon kleinere Bäume, wie Birke, Kiefer oder Vogelbeere, und ein junger Wald entsteht unter den toten Gespensterbäumen. Bald ebnet sich der Weg, und nach links zweigt der Weg zum Gipfel ab. Während des luftigen Aufstieges sollten Eltern und Kinder unbedingt gemeinsam gehen.

Spannend geht es durch eine dunkle Felsspalte und über steile Holz- und Sandsteintreppen empor. Die kleine Schutzhütte auf dem hohen Gipfel des **Marienfelses (2)** lädt zur wohlverdienten Rast. Der Rundblick von hier oben ist grandios und entschädigt für die Strapazen des Aufstieges. Unterhalb im »Gespensterwald« sehen wir den Falkenstein, auf dem im Mittelalter eine Burganlage stand. In der anderen Richtung können wir schon die nächsten beiden Highlights sehen: die Aussicht von der Wilhelminenwand mit Geländer und den Rudolfstein mit seiner Gipfelhütte.

Der Abstieg zum Wanderweg ist schnell geschafft. Wir folgen ihm nach links. Nach etwa einer Viertelstunde im mäßigen Auf und Ab, zuweilen über ein paar Holz- und Steinstufen, erreichen wir einen großen Felsüberhang, der den Dorfbewohnern in unruhigen Zeiten als Versteck diente und später von Waldarbeitern als Lagerplatz genutzt wurde. Von hier geht es hinauf, und nach einigen Minuten stehen wir am Abzweig zum Aussichtspunkt **Wilhelminen-**

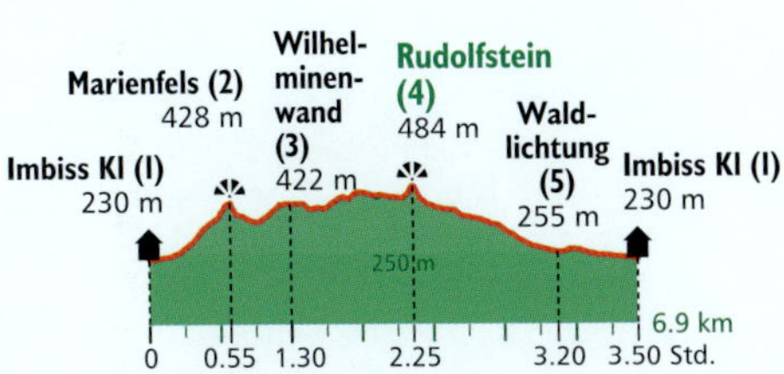

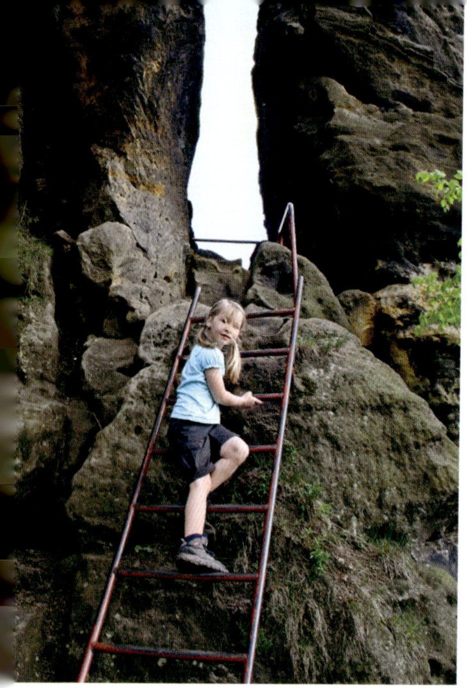

Ein wenig Schwindelfreiheit sollten wir für die steilen Leitern mitbringen.

wand (3) (Vilemínina stěna), der sich am Ende eines Felsenriffes, circa 150 m vom Wanderweg entfernt, befindet. Von hier hat man einen sehr schönen Blick hinüber zum Marienfels, und es ist Platz für eine ausgiebige Rast. Ein an einem Baum aufgehängtes Gemälde zeigt Wilhelmine Kinsky, die Gemahlin des zu dieser Zeit herrschenden Fürsten Rudolf von Kinsky.

HIGHLIGHTS

- ★ Wieder auflebende Natur im »Gespensterwald«.
- ★ Pavillonartige Hütte auf dem Marienfelsen.
- ★ Weite Aussicht an der Wilhelminenwand.
- ★ Kletterabenteuer an der Steiganlage auf den Rudolfstein mit Gipfelhütte.
- ★ Tipp: Mittelalterliche Felsenburg Falkenštejn, heute mit gut gesicherter, aber sehr luftiger Steiganlage und Lehrtafeln. Vom Parkplatz am Imbiss »K1« über den gelb markierten Weg (hin und zurück 1,5 km, 45 Min. Gehzeit)

Zurück am Wanderweg laufen wir nun nach links weiter, immer auf dem rot markierten Weg bleibend. Auf diesem sehr schönen Wegabschnitt verändert sich unterwegs das Waldbild. Bald durchwandern wir einen Buchenwald. Basaltgestein ist hier durch den Sandstein gestoßen und bietet beste Bodenbedingungen für das Wachsen der Rotbuchen. An einer großen Wegkreuzung mit Hütte halten wir uns geradeaus, kommen an der Nachbildung eines Kohlenmeilers vorbei und wandern leicht links weiter. Nun ist es nicht mehr weit bis zum **Rudolfstein (4)** (Rudolfův kámen). Bald lichtet sich der Wald und schwarzbraune Felsspitzen tauchen vor uns auf. Der Aufstieg ist spannend, denn es gilt erst über ein paar Holzstufen, dann über ein Felsband, zwei Eisenleitern und ausgetretene, in den Stein gehauene Stufen den Gipfel zu erreichen. Bei diesem Kletterabenteuer sollten die Kinder unbedingt bei ihren Eltern bleiben, denn es besteht Absturzgefahr! Auf dem Gipfel steht eine echte Schutzhütte mit Tür und Fensterläden. Wir haben vom Rudolfstein wieder eine tolle Rundumsicht.

Vorsichtig steigen wir wieder hinunter und nehmen den rot markierten Weg talwärts. Bald erreichen wir einen breiten Forstweg, auf dem wir halb rechts weiterwandern. Nach etwa 700 m kommen wir zu einer Wegkreuzung mit einem Picknickplatz. Eine mit Schnitzereien verzierte Bank findet unsere Aufmerksam-

Geschafft! Der schmale Gipfel des Rudolfsteins ist bestiegen.

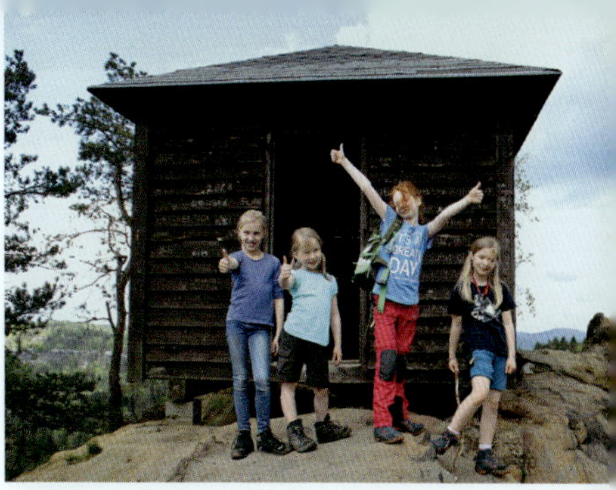

keit. Die Kreuzung heißt »Pohovka«, was soviel wie Sofa oder Kanapee bedeutet. Hier biegen wir nun links auf den grün markierten Weg Richtung Jetřichovice ab. Nach einem Kilometer treffen wir auf eine **Waldlichtung (5)** mit Blick zur Wilhelminenwand. Die Wiese bietet sich für eine Pause geradezu an.

Wir verlassen hier den breiten Forstweg und wandern halb links mit der grünen Markierung weiter. Der Weg führt hinter der Wiese wieder in den Wald hinein und gleich durch eine auffällige Felsengruppe hindurch. Über einige Holzstufen geht es leicht bergan. Bald darauf treten wir aus dem Wald heraus und schlendern den Wiesenweg abwärts. Noch einmal lassen wir unsere Blicke hoch hinauf zum Marienfels schweifen, den wir zuvor bestiegen haben. Vom idyllisch gelegenen Blockhaus auf der Wiese sind es nun nur noch einige Minuten am Waldrand entlang, bis wir auf den bereits bekannten Weg am ehemaligen Kindersanatorium treffen. Diesem folgen wir nach rechts zum Parkplatz am **Imbiss K1 (1)**.

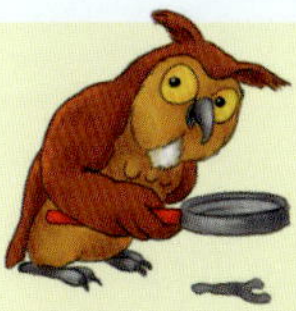

Hallo Kinder,

besonders von hohen Aussichtsfelsen oder von den Tafelbergen aus könnt ihr sie entdecken: Wanderfalken! In großen Kreisen schweben sie elegant dahin. Manchmal steigen sie mit schnellen kraftvollen Flügelschlägen auf oder stürzen pfeilschnell in die Tiefe. Erkennen könnt ihr sie an ihrem gedrungenen Körper, den langen, spitzen Flügeln und dem relativ kurzen Schwanz. Ihr Rücken ist graublau gefärbt, der Brustbereich dagegen weißlich mit dunkler Musterung. Wanderfalken sind sehr gute Jäger und erbeuten andere Vögel im Flug, denn sie sind die schnellsten Vögel der Welt. Im Sturzflug können sie über 300 Stundenkilometer erreichen! Außerhalb der Brutzeit jagen die Paare gern gemeinsam. Deshalb sieht man oft zwei Vögel in verschiedenen Höhen kreisen. Wanderfalken lieben hohe Felswände mit Felsbändern oder -löchern, in denen sie brüten können. Sie waren in den 1980er-Jahren bereits ausgestorben, weil man in der Land- und Forstwirtschaft ein Insektengift einsetzte, welches in der Folge auch den Falken stark zusetzte. Seit 1989 erhöht sich die Zahl nach einer Wiederansiedlungsaktion wieder stetig. Zur Zeit gibt es etwa 30 Brutpaare im Elbsandsteingebirge.

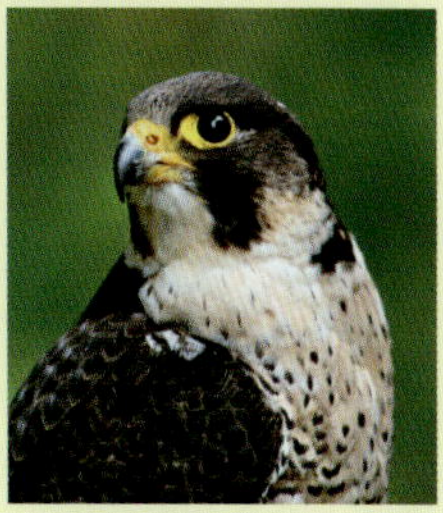

35 Zur Grundmühle (Dolský mlýn)

Von Jetřichovice (Dittersbach) ab 4 J.

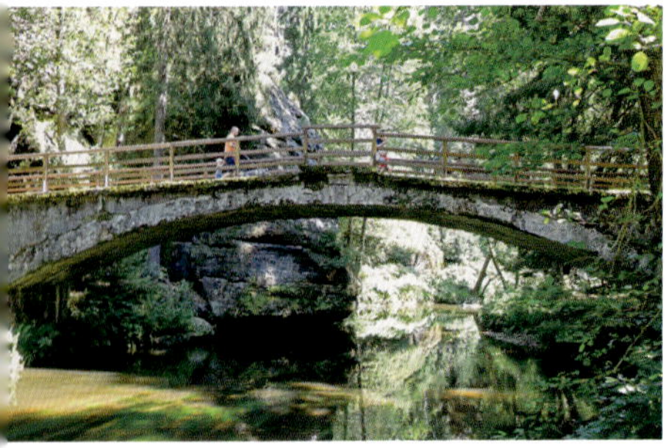

Die alte Steinbogenbrücke.

Zu sagenumwobenen Gemäuern im Kamnitztal

Dieser an heißen Sommertagen besonders gut geeignete Ausflug ins tiefe Kamnitztal führt zu den Ruinen der ehemaligen Grundmühle (Dolský mlýn), die bereits vor 500 Jahren in diesem Tale stand und auch schon als Filmkulisse diente. Märchenhaft liegen sie unweit des Flussufers an einem wundervollen Platz, der die Kinder zum Spielen und Erkunden der Keller und Gemäuer einlädt. Mit dem tschechischen Linienbus starten wir von Vysoká Lípa (Hohenleipa) zu dieser idyllischen Streckenwanderung, was der Tour einen besonderen Reiz verleiht.

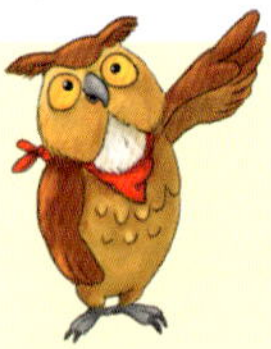

Hallo Kinder,

kennt ihr den Unterschied zwischen Fichten und Tannen? Nein, nicht so genau? Dann passt auf: Tannen haben eine eher hellgraue und glatte Rinde. Die graubraune Rinde der Fichte dagegen ist grob und schuppig. Wenn ihr durch einen Nadelwald wandert, dann schaut einmal, ob ihr Zapfen auf dem Boden entdecken könnt. Fichten haben hängende Zapfen und werfen diese ab. Könnt ihr also viele längliche, braune Zapfen auf dem Boden entdecken, so seid ihr in einem Fichtenwald. Die Zapfen der Tanne stehen dagegen immer aufrecht auf den Zweigen und fallen niemals ganz vom Baum. Ein Tannenzapfen wirft nur einzelne Schuppen mit dem Samen ab. Die Zapfenspindel verbleibt am Zweig. Echte Tannenzapfen liegen also nie auf dem Waldboden! Übrigens ist die Tanne im Elbsandsteingebirge heute eine sehr seltene Baumart. Vor allem im Nationalpark können wir an einigen Stellen noch große, alte Tannen entdecken. Achtet bei euren Wandertouren einmal darauf!

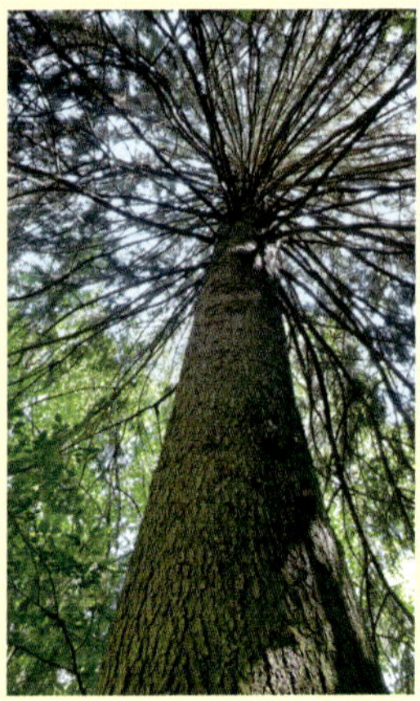

Die riesige Königsfichte wacht schon lange über das Kamnitztal.

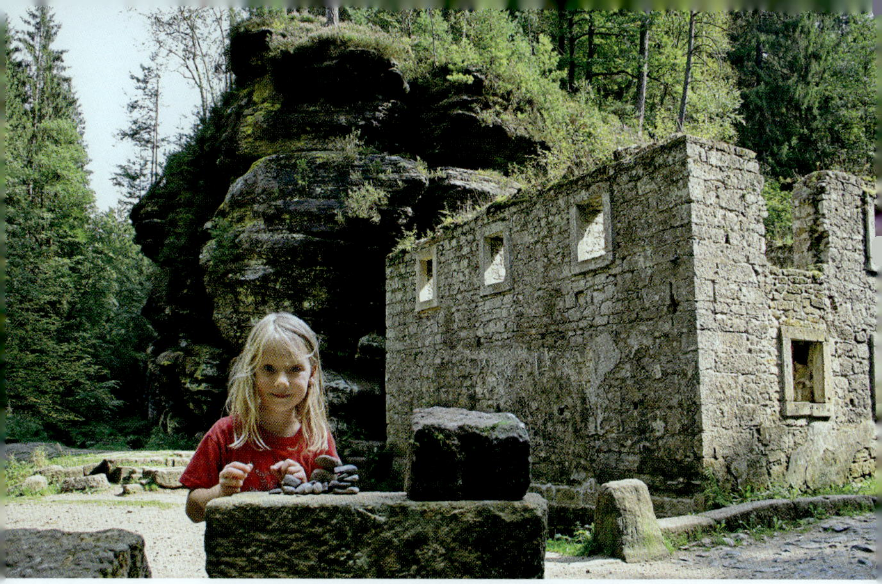

In den Gemäuern der Grundmühle soll die Seele eines Müllerssohnes herumspuken. Um sie zu beruhigen, bauen wir Steinmännchen.

KURZINFO

Ausgangspunkt: Parkplatz in Vysoká Lípa (Hohenleipa) gegenüber dem Hotel Lípa (GPS: N50.855780, E14.350500) bzw. an der Bushaltestelle »Starý mlýn« (GPS: N50.853095, E14.378700) am Ortseingang von Jetřichovice (Dittersbach).

Anfahrt: Von Bad Schandau auf der B 172 Richtung Děčín, in Hřensko nach links in Richtung Jetřichovice abbiegen. Nun immer der Hauptstraße folgend über Mezní Louka (Rainwiese) nach Vysoká Lípa und durch den Ort hindurch bis zur Spitzkehre am Hotel Lípa.

Mit S-Bahn/Bus: S-Bahn bis Schöna, mit der Fähre nach Hřensko übersetzen, über die Brücke und mit der tschechischen Buslinie 512434 von »Hřensko, nábř.« nach »Jetřichovice, Starý mlýn« (ab Hřensko ca. 30 Min. Fahrzeit, tschechische Kronen bereithalten, ca. 30 Kč, Fahrplan: jizdnirady.idnes.cz). Rückfahrt ab »Jetřichovice, Vysoká Lípa, hotel Lípa«.

Gehzeit: 2.00 Std.; es sollten aber insgesamt 3 bis 4 Std. eingeplant werden.

Distanz: 4,1 km.

Höhenunterschied: 150 m im Aufstieg, 40 m im Abstieg.

Ausrüstung: Gut profilierte Freizeit- oder Sportschuhe, Taschenlampe, ausreichend Verpflegung und Getränke, Handtuch und Wechselkleidung, Personalausweise.

Anforderungen: Ab 4 Jahren. Leichte Wanderung durchs Kamnitztal mit kurzem, steilen Aufstieg auf vielen Stufen nach Vysoká Lípa.

Einkehr: Unterwegs keine; am Parkplatz Penzion Zvoneček (penzionzvonecek.cz, Tel. +420 603 119 692) und Hotel Lípa (hotelvysokalipa.cz, Tel. +420 412 555 047).

Kinderwagen-Variante: Man parkt am besten in Jetřichovice (siehe Tour 34), läuft auf der Straße bis zur Bushaltestelle »Starý mlýn« (20 Min.), weiter wie in der Haupttour beschrieben und von der Grundmühle auf demselben Weg zurück nach Jetřichovice.

Kombi-Tipp: Von Vysoká Lípa aus kann man auch noch die ehemalige Felsenburg Schauenstein erklimmen (Tour 36).

Hinweis: Vorsicht, Totholz-Gebiete! Siehe S. 27.

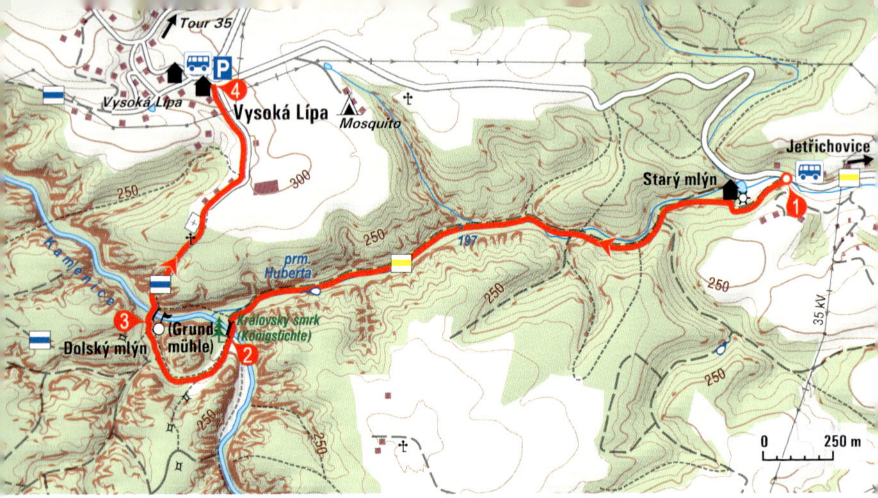

Nachdem wir auf dem Parkplatz am Hotel Lípa geparkt haben, fahren wir von der Bushaltestelle schräg gegenüber mit dem Linienbus in Richtung »Jetřichovice (Dittersbach)/ Krasni Lipa« eine Station bis zur **Haltestelle »Starý mlýn« (1)**. An der gleichnamigen Pension vorbei wandern wir den gelb markierten, gut ausgebauten Weg in ein sanftes Tal hinein. Etwa 1,5 km folgen wir dem Wanderweg entlang des fröhlich dahinplätschernden Baches bis zu einer Kreuzung mit einer Informationstafel. Wir wenden uns nach links und überschreiten eine alte Steinbogenbrücke. Unter uns fließt die etwas breitere Kamenice (Kamnitz) an den Felsen entlang. Nach der Brücke steht neben einer großen Wiese ein riesiger, über 180 Jahre alter Nadelbaum, die **Königsfichte (2)**. Versuchen wir doch einmal gemeinsam den Baumstamm zu umarmen. Wieviel Leute sind dafür nötig?

Wir folgen dem breiten Wanderweg weiter und halten uns nach etwa zehn Minuten am Jesuskreuz rechts. So gelangen wir zur Ruine der **Grundmühle (3)** (Dolský mlýn). Es ist ein idyllischer Platz, der schon zwei tschechischen Märchenfilmen als Kulisse diente. Wenn wir durch die geheimnisvollen Gemäuer streifen, entdecken wir bald eine Tafel mit Informationen zur Historie der Grundmühle sowie eine ganze Reihe Steinmännchen, die über diesen märchenhaften Ort wachen. Vielleicht versuchen wir auch, einen solchen Wächter zu errichten?

Unterhalb der Wehranlage können wir noch eine Pause einlegen und

HIGHLIGHTS

- ★ Gemütlicher Spaziergang entlang eines Baches ins wilde Kamnitztal.
- ★ Schöne Plätze zum Spielen am Ufer der Kamenice (Kamnitz).
- ★ Die riesige Königsfichte umarmen und in sie hineinlauschen.
- ★ Die märchenhaften Ruinen der Grundmühle (Dolský mlýn) erkunden, wo auch schon Märchenfilme gedreht wurden.
- ★ Aufstieg über den alten Mühlsteig nach Vysoká Lípa (Hohenleipa).

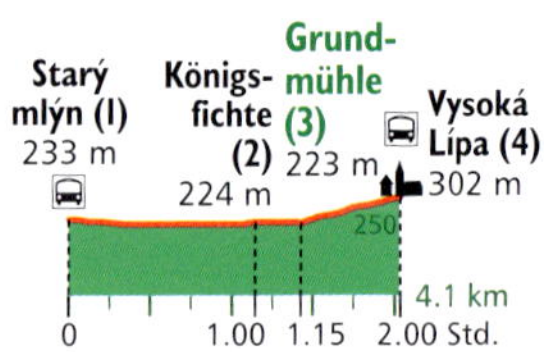

Kinder entdecken jede Menge spannender Ecken in den Ruinen der Grundmühle.

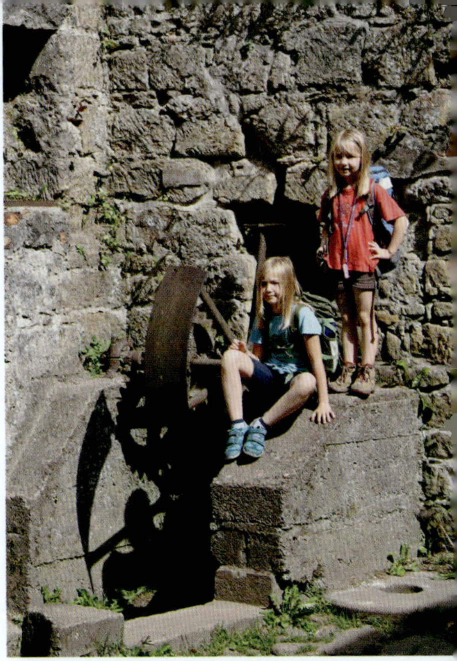

mit den Füßen im Wasser planschen. Über die Holzbrücke gehen wir weiter. Dahinter führt die blaue Wegmarkierung geradeaus in den Mühlsteig hinein, der uns nach Vysoká Lípa (Hohenleipa) bringt. Über teils etwas zerfallene Steinstufen geht es in einer Schlucht hinauf. Wenn man aufmerksam ist, kann man einige eingemeißelte Jahreszahlen entdecken. Die Älteste aus dem Jahr 1716 findet man im oberen, linken Teil der felsigen Schlucht. Kurz vor Verlassen des Waldes wandern wir am Hohenleipaer Friedhof vorbei, dem wir einen kurzen Besuch abstatten können. Viele deutsche Namen sind hier zu lesen. Wenig später kommen wir an einem wunderschönen Umgebindehaus vorbei und erreichen nach wenigen Minuten unseren heutigen Start- und Zielpunkt am Hotel in **Vysoká Lípa (4)**. Bei »Palačinka mit Eis« können wir den Wandertag in einem der beiden Gasthäuser ausklingen lassen.

Viele Spielmöglichkeiten gibt es am Ufer der Kamnitz.

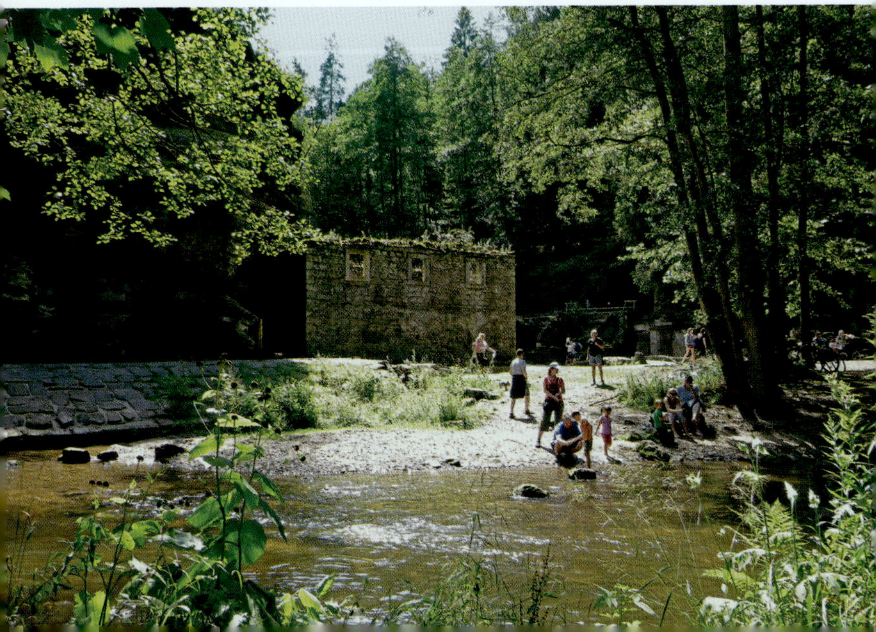

36 Felsenburg Schauenstein (Šaunštejn)

Von Vysoká Lípa (Hohenleipa) ab 8 J.

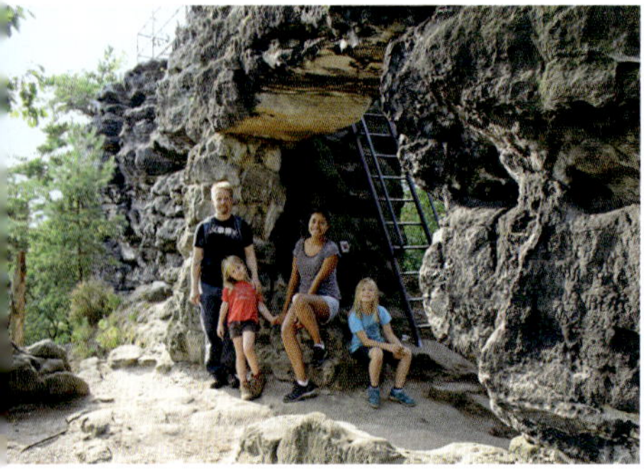

Das Kleine Prebischtor kann man über eine Leiter sogar ersteigen.

Abenteuertour zum Kleinen Prebischtor

Nur ein Kurzausflug, doch sehr lohnend ist diese Wanderung zum Kleinen Prebischtor und zur ehemaligen Felsenburg Schauenstein. Wir wandeln auf den Spuren des Adelsgeschlechtes Berken von der Duba, die den Schauenstein um 1410 zur Felsenburg ausbauten und die Gegend in den folgenden Jahrzehnten durch ihre Raubzüge unsicher machten. Zahlreiche Ausmeißelungen, wie Balkenfalze, eine Zisterne und interessante Felszeichnungen, sind Zeugen dieser Zeit. Heute erfreut uns ein spannender Aufstieg durch eine Felshöhlung und eine enge Schlucht, welcher mit Hilfe von steilen Leitern gemeistert werden kann. Oben erwarten uns luftige Brücken und eine weite Aussicht – ein echtes Abenteuer!

KURZINFO

Ausgangspunkt: Parkplatz in Vysoká Lípa (Hohenleipa) am Guest House / Restaurace U Loupežáku, 268 m (GPS: N50.861879, E14.355064).

Anfahrt: Von Bad Schandau auf der B 172 Richtung Děčín, in Hřensko nach links in Richtung Jetřichovice (Dittersbach). Immer der Hauptstraße folgend über Mezní Louka nach Vysoká Lípa und kurz nach dem Ortseingang am Guest House / Restaurace U Loupežáku parken. Mit S-Bahn/Bus: S-Bahn bis Schöna, mit der Fähre nach Hřensko übersetzen, über die Brücke laufen und mit der tschechischen Buslinie 512434 von »Hřensko, nábř.« nach »Vysoká Lípa/Jetřichovice, rest.« (tschechische Kronen bereithalten, Fahrplan unter jizdnirady.idnes.cz).

Gehzeit: 1.50 Std.

Distanz: 3,6 km.

Höhenunterschied: 180 m im Auf- und Abstieg.

Ausrüstung: Gut profilierte Trekking- oder Wanderschuhe, Verpflegung und Getränke, Personalausweise.

Anforderungen: Ab 8 Jahren. Anspruchsvoller, teils sehr enger und luftiger Leiternaufstieg. Unbedingt Trittsicherheit und Schwindelfreiheit erforderlich! Kinder nicht unbeaufsichtigt lassen! Vorsicht bei Nässe! Nicht bei Schnee und Eis! Sonst leichte Wanderung auf z. T. schmalen Wegen zum Kleinen Prebischtor.

Einkehr: Unterwegs keine; am Ausgangspunkt Guest House / Restaurace U Loupežáku (Tel. +420 412 555 045) und Restaurace U Nás (pensionunas.cz, Tel. +420 412 555 004).

Kombi-Tipp: Diese Tour kann man an die Tour 35 (Grundmühle) anschließen: Vom Hotel Lípa zur benachbarten Pension Zvoneček, dort rechts vorbei und auf schmaler Straße entlang einiger Umgebindehäuser in den unteren Ortsteil zum Guest House U Loupežáku, ca. 1,2 km.

Hinweis: Vorsicht, Totholz-Gebiete! Siehe S. 27.

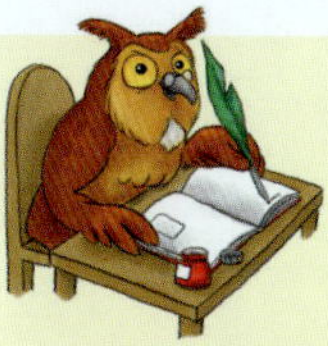

Hallo Kinder,

auf vielen der hohen, einzeln stehenden Felsmassive gab es im Mittelalter Felsenburgen. Sie dienten einerseits zur Verteidigung und andererseits zum Schutz der Handelswege, die durch die weiten Wälder des Elbsandsteingebirges führten. Die Erbauer waren wahre Könner ihres Handwerks. Bauten sie doch hoch oben auf den luftigen Felsen Zugänge über Leitern, Brücken und sogar ganze Gebäude. Wie schwierig muss es gewesen sein, die schweren Baumstämme auf die Felsen hinaufzuziehen. Balkenlager und Höhlungen mussten per Hand in den Fels gemeißelt sowie Wände und Dächer aus dem heraufgebrachten Holz zusammengezimmert werden. Wichtig für den Fall einer Belagerung war es, dass man genügend Wasservorräte auf der Felsenburg hatte. So meißelte man tiefe Zisternen in den Sandstein und versuchte Regenwasser aufzufangen, indem man in schräge Felswände Ablaufrinnen hineinschlug, die das Wasser zu den Zisternen leiteten. In der rekonstruierten Neurathener Felsenburg, auf dem Winterstein, auf Hockstein, Schauenstein und Wildenstein (Kuhstall) könnt ihr viele Spuren dieser mittelalterlichen Baukunst entdecken. Im 15. Jahrhundert wurden übrigens die meisten dieser Felsenburgen zerstört, weil sie zunehmend Rückzugsort von Raubrittern wurden, die durchreisende Kaufleute überfielen und beraubten.

Vom Parkplatz an der **Gaststätte (1)** nehmen wir den mit gelbem Strich markierten Fahrweg in nördlicher Richtung. Zuerst laufen wir entspannt am Waldrand entlang, bis wir auf eine Wegkreuzung stoßen. Hier biegen wir links ab, jetzt der roten und gelben Markierung folgend. Nach wenigen Minuten zweigt der rot markierte Weg scharf nach rechts ab. Wir folgen ihm aufwärts durch den teils abgeholzten Wald und über in den Fels gehauene Stufen zu einem hohen Felsen hin, der Felsenburg Schauenstein (Šaunštejn). Einige Meter am Wandfuß weiter treffen wir auf eine Metalltreppe **(2)**, daneben sieht man auf einer kleinen Tafel, wie die mittelalterliche Felsenburg vielleicht ausgesehen haben könnte. An der Wand links und rechts der Treppe kann man drei Felszeichnungen entdecken. Bevor wir jedoch über die

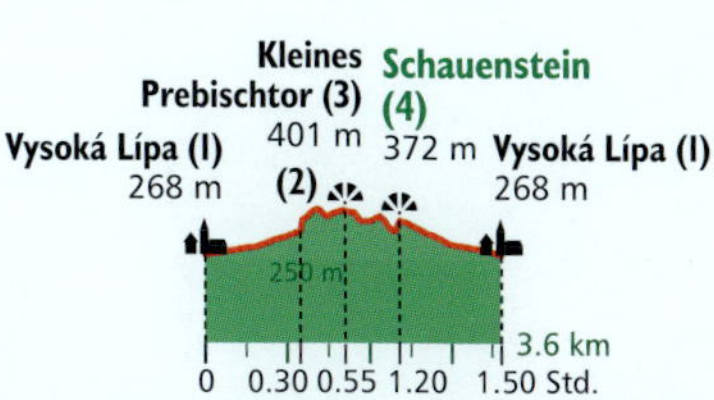

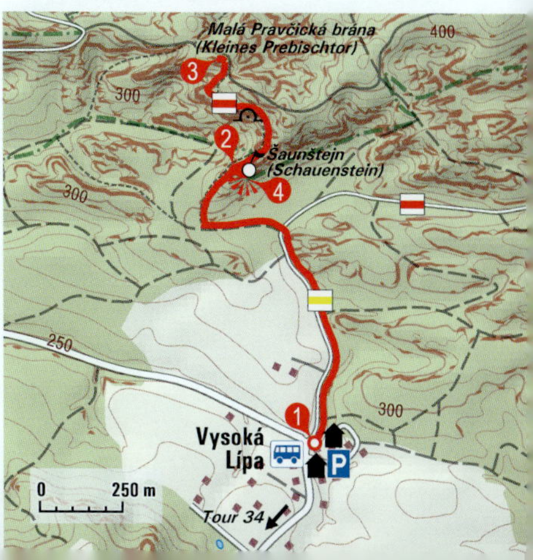

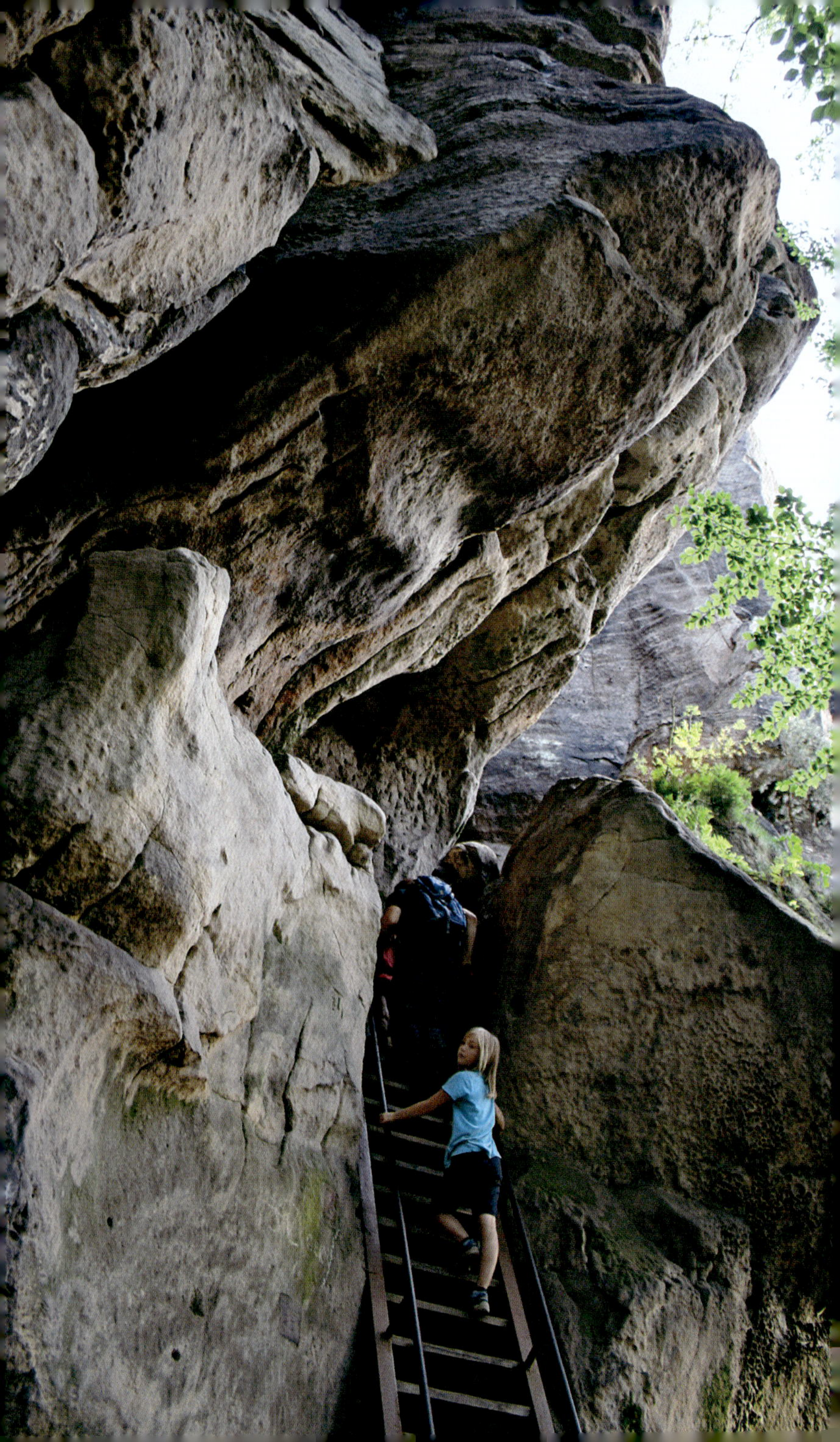

abenteuerliche Steiganlage hinaufklettern, wollen wir erst zum Kleinen Prebischtor (Malá Pravčická Brána) weiterwandern. Dieses ist nicht nur schön anzusehen, sondern auch über eine Leiter zu besteigen – gleich eine gute Kletterübung für unsere spätere Bezwingung der Felsenburg. Wir wandern den rot markierten Pfad weiter. Der Steig führt nahe an hohen Felswänden entlang und steil hinauf zu einem Felsband, auf dem uns ein kleiner, höhlenartiger Durchschlupf hinter einer Felsplatte erwartet. Ein wenig Vorsicht ist auf diesem Steiglein angebracht, denn es gibt kein Geländer! Danach geht es weiter bergan und bald treffen wir auf eine Fahrstraße. Ein Wegweiser leitet uns von hier links hinauf zum **Kleinen Prebischtor (3)**. Schnell ist über den schmalen Pfad das Felsentor erreicht. Es ist nur etwa 3,3 Meter breit und 2,3 Meter hoch. Eine Eisenleiter führt auf die Aussicht hinauf.

Nach einer kurzen Pause kehren wir auf demselben Pfad zurück zur Felsenburg. An der **Metalltreppe (2)** angekommen, sollten Kinder und Eltern den schwierigen Aufstieg nun gemeinsam angehen. Durch Felsspalten, über steinerne Stufen und an Leitern geht es hinauf. Manchmal ist es so eng, dass der Rucksack kaum hindurchpasst. Unterwegs sehen wir einige in den Fels gehauene viereckige Löcher, die als Balkenlager dienten. Auf dem Gipfel des **Schauensteins (4)** erwarten uns luftige Brücken, die über Spalten zur vordersten Aussicht führen, ein etwas versteckt liegender Gang zu einem Wohnraum sowie die imposante runde Zisterne neben dem in den

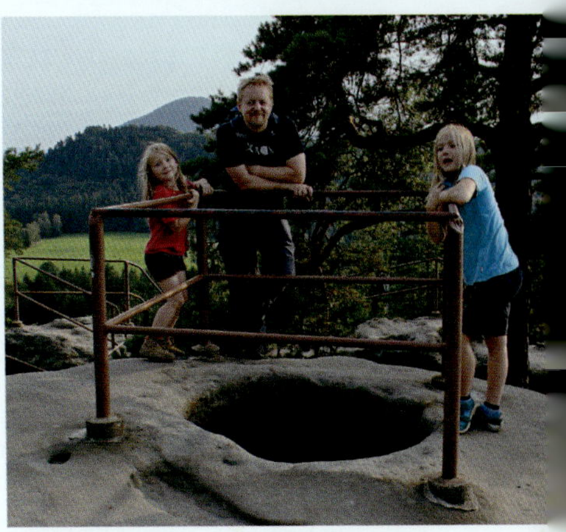

Die alte Zisterne auf dem Gipfel des Schauensteins.

Fels gemeißelten, viereckigen Resten des Hauptraumes der Burg. Bei guter Sicht haben wir einen grandiosen Rundblick über Rosenberg, Kaltenberg, Marienfelsen, Wilhelminenwand bis hin zu den Bergen des Böhmischen Mittelgebirges und zu Zirkelstein und den Zschirnsteinen in der Sächsischen Schweiz. Beim Abstieg sind wir wieder sehr vorsichtig und wandern anschließend auf demselben Weg zurück nach **Vysoká Lípa (1)**.

HIGHLIGHTS

- ★ Felsgebilde »Kleines Prebischtor« mit Leiter und Aussicht.
- ★ Abenteuerliche Ersteigung und Erkundung eines mittelalterlichen Räubernestes auf dem Fels Schauenstein.
- ★ Alte Felszeichnungen am Wandfuß des Schauensteins.
- ★ Kurzer, spannender Wanderweg an Felswänden entlang und durch eine kleine Höhle.

Der Aufstieg auf den Schauenstein über seine steilen Treppen und luftigen Leitern ist ein echtes Kletterabenteuer.

37 Prebischtor (Pravčická brána)

Durchs Waldbrandgebiet bei Hřensko ab 5 J.

Zum Wahrzeichen der Böhmischen Schweiz

Das Prebischtor ist ein gigantischer Sandsteinbogen und gilt als Wahrzeichen der Böhmischen Schweiz. Während eines großen Waldbrandes im Jahr 2022 blieb das versteckt liegende Naturwunder mit dem hübschen Schlösschen Falkenhorst daneben wie durch ein Wunder verschont. Das alles sollte jeder mal gesehen haben! Deshalb sind in den Ferien oder an langen Wochenenden immer sehr viele Touristen unterwegs. Wer aber ganz zeitig in der Früh aufbricht, ist auf der Wanderung in die spannende Felsenwelt mit einigen Aussichtsstellen noch fast alleine.

KURZINFO

Ausgangspunkt: Bushaltestelle »Hřensko, Pravčická brána« an den Drei Quellen (Tři prameny), 190 m. (GPS: N50.880907, E14.270064).

Anfahrt: Mit der S-Bahn nach Schmilka-Hirschmühle, mit der Fähre übersetzen und mit der Buslinie 435 Richtung Mezná oder direkt von Königstein/Bad Schandau mit dem Festungsexpress (verkehrt von Mai bis Oktober).

Mit Pkw: B172 von Bad Schandau Richtung Děčín, in Hřensko links abbiegen und dann immer der Vorfahrtsstraße zum Ortsausgang folgen; großer Parkplatz (gebührenpflichtig) direkt neben der Straße. Weiter zu Fuß 1,4 km/ 25 Min. zum Ausgangspunkt.

Gehzeit: 2.30 Std.

Distanz: 5,7 km.

Höhenunterschied: 280 m im Auf und Abstieg.

Ausrüstung: Gut profilierte Freizeit- oder Sportschuhe, Eintrittsgeld für das Gelände am Prebischtor, Personalausweise.

Anforderungen: Ab 5 Jahren. Überwiegend bequeme Wanderwege, an einigen Stellen ist jedoch etwas Trittsicherheit erforderlich.

Einkehr: Gasthäuser und Imbissbuden am Prebischtor und in Hřensko.

Hinweis: Unter pbrana.cz/de/ findet man die aktuellen Öffnungszeiten und Eintrittspreise für das Gelände um das Prebischtor, auch Kiosk und Gasthaus liegen innerhalb dieses Bereichs. Eintritt: 4 €/Erwachsener, 1,50 €/Kind, online deutlich günstiger. Geöffnet: April–Oktober 10–18 Uhr, November–März nur Freitag–Sonntag 10–16 Uhr.

Tipps: Wer etwas Ruhe in den Felsen sucht, sollte bereits am frühen Morgen zum Prebischtor aufbrechen. Daran denken, sich über die Bus-Fahrzeiten für die Rückfahrt zu informieren.

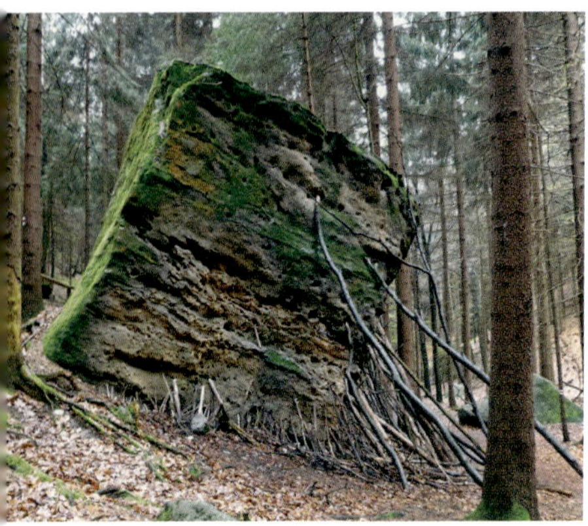

Beim Aufstieg zum Prebischtor kommen wir an diesem Felsblock vorbei. Die vielen Stöckchen sollen nicht nur den Felsblock abstützen, sondern uns auf all unseren Wanderungen Glück bringen.

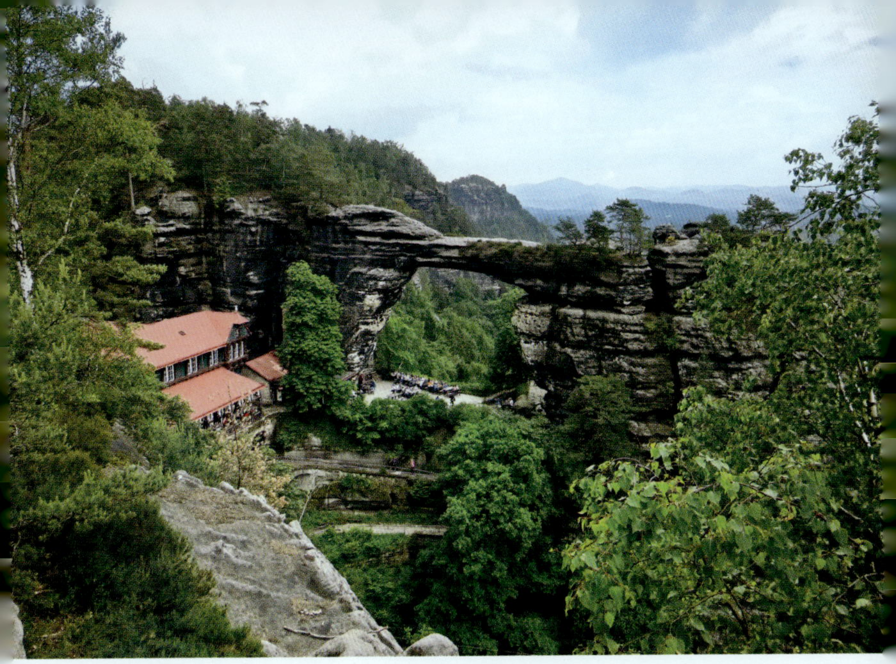

Das Prebischtor konnte früher auch bestiegen werden. Die Einkehr im Ausflugsschlösschen Falkenhorst sollte man sich nicht entgehen lassen.

Von der Bushaltestelle »Pravčická brána« am Wegweiser **Drei Quellen (1)** (Tři prameny) folgen wir der roten Markierung in Richtung Prebischtor. Wir wandern in ein Tälchen hinein. In den Hängen erblicken wir gespenstig anmutende Baumstämme, die verkohlt herumliegen oder still in den Himmel ragen. Im Sommer 2022 wütete hier über viele Tage ein verheerender Waldbrand. Mittlerweile sprießen bereits vielerorts Farne und Gräser mit frischem Grün aus dem Boden. Junge Birken, Buchen und Fichten verdecken bald die Spuren der Verwüstung.
Nach einiger Zeit kommen wir an einem gewaltigen Felsblock am Wegesrand vorbei, der durch viele Holzäste gestützt am Umkippen gehindert werden soll. Wer möchte, kann seinen Wanderstock als Stütze dazustellen.

Zwischen verkohltem Holz reckt sich ein junger Farn ins Licht.

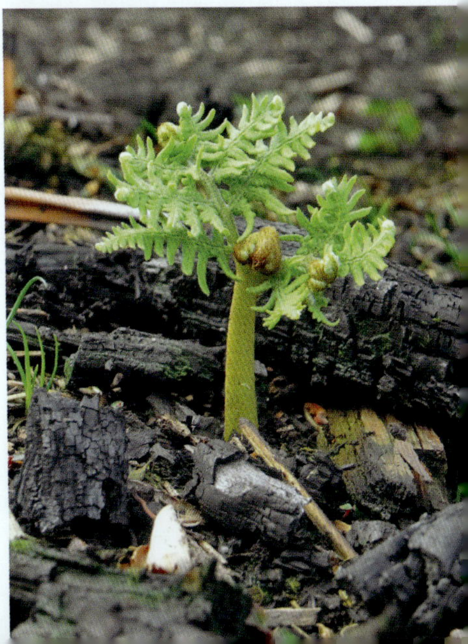

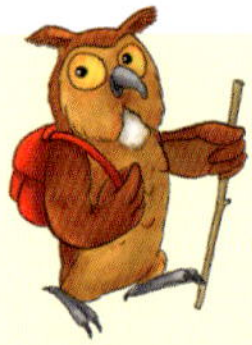

Hallo Kinder,

das Prebischtor findet ihr in der Böhmischen Schweiz, und es ist die größte natürliche Sandstein-Felsenbrücke Europas. Dieses riesige Felsentor ist 26 Meter lang und 16 Meter hoch. Damit es noch lange erhalten bleibt, darf die Brücke heute nicht mehr betreten werden. Doch auch wenn ihr nur darunter sitzt, ist es sehr beeindruckend.

Direkt neben dem gigantischen Felsentor hat Fürst Edmund von Clary-Aldringen schon um das Jahr 1881 ein Hotel errichtet, welches sich wie ein Falkennest in den Felswinkel einschmiegt. Fürst Edmund wollte, dass sich Touristen in dieser wundervollen Gegend wohlfühlen, und so erschloss er weitere Attraktionen. Er ließ durch die wilde Kamnitzklamm Steige, Brücken, Tunnel, Stege und Wehre bauen, sodass ihr heute gemütlich hindurchwandern und auf Kähnen hindurchfahren könnt. Wegen dieser großen Verdienste trägt ein Teil der Klamm heute seinen Namen, die Edmundsklamm. Diese großartige Felsenschlucht könnt ihr auf Tour 38 kennenlernen.

Nun führt der Weg deutlich aufwärts und windet sich kurvenreich an Felswänden entlang. Einige Meter nach einer scharfen Linkskurve (Wegweiser) kann man einen kurzen Abstecher zur **Höhle der Böhmischen Brüder (2)** (Jeskyně českých bratří), einem großen Felsüberhang, unternehmen. Ein markierter, unscheinbarer Pfad bringt uns zum 120 m entfernten Felsüberhang, der nach dem Dreißigjährigen Krieg Flüchtenden als Unterschlupf gedient haben soll.

Wieder zurück auf dem Hauptweg geht es nun weiter aufwärts. 200 m weiter erreichen wir das letzte Aufstiegsstück zum Prebischtor. Wir ignorieren den Abzweig zum derzeit gesperrten Gabrielensteig, auf dem man vor dem Brand idyllisch nach nach Mezní Louka wandern konnte. Es geht nun in mehreren Kurven, über eine Brücke und durch einen Tunnel hinauf zum **Ausflugsschlösschen Falkenhorst**. Hoch über uns thront das gewaltige Felsentor. Durch ein märchenhaft anmutendes, vergittertes Tor treten wir in den unteren Teil des Gebäudes. Kurz darauf stehen wir vor dem Kassenhäuschen. Gegen einen kleinen Obolus werden wir eingelassen. Rechts befindet sich das Restaurant mit einem imposanten Innenraum, eine Ausstellung zum Nationalpark und das gewaltige **Prebischtor** mit Imbissbude und vielen Bänken zum Sitzen darunter. Links führt ein Weg über Treppen hoch zu den **Aussich-**

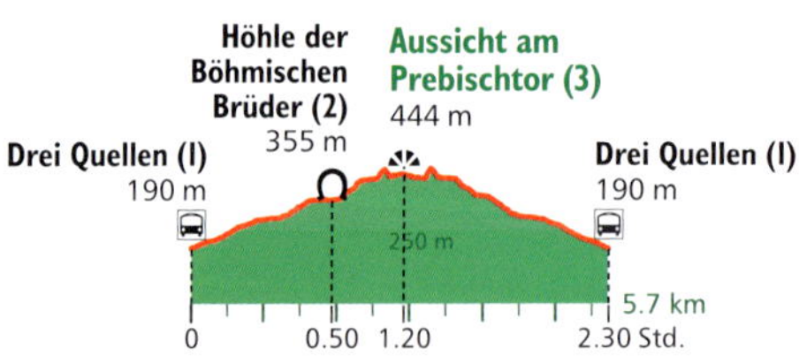

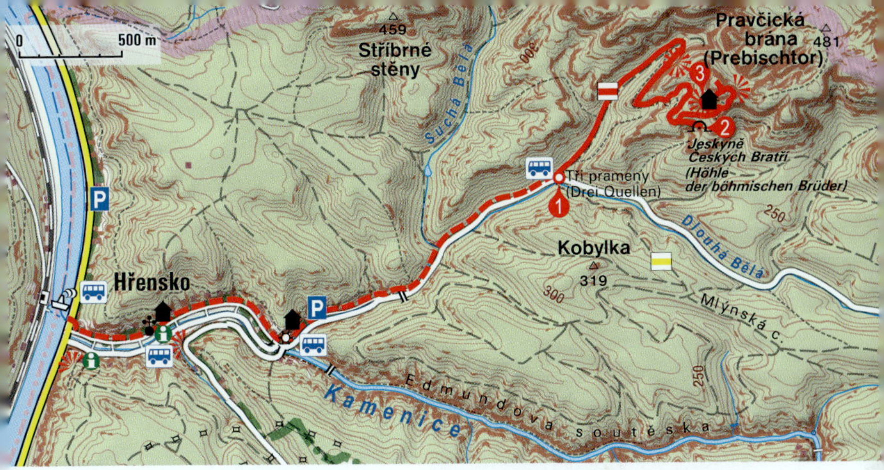

ten (3). Von da haben wir den besten Blick auf das Prebischtor und die umliegende Bergwelt. Im Süden ragt majestätisch der Basaltkegel des Rosenbergs auf. Im Westen kann man den Hohen Schneeberg (Děčínský Sněžník), die Zschirnsteine und den Zirkelstein entdecken.

Nachdem wir uns alles ausgiebig angesehen, uns genug ausgeruht und gestärkt haben, machen wir uns an den Abstieg. Wir verlassen das Gelände wieder auf demselben Weg und wandern auf unserem Aufstiegsweg wieder gemütlich bergab. Abwärts sind wir schneller und stehen bald wieder an den **Drei Quellen (1)** (Tři prameny) an der Hauptstraße. Von hier nehmen wir den Bus zurück nach Hřensko/Schmilka/Bad Schandau. Wenn man den Bus verpasst hat, erreicht man nach rechts an der Straße entlang nach 2 km das Örtchen Hřensko, wo es mehrere Gaststätten, Marktstände und eine Fähre hinüber zum S-Bahnhof Schöna gibt.

HIGHLIGHTS

- ★ Besuch des Naturwunders Prebischtor mit mehreren Aussichten.
- ★ Ausflugsschlösschen Falkenhorst: Neben einem Restaurant mit mit Malereien verzierter Decke beherbergt es auch eine Ausstellung zur Geologie und der Tier- und Pflanzenwelt der Böhmischen Schweiz.
- ★ Entdecken der Natur nach einem großen Waldbrand.

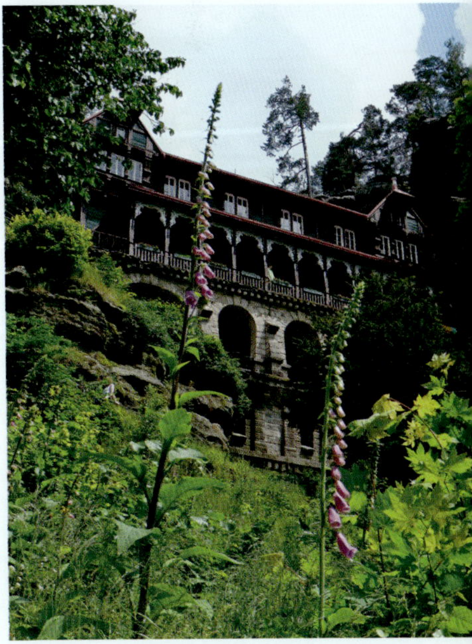

Beeindruckend ist der Blick auf das Schloss hoch über uns in den Felsen.

38 Kahnfahrt in der Wilden Klamm

Von Mezní Louka nach Hřensko ab 9 J.

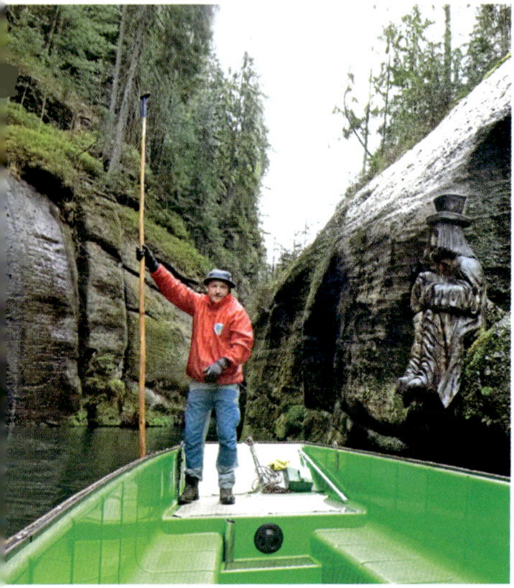

Die Kahnführer erzählen lustige Geschichten.

Zum Aussichtsturm von Janov

Diese Streckenwanderung von Mezní Louka nach Hřensko führt zu einem äußerst beliebten Ausflugsziel der Böhmischen Schweiz, in die Wilde Klamm. Das Flüsschen Kamnitz (Kamenice) hat sich über Jahrmillionen tief in den Sandstein gegraben und einen einzigartigen Canyon geschaffen, der durch sein spezielles Klima Heimat für zahlreiche Pflanzenarten ist. Ein Teil des Flusses kann mit Kähnen befahren werden. Während der Fahrt erfährt man vom Bootsführer allerlei Wissenswertes über die Felsenschlucht und hört von sagenhaften Gestalten, die hier unten hausen sollen. Aus der Tiefe wandern wir dann hinauf zum Dörfchen Janov, wo uns ein besonderer Aussichtsturm, kleine Umgebindehäuschen und zwei gruselige Bunker erwarten.

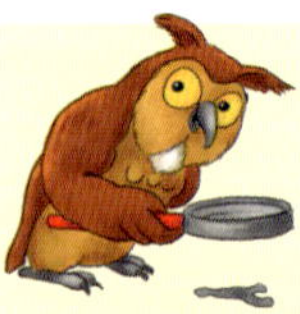

Hallo Kinder,

ich hab da mal ein Rätsel für euch: Das Tier, das ich suche, gehört zu den seltensten und gefährdetsten Tierarten Mitteleuropas. Der gute Schwimmer und Taucher lebt an und in Bächen, Flüssen und Teichen und frisst am liebsten Fische, wie Bachforellen, aber auch Frösche oder Lurche. Besonders in den abgelegenen Bereichen von Kirnitzsch, Polenz, Sebnitz oder Kamenice ist dieses Säugetier zu Hause. Es ist sehr schwer, es in der Natur zu beobachten. Beim Schwimmen schaut nur ein Teil des Kopfes aus dem Wasser. Die Stellen, an denen es aus dem Wasser kommt, sind meist abseits und versteckt gelegen, zum Beispiel unter Uferbäumen, Weidengebüsch oder Felsüberhängen. Auch unter Brücken oder an wilden, einsamen Feuchtwiesen kann man mit ganz viel Glück Spuren dieses Tieres entdecken. Unser gesuchtes Tier hat ein sehr dichtes, braunes Fell und einen langen Schwanz, mit dem es gut im Wasser manövrieren kann. Sein lateinischer Name ist übrigens »Lutra lutra«. Wisst ihr, von welchem Tier hier die Rede ist? Wenn nicht, schaut einmal auf Seite 169.

KURZINFO

Ausgangspunkt: Bushaltestelle »Mezní Louka, Hotel«, 278 m, kurz vor dem Parkplatz Mezní Louka (Rainwiese) (GPS: N50.873308, E14.316515).

Endpunkt: Bushaltestelle »Hřensko, střed« im Herzen von Hřensko (GPS: N50.8740118, E14.242560), 130 m. Zum Fähr-Anleger (GPS: N50.874725, E14.236495) der Straße nach links folgen (600 m/8 Min.).

Anfahrt: Mit der S-Bahn nach Schmilka-Hirschmühle, mit der Fähre übersetzen und mit der Buslinie 435 Richtung Mezná oder direkt von Königstein/Bad Schandau mit dem Festungsexpress (verkehrt von Mai bis Oktober).

Mit Pkw: B172 von Bad Schandau Richtung Děčín, in Hřensko links abbiegen und dann immer der Vorfahrtsstraße folgen bis nach Mezní Louka; am Ortseingang rechts in Richtung Mezná; großer Parkplatz (gebührenpflichtig) direkt neben der Straße (GPS: N50.872705, E14.316447). In Hřensko verschiedene kostenpflichtige Parkplätze; kleiner, aber kostenloser Parkplatz zwischen Fähre und Tankstelle (GPS: N50.8767336, E14.2370742). Zwischen Hřensko und Mezní Louka fahren Busse (Fahrpläne vorher checken!).

Gehzeit: 4.00 Std.; für die Kahnfahrt ca. 1.00 Std. zusätzlich einplanen.

Distanz: 10,4 km.

Höhenunterschied: 420 m im Abstieg, 270 m im Aufstieg.

Ausrüstung: Gut profilierte Freizeit- oder Sportschuhe, Handtuch und Wechselkleidung, Geld für die Kahnfahrten, Personalausweise.

Anforderungen: Ab 9 Jahren. Steiler Ab- und Aufstieg mit vielen Stufen in der Klamm, sonst teils mit Steinen und Wurzeln gespickte Steige und Wanderwege, an einigen Stellen ist deshalb etwas Trittsicherheit erforderlich. Gute Kondition für die lange Wanderung. Kürzere Varianten möglich.

Einkehr: Gasthäuser und Imbissbuden in Mezní Louka, Mezná, Janov und Hřensko.

Hinweise: 1) Wer mit dem Auto anreist, sollte sich vor der Wanderung über die Abfahrtszeiten der tschechischen Busse bzw. des Festungsexpress für den Transfer zwischen »Hřensko střed« nach »Mezní Louka, Hotel« informieren.

2) Aktuelle Abfahrtszeiten und Preise der Kahnfahrt sind auf der deutschsprachigen Webseite herrnskretschen.de zu finden (im Allgemeinen von Ostern bis Oktober 9–17 Uhr, im Oktober nur bis 16 Uhr), die Kahnfahrten kosten ca. 4 € für Erwachsene, 2 € für Kinder.

3) In den Ferien oder an den Wochenenden ist die Klamm immer stark frequentiert, daher lohnt es sich, früh zu starten und die erste Kahnfahrt zu nehmen.

4) Sollte die derzeit (Stand 2024) gesperrte Edmundsklamm irgendwann einmal wieder öffnen, kann auch direkt von Hřensko gestartet werden. Dann gibt es zwei Kahnfahrten!

Kurzvarianten: 1) Nur zur Kahnfahrt und auf demselben Weg zurück (vom Dorf Mezná 2,5 km/150 Hm/1.45 Std., ab 4 Jahren möglich; vom Parkplatz Mezní Louka 5,8 km/170 Hm/2.45 Std.)

2) Mit dem Bus von Janov zurück nach Hřensko (man spart 2,7 km/ca. 1 Std.).

3) Wer mit dem Bus direkt bis Mezná, Haltestelle »Hřensko, Mezná« fährt, spart gleich zu Beginn 1,5 km Fußmarsch auf der Teerstraße.

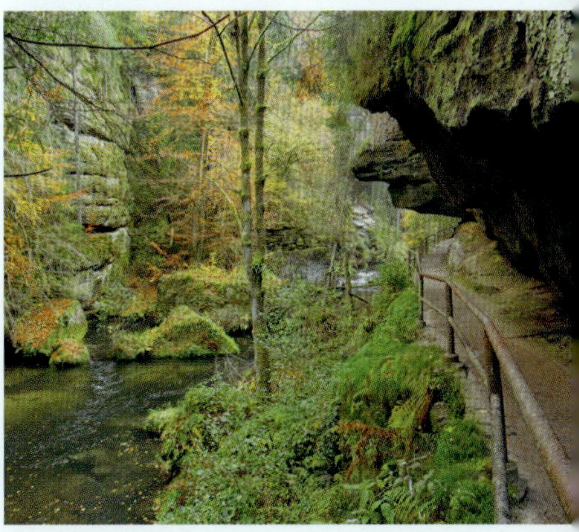

Auf dem Weg durch die Klamm müssen Große den Kopf einziehen.

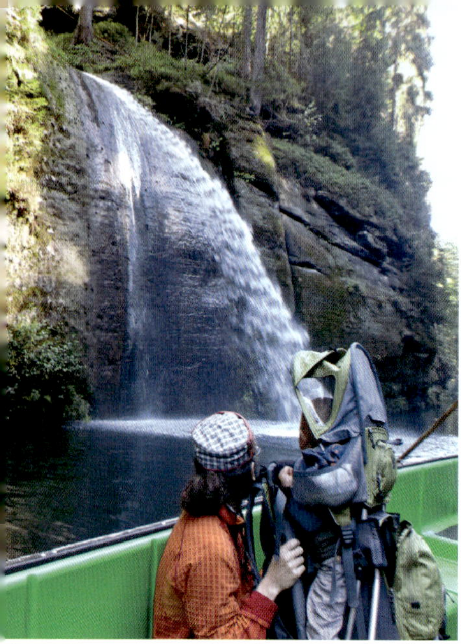

Selbst die Allerjüngsten haben bei der Kahnfahrt großen Spaß!

Von der **Bushaltestelle Mezní Louka (1)** folgen wir der grünen Markierung in Richtung Mezná. Wir passieren sogleich den großen Parkplatz und wandern zunächst gemütlich auf der schmalen Straße.

Nach etwa 30 bis 40 Min. gelangen wir nach **Mezná (2)** und biegen in der Ortsmitte nach links Richtung »Mezní můstek (soutěsky)/Hájenky« ab. Bald geht es auf einem kurvenreichen Treppenweg steil in die Klamm hinunter. Wer mag, kann die Kurven zählen – es sind wirklich viele! Auf der Brücke **Mezní můstek (3)** wechseln wir über das Flüsschen Kamnitz (Kamenice) und wenden uns nach links (gelb markiert). Hier verläuft der Weg direkt am und über dem Wasser und endet an der kleinen Bootsstation **Wilde Klamm (4)** (Divoká soutěska).

In regelmäßigen Abständen fahren von hier Kähne in den wildesten Teil der Klamm hinein. Mit einer langen Holzstange manövriert der Fährmann den Kahn langsam durch die enge Schlucht, erzählt dabei von den Geheimnissen und sagenhaften Bewohnern der Klamm und zeigt uns besondere Felsgebilde und Naturerscheinungen.

Nach der kurzen Bootsfahrt zwischen den steil aufragenden Felswänden kehren wir zur Brücke **Mezní můstek (3)** zurück und biegen nach links auf den grün markierten Weg Richtung »Růžová–Hájenky« ab. Auf großem Sandsteinpflaster und Treppenstufen steigen wir in einer düsteren, mit Moosen und Farnen bewachsenen Seitenschlucht aufwärts. Diesen Steig nutzten die Bewohner des damaligen Stimmersdorf (Mezná) seit dem 16. Jahrhundert, um zum sonntäglichen Gottesdienst nach Rosendorf (Růžová) bzw. Arnsdorf (Arnoltice) zu gelangen. Bald erreichen wir ein Hochtälchen, dessen Fichtenbestand derzeit komplett abgestorben und am Zusammenbrechen ist. Steil geht es rechts auf einem neu angelegten, einfachen Pfad über einen freigeschnittenen Hang aufwärts und oben dann auf breitem Weg gemüt-

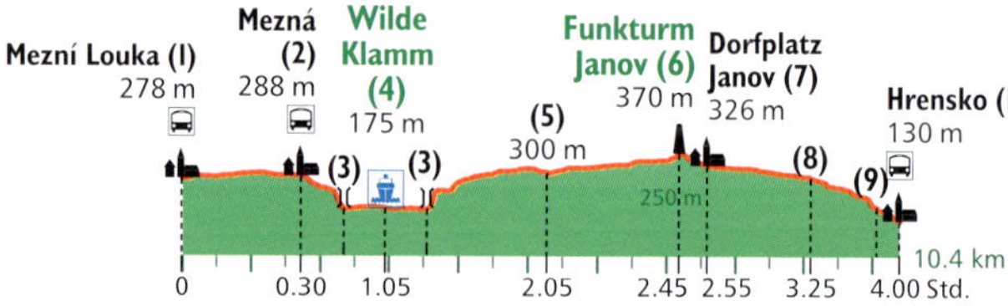

licher und ungefährlicher im jungen Mischwald zu einer Wegverzweigung neben einem Grundstück. Hier an der **Nationalparkgrenze mit Infotafel (5)** biegen wir nach rechts auf den Waldweg mit der gelben Markierung ab. Dieser bringt uns an den Rand eines Golfplatzes. Auf dem Golfplatz richten wir uns gut nach der gelben Markierung, die uns nach einigen Minuten zum bereits von Weitem sichtbaren, stählernen **Funkturm (6)** von Janov (Johnsdorf) führt. 160 Stufen bringen uns auf die Aussichtsplattform in 30 Meter Höhe, die uns einen weiten Rundblick eröffnet: Im Norden ragen die Felswände des Prebischtor-Gebietes auf, mit der bewaldeten Kuppe des Großen Winterbergs dahinter. Nordwestlich fällt unser Blick auf das Elbtal und die sächsischen Tafelberge. Im Westen erkennen wir die beiden Zschirnsteine und den Hohen Schneeberg mit seinem Steinturm. Weiter südlich schließt sich die Gipfelkette der »Kegelberge« des Böhmischen Mittelgebirges an. Der Rundblick schließt mit dem markanten Rosenberg (Růžovský vrch) und den Gipfeln der Böhmischen Schweiz und des Lausitzer Gebirges am Horizont.

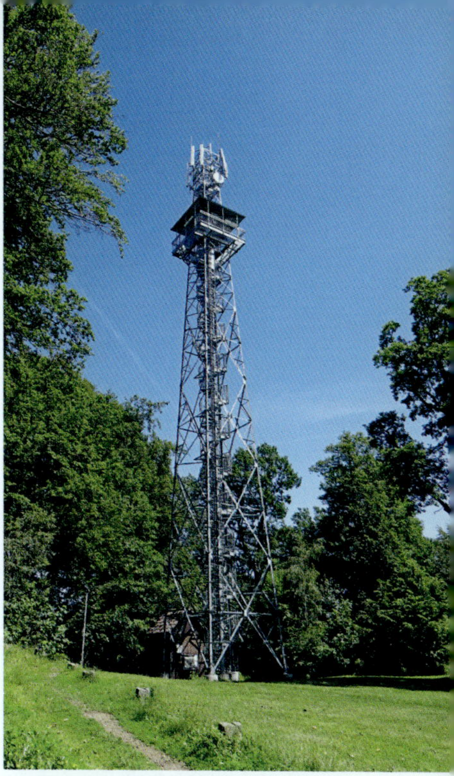

Wo darf man schon mal auf einen so hohen Funkturm klettern?

Anschließend folgen wir aufmerksam der gelben Markierung ins Dorf hinein. Am **Dorfplatz Janov (7)** gibt es Gaststätten und eine Bushalte-

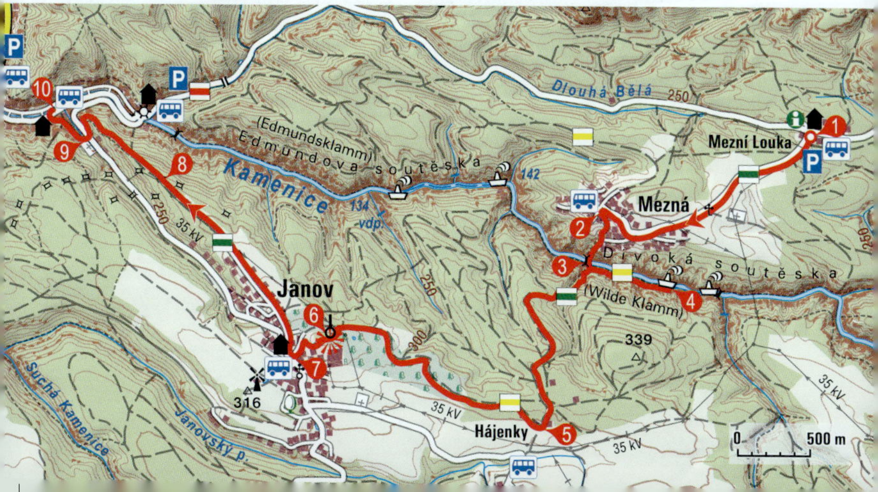

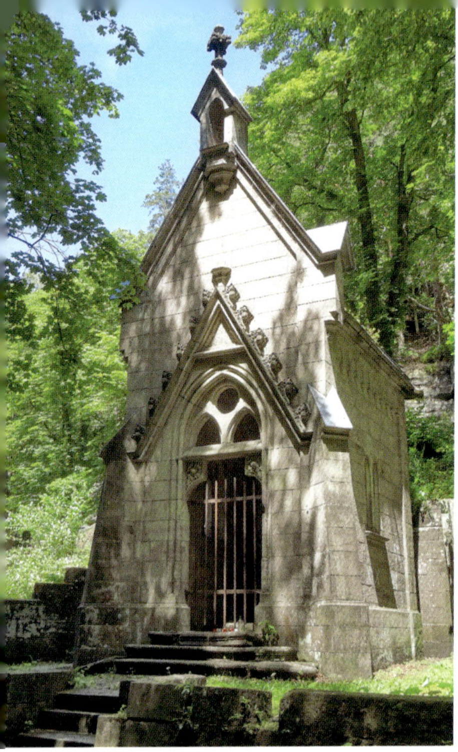

Schaut mal genau hin: Die Kapelle besitzt hübsche Verzierungen.

stelle, für den Fall, dass man von hier zurückfahren möchte (s. Kurzvarianten). Wer noch Lust hat weiterzuwandern, orientiert sich ab jetzt an der grünen Markierung in Richtung Hřensko. Kurz auf der Haupt-, dann auf einer Nebenstraße wandern wir an vielen gepflegten Umgebindehäusern vorbei aus dem Dorf heraus. Nach einer halben Stunde kommen wir wieder in den Wald hinein. Wer jetzt aufmerksam ist, entdeckt erst rechts, dann links vom Weg zwei versteckt gelegene **Bunker (8)**. Sie wurden vor dem Zweiten Weltkrieg als Schutz vor Nazi-Deutschland errichtet. Ein wenig nachdenklich wandern wir nun auf einem schmaler werdenden Weg weiter und kommen nach weiteren 700 m an eine verwachsene Aussicht. Hier erhaschen wir einen kurzen Blick auf Hřensko im engen Tal der Kamenice. Es ist also nicht mehr weit!

Der Abstieg führt über teils etwas verfallene Stufen, quert eine Straße und stößt unterhalb auf einen geheimnisvollen **Friedhof (9)** mit einer hübschen Kapelle. Weil in dieser Gegend früher sehr viele Deutsche wohnten, gibt es natürlich auch viele deutsche Namen auf den Grabsteinen. Nach dem Krieg mussten die deutschen Bewohner das Gebiet der damaligen Tschechoslowakei verlassen und so verfielen auch die Gräber.

Ein letztes interessantes Gebäude, aus dicken Sandsteinquadern erbaut, passieren wir am Schluss unserer Tour. Es steht versteckt in einem düsteren Grund und diente als Gasspeicher für die Gaslaternen der Straßenbeleuchtung. Heute ist das **Stará Plynárna** (staraplynarna.cz) eine Gaststätte.

Wenn wir auf die Straße treffen, sind wir am Ziel angelangt. Von der **Haltestelle »Hřensko, střed« (10)** können wir mit dem Bus direkt nach Hause fahren oder zu unserem Parkplatz zurückkehren. Wer Hřensko erkunden möchte, überquert auf der Fußgängerbrücke den Fluss. Zur Fähre hält man sich dann links.

HIGHLIGHTS

- ★ Wanderung in der Kamnitzschlucht, teils auf schmalen Stegen, teils durch Tunnel.
- ★ Kahnfahrt in der Wilden Klamm.
- ★ Aussichtsturm bei Janov mit grandiosem Blick auf die Felsenwelt und den Rosenberg.
- ★ Hübsche Umgebindehäuser, gruselige Bunker, ein geheimnisvoller Friedhof und das alte Gaswerk.

Hoher Schneeberg (Děčínský Sněžník)

Von der Kammbaude (Hřebenová Bouda) ab 3 J.

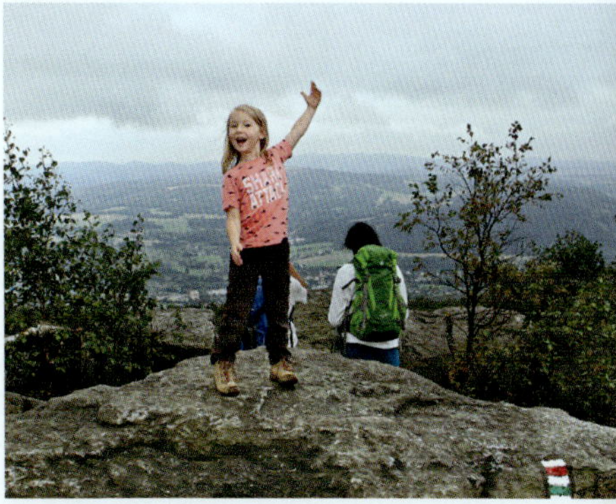

Auf das »Dach des Elbsandsteingebirges«

Mit 723 Metern Höhe ü. NN. ist dieser markante, lang gezogene Tafelberg mit seinem gemauerten Aussichtsturm die höchste Erhebung des Elbsandsteingebirges. Die steilen, kaum gegliederten Felswände aus festem, schwarzem Sandstein geben dem Schneeberg seine unverwechselbare Gestalt. Der beeindruckende Rundblick gehört sicherlich zu den schönsten des Gebirges und reicht bei klarem Wetter vom Osterzgebirge über die Hügellandschaft Böhmens bis in die Lausitz und nach Dresden. Die sonst so gewaltigen Tafelberge der Sächsischen Schweiz erscheinen von hier oben eher niedlich. Ob mit Kleinkind oder Großeltern – der sehr kinderfreundliche Aufstieg bzw. die unschwierige Kinderwagenvariante ermöglichen es der ganzen Familie, einmal zusammen auf dem höchsten Punkt des Elbsandsteingebirges zu stehen.

KURZINFO

Ausgangspunkt: Parkplatz unter dem Hohen Schneeberg am Hotel »Hřebenová Bouda«, 580 m, bei Sněžník (GPS: N50.791790, E14.087219).

Anfahrt: Wie Tour 40 (Tyssaer Wände) bis Ortsmitte Tisá, dort links Richtung Jílové Sněžník abbiegen, dann bis zur Kreuzung am Hotel »Hřebenová Bouda«, links dahinter parken.

Mit dem Bus: Mit der Linie 217 von Pirna (über Bahratal) oder Königstein (über Rosenthal) bis Haltestelle »Jílové Sněžník, rest. Hraničář« (die sogenannte Tisá-Linie ist ein grenzüberschreitender Wander- und Fahrradbus; nur April–Oktober).

Gehzeit: 1.50 Std.

Distanz: 4,2 km.

Höhenunterschied: 150 m im Auf- und Abstieg.

Ausrüstung: Gut profilierte Freizeit- oder Sportschuhe, Fernglas, Regen- oder Windjacken (es kann hier stark stürmen), Personalausweise.

Anforderungen: Ab 3 Jahren. Unschwieriger Aufstieg über einen teils steinigen Waldweg, Abstieg auf befestigter Fahrstraße.

Einkehr: Gasthaus und Imbisskiosk unter dem Aussichtsturm, Hotel Švýcarský dům (svycarsky-dum.cz) 180 m nördlich des Ausgangspunktes.

Kinderwagen-Variante: Hin und zurück auf der Zufahrtsstraße zum Gasthaus.

Tipp: Die Wanderung ist gut zu kombinieren mit einer Radtour von Rosenthal-Bielatal aus (ca. 5 km / 130 Hm von Rosenthal, Parkplatz Zollhäuser).

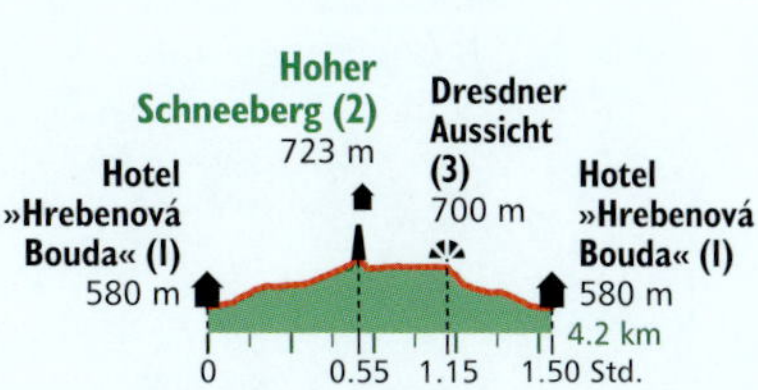

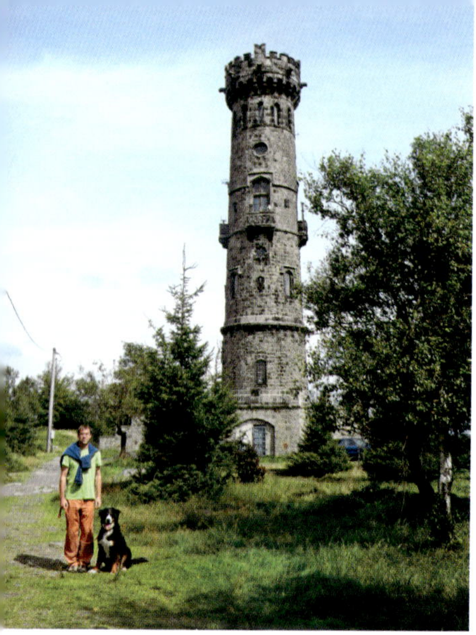

Der Aussichtsturm auf dem höchsten Punkt des Elbsandsteingebirges.

HIGHLIGHTS

★ Aussichtsturm auf dem Hohen Schneeberg.
★ Aussicht vom höchsten Punkt des Elbsandsteingebirges genießen.
★ Pausenplatz Dresdner Aussicht.

Von der Straßenkreuzung am Hotel **»Hřebenová Bouda« (1)** gehen wir in östlicher Richtung die schmale Teerstraße hinauf. Ausgeschildert ist hier der Hohe Schneeberg (Děčínský Sněžník). Nach etwa 800 m zweigt in einer lang gezogenen Linkskurve nach rechts ein mit rotem Strich markierter Pfad in den Wald ab. Immer der Markierung folgend, steigen wir den steinigen Pfad hinauf. Hier und da laden Felsen am Wegesrand zum Hinaufklettern ein. Bereits nach einer Viertelstunde erreichen wir das Plateau des Hohen Schneeberges. Auf der rechten Seite des Weges befinden sich immer wieder beeindruckende Aussichten weit über das Böhmische Becken. Ein wenig Vorsicht ist angebracht, denn hier oben gibt es keine Geländer! Wir wandern auf dem bequemen Weg über das Plateau und gelangen bald an den weithin sichtbaren Aussichtsturm auf dem **Hohen Schnee-**

Entlang des Aufstiegsweges laden kleinere Felsen zum Herumkraxeln ein.

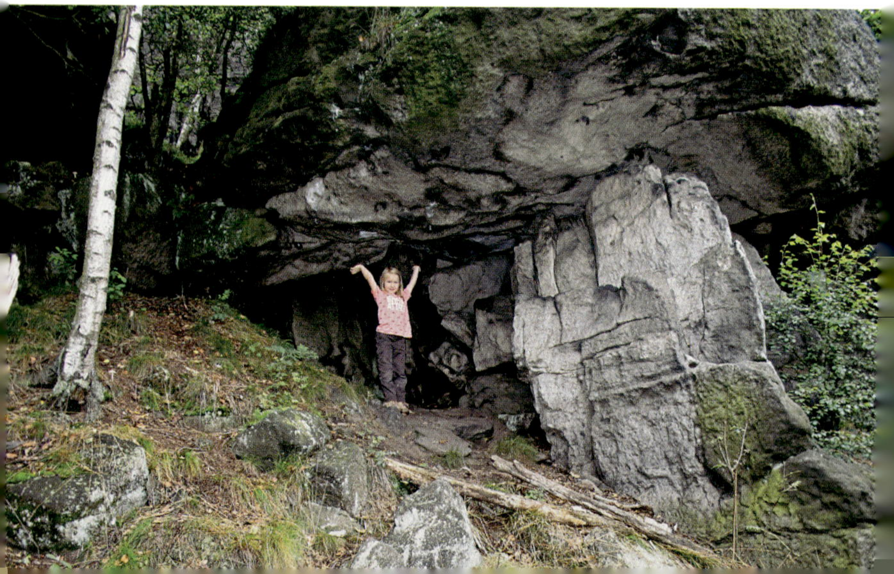

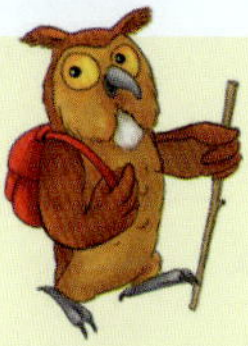

Hallo Kinder,

an manchen Tagen sieht man vom Parkplatz aus sportliche junge Leute mit riesigen, rechteckigen Rucksäcken zum Schneeberg aufsteigen. Das sind »Boulderer«. Sie wollen zu den Felsblöcken, die sich, verstreut im Wald liegend, auf der Südseite des Schneebergs befinden. Bouldern ist eine Spielart des Kletterns, bei der man versucht, schwierigste Kletterzüge an nur wenige Meter hohen Felsen zu schaffen. Da man nur in Absprunghöhe klettert, braucht man kein Seil und keinen Klettergurt. Man benötigt dafür lediglich ein Paar Kletterschuhe und eben diese eckigen Rucksackteile. Das sind zusammengeklappte Matten, die unter die Kletterstellen gelegt werden, um den Absprung oder den Sturz des Boulderers weich abzufangen. Freunde, mit denen man zusammen in die Felsen fährt, helfen beim Absichern, fiebern mit und feuern an. So macht Bouldern richtig Spaß!

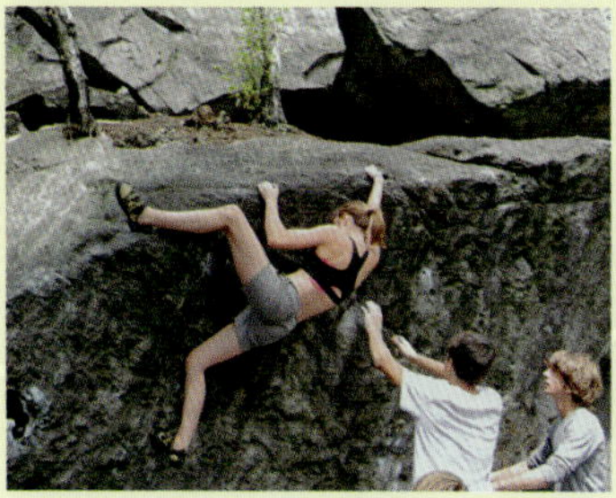

berg (2). Ein Imbiss direkt am Turm und ein kleines Restaurant etwas unterhalb laden zum Verweilen und Genießen ein. Am Imbiss erhält man auch die Eintrittskarte für den Aussichtsturm.

Unser Wanderweg führt am Turm vorbei eine Treppe hinunter. Wir laufen am Zaun des Restaurants entlang, gehen am Schlagbaum vorbei und verlassen den markierten Wanderweg, indem wir geradeaus die Zufahrtsstraße zum Restaurant entlanglaufen. Am Parkplatz und an ein paar Garagen vorbei geht es nun auf der Nordseite des Gipfelplateaus zurück. Nach etwa 15 bis 20 Minuten weist uns eine Schautafel am rechten Wegesrand auf die wenige Meter dahinter befindliche **»Dresdner Aussicht« (3)** (Draždanska vyhlidka) hin. Bei schönem Wetter und klarer Sicht kann man hier weit über die Sächsische Schweiz schauen. Von hier aus wirken die beiden Zschirnsteine rechter Hand oder die Festung Königstein geradezu wie Miniatur-Tafelberge.

Nach ausgiebiger Pause an dieser schönen Aussicht steigen wir die Teerstraße weiter ab, zwischen den dunklen Felsen, die teils mit Sicherungsringen für Kletterer versehen sind, hindurch, bis wir wieder an die bereits bekannte Straßenkreuzung beim Hotel **»Hřebenová Bouda« (1)** kommen.

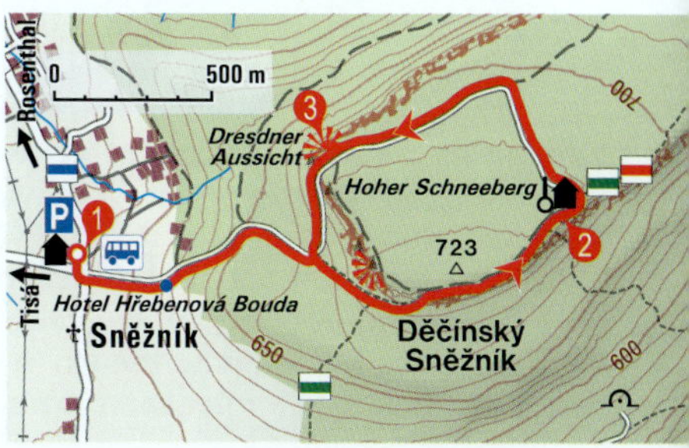

40 Tyssaer Wände (Tiské stěny)

Von Tisá (Tyssa) ab 3 J.

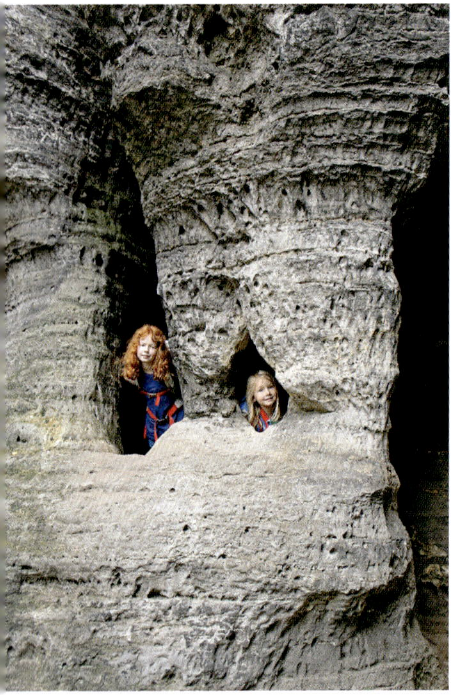

Kraxeln und Verstecken im Labyrinth der Felsenstadt

Über achtzig Sandsteinfelsen auf engstem Raum mit Höhlen, Gängen und Durchschlüpfen fordern unseren Entdeckerdrang heraus. Der Rundweg durch diese labyrinthartige Felsenwelt oberhalb der kleinen tschechischen Ortschaft Tyssa (Tisá) bietet viel Vergnügen für Groß und Klein. Einige Aussichten erlauben einen Blick auf die umliegenden Mittelgebirge und die Felsenstadt mit ihren ungewöhnlichen Felsgebilden, die solch interessante Namen tragen wie »Mumie«, »Hagerer Doktor«, »Afrikaturm« oder »Elefant«. An den Kassen bzw. an der Touristeninfo gibt es ein kleines Heft zum Rundweg mit den Namen der durchnummerierten Felsen.

Überall gibt es kleine Nischen, Höhlen und Durchschlüpfe – ideal zum Versteckspielen.

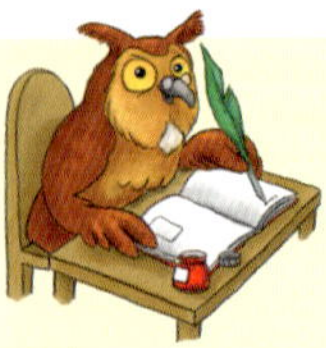

Hallo Kinder,

heute erzähle ich euch die Sage vom Leduquin: Einst kam zufällig ein französischer Adliger namens Leduquin in die Gegend um Tyssa. Er musste wegen der Französischen Revolution aus seiner geliebten Heimat flüchten und hatte deshalb seinen ganzen Familienschatz dabei. Dieser bestand aus Gold und Juwelen. Sicherheitshalber vergrub er seinen Schatz eilig unter einem Felsüberhang in den Tyssaer Wänden. Doch als er ihn ein paar Tage später wieder ausgraben wollte, um weiterzuziehen, konnte er ihn nicht wiederfinden. Er suchte ihn lange Zeit und wurde darüber verrückt. Es heißt, dass die Kobolde des Felsenlabyrinths den Schatz bewachen und all jene verhexen, die sich in den Felsen aufmachen, die Reichtümer des Leduquin zu finden. Darum, liebe Kinder, nehmt euch in Acht und bleibt lieber auf den markierten Wegen – man kann ja nie wissen …

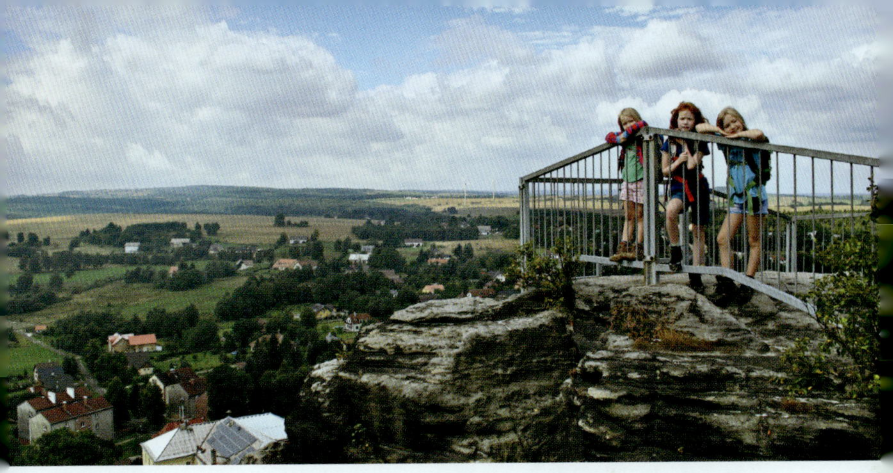

Von Aussichtsfelsen können wir weit ins böhmische Hinterland schauen.

KURZINFO

Ausgangspunkt: Parkplatz in der Ortsmitte von Tyssa (Tisá) bei der Kirche, 560 m (GPS: N50.785846, E14.028473).
Anfahrt: Von Pirna über die Autobahn A 17 bis Ausfahrt Petrovice (erste Ausfahrt hinter dem Grenzübergang), weiter links in Richtung Petrovice (Peterswald), am Ortseingang nach rechts Richtung Tisá. Im lang gezogenen Dorf bis zur Kirche in der Ortsmitte; parken gegenüber.
Mit dem Bus: Mit der Linie 217 von Pirna (über Bahratal) oder Königstein (über Rosenthal) bis Haltestelle »Tisá rozc. Sněžník«, von hier 200 m die Straße aufwärts zur Kirche (die sogenannte Tisá-Linie ist ein grenzüberschreitender Wander- und Fahrradbus; nur April – Oktober).
Gehzeit: 1.50 Std.; man sollte aber für die Erkundung der Felsenstadt 2.30 bis 3.30 Std. einplanen.
Distanz: 4,0 km.
Höhenunterschied: 170 m im Auf- und Abstieg.
Ausrüstung: Gut profilierte Freizeit- oder Sportschuhe, Regen- oder Windjacken, Stirn- oder Taschenlampe, Fernglas, Eintrittsgeld, Personalausweise.
Anforderungen: Ab 3 Jahren. Leichte Wanderung, zumeist auf Sandpfaden und Waldwegen, teils Treppen. Ein wenig Trittsicherheit ist günstig, da es viele Möglichkeiten gibt, in den Felsen herumzukraxeln.
Einkehr: Gasthaus »Turistická chata Tisá« (Touristenbaude Tisa, Tel. +420 475 222275, Mo. geschlossen).
Tipp: Die Wanderung ist gut zu kombinieren mit einer Radtour durch das Bielatal nach Ostrov (Eiland), von hier über die Straße bis zur »Turistická chata Tisá« (einfache Strecke 10 km, 240 Hm hoch/30 Hm hinunter). Von hier kann man auf der Radroute 3017 nach Sněžník (Tour 39) weiterfahren und auf der Route 23/23A nach Rosenthal oder hinunter ins Bielatal (ca. 13 km, 40 Hm hoch/260 Hm hinunter).

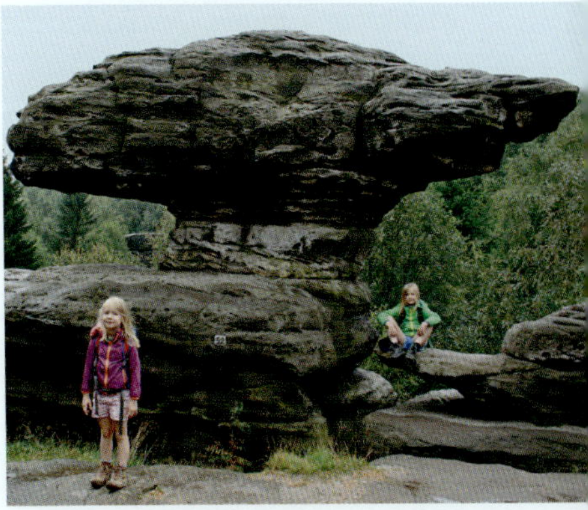

Am Pilzfelsen.

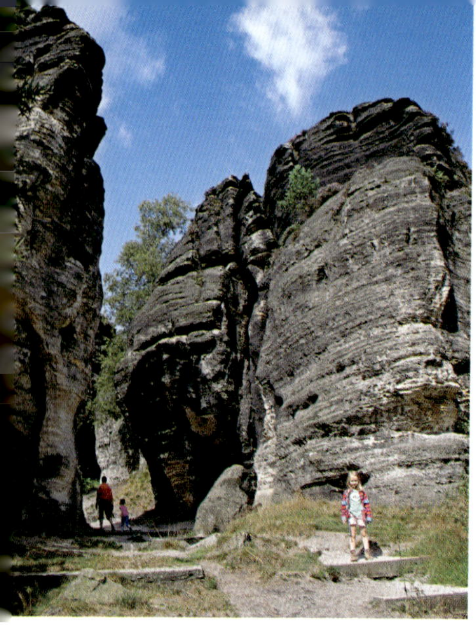

Sandige Wege führen durch das Felsenlabyrinth der Felsenstadt.

Vom **Parkplatz (1)** unweit der Kirche in Ortsmitte gehen wir einige Stufen hinauf, an einem Gedenkstein vorbei und auf gutem Weg schräg links aufwärts zu den Tyssaer Wänden. An einer kleinen Blockhütte wird ein Eintrittsgeld für den Besuch der Felsenstadt verlangt. Eine Tafel informiert über die Geologie der Tyssaer Wände. Um in diesem Felsenmeer einigermaßen die Übersicht zu behalten, kann man sich an folgende Wegführung halten: Wir laufen von der Blockhütte zuerst in westlicher Richtung, also links in die Felsengruppe der **Kleinen Tyssaer Wände**. Gleich nach den ersten Felsen führt ein Aufstieg über ein paar Stufen in einer Felsspalte auf die wirklich lohnende **Westliche Aussicht (2)** (Západní Vyhlídka), von der wir gut ins Osterzgebirge, zu den rundlichen Basaltkuppen des Böhmischen Mittelgebirges und auf die Südwände der Felsenstadt schauen können. Tief unten liegt das Örtchen Tyssa, in der Ferne erkennen wir den Hohen Schneeberg mit seinem Aussichtsturm.

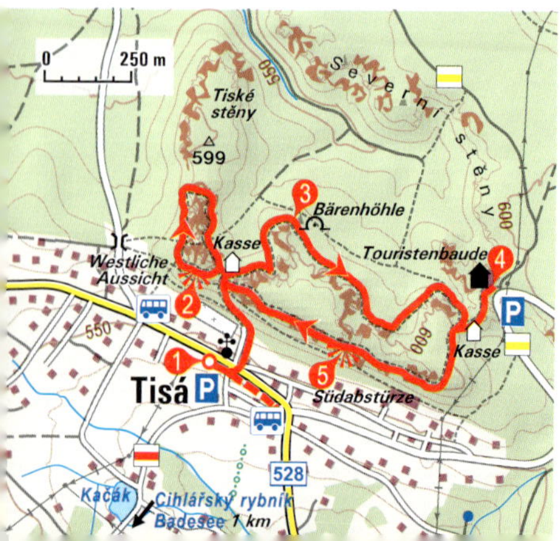

Nun steigen wir weiter links auf die gegenüberliegende Seite ab. Zurück am Boden führt der Pfad zwischen zerklüfteten Felswänden hindurch, wo es kleine Löcher, dunkle Höhlen und Schluchten zu entdecken gibt. Nach etwa 300 m geht es über Stufen auf die Wände hinauf und auf der anderen Seite wieder hinab, zurück auf die Ostseite der Kleinen Tyssaer Wände, wo wir rechts haltend wieder zum Kassenhäuschen gelangen. Hier halten wir uns nun links und gehen immer direkt an den Felsen entlang bis an die nördliche Spitze der Felstürme, dem »Siegestor«, und zur **»Bärenhöhle« (3)**. Dahinter halten wir uns etwas rechts. Die Felsen haben fantasievolle Namen, wie »Dicker Bürgermeister« »Steinerner Schneemann« oder auch »Enthaupteter Major«.

Ruhig schlängelt sich der Weg um und durch die Felsen. Unterwegs

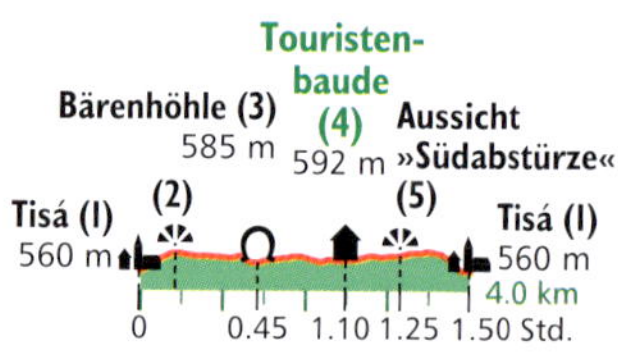

Die Spalten, Gänge und Höhlen zu erforschen macht richtig Spaß!

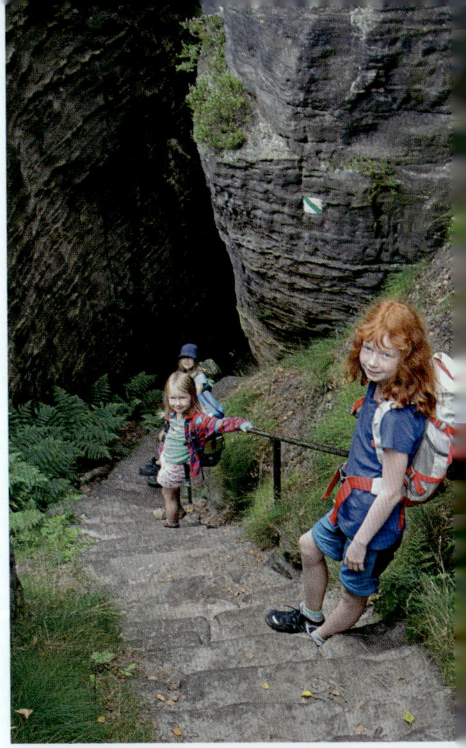

kommen wir an zwei Infotafeln zur Vogel- und Pflanzenwelt vorbei. Nahezu am Ende der **Großen Tyssaer Wände** führt eine Treppe hinauf auf das Felsmassiv. Wir stehen am »Pilzfelsen«. Links geht es zur Touristinfo mit dem östlichen Kassenhäuschen und zur **Gaststätte Touristenbaude (4)**, die zur Einkehr einlädt.
Nach ausgiebiger Pause gehen wir wieder zurück, am »Pilzfelsen« geradeaus vorbei, und gelangen so an den Höhenweg entlang der Südabstürze der Großen Tyssaer Wände. Da es kaum Geländer gibt, sollten wir hier ein wenig mehr auf die Kinder achten. Die **Ausblicke (5)** sind fantastisch. Hier oben herrscht an manchen Tagen ein raues Klima, was wir gut an der vorherrschenden Vegetation und den zerzausten Baumwipfeln erkennen können. Bald erreichen wir das Ende des Gratweges und der Weg führt über eine Stufenreihe in einer Schlucht wieder hinunter zum Kassenhäuschen. Links steigen wir auf bekanntem Weg zum **Parkplatz (1)** bei der Kirche hinab.

HIGHLIGHTS

- ★ Über 80 teils skurril anmutende Felstürme mit fantasievollen Namen.
- ★ Labyrinth aus Höhlen, Schluchten, Felsentoren und kleine Felsen zum Herumkraxeln.
- ★ Naturlehrpfad.
- ★ Beeindruckende Aussicht von den Südabstürzen.
- ★ Nach der Tour: Baden im kleinen Natursee Cihlářský rybník (siehe Freizeittipp G16).

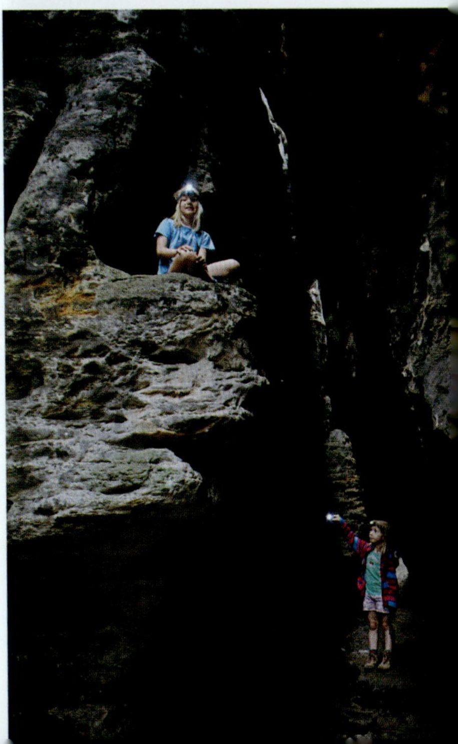

Ob wir vielleicht doch den Schatz des Leduquin entdecken?

Freizeit- und Schlechtwettertipps

Die nummerierten Freizeittipps finden Sie auch auf der Übersichtskarte in der hinteren Umschlagklappe. Zusätzlich zu direkt im Elbsandsteingebirge gelegenen Tipps werden auch Hinweise auf Freizeitziele im näheren Umkreis des Wandergebietes und in Dresden gegeben.

Themenwege

A1 Kasperpfad Hohnstein

Hohnstein ist bekannt für seine Puppenspielkunst und den Hohnsteiner Kasper. Die geschnitzten Handspielpuppen werden hier seit 1928 hergestellt. Die Themenwanderung widmet sich dieser Tradition. Der aussichtsreiche Weg führt oberhalb der Bergstadt entlang zur Burg Hohnstein und zur Kasperausstellung in der Touristinformation (siehe S. 209). Flyer gibt es dort und am Parkplatz »Eiche« (GPS: N50.978991, E14.114418; Anfahrt siehe Tour 18).
Info: Tel. +49 35975 19433, hohnstein.de/hohnsteiner-themenpfade/

A2 Geopfad Goßdorf

Etwas abseits der Touristenströme der Sächsischen Schweiz liegt Goßdorf. Genau auf der Grenze zwischen Elbsandsteingebirge und Lausitzer Bergland bietet es so einige geologische Besonderheiten. Der Geopfad befasst sich u. a. mit der »Lausitzer Überschiebung« und bietet unterwegs tolle Ausblicke. Nach der Wanderung können wir uns in einer urigen Freibadanlage mit Sandsteinbecken und Freizeitanlagen abkühlen. Unter geopfad-gossdorf.com gibt es ein Faltblatt mit Geoquiz für Kinder.
Anfahrt: Mit dem Pkw über Hohnstein nach Goßdorf (GPS: N50.955570, E14.164750).

A3 Luchsweg

Nicht nur, wer sich für den Luchs interessiert, kann sich vom Nationalparkzentrum in Bad Schandau aus auf einen leichten Erlebnis-Spaziergang durchs Stadtgebiet begeben. Luchstatzen auf den Pflastersteinen weisen den Weg zu den einzelnen Stationen, an denen man auf spielerische Weise mehr über diese seltene Raubkatze erfährt. Mit dem historischen Personenaufzug gelangen wir hinauf zu den Luchsgehegen, wo echte Luchse zu beobachten sind. Dauer ca. 2 Std.; der Aufzug ist kostenpflichtig. Gut zu kombinieren mit einem Besuch des Nationalparkzentrums, wo man auch weitere Infos und einen Flyer zum Luchsweg erhält.
Adresse: Nationalparkzentrum, Dresdner Straße 2b, 01814 Bad Schandau, Tel. +49 35022 50240, nationalparkzentrum-saechsische-schweiz.de

A4 Sonnenuhrenweg

In Krippen führt ein insgesamt 3 km langer Rundweg an 23 individuell gestalteten Sonnenuhren vorbei durch den Ort. Solange die Sonne

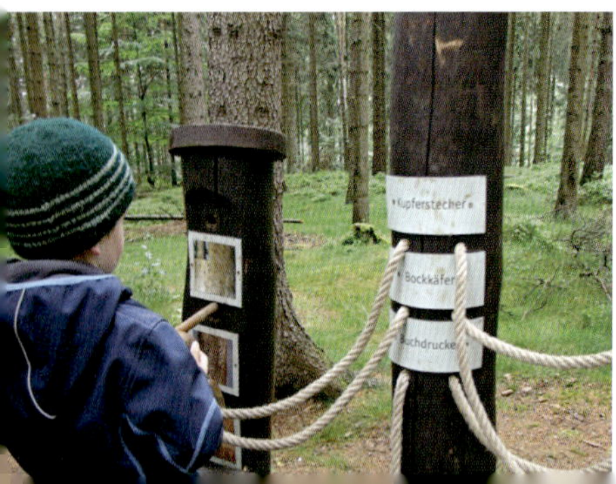

Rätseln an der Käferstation in der Waldhusche.

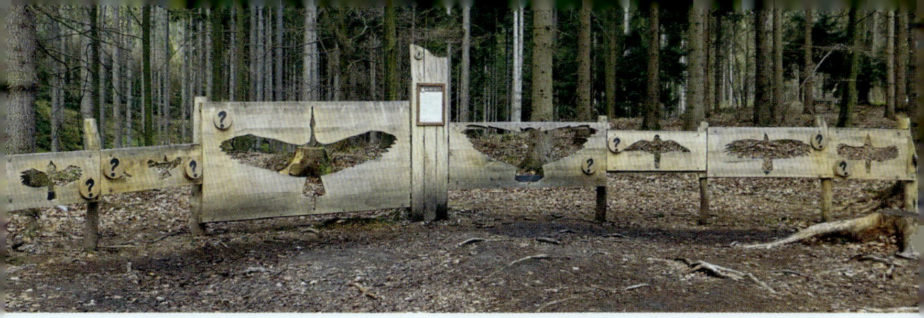

Eindrucksvoll und lehrreich zugleich – auf dem »Luchspfad« bei Mezni Louka.

scheint, ist man auf diesem Weg bestens über die aktuelle Uhrzeit informiert! Ausgangspunkt ist auf dem Marktplatz von Krippen (GPS: N50.910739, E14.168293). Weitere Informationen und Lageplan unter bad-schandau.de/downloads/sonnenuhrenweg_faltblatt_2014.pdf

A5 Waldhusche

In Hinterhermsdorf bietet das Freigelände »Waldhusche« eine erlebnisreiche Waldwanderung für Groß und Klein. Für jüngere Kinder ist der Rundweg »Waldabenteuerweg« besonders geeignet. Hier finden wir interessante Spielstationen, an denen man Wissenswertes über die historische Forstarbeit und Spannendes aus der Natur erfährt. Man kann klettern, balancieren, in die Stille des Waldes hören und erfahren, was eine Waldhusche ist. Ein Waldspielplatz und die Ausstellungen im Beizehaus und in der Blockscheune runden das Angebot ab. Geeignet ab ca. 4 Jahren, ein Teilstück ist mit Kinderwagen begehbar, Dauer ca. 2–4 Std. Flyer mit einer Übersichtskarte zum Gelände sind am Eingang erhältlich. Der Eintritt ist frei.

Infos: Tel. +49 35974 5210, hinterhermsdorf.de/waldhusche.html

Anfahrt: Siehe Tour 30 (Obere Schleuse), der Eingang zur Waldhusche befindet sich direkt am Parkplatz bei der Buchenparkhalle (GPS: N50.917244, E14.359180).

Tipps: Von der Nationalparkwacht werden nach Voranmeldung Führungen durchs Gelände angeboten. Im »Haus des Gastes« in Hinterhermsdorf (Tel. +49 35974 5210) gibt es für Kinder »Entdeckerrucksäcke« auszuleihen, u. a. mit einer Becherlupe, einem Kompass und einer Art Tagebuch. Dazu gibt es einen Plan mit Aufgaben, die man auf einem Spaziergang durch die Waldhusche lösen kann.

A6 Walderlebnisanlage Mezní Louka

Nur 5 Min. von Mezní Louka entfernt befindet sich der »Luchspfad«. Hier können wir auf zwei spannenden Parcours Entdeckungen im Wald machen: Wie groß sind welche Raubvögel? Wie viel wiegt ein Baummarder? Welche Spuren hinterlassen die Tiere des Waldes? Dauer: 30 Min. bis 2 Std.

Anfahrt: Vom Parkplatz Rainwiese in Mezní Louka (GPS: N50.872584, E14.316308) gehen wir zurück zur Hauptstraße und überqueren diese. Weiter auf dem mit rotem Strich markierten Wanderweg in Richtung »Pravčická brána (Prebischtor)«, am Infozentrum des Resorts »U Fořta« vorbei, erreicht man schon nach etwa 150 m die hölzernen Stationen der Walderlebnisanlage.

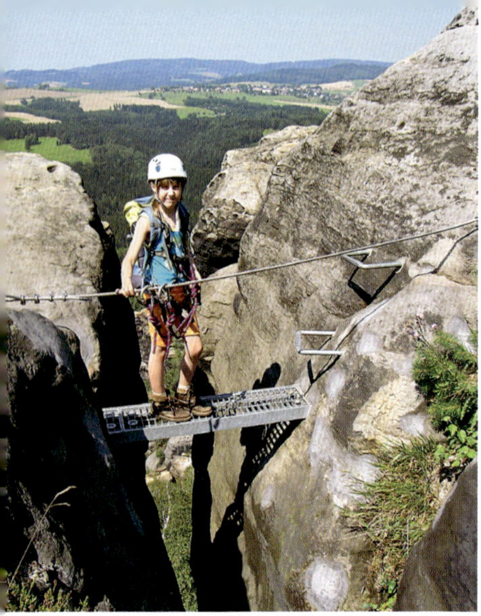

Auf der Häntzschelstiege ist Klettersteigerfahrung und entsprechende Ausrüstung notwendig.

Klettersteige

Für die Bezwingung der frei zugänglichen, drahtseilgesicherten Klettersteige in Děčín und der ebenfalls drahtseilgesicherten Häntzschelstiege in den sächsischen Affensteinen sind Klettersteigausrüstung (Klettergurt mit Klettersteigset und Helm, eventuell Klettersteighandschuhe) und Wissen zu deren richtiger Anwendung unbedingt notwendig!

B1 Häntzschelstiege in den Affensteinen

Die einzige drahtseilgesicherte Stiege der Sächsischen Schweiz verlangt absolute Schwindelfreiheit und grundlegende Vorkenntnisse in der Anwendung der Klettersteigausrüstung. Da an einigen Stellen das Drahtseil recht hoch angebracht ist, empfiehlt sich eine Begehung dieser Stiege erst ab etwa 9 Jahren. Auf den rund 150 Höhenmetern sind Schwierigkeiten bis Kategorie B mit ganz kurzen Stellen B+/C zu bewältigen. Highlights sind eine luftige Querung um eine Felsecke im unteren Teil, die senkrechte Passage im höhlenartigen Kamin sowie die anschließende Querung in einer hohen Felsenschlucht. Einige kurze Abschnitte an den Ein- und Ausstiegen sowie die etwa 8 m lange Leiter im Ausstieg des Kamins sind schlecht abgesichert. Über ein vom voraussteigenden Elternteil mitgeführtes Seil kann man das Kind von oben her sichern und das Risiko minimieren. Auf der Hälfte kreuzt man den Bergpfad »Obere Affensteinpromenade«, der als eventueller Notausstieg (nach rechts zur Wilden Hölle) dienen kann.

Tourempfehlung: Beuthenfall – Bloßstock – Häntzschelstiege – Langes Horn – Carolaaussicht – Abstieg über die Wilde Hölle – Unterer Affensteinweg (Markierung »grüner Punkt«) nach rechts – Beuthenfall. Gesamttourdauer ca. 4–5 Std.

Klettersteig-Einstieg:
GPS: N50.919820, E14.235270.

Anfahrt: Wie bei Tour 26 (Mittlerer Flößersteig) zum Parkplatz Beuthenfall (GPS: N50.926680, E14.236580).

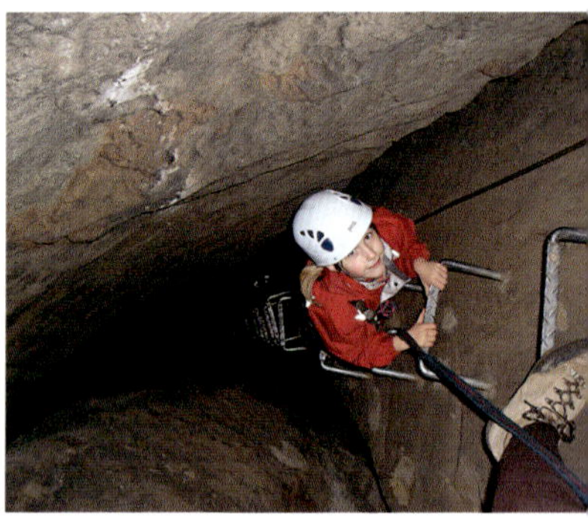

Auf der Häntzschelstiege bezwingen wir diesen engen, hohen Spalt.

Wenn wir uns in die Parcours im Kletterwald schwingen, sind wir immer gut gesichert.

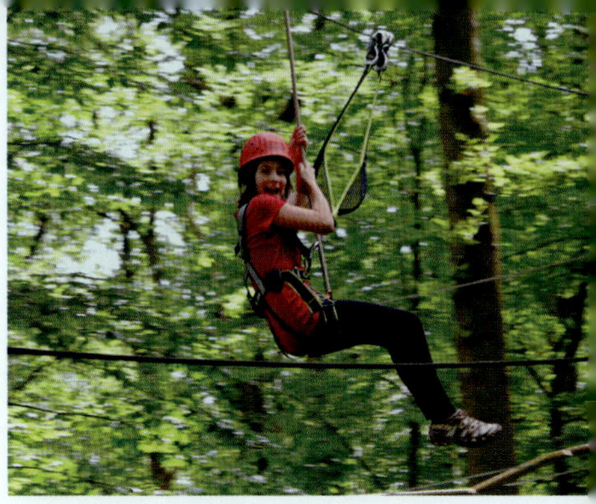

B2 Via ferrata Pastýřská stěna – Schäferwand in Děčín

An der 95 m hohen Schäferwand in Děčín gibt es derzeit 15 Klettersteigrouten inklusive einer luftigen Seilbrücke. Ein Wandbuch und eine Aussichtsbank befinden sich im oberen Wandteil auf einem Felsbuckel mit tollem, sehr luftigem Tiefblick auf die Elbe. Überwiegend handelt es sich um sehr schwierige Kletterrouten, die nicht für Anfänger geeignet sind! Vorkenntnisse zur Handhabung der Klettersteigausrüstung sollten unbedingt vorhanden sein. Kinder bis 15 Jahre dürfen nur in Begleitung eines Erwachsenen auf den Klettersteig. Eine Routen-Informationstafel befindet sich am Einstieg des Klettersteigs. Die Klettersteigrouten Nr. 4 und 5 (Schwierigkeit B/B+) und die kurze Traverse unterhalb der Gipfelkante (Route 12) sind für Familien mit Kindern ab etwa 9 Jahren geeignet. Die Routen 1–3 und 13 (Schwierigkeit C) sind absolut erfahrenen Familien vorbehalten. Unter Umständen sollten Kinder zusätzlich noch von oben mit einem separaten Seil klassisch gesichert werden. Von Routen der Schwierigkeit D ist mit Kindern dringend abzuraten! Der Abstieg erfolgt vom Ausstiegspunkt auf dem Wandersteig nach links.

Oben auf der Schäferwand befindet sich ein Restaurant mit typisch tschechischen Spezialitäten (http://pastyrskastena.eu). Unweit von dort befindet sich auch der Zoo Děčín (Freizeittipp J8).

Zeitbedarf: Ca. 4 Std.

Anfahrt: Auf der B 172 über Bad Schandau nach Schmilka/Grenzübergang, weiter nach Děčín, dort über die Elbbrücke. Parkplatz am Kreisverkehr (GPS: N50.776600, E14.203600).

Klettersteig-Einstieg: Ca. 350 m elbabwärts vom Parkplatz am Kreisverkehr (GPS: N50.779364, E14.205126). Am Einstieg kann eine kleine Nutzungsgebühr erhoben werden.

Kletterwald und Kletterhallen

C1 Kletterwald Königstein

Gegenüber vom Parkhaus der Festung Königstein fordern acht Parcours mit 80 Kletterelementen und insgesamt über 1000 m Kletterstrecke größere und kleinere Abenteurer heraus. Ab 5 Jahren können die Kids bereits vier Parcours bezwingen. Ab 8 Jahren kann im gesamten Kletterwald bis zu einer Höhe von 15 m geklettert werden. Der Hochseilgarten ist mit dem innovativen und besonders sicheren Smart-Belay-Sicherungssystem ausgerüstet.

Öffnungszeiten: Von Ende März bis Anfang November täglich 11–17 Uhr, in den Ferien und am Wochenende 10–19 Uhr.

Info: Tel. +49 35021 189951, kletterwald-koenigstein.de

Adresse: Am Königstein 1A, 01824 Königstein.

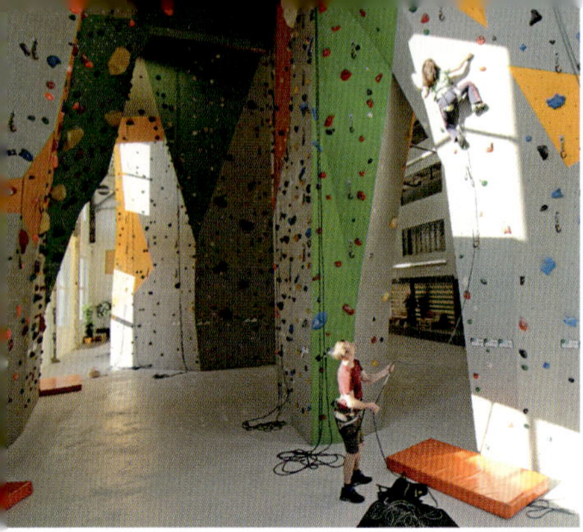

An einem Regentag ist der Besuch einer Kletterhalle eine Alternative.

C2 Yoyo-Kletterhalle in Heidenau

Die Kletterhalle in Heidenau unweit der Sächsischen Schweiz bietet Kletterspaß auf 900 m² Kletterfläche und einen Boulderbereich.
Info: Tel. +49 3529 5356989, yoyo-kletterhalle.de
Adresse: Weststraße 32, 01809 Heidenau.

XXL' Kletterwand Dresden

Eine bis zu 16 m hohe, umfangreiche Kletteranlage mit 1800 m² Kletterfläche für Vorsteigen und Toprope und ein großer Boulderbereich (200 m²) erwarten die Besucher im »XXL«. Es gibt hier auch eine Sauna und ein Restaurant. Außerdem kann man im integrierten Sportcenter auch Squash, Badminton, Tischtennis, Volleyball und Fußball spielen oder eine Bowlingbahn buchen.
Öffnungszeiten: Täglich 9–22 Uhr.
Info: Tel. +49 351 254580, xxl-dresden.info
Adresse: Breitscheidstraße 40, 01237 Dresden.

Kletterhalle SoliVital in Sebnitz

Siehe Freizeittipp F7.

Burgen und Schlösser

D1 Burg Stolpen

Die Geschichte der Burg Stolpen ist mit dem Schicksal der Gräfin Cosel, der berühmtesten Mätresse des sächsischen Kurfürsten August des Starken, eng verbunden. Sie war fast 50 Jahre auf der Burg gefangen. Wir können die ausgedehnte mittelalterliche Wehranlage besichtigen. Spannend sind auch Folterkammer, Schösserturm und Hungerloch, der Coselturm sowie der 84 m tiefe Brunnen, der als der tiefste in Basalt getriebene Brunnen der Welt gilt. Die Burg ist auch geologisch interessant, denn sie steht auf einem Basaltberg mit teils sehr ansehnlichen Basaltsäulen.
Öffnungszeiten: Von April bis Oktober täglich 10–18 Uhr, von November bis März Dienstag bis Sonntag 10–16 Uhr (witterungsabhängige Änderungen!)
Info: Tel. +49 35973 23410, burg-stolpen.org
Adresse: Schloßstraße 10, 01833 Stolpen.

D2 Burg Hohnstein

Dunkle Gänge, das Tonnengewölbe der Kornkammern, der Bergfried, eine düstere Kerkerzelle, ein großer Burghof sind einige Highlights der Burg Hohnstein, in der man auch übernachten kann. Die Burg liegt unmittelbar am Nationalpark Sächsische Schweiz auf einem Felssporn hoch über dem romantischen Polenztal und dem Städtchen Hohnstein. Das Museum zeigt die Geschichte der Burg und der Stadt, in der Naturkundeausstellung ist das Leben von Fledermäusen und Lachsen erklärt und der Aussichtsturm bietet einen weiten Blick über die Sandsteinfelsen.

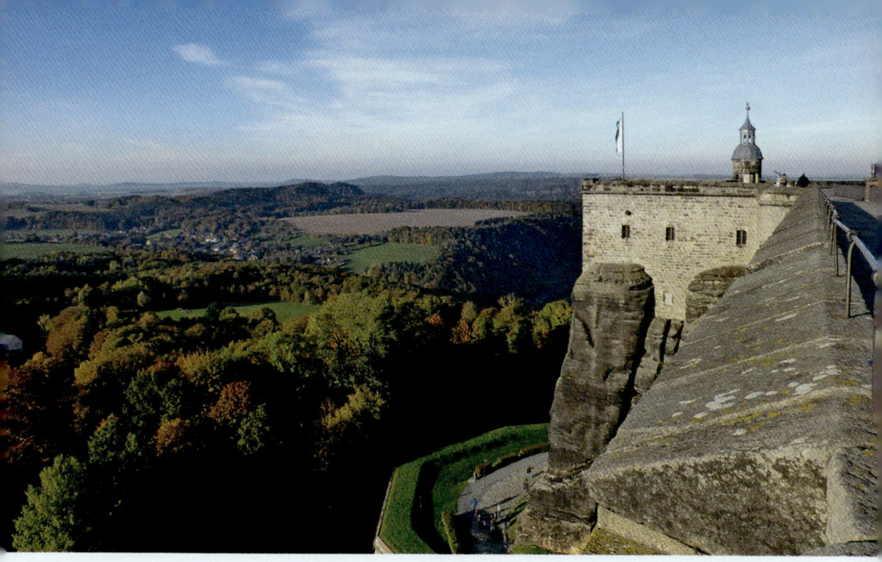

Von der Festung Königstein können wir über das ganze Elbsandsteingebirge schauen.

Öffnungszeiten: Von Ende März bis Oktober täglich 10–17 Uhr.
Info: Tel. +49 35975 81202, burg-hohnstein.info
Adresse: Markt 1, 01848 Hohnstein (Sächsische Schweiz).

D3 Festung Königstein

Die riesige Anlage bietet ausreichend Abwechslung für einen mehrstündigen Besuch. Es gibt spezielle Kinderführungen. Auf der Internetseite kann man sich vorab Rätsel, Ausmal- und Suchbilder ausdrucken (siehe auch Tour 2 »Hallo Kinder«).
Öffnungszeiten: Von April bis Oktober 9–18 Uhr, sonst bis 17 Uhr.
Info: Tel. +49 35021 64607, festung-koenigstein.de
Adresse: Festung Königstein, 01824 Königstein.

D4 Schloss Děčín (Zámek Děčín)

Auf einem Felsen über der Elbe thront das Schloss Děčín. Es gibt verschiedene, spannende Führungen, auch auf Deutsch, ein Schloss-Café und einen wunderschönen Rosengarten. In dem barocken Schloss kann man sogar übernachten. Gut zu kombinieren mit einem Besuch des Zoos (Freizeittipp J2) oder der Schäferwand (Pastýřská stěna; Freizeittipp B2) mit ihrem Klettersteig und dem Restaurant am Gipfel.
Öffnungszeiten: Täglich geöffnet; genauere Infos siehe Internet.
Info: Tel. +420 775 862639, zamekdecin.cz/web_de/
Adresse: Dlouhá jízda 1254, 405 01 Děčín 1.

Museen, Ausstellungen

Ausstellungen zu den Hohnsteiner Handspielpuppen

Der Hohnsteiner Kasper ist eine »Kultfigur« in der Bergstadt Hohnstein. Wir können hier den Kasperpfad wandern (siehe Freizeittipp A1) und zwei Ausstellungen zum Hohnsteiner Kasper besuchen:

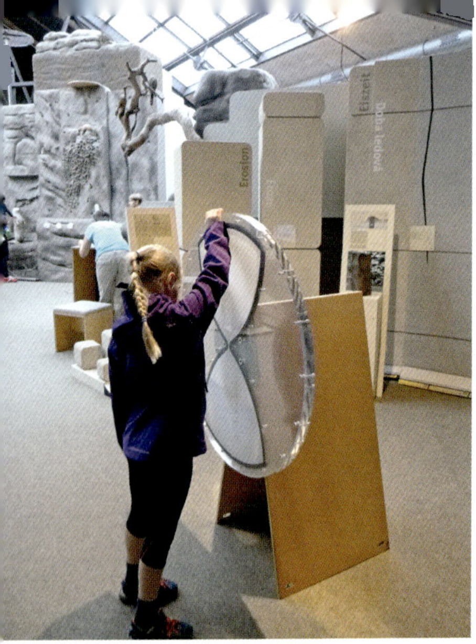

Verschiedene Modelle im Nationalparkzentrum zeigen, wie das Sandsteingebirge entstanden ist.

Traditionsstätte Handpuppenspiel: In der Touristinformation Hohnstein.
Öffnungszeiten: Täglich 9–12 Uhr, manchmal auch nachmittags; am besten vor dem Besuch anrufen.
Info: Tel. +49 35975 86813, hohnstein.de/hohnsteiner-kasper-2/
Adresse: Rathausstr. 9, 01848 Hohnstein.
Hohnsteiner Handspielpuppenwerkstatt: Direkt in der Werkstatt der Familie Berger kann man die vielen Handpuppen mit ihren geschnitzten Holzköpfen bestaunen und auch kaufen.
Öffnungszeiten: Täglich, jedoch nur nach telefonischer Voranmeldung!
Info: Tel. +49 35975 81657, original-hohnsteiner-handspielpuppen.de
Adresse: Wolfgang Berger, Sachsenberg-Siedlung 6a, 01848 Hohnstein.
Hohnsteiner Puppenspielfest: Einmal im Jahr an einem Wochenende werden ca. 50 Vorstellungen geboten (hohnsteiner-puppenspielfest.de).

Max-Jacob-Theater: Hier gibt es gelegentlich Puppenspiel-Vorstellungen (Programm siehe Internet).
Info: Tel. +49 35975 842243, max-jacob-theater.de
Adresse: Max-Jacob-Straße 1, 01848 Hohnstein.

E1 Nationalparkzentrum in Bad Schandau

Beim Besuch des Nationalparkzentrums können wir den Kindern den Gedanken des Nationalparks näher bringen. Die Ausstellung informiert in einer Computeranimation und mittels einiger Modelle, wie das Elbsandsteingebirge entstand. Sie stellt einige besondere Pflanzen und Tiere aus dem heimischen Lebensraum vor, klärt auf über den natürlichen Wandel der Natur und lädt ein zum Spielen, Ausprobieren und Experimentieren. Eine halbstündige Multivisionsshow begeistert am Ende des etwa zweistündigen Aufenthalts.
Öffnungszeiten: Von April bis Oktober täglich 9–16 Uhr, von November bis März täglich außer Montag 9–17 Uhr. Im Januar geschlossen!
Info: Tel. +49 35022 50242, nationalparkzentrum-saechsische-schweiz.de
Adresse: Dresdner Str. 2b, 01814 Bad Schandau.

E2 Museum Bad Schandau

Das heimatkundliche Museum in Bad Schandau präsentiert in einer Dauerausstellung eindrucksvolle Exponate zu den Themen Stadtgeschichte, Elbeschifffahrt, Tourismus und Bergsteigen im Elbsandsteingebirge. Weiterhin präsentiert das Museum eine Dauerausstellung rund

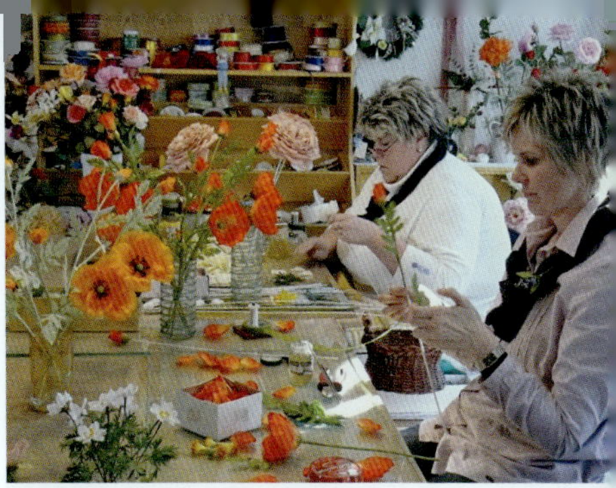

Wahre Handwerkskunst – die Kunstblumen wirken wie echte Blumen!

um die Forschungsreisen des Ehrenbürgers Erich Wustmann. Geeignet für ältere, an kulturgeschichtlichen Dingen interessierte Kinder.
Öffnungszeiten: Von Dienstag bis Sonntag 14–17 Uhr, von Mai bis Oktober Samstag und Sonntag 10–17 Uhr, im Januar geschlossen.
Info: Tel. +49 35022 90059, badschandau.de/kultur-genuss#museum
Adresse: Badallee 11, 01814 Bad Schandau.

E3 Technisches Museum Neumann-Mühle

Im Minimuseum gegenüber dem Gasthaus Neumannmühle können wir uns die älteste Säge- und Holzschliffmühle im Kirnitzschtal ansehen und einiges über die Holzschleiferei und die Papierherstellung erfahren. Am besten in Verbindung mit einer Wanderung besuchen (Touren 25, 28, 29).
Öffnungszeiten: Von Mai bis Oktober täglich außer Montag 11–17 Uhr.
Info: Tel. +49 35971 57489, neumann-muehle.de
Anfahrt: Siehe Tour 25.

E4 Museum Deutsche Kunstblume Sebnitz

Bei einem Rundgang durch die Schaumanufaktur erfährt man mehr über die Sebnitzer Seidenblumenherstellung. Sie zählt zu den wenigen Manufakturen weltweit, die heute noch Kunstblumen in traditioneller Handarbeit herstellen. Am Ende des Rundgangs kann man sich auch selbst im »Blümeln« versuchen.
Öffnungszeiten: Ganzjährig von Dienstag bis Sonntag sowie an Feiertagen 10–17 Uhr.
Info: Tel.+49 35971 53181, deutsche-kunstblume-sebnitz.de
Adresse: Neustädter Weg 10, 01855 Sebnitz.

E5 Modelleisenbahnmuseum Tillig

Das neu gestaltete Museum in der Modellbahn-Galerie lässt die Herzen aller Modellbahn-Fans höher schlagen. Während sich die Erwachsenen für 100 Jahre Modellbahngeschichte begeistern, können die Kinder das TT-Spielzimmer erobern. Es ist wirklich beindruckend, welche Viel-

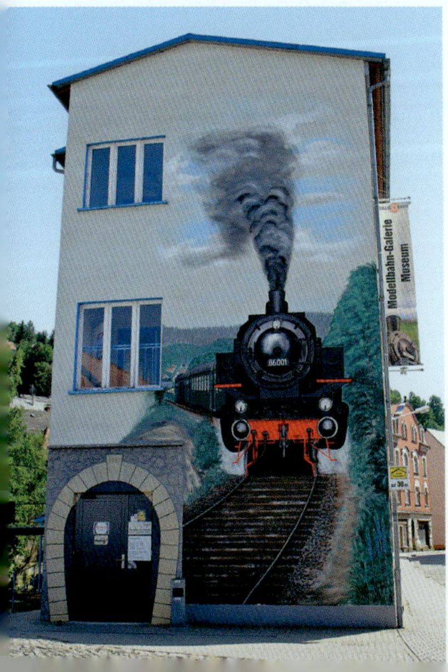

Schon gewusst? Die TT-Modelleisenbahn stammt aus Sebnitz.

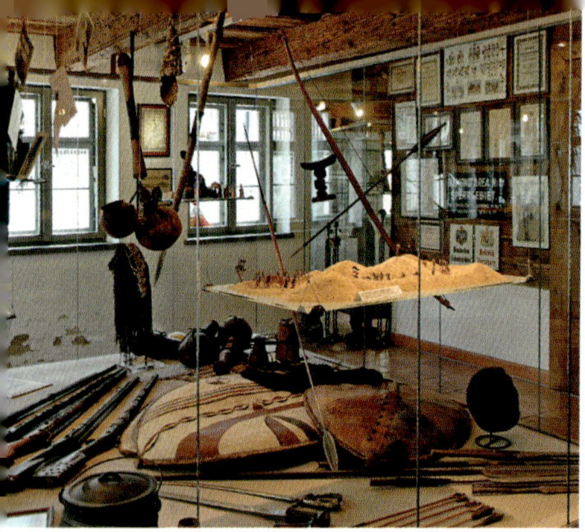

Afrika mitten in Sebnitz? Das muss man gesehen haben!

falt an Loks und Waggons bei Tillig gebaut wurden und werden.
Öffnungszeiten: Von Montag bis Freitag 10–17 Uhr, Samstag 10–16 Uhr, im November und Dezember auch Sonntag 13–16 Uhr. An ausgewählten Feiertagen geschlossen.
Info: Tel. +49 35971 90327, tillig.com
Adresse: Lange Straße 58–60, 01855 Sebnitz.

E6 Afrikahaus Sebnitz

An die 4000 Exponate findet man in dieser völkerkundlichen Dauerausstellung zum Thema Afrika mitten in Sebnitz! Masken, Waffen, Schmuck und sogar eine afrikanische Hütte aus Lehm und Mist gibt es zu sehen. Ein Baumhaus lädt zum Spielen ein.
Öffnungszeiten: Derzeit geschlossen, Wiedereröffnung 2025/26 geplant.
Info: Tel. +49 35971 70960 (Touristinfo), tourismus.sebnitz.de/kunst-und-kultur/afrikahaus-sebnitz/
Adresse: Hertigswalder Str. 12–14, 01855 Sebnitz.

E7 Haus der Böhmischen Schweiz (Dům Českého Švýcarska)

Im Besucherinformationshaus des Nationalparks Böhmische Schweiz am Marktplatz von Krásná Lípa (Schönlinde) gibt es neben allgemeinen touristischen Informationen eine hochinteressante und spannende interaktive Ausstellung unter dem Titel »Böhmische Schweiz – Leben, Geheimnis, Inspiration«. Wir werden für einen Moment zum Geologen, Archäologen, Komponisten, Naturwissenschaftler, Bergsteiger oder Maler. Zum Beispiel können wir einen Dachs in seinem Bau besuchen oder erfahren, wie eine Windmühle oder die Fischwanderung der Lachse funktioniert. Ein Film über die »Landschaft der Geheimnisse« rundet den aktiven Besuch in Krásná Lípa ab.
Öffnungszeiten: Täglich 9–17 Uhr, von Januar bis Februar nur bis 16 Uhr, von Juni bis August bis 18 Uhr.
Info: Tel. +420 412 383 413, npcs.cz/de/informationszentren
Adresse: Dům Českého Švýcarska, Křinické náměstí 1161/10, 407 46 Krásná Lípa (GPS: N50.913491, E14.507578).

E8 Mühlenmuseum der Bähr-Mühle in Bad Gottleuba

Am Rande der Sächsischen Schweiz, im malerischen Gottleubatal gelegen, bietet die Bährmühle interessante Einblicke in die historische Mühlentechnik. Ein funktionstüchtiges Mühlenmuseum! Während der Erlebnisführung mit dem Müllermeister durch die historische Mühle gibt es ein Schaumahlen und Schausägen. Geöffnet nur nach Voranmeldung!
Info: Tel. +49 35023 69789, baehr-muehle.de
Adresse: Am Tannenbusch 5, 01816 Bad Gottleuba-Berggießhübel.

Hygienemuseum Dresden

Das Hygienemuseum ist zwar vom Elbsandsteingebirge etwas weiter entfernt, aber immer eine kleine Reise wert. Die Dauerausstellung »Abenteuer Mensch« zeigt interessante Exponate, Medieninstallationen und vielen interaktive Stationen rund um Körper und Gesundheit. Es gibt auch zahlreiche Objekte aus der umfangreichen Sammlung des Museums zu sehen, wie z. B. den »Gläsernen Menschen«. Im erlebnisorientierten Kinder-Museum werden an verschiedenen Mitmach-Stationen »Unsere fünf Sinne« gefordert.

Öffnungszeiten: Von Dienstag bis Sonntag und feiertags 10–18 Uhr.

Info: Tel. +49 351 4846 400, dhmd.de

Adresse: Lingnerplatz 1, 01069 Dresden.

Verkehrsmuseum Dresden

Ein sehr spannendes und interessantes Museum in Dresden! Für Kinder gibt es neben den ständigen Ausstellungen mit historischen Autos, Eisenbahnen, Schiffs- und Flugmodellen und einer Modelleisenbahnanlage weitere spezielle Angebote: An verschiedenen Versuchsstationen zum Experimentierfeld »Luftfahrt und Reibung« können sie sich selbst ausprobieren. Im Verkehrsgarten lernen sie spielerisch Verkehrsregeln, können den Bobbycar-Führerschein ablegen oder sich selbst als Lokführer oder Pilot versuchen.

Öffnungszeiten: Von Dienstag bis Sonntag und feiertags 10–18 Uhr.

Info: Tel. +49 351 86440, verkehrsmuseum-dresden.de

Adresse: Augustusstraße 1, 01067 Dresden.

Freizeitparks und -anlagen

F1 Kleine Sächsische Schweiz

Eine sehr liebevoll gestaltete Miniaturparkanlage, in der man verkleinerte, naturgetreue Nachbildungen bekannter Sandsteinfelsen und Sehenswürdigkeiten der Sächsisch-Böhmischen Schweiz erleben kann. Funktionstüchtige historische Schiffsmodelle, eine Poststation mit Postkutsche sowie die schönsten Burgen und Schlösser sind zu sehen. Eine Fahrt mit der Miniaturbergbahn und ein Blick in die Schauwerkstatt runden den Besuch ab. In Kombination mit Tour 13 können wir in und um Dorf Wehlen einen ganzen Tag verbringen.

Öffnungszeiten: Ostern bis November, täglich 10–18 Uhr.

Info: Tel. +49 035024 706 31, kleine-saechsische-schweiz.de

Adresse: Schustergasse 8, 01829 Dorf Wehlen (Anfahrt siehe Tour 13).

F2 Erlebniswelt SteinReich

Die Erlebniswelt ist derzeit (Mai 2024) geschlossen. Eine Wiedereröffnung mit Streichelzoo, Wasserspielplatz und Gastronomiekomplex ist aber geplant.

Adresse: An der Tankstelle 3, 01848 Hohnstein / OT Rathewalde.

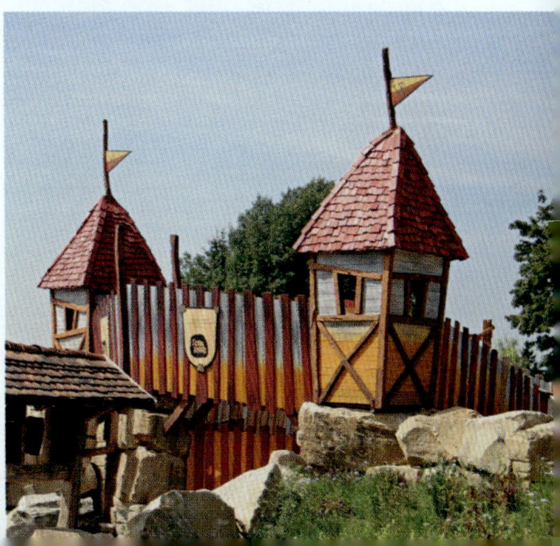

Die Erlebniswelt SteinReich soll wiedereröffnet werden.

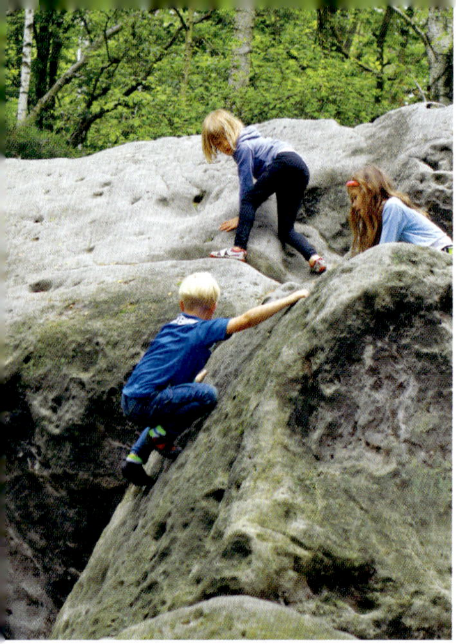

Von der Herberge auf dem Kulm sind die Felsen nicht weit.

F3 Erlebnisse auf dem Kulm

Raus aus der Stadt, dem Alltag, der gewohnten Rolle und rein in die Natur, das Abenteuer und das Neue. Draußen sein, klettern, wandern, spielen, Schafe streicheln, Abenteuer erleben, Zeit haben, am Lagerfeuer sitzen und den Sternenhimmel genießen. Hier gibt es Spiel, Spaß und Bewegung in der Natur. Ob Familienkletterurlaub, naturpädagogische Kinderangebote oder eine einfache, familienfreundliche Unterkunft – auf dem Kulm ist all das zu finden. Übernachten kann man in einer urigen Herberge, im eigenen Zelt, in einer Jurte oder im Tinyhaus. Das Erlebnisgelände am Waldrand ist ruhig und dennoch zentral im Elbsandsteingebirge gelegen, die nächstgelegenen Felsen sind fußläufig erreichbar.
Öffnungszeiten: Nur nach Voranmeldung.
Info: Tel. +49 160 93734714, herberge-auf-dem-kulm.de
Adresse: Auf dem Kulm, Weißig 7b, 01796 Struppen.

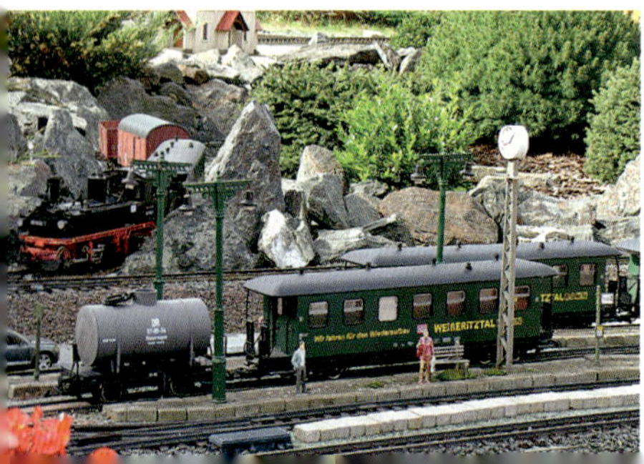

F4 Eisenbahnwelten Rathen

Unweit des Bahnhofs und der Fähre von Kurort Rathen, direkt am großen Elbeparkplatz, kann man die wohl weltweit größte Garteneisenbahnanlage bewundern. Sie stellt verschiedene Ausschnitte aus der sächsischen Eisenbahnwelt im Maßstab 1:22,5 vor. Auf dem riesigen Gelände wurden über 4 km Gleise verlegt und 300 Tonnen Sandstein verbaut. Über 200 authentisch gestaltete Häusermodelle stehen entlang der Modellbahnstrecke. Eine sehr eindrucksvolle Ausstellung!
Öffnungszeiten: Von Ostern bis Oktober 10–17 Uhr.
Info: Tel. +49 35021 59428, eisenbahnwelten-rathen.de
Adresse: Elbweg 10, 01824 Kurort Rathen (Anfahrt siehe Tour 1).

F5 Elbefreizeitland Königstein

Im direkt an der Elbe gelegenen Freizeitpark können Groß und Klein ohne Probleme einen halben Tag spielen oder echten Nervenkitzel am Kletterberg oder in der Wellenrutsche erleben. Auf dem Abenteuerspielplatz mit Märchenschloss, Netztunnel, Rutsche und Seilbahn kann man ausgiebig herumtoben und

Die Eisenbahnwelten in Rathen sind einen Besuch wert.

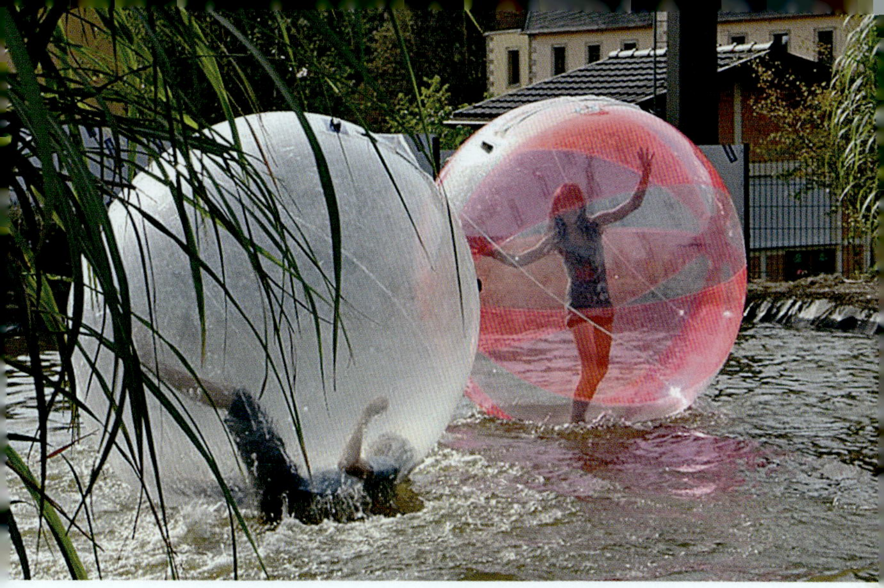

Ein riesiger Abenteuerspielplatz: das Elbefreizeitland Königstein.

zum Schluss mit dem Elbe-Express oder einem Mini-Gokart eine Runde drehen. Es gibt eine Minigolf-Anlage und an bestimmten Tagen finden Falkner-Vorführungen statt. Angeschlossen ist die Gaststätte »Bomätscher« (11–20 Uhr geöffnet). Zusätzlich (Extra-Kosten!) kann man eine Action-Zone mit Abseilen, Houserunning, Kletterwand, Flying-Fox, Piratennetz-Klettern und Brückenspringen besuchen.
Öffnungszeiten: Von Ostern bis Ende Oktober täglich 10–18 Uhr.
Info: Tel. +49 35021 9908103, elbefreizeitland-koenigstein.de
Adresse: Schandauer Straße 51, 01824 Königstein.

F6 »Miniatur-Elbtal« in Königstein

Das »Miniatur-Elbtal« ist eine echte Schlechtwetter-Alternative! In den Räumlichkeiten können wir das malerische Elbtal des Elbsandsteingebirges und das Sebnitztal mit seinen charakteristischen Flusswindungen, Ortschaften und typischen Landschaftsformen sowie vielen kleinen Details bewundern. Natürlich dürfen dabei auch die hier lebenden Menschen, die altehrwürdigen Raddampfer und die Eisenbahn nicht fehlen. Wir werden staunen, wie viele Tunnel die Semmeringbahn auf ihrer Strecke durchfahren muss und welch historische Dinge man überall entdecken kann. Auf der Kinderspielanlage können sich die Kleinsten selbst als Lokführer betätigen. Es gibt interaktive und animierte

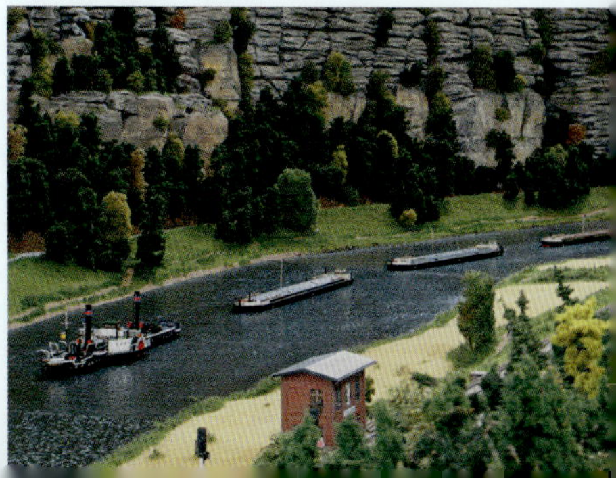

Im »Miniatur-Elbtal« kann man sich an vielen kleinen Details erfreuen.

Angebote und geführte Rundgänge zur Bahngeschichte und zur Sächsisch-Böhmischen Schweiz.
Öffnungszeiten: Immer samstags, sonntags und an Feiertagen 10–18 Uhr (außer 24.12.–1.1.).
Info: Tel. +49 172 2004710, miniaturelbtal.de
Adresse: Am alten Sägewerk 5, 01824 Königstein.

F7 Sport- und Freizeitzentrum SoliVital Sebnitz

Hier kann man an der Kletterwand (ca. 600 m^2 Kletterfläche und kleiner Boulderbereich) hoch hinaus oder einfach nur toben im Indoorspielplatz »KinderTobeland« mit Bällebad, Kickertisch und Trampolin. Im Restaurant findet man leichte Küche für Zwischendurch.
Öffnungszeiten: Täglich geöffnet; genauere Angaben siehe Internet.
Info: Tel. +49 35971 808480, solivital.de
Adresse: Schandauer Str. 100, 01855 Sebnitz.

F8 Urzeitpark Sebnitz

Im landschaftlich sehr schön gelegenen Urzeitpark in Sebnitz erwarten die Besucher über 400 Plastiken. Es gibt lebensgroße Dinosaurier zu bestaunen, wie Fischsaurier oder Flugsaurier. Tausendfach vergrößerte Mikroorganismen und Bakterien, Insekten, Reptilien, urgeschichtliche Säugetiere und Urmenschen zeigen das Leben von vor Millionen Jahren und dessen Entwicklung. Eine kleine Spielecke mit Kletterhaus sowie ein Ausstellungsgebäude, in dem man Mineralien und Fossilien bewundern kann, runden das Angebot ab.
An der unweit davon gelegenen »Forellenschänke« (Ristorante Due Fratelli; due-fratelli-sebnitz.metro.rest) gibt es einen Abenteuerspielplatz, einen Grillplatz und Minigolf.
Öffnungszeiten: Von Ostern bis 31. Oktober täglich 10–17 Uhr.
Info: Tel. +49 35935 20818, urzeitpark.com
Adresse: Forstweg 14, 01855 Sebnitz (GPS: N50.977102, E14.28984).

Eindrucksvolle Modelle stehen im Sebnitzer Urzeitpark.

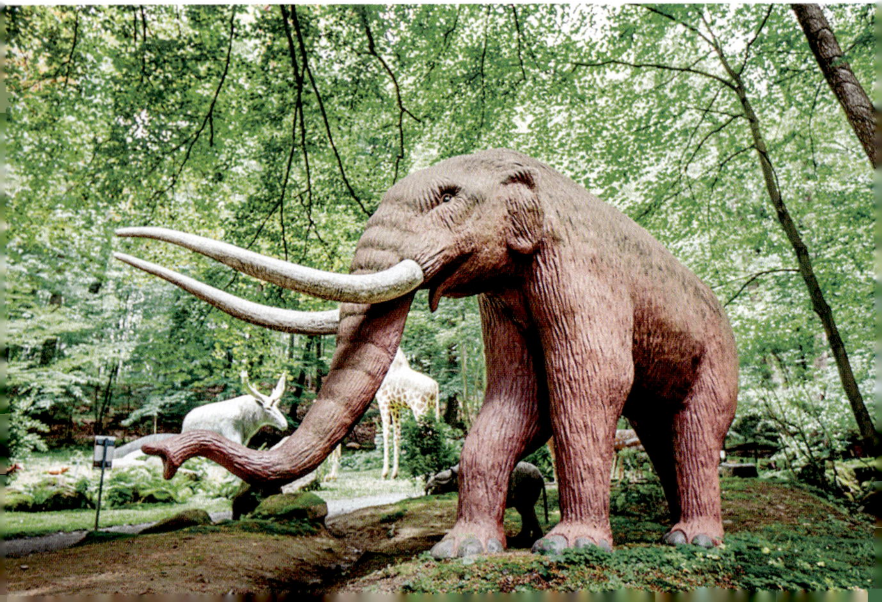

Tipp: Für alle Saurierfans gibt es außerdem unweit von Bautzen den Sauriergarten Großwelka (sauriergarten.com).

F9 Skulpturenpark Stará Hospoda in Doubice

Das urige Restaurant Stará Hospoda bietet neben leckerer böhmisch-europäischer Küche ein spannendes Freigelände mit Holzskulpturen, Kletterburg, Rutsche u. v. m. In Doubice unweit von Kyjov (Khaa) gelegen, ist es auf alle Fälle einen Besuch wert, wenn man in der Gegend ist!
Info: Tel. +420 412 381432, starahospoda.cz
Adresse: Stará hospoda, 407 47 Doubice 172, Varnsdorf 1.
Anfahrt: Siehe Tour 33 (Khaatal), und weiter bis Doubice (GPS: N50.889036, E14.457700).

Schwimmbäder und Badeseen

G1 Kies- und Badesee Birkwitz

Die ehemalige Kiesgrube befindet sich im Elbtal zwischen Pillnitz und Pirna. Der Eintritt ist frei. Der kostenpflichtige Parkplatz ist täglich 8–22 Uhr geöffnet. Ein ca. 650 m langer Strand mit großzügigen Liegewiesen lädt zum Verweilen ein. Die Wasserqualität ist ausgezeichnet. Man kann Tretboote ausleihen und es gibt einen Imbissbetrieb, eine gepflegte Beachvolleyballanlage und eine kleine Insel mitten im See.
Info: facebook.com/seebirkwitz/
Adresse: Pratzschwitzer Straße 199, 01796 Pirna.

G2 Geibeltbad Pirna

Ein großes Freibad mit attraktivem Sonnengarten mit Liegen und Sonnenschirmen lockt an heißen Tagen in Pirna. Für die kältere Jahreszeiten findet man in der großen, hellen Badelandschaft eine 100-m-Riesenrutsche, ein Sportschwimmbecken, ein großes Nichtschwimmerbecken, einen Kleinkindbereich mit Wasserspielgeräten, ein Außenbecken mit Strömungskanal, Sprudelliegen, ein Dampfbad u. v. m. Große Saunalandschaft.
Öffnungszeiten: Freibad: von Mitte Mai bis Anfang Sept. täglich 9–20 Uhr (Mai und Sept. bis 19 Uhr).
Sauna- und Bäderlandschaft: täglich geöffnet; genaue Zeiten im Internet.
Info: Tel. +49 3501 710900, geibeltbad-pirna.de
Adresse: Rottwerndorfer Straße 56c, 01796 Pirna.

G3 Freibad Stadt Wehlen

Direkt am Bahnhof in Wehlen gelegenes, schönes Freibad mit Großwasserrutsche, 25-m-Schwimmbecken, Planschbecken, Erlebnisbecken mit Schwallbrausen und Wasserfall, Tischtennis, Spielplatz, großer Liegewiese und Imbissbetrieb.
Öffnungszeiten: Täglich von Mai bis September 10–18 Uhr (Juni bis August bis 19 Uhr).
Info: Tel. +49 35020-70249, wehlen-online.de
Adresse: Saarstraße 5, 01829 Stadt Wehlen / OT Pötzscha.

G4 Erlebnisbad Rathewalde

Ein schönes Freibad lockt in Rathewalde unweit der Bastei mit großer Wasserrutsche, Schwimmerbecken Planschbecken, Beachvolleyballfeld, Wickelraum und Spielplatz.
Öffnungszeiten: Von Mai bis September 10–19 Uhr.
Info: Tel. +49 35975 80994, hohnstein.de
Adresse: Schulweg 4, 01848 Rathewalde (Hohnstein).

G5 Mariba Freizeitwelt in Neustadt

Das moderne Erlebnis-Hallenbad bietet mit über 1300 m² Wasserfläche ganzjährig die Möglichkeit zu einem aktiven Badetag. Tropische Wassertemperaturen bis zu 35° und Lufttemperaturen bis zu 30° lassen auch ein langes Verweilen im Wasser zu. Es gibt u. a. Wellenbad, Wasserrutsche, Whirlpool, Kinderbereich, Sport- und Nichtschwimmerbecken. Eine umfangreiche Gastronomie, Animation, Saunaparadies und Fitnesspark vervollständigen das Angebot.
Öffnungszeiten: 10–21 Uhr (montags ab 14 Uhr, außer in den Sachsenferien).
Info: Tel. +49 3596 502070, mariba.eu
Adresse: Götzingerstraße 12, 01844 Neustadt/Sachsen.

G6 Stadtbad Hohnstein

Ein modernes Edelstahlbecken lädt vor allem zum sportlichen Schwimmen ein, daran reihen sich terrassenförmig die Liegeflächen an. Der Kinderbereich und das Planschbecken sind an das Schwimmerbecken angeschlossen. Es gibt eine Großrutsche und Wasserspiele.
Öffnungszeiten: Wetterabhängig, von Ende Mai bis Anfang September 10–18 Uhr, in den Ferienzeiten Juni bis August 10–19 Uhr.
Info: Tel. +49 35975 81287, hohnstein.de
Adresse: Am Stadtbad 1, 01848 Hohnstein.

G7 Freibad Goßdorf

Das frei zugängliche, rustikale Naturbad mit Sandsteinbecken und Freizeitanlagen besitzt keine Badeaufsicht und wird vom einheimischen Freibad Goßdorf e.V. bewirtschaftet und gepflegt. Es gibt einen kostenpflichtigen Parkplatz, eine Liegewiese, einen Spielplatz, einen Volleyballplatz, Tischtennis sowie den Sanitärbereich. Manchmal ist eine Imbissversorgung im Terrassenbereich vorhanden.
Öffnungszeiten: Täglich bis 22 Uhr.
Info: Tel. +49 35975 86823 bzw. Tel. +49 35975 80986, gossdorf-sachsen.de und hohnstein.de
Adresse: Bergstraße 26, 01848 Hohnstein/OT Goßdorf-Kohlmühle (GPS: N50.955607, E14.164856).

G8 Toskana Therme Bad Schandau

Kein »Tobe-Bad«, aber dennoch ein ganz besonderes Erlebnis! Wem der Sinn nach totaler Entspannung und Wohlgefühl steht, ist in der Toskana Therme in Bad Schandau genau richtig. Im Liquid-Sound-Tempel lädt ein exzellenter Unterwassersound zu einem musischen, meditativen Badeerlebnis ein, beim dem man wunderbar entspannen kann. Mit den Ohren unter Wasser rücklings in der Thermalsole schwebend, erfreuen Lichtprojektionen in der Kuppel der Therme unsere Augen. Wechselnde Aromen füllen unaufdringlich den Raum. Mit den Tages- und Jahreszeiten ändert sich nicht nur das Musik- und Lichtprogramm, es wechseln auch die Düfte. Außerdem gibt es ein 25-m-Becken, ein Nichtschwimmerbecken, eine Wasserrutsche, einen Whirlpool und einen Strömungskanal, Unterwasser-Massagedüsen, Brodelliegen, ein ganzjährig nutzbares Außenbecken, ein Solarium, eine Sauna sowie ein Thermalbecken.
Öffnungszeiten: Täglich 10–22 Uhr.
Info: Tel. +49 35022 54610, toskanaworld.net
Adresse: Rudolf-Sendig-Str. 8a, 01814 Bad Schandau.

G9 Freibad im Kräutervitalbad Sebnitz

Im Freibad des kleinen Wellnesscenters »Kräutervitalbad« kann man im Mehrzweckbecken auf drei 25-m-Bahnen schwimmen. Darüber hinaus gibt es einen Strömungskanal, Sprudelbänke, Massagedüsen, Nackenduschen und Bodensprudler. Die Kleinen können sich im Planschbecken mit Breitrutsche, Wasserpilz und Spritzkugeln abkühlen. Ein Spielplatz, Sonnenliegen, Strandkörbe, ein Pavillon und die große Liegewiese runden das Angebot ab.

Öffnungszeiten: Wetterabhängig, daher am besten vorher anrufen.

Info: Tel. +49 35971 52533, kraeutervitalbad.de

Adresse: Hammerstraße 1, 01855 Sebnitz.

G10 Freibad Hertigswalde (Sebnitz)

Einfaches, dafür preisgünstiges Naturbad zum Abkühlen an heißen Sommertagen auf dem Gelände des Touristikzentrums Sebnitz im Ortsteil Hertigswalde am Waldrand.

Öffnungszeiten: Von Mitte Mai bis Ende August 10–19 Uhr.

Info: Tel. +49 174 3043782, touristikzentrum-sebnitz.de

Adresse: Albert-Kunze-Weg 36, 01855 Sebnitz.

G11 Stausee bei Kyjov (Khaa)

Der von Wäldern umgebene Stausee »Kyjovská přehrada« lädt in den Sommermonaten Einheimische und Urlauber zum Baden ein. Es geht steil ins Wasser und der Boden ist teilweise etwas schlammig, aber gut zum Erfrischen an heißen Sommertagen!

Anfahrt: Zwischen Kyjov und Doubice gelegen (GPS: N50.908963, E14.460434).

G12 Doubice

Natur-Freibad beim Hotel JEF. Der Eintritt ins Bad ist frei.

Adresse: Doubice 107, 407 47 Varnsdorf (GPS: N50.890318, E14.461738).

G13 Baden in Jetřichovice

Das Hotel Bellevue bietet ein beheiztes 50-m-Becken (Eintritt auch für Nicht-Gäste, ca. 20 Kč).

Info: Tel. +420 412 555 022)

Adresse: Jetřichovice 106, 407 16 Děčín-Jetřichovice (GPS: N50.851590, E14.395518).

Tipp: Naturfreibad am Campingplatz (kempjetrichovice.cz, GPS: N50.84442, E14.39508).

G14 Aquapark Děčín

Riesige Badelandschaft mit beheizten 25- und 50-Meter-Becken, drei Wasserrutschen, Wasserpilz, Baby-Becken und einem Restaurant. Dazu Wellness-Center mit Sauna, Massage, Solarium, Fitnessraum und Spinning sowie eine Sportanlage mit Beachvolleyball, Streetball, Beach-Fußball, Korbball, Boccia.

Info: Tel. +420 412 704 211, aquaparkdecin.cz

Adresse: Oblouková 1400/6, Děčín-Staré Město (GPS: N50.773982, E14.215707).

G15 Öffentliches Freibad in Jilové

Das Koupaliště (»Schwimmbad«) in Jilové bietet neben dem großen Schwimmbecken auch Beachvolleyballplätze, ein Kinderplanschbecken und eine große Liegewiese. Eintritt ca. 25 Kč (ab 15 Jahren), 10 Kč (6–14 Jahre), Kinder bis 6 Jahre frei.

Öffnungszeiten: Von Juni bis Anfang Sept. täglich 9.30–20 Uhr.

Info: Tel. +420 775 868 948.

Adresse: Teplická ul. 293, 407 01 Jílové (GPS N50.761506, E14.106998).

G16 Cihlářský rybník bei Tisá
Kleiner Natursee zum Erfrischen, etwa 1,8 km südwestlich von Tisá (GPS: N50.773492, E14.013765).

G17 Badesee bei Maxičky
Kleiner See im Areal des ehemaligen Hotels Maxičky, unweit des Schneebergs. Der Eintritt ist frei.
Adresse: Maxičky 1, Děčín
(GPS N50.806921, E14.181762).

G18 Waldbad Cunnersdorf
Das einfache, solarbeheizte Freibad liegt abseits vom Verkehrslärm teilweise eingebettet im Wald. Es bietet eine Breitrutsche, ein separates Planschbecken und eine riesige Liegewiese mit Spielplatz, Volleyball- und Fußballplatz.
Öffnungszeiten: Mai und September täglich 10–18 Uhr, von Juni bis August 10–19 Uhr.
Info: Tel. +49 35021 68953,
gohrisch.de
Adresse: Waldbad Cunnersdorf,
01824 Cunnersdorf.

G19 Freizeitbad »Billy« Berggießhübel
Solar beheiztes Freibad mit 25-m-Schwimmbecken, einer Sprunganlage mit separatem Sprungbecken, einem Erlebnisbecken mit Strömungskanal, Wasserspeier und Blubber. Highlight ist die 90 m lange Großwasserrutsche.
Öffnungszeiten: Von Mitte Mai bis Mitte September täglich ab 10 Uhr.
Info: Tel. +49 35023 62379, stadt-bgb.de
Adresse: Am Oberhammer 1, 01816 Bad Gottleuba-Berggießhübel.

An den hohen Tafelbergen vorbeizupaddeln, ist ein ganz besonderes Erlebnis.

Boots- und Schifffahrten

Für eine individuelle Schlauchboot oder Kanutour kann man bei folgenden Anbietern ein Boot mieten:

- Elbe-adventure
Tel. +49 35020 778877
elbe-adventure.de
- Kanu-Aktiv-Tours
Tel. +49 35021 599960
kanu-aktiv-tours.de
- Kanu Dresden
Tel. +49 351 1605223
kanudresden.de

Dampfschiffahrt auf der Elbe
Eine Schifffahrt mit einem echten Schaufelraddampfer auf der Elbe macht auch unseren Kleinsten Spaß. Gemächlich schnauft der Raddampfer elbaufwärts. Etwas zügiger ist er dafür stromabwärts unterwegs. Die vorüberziehende Felskulisse beeindruckt mindestens genauso, wie die uralten Raddampfer der Flotte. Einige Schiffe sind bereits über 130 Jahre alt! Die Schiffe fahren ganzjährig. Die Fahrtstrecken sind abhängig vom Wasserstand. Fährt man nur eine Strecke, kann man in der Sächsischen Schweiz sehr gut mit der S-Bahn zum Ausgangspunkt zurückkehren. Gefahren wird etwa von Ostern bis Ende Oktober. Tickets gibt es an den Servicestationen in Dresden, Pillnitz, Pirna, Kurort Rathen, Königstein und Bad Schandau.
Info: Tel. +49 351 866090,
saechsische-dampfschiffahrt.de

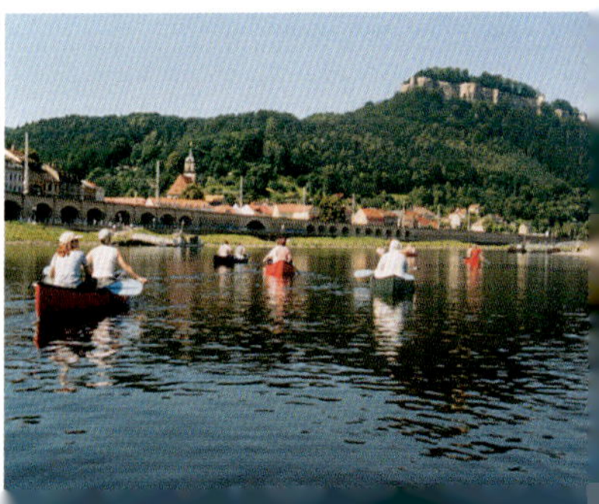

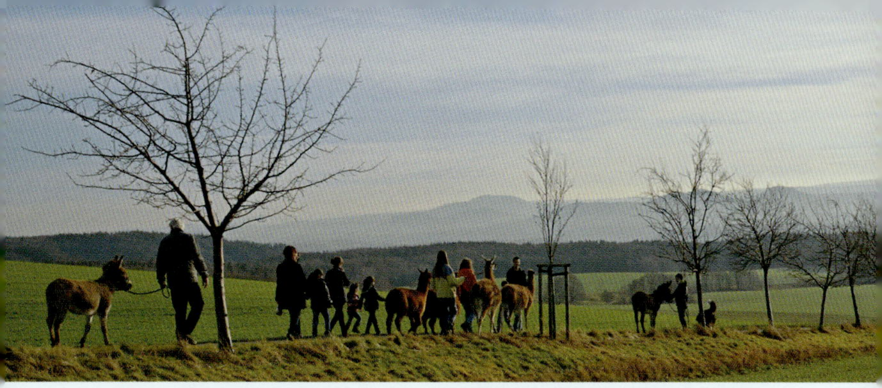

Alpakawanderung bei Hohburkersdorf, am Rande der Sächsischen Schweiz.

H1 Gondeln auf dem Amselsee

Im Talgrund hinter dem Kurort Rathen befindet sich der Amselsee mit einem Ruderbootverleih. Das Gondeln auf dem 550 m langen Stausee inmitten der Rathener Felsenwelt lässt sich verbinden mit einem Besuch der Felsenbühne (siehe Tipp K2).
Info: kurort-rathen.de

Minigolf

I1 Minigolf an der Festung Königstein

18-Loch-Freizeitanlage mit Kunstrasenbahnen unterhalb der Festung Königstein, direkt neben dem Hotel-Restaurant »Neue Schänke«.
Öffnungszeiten: Von Ostern bis Oktober ab 10 Uhr.
Info: Tel. +49 35021 99960, minigolfamkoenigstein.de
Adresse: Am Königstein 3, 01824 Königstein.

Minigolfanlage Elbe-Freizeitland Königstein

Siehe Freizeittipp F5.

I2 Minigolf in Sebnitz

Auf der Anlage nahe der ehemaligen »Forellenschänke« (jetzt Ristorante Pizzeria Due Fratelli) mit 18 anspruchsvollen Bahnen kann man nach Besuch des Urzeitparks oder eines Sebnitzer Museums (Freizeittipps F8, E5, E6, E7) noch eine Runde Minigolf spielen.
Info: Tel. +49 35971 669350, due-fratelli-sebnitz.metro.rest
Adresse: Mannsgrabenweg 14, 01855 Sebnitz.

Tiere

J1 Partner Alpakas, Naundorf

Unweit der Bärensteine sind die »Alpakas vom Sandsteinfels« zu Hause. Obwohl sie vor allem im Rahmen von tiergestützter Therapie zum Einsatz kommen, bietet Frau Walz mit ihren Tieren auch Spaziergänge in die Naundorfer Umgebung und im Rahmen von Kindergeburtstagen sogar einen »Alpaka-Führerschein« für Kinder an. Sehr viel Spaß bieten die Familienaktivitäten mit den Alpakas auf dem Parcours. Eine Anmeldung mindestens 3 bis 4 Tage im Voraus ist unbedingt erforderlich.
Info: Tel. +49 152 0489 6996 (Montag bis Freitag ab 14 Uhr), partner-alpakas.de
Adresse: Dorothea Walz, Am Bärenstein 75, 01796 Struppen / OT Naundorf.

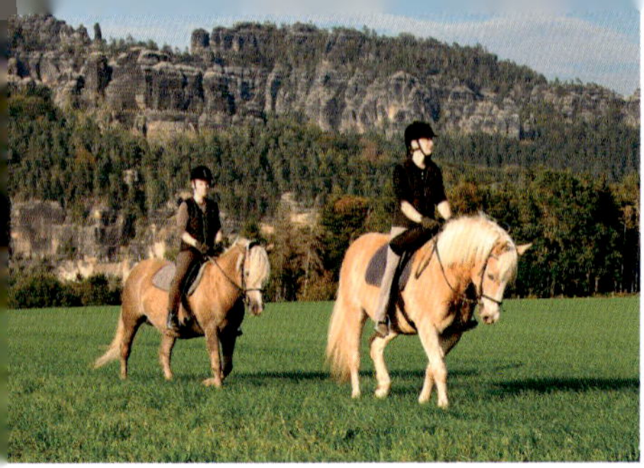

Ein Reitausflug vor der beeindruckenden Kulisse der Schrammsteine.

J2 Alpaka-Wanderungen

Der Ferienhof »Zum Festungsblick« bietet Wanderungen um den Lilienstein mit Alpakas an. Auf dem Hof gibt es noch einige weitere Tiere. Wanderungen nur nach rechtzeitiger Voranmeldung!
Info: Tel. +49 35022 50670, ferienhofzumfestungsblick.de
Adresse: Familie Lehmann, Ebenheit 13, 01824 Königstein.

J3 Permahof – Wandern mit Tieren

Der Permahof in Hohburkersdorf bietet Wanderungen mit Guanacos, Alpakas und Eseln in der Umgebung des Bauernhofes an. Nach einer Einweisung in den Umgang mit den vierbeinigen Begleitern geht es auf abgelegenen Wanderwegen durch Mischwälder und über Wiesenflächen um Hohburkersdorf. Es werden kurze »Naschpausen« für die Vierbeiner und »Unterhaltungspausen« für die Zweibeiner eingelegt. Zurück am Hof werden die Tiere gemeinsam auf die Weiden gebracht, und wer möchte, kann sich noch bei einem Imbiss und Getränk stärken. Die kurze Rundwanderung dauert ca. 1,5 Std., die längere Tour über die atemberaubende Aussicht auf der Hohburkersdorfer Höhe 2.30–3 Std. Rechtzeitige Voranmeldung!
Info: Tel. +49 173 3569239, permahof.de
Adresse: Permahof, Brückenstraße 27, 01848 Hohnstein/OT Hohburkersdorf.

J4 Reiten auf dem ANDERS-HOF

Die gut betreuten Reit-Angebote des ANDERS-HOFs sind für Kinder, Jugendliche und Erwachsene sowie für Menschen mit und ohne Behinderung offen. Es ist unbedingt mehrere Tage im Voraus ein Termin zu vereinbaren. Sonntag ist Ruhetag.
Info: Tel. +49 35975 80719, anders-hof.de
Adresse: ANDERS-HOF, Hauptstraße 88, 01848 Ehrenberg.

J5 Reiterhof Rößler in Sebnitz

Der Reiterhof bietet Reiterferien, Ausritte und Reitstunden auf dem Platz für Jung und Alt an. Es gibt einen beleuchteten Reitplatz und ein schönes abwechslungsreiches Ausreitgelände. Von der Führrunde (für Anfänger) bis zum Springen (erfahrene Reiter) auf dem Platz wird nahezu alles geboten, was sich der »Reit-Novize« wünscht. Voranmeldung und Info am besten telefonisch.
Info: Tel. +49 35971 57815, Tel. +49 174 1885614, reiterhof-roessler.de
Adresse: Katja Rößler, Hohnsteiner Straße 8, 01855 Sebnitz.

J6 Pferdehof Fischer in Reinhardtsdorf

Für Urlauber der Gegend um Reinhardtsdorf-Schöna bietet der Pferdehof Fischer für Kinder ganzjährig Schnupperreiten, Reitstunden und begleitete Ausritte um den Wolfsberg sowie Kutschfahrten an. Voranmeldungen erbeten!
Info: Tel. +49 35028 80959 oder

Tel. +49 160 2823638,
pferdehof-frank-fischer.de
Adresse: Pferdehof Frank Fischer, Krippenberg 96, 01814 Reinhardtsdorf.

J7 Natur- und Reiterhof Ruppert

Für jeden, egal ob Reitanfänger, fortgeschrittener Reiter oder auch Menschen mit Behinderung, wird auf dem Naturhof Ruppert gern eine passende Reitaktion angeboten. Es gibt Reiterferien oder Reitwochenenden, Lagerfeuer am Abend und ein Hoffest im Herbst. Auf dem Bauernhof nahe des Bielatals gibt es Pferde, Hund, Katzen, Hasen und Wellensittiche. Eine Voranmeldung 2–3 Tage im Voraus ist unbedingt erforderlich!

Info: Tel. +49 35033 72847 oder Tel. +49 151 20070134,
naturhof-ruppert.de
Adresse: Dagmar Ruppert, Mühlweg 1, 01824 Rosenthal-Bielatal.

J8 Zoo Děčín

Einer der schönsten Zoos Tschechiens befindet sich hoch über Děčín im Waldgebiet auf der Schäferwand. Zwar ist er mit 6 ha Fläche und etwa 400 Tieren ein eher kleiner Zoo, trotzdem findet man hier 150 Tierarten vor, darunter viele weniger bekannte wie z. B. Visayas-Pustelschwein, Runzelhornvogel, Moschustier, Soldatenara, Mähnenwolf, Ameisenbär, Flachlandtapir, Amurleopard, Malaienbär u. v. m. Außerdem gibt es einen Souvenirshop, einen großen Kinderspielplatz mit einer Kriechburg, einer Affenbahn und einer Kletterwand, einen Streichelzoo, Zooführungen auf Bestellung und interaktive Pfade, wie den Bärenpfad oder den Vogelpfad.

Eine weitere, mehrstöckige Ausstellung mit Aquarien, Terrarien und Ausstellungsstücken zur Tier- und Pflanzenwelt der Paradiesinseln gibt es 700 m vom Zoo entfernt in der »Exposition Paradiesinseln« / »ZooClub« (Teplická 19, 405 02 Děčín 4. Tel. +420 412 531531). Die Eintrittskarte des Zoos gilt am selben Tag auch hier.

Eintritt und Parken zahlt man an der Rezeption des Zoos. Der Zoo akzeptiert keine Fremdwährung, eine Zahlung mit EC- und Kreditkarte ist möglich. Der Eintritt ist sehr güns-

Reiten am Rande der Sächsischen Schweiz macht Spaß!

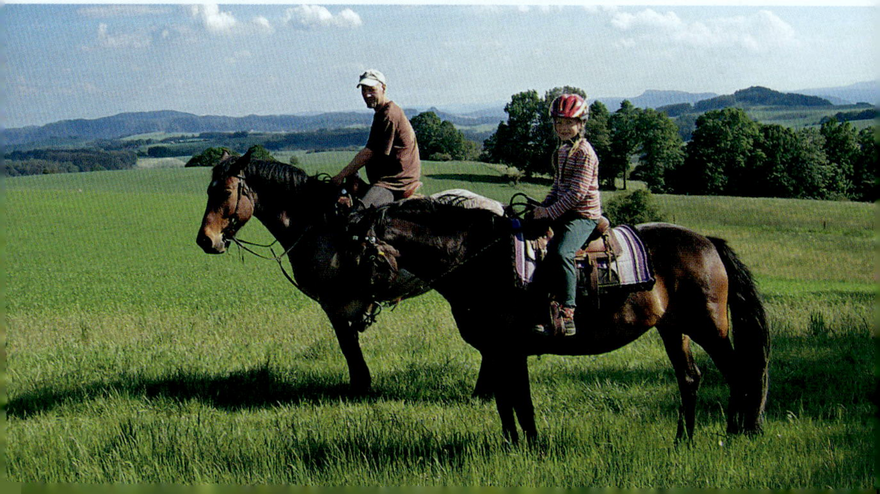

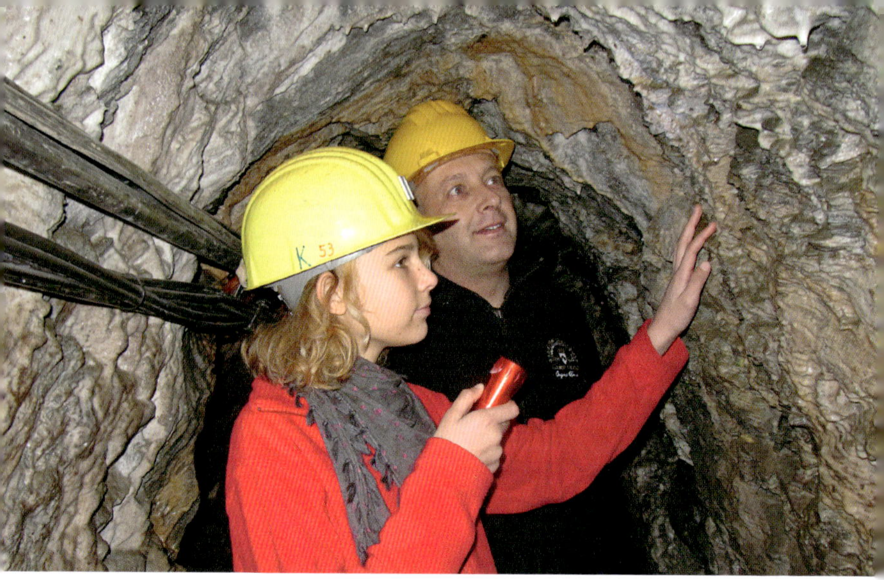

Führung im Marie-Louise-Stolln.

tig. Hunde sind nicht erlaubt.

Öffnungszeiten: Täglich 8–18 Uhr, von November bis Februar bis 16 Uhr, im Mai und August bis 19 Uhr.

Info: Tel. +420 412 531 164, zoodecin.cz/DE/

Adresse: Žižkova 1286/15, 405 02 Děčín.

Zugang: Am besten zu Fuß vom Parkplatz am Kreisverkehr (wie Klettersteig Schäferwand; Freizeittipp B2). Am Kreisverkehr unter der Eisenbahnbrücke hindurch und nach rechts der Ausschilderung Richtung »L3, ZOO – Pastýřská stěna« folgen. Ca. 20 Min. Gehzeit.

Zoo Dresden

Auf rund 13 ha beherbergt der Zoo Dresden über 1700 Tiere und mehr als 265 Tierarten. Auf dem Zoo-Rundgang entdecken wir Vikunjas, Nandus und Wasserschweine, den seltenen Gold-Takin oder den Schweinshirsch, Orang-Utans und australische Riesenkängurus. Absolutes Highlight sind natürlich die beliebten Koalas sowie Giraffen, Löwen und Elefanten. Auf geführten Touren erfahren wir von den Zooscouts mehr über die Tiere, Natur- und Artenschutz sowie Aufgaben eines Zoo. Bei Tierfütterungen beantworten die Tierpfleger gern Fragen der Besucher.

Öffnungszeiten: Täglich ab 8.30 Uhr, im Sommer bis 18.30 Uhr, im Frühling und Herbst bis 17.30 Uhr, im Winter bis 16.30 Uhr.

Info: Tel. +49 351 478 060, zoo-dresden.de

Adresse: Tiergartenstraße 1, 01219 Dresden.

Sonstige

K1 Kerzenzieherei in Krietzschwitz

Die Kunst des Kerzenziehens war bereits im Mittelalter ein angesehenes Handwerk. In der Krietzschwitzer Kerzenzieherei können Kinder und Eltern ihre Kreativität ausleben. Ker-

zen können gezogen oder gegossen werden, auch Windlichter und Schalen aus Wachs kann man gestalten. Der Fantasie sind dabei keine Grenzen gesetzt! Im angeschlossenen Restaurant mit Café kann man sich kulinarisch verwöhnen lassen. Telefonische Voranmeldung empfohlen.
Öffnungszeiten: Täglich (außer dienstags) 10–18 Uhr.
Info: Tel. +49 3501 710370, krietzschwitzer-kerzentraeume.de
Adresse: Krietzschwitz 4, 01796 Pirna.

K2 Felsenbühne Rathen

Eine eindrucksvolle Kulisse erwartet Eltern und Kindern bei einem Besuch der Felsenbühne Rathen. Eingebettet in die Felsen des Wehlgrundes erlebt man hier Theaterstücke inmitten der Natur. Bei Klassikern wie Winnetou oder Freischütz oder bei wunderbar gespielten Märchen für Kinder werden wir eingeladen zu lachen, zu fühlen und zu staunen.
Kartenbestellung: Tel. +49 35024 7770 (Telefonservice Mai–Sept. 11–16 Uhr) und Tel. +49 351 8954321.
Spielplan und Infos: landesbuehnen-sachsen.de
Zugang: Anfahrt wie Tour 14 bzw. 15 nach Rathen. Mit der Fähre übersetzen, geradeaus durch den Ort, nach ca. 170 m an der Steinsäule links und bis zur Kasse laufen, hier dann steil zur Naturbühne hinaufsteigen. Vom Parkplatz bzw. Bahnhof sollte man mindestens 45 Min. bis zur Felsenbühne einplanen.

K3 Besucherbergwerk Marie-Louise-Stolln

Etwa 400 m weit geht es in dem früheren Entwässerungsstollen bis zu einem ehemaligen Eisenerzlager, dem Mutter-Gottes-Lager, in den Berg hinein. Spannend ist der unterirdische See, zu dem man heute über eine massive Treppenanlage gelangt. An einigen Stellen ist der Stollen nur 65 cm breit und 160 cm hoch. Aus Sicherheitsgründen ist der Besuch erst mit Kindern ab 5 Jahren möglich. Jeder bekommt einen Schutzhelm. Es empfiehlt sich festes Schuhwerk und etwas Warmes zum Anziehen. Die Temperaturen liegen im Bergwerk bei 8–10°C! Besondere Angebote für Familien sind die »Märchenschichten« und die »Familienführung mit Schatzsuche« (Termine siehe Webseite).
Öffnungszeiten: Ca. 10–17 Uhr, Online-Reservierung nutzen!
Info: Tel. +49 35023 52980, marie-louise-stolln.de
Adresse: Talstraße 2 A, 01816 Kurort Berggießhübel.

Eisenbahnrundfahrt

Eine selbst organisierte Rundfahrt mit der Eisenbahn erleben! Mit nur zweimal Umsteigen kann man tatsächlich in nur 2.30 Std. von Bad Schandau über Sebnitz, Neustadt, Stolpen, Pirna und Rathen bis zurück nach Bad Schandau auf einer landschaftlich wundervollen Strecke im Kreis fahren. Zwischen Bad Schandau und Sebnitz gibt es zahlreiche Tunnel. Eine wirklich spannende Fahrt!
Tariftipp: VVO-Tageskarte Verbundraum: zum Normalfahrpreis können 2 Kinder (von 6 bis 14 Jahren) mitgenommen werden. Die Familien-Tageskarte gilt für 2 Erwachsene mit bis zu 4 Kindern.

- Regionalbahn Bad Schandau – Sebnitz (U 28 Nationalparkbahn)
- Städtebahn Sachsen Sebnitz – Pirna (SB 71)
- S-Bahn Pirna – Bad Schandau (S1)

Info: VVO-Info-Hotline: Tel. +49 351 852 6555, vvo-online.de

Stichwortverzeichnis

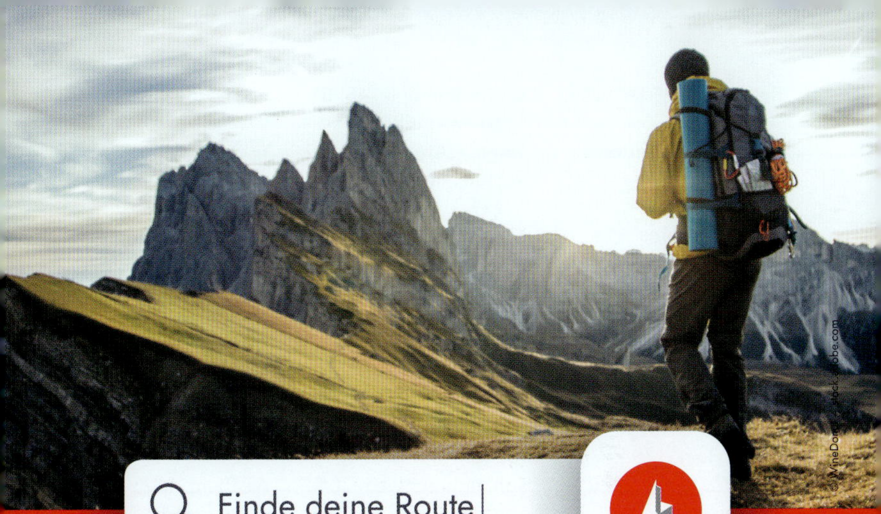

Finde deine Route

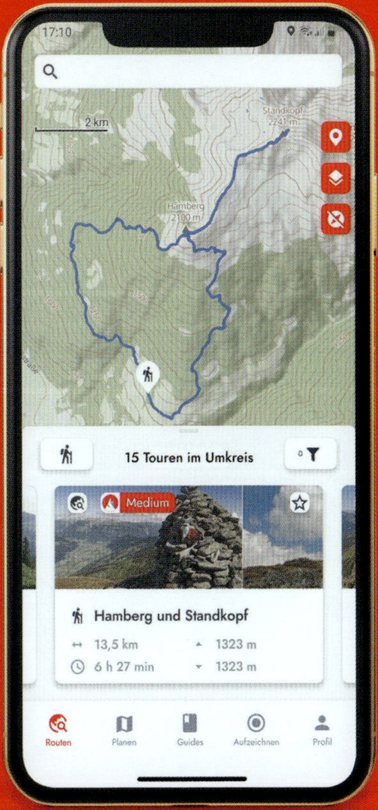

Hol dir jetzt die **ROTHER** App!

- auf diese Touren kannst du dich verlassen
- nur von professionellen Wanderautoren
- mit den besten Wander- und Radkarten von freytag & berndt

Laden im App Store

JETZT BEI Google Play

ROTHER.APP

Fotonachweis:

Alle 223 Fotos vom Autor mit Ausnahme folgender Bilder: Umschlagbild (Lutz Müller); S. 1, 7, 174 u., 175 (Gunter Preißler); 8, 13 o., 13 u., 14, 15, 16, 20 u., 23, 25 u., 176, 178, 179 o., 181, 183 o., 184, 186, 187, 197, 198 u., 200, 201 o., 201 u., 202, 203 o., 203 u. (Lutz Müller); 6, 12, 58, 60, 61, 63, 115, 116, 118, 119 (Sophie Ahlendorf); 11 o., 90, 141 (Yvonne Gerhardt); 10, 21, 26 u., 29, 48, 52 o., 55, 71, 75, 86 u., 89, 91, 97, 98 o., 99, 102, 104, 109, 111, 123 r., 123 l., 128, 129, 130 o., 132, 135, 138, 142, 156, 160, 163, 164, 194, 198 o., 209 (Franziska Rößner); 28, 30 o. (Marie Ackermann); 32 (Dorothea Walz); 33, 34, 145 o., 145 u. (Maria Petzold); 42, 45 (Jonas Helmer); 41, 43, 56, 59 (Conny Franke); 37, 38, 39, 62 (Angelina Hofmann); 51 (Moritz Arndt); 65 o., 66 (Familie Artelt), 69 o. (Jörg Scholz); 73 u., 161 (Sina Reuter); 82, 83 (Familie Tautrim); 85 (Claudia Hoese); 86 o. (Sven Wagner); 90, 122, 137 (Ingo Balthesen); 93 (Dirk Aschoff-Franke); 113 (Familie Witte); 114 (Ingo Drews); 125, 127 o. (Katja Schmidt); 152 (Dirk Winkler); 154, 155 (Andre Glathe); 158 (Stadtmarketing Sebnitz – Monika Katzschner); 169 (pixabay, gemeinfrei); 179 u. (Sina Klingner); 199 (Franzi Müller); 204 (Katrin Jäpelt); 207 (Kletterwald Königstein); 208 (YoYo-Kletterhalle); 211 o., 212 (Stadtmarketing Sebnitz – Steffi Kleinert); 211 u. (Modelleisenbahnmuseum Tillig); 213 (Erlebniswelt SteinReich Trepte); 214 o. (Christine Kühne), 214 u. (Eisenbahnwelten Rathen); 215 o. (Elbefreizeitland Königstein); 215 u. (Klaus Richter); 216 (Urzeitpark Sebnitz – Jan Rieger); 221 (Frank Eichler – Permahof); 222 (Pferdehof Fischer); 223 (Anders-Hof); 224 (Besucherbergwerk Marie-Luise-Stolln).

Impressum

Titelbild:
Kraxelei in den Tyssaer Wänden (Tour 40; Lutz Müller).

Bild Seite 1:
Familienausflug ins böhmische Khaatal (Tour 32; Gunter Preißler).

Der Autor:
Kaj Kinzel wandert seit frühester Kindheit in der Sächsischen und Böhmischen Schweiz. Als Wanderleiter und Kletterlehrer begeistert der studierte Sportwissenschaftler seit über 20 Jahren Kindergruppen und Familien für die Felsen des Elbsandsteingebirges.
Webseite des Autors: kaj-kinzel.de

Kartografie:
Wanderkarten im Maßstab 1:15.000 bis 1:50.000,
Geodaten © OpenStreetMap und Mitwirkende
Kartografisches Design: SHOCart (CZ), shocart.cz;
Übersichtskarten © Freytag & Berndt, Wien

Illustrationen:
Alle Illustrationen von Stephanie Stickel (stephanie-stickel.de).

Werk.-Nr.: 3177

Die Ausarbeitung aller in diesem Führer beschriebenen Touren erfolgte nach bestem Wissen und Gewissen des Autors. Die Benutzung dieses Führers geschieht auf eigenes Risiko. Soweit gesetzlich zulässig, wird eine Haftung für etwaige Unfälle und Schäden jeder Art aus keinem Rechtsgrund übernommen.

5., aktualisierte Auflage 2024

ISBN 978-3-7633-3434-6

MIX
Papier | Fördert gute Waldnutzung
FSC® C147178
www.fsc.org

Wir freuen uns über jeden Korrekturhinweis zu diesem Wanderbuch!
Bitte per E-Mail an: **leserzuschrift@rother.de**

ROTHER BERGVERLAG · Keltenring 17 · D-82041 Oberhaching
Tel. +49 89 608669-0 · rother.de